"十四五"时期国家重点出版物出版专项规划项目

高速铁路基础研究与技术创新丛书

基础理论与基础技术系列

高速铁路桥梁抗风技术

本丛书编委会　总主编
何旭辉　邹云峰　敬海泉　等　著
陈政清　主　审

中国铁道出版社有限公司

2024年·北　京

内 容 简 介

本书为“高速铁路基础研究与技术创新丛书”之分册。作者基于国家杰出青年科学基金“桥梁抗风与行车安全”(51925808)等项目研究、主编《铁路桥梁抗风设计规范》(Q/CR 9162—2023)的相关研究积累及工程实践，分析了高速铁路桥梁抗风特点及其关键技术问题。本书从高速铁路桥梁风场特性及风参数取值、车桥系统气动干扰、动力特性、涡振振幅限值、抗/防风控制技术等方面，系统论述了近年来高速铁路桥梁抗风研究所取得的关键技术成果。

本书适合高速铁路桥梁工程领域科研人员、工程技术人员参考，也可作为高校相关专业研究生、本科生教学参考书。

图书在版编目(CIP)数据

高速铁路桥梁抗风技术 / 何旭辉等著. -- 北京 : 中国铁道出版社有限公司，2024. 12. --（高速铁路基础研究与技术创新丛书）. -- ISBN 978-7-113-31329-6

Ⅰ. U448. 132. 5

中国国家版本馆 CIP 数据核字第 2024BR6999 号

书　　名： 高速铁路桥梁抗风技术
作　　者： 何旭辉　邹云峰　敬海泉　等

策　　划： 刘　霞
责任编辑： 刘　霞　　**编辑部电话：**(010)51873405　　**电子邮箱：**604105550@qq. com.
封面设计： 高博越　　**丛书标识设计：** 崔丽芳
责任校对： 安海燕
责任印制： 高春晓

出版发行： 中国铁道出版社有限公司(100054，北京市西城区右安门西街 8 号)
网　　址： https://www. tdpress. com
印　　刷： 北京联兴盛业印刷股份有限公司
版　　次： 2024 年 12 月第 1 版　2024 年 12 月第 1 次印刷
开　　本： 787 mm×1 092 mm 1/16　**印张：** 14. 5　**字数：** 305 千
书　　号： ISBN 978-7-113-31329-6
定　　价： 108. 00 元

高速铁路基础研究与技术创新丛书

编　辑　组

组　长：王　滨

副组长：杨新阳

策　划：（以姓氏笔画为序）

王　健　王风雨　王明容　亢嘉豪　田　甜　朱敏洁　刘　霞
江新锡　李小军　李润华　李嘉懿　杨　哲　时　博　邱金帅
张　婕　陈小刚　金　锋　徐　艳　徐　清　黄　璐　曹艳芳
崔忠文　傅希刚　曾露平　熊安春　黎　琳　薛丽娜

编　辑：（第三期，以姓氏笔画为序）

王明容　王晓阳　王熙文　白小玉　冯海燕　朱荣荣　朱敏洁
刘　霞　李纯一　李润华　张　瑜　胡娟娟　秦绪涛　袁文东
聂宏伟　夏　伟　黄　璐　曹艳芳　曾丽辰　薛丽娜　魏　娟

统　筹：李小军　刘　霞

序

我国高速铁路起步晚、发展快、后劲足，经过几代人的不懈努力，通过原始创新、集成创新、引进消化吸收再创新，成功地走出了一条符合中国国情路情、具有中国特色的自主创新之路。我国已系统掌握各种复杂地质和气候条件下高速铁路建造成套技术；在工务工程、列车运行控制、牵引供电、动车组等高速铁路核心技术方面实现自主化；形成了复杂路网条件下处理跨线运行的运营管理成套技术，构建了人防、物防、技防三位一体的主动安全保障机制。我国已成为全球高速铁路运营里程最长、在建规模最大、运营速度最快、技术体系最全、运营和管理经验最丰富的国家。我国高速铁路技术已走在世界前列，成为推动世界高速铁路发展的重要力量。

为贯彻落实中共中央、国务院《交通强国建设纲要》，推进国铁集团《新时代交通强国铁路先行规划纲要》的落地，系统总结、梳理我国高速铁路各领域前沿理论和技术，向我国乃至世界高速铁路科研工作者和工程技术人员提供一套前沿性的参考书，中国国家铁路集团有限公司铁道出版社公司特组织编著出版“高速铁路基础研究与技术创新丛书”。

丛书以习近平新时代中国特色社会主义思想为指导，以国家自然科学基金课题、国家基金委-国铁集团高铁联合基金课题、国家“973”课题、国家重点研发计划课题等科研成果为支撑，从高速铁路前沿研究、补短板技术、核心技术、技术发展趋势等方向组织选题，涵盖动车组、供电、通信与信号、列控与检测、工程勘察与设计、智能建造、运营与管理、现代信息技术、安全和维护等领域，规模为 100 册，是全面系统论述我国高速铁路基础研究与技术创新成就的大型系列原创性科技著作。

丛书力求突出制高点、原创性、权威性、全覆盖特色。丛书各册内容以作者团队长期从事高速铁路科学研究的成果为依托，多数成果居于国内领先水平甚至世界先进水平，多种成果荣获国家科学技术奖一等奖、二等奖，国家技术发明奖一等奖、二等奖，茅以升科学技术奖，詹天佑铁道科学技术奖，铁道科技进步奖等奖项，丛书内容体现了我国当今最新、最前沿以及展现未来发展趋势的高速铁路相关研究成果和应用技术。丛书包括动车组、供电、工程施工与组织等十个系列，基本实现高速铁路各领域全覆盖。

丛书由编委会总负责。编委会阵容强大，认真负责。编委会各成员都是长期从事我国高速铁路科研、技术、生产和管理的一流专家学者，是所从事领域的翘楚，其中包括高速铁路及其相关领域的四位院士。编委会多次开会商讨丛书的体系、内容特色、作者条件及质量保障机制；分工负责，精心审订和修改各册编写提纲；多次遴选选题，先从150多个选题意向中遴选出100个选题，后又剔除了内容特色不太鲜明的8个选题，还对10多个选题提出了较大的改进意见，补充了8个关键技术和弥补技术空白的选题；最后邀请专人对各册内容进行审定，从而保证了各册内容的正确性和先进性。

2021年年底，国家新闻出版署经过严格评审，“高速铁路基础研究与技术创新丛书”(100册)成功入选“‘十四五’时期国家重点出版物出版专项规划——重大出版工程”。这是对本丛书项目的认可，也是对编委会、作者和编辑等人员前期工作的认可，更是一种鞭策。我们相信，本丛书的出版，将助力于《交通强国建设纲要》的贯彻落实，推动我国乃至世界高速铁路事业的发展，也将为铁路领域的科研工作者、工程技术人员、管理人员，以及高校相关专业师生提供一套高水平、原创性、权威性、全覆盖的大型高铁科技精品著作。

中国工程院院士

“高速铁路基础研究与技术创新丛书”编委会主任 卢春房

2022年2月

助力我国高速铁路桥梁抗风技术研究

——为《高速铁路桥梁抗风技术》序

静、动力风荷载是大跨度桥梁的设计控制荷载。桥梁抗风理论研究属于应用基础研究，紧密结合工程建设进行并随之发展。早期建设的铁路桥梁跨度小，对风荷载不敏感，铁路桥梁抗风研究几乎为空白。

随着我国高速铁路的快速发展，大跨度桥梁越来越多。由于高速列车对桥面平顺性要求极高，不仅要确保桥梁结构的抗风设计安全，还要严格控制桥梁的风振响应大小，保证大风作用下桥上列车运营的安全性和舒适性，因此，铁路桥梁抗风不能简单套用公路桥梁抗风理论与方法。

尽管国内外学者结合工程建设需求，针对大跨度铁路桥梁开展了一些工程应用研究，但对铁路桥梁抗风设计的关键科学和技术问题缺乏系统深入研究与总结。近年来，何旭辉教授在国家自然科学基金委、中国国家铁路集团有限公司科技计划和重要铁路桥梁抗风专题研究等项目的持续支持下，依托高速铁路建造技术国家工程研究中心、轨道交通工程结构防灾减灾湖南省重点实验室等创新平台，带领课题组开展了系统深入的研究，在风场特性及风参数取值、车-桥系统气动干扰、结构动力特性、涡振振幅限值、抗/防风控制等基础理论和应用技术方面均取得了重要进展，并在实际工程成功应用，主编了国内首部《铁路桥梁抗风设计规范》(Q/CR 9162—2023)。本书系统介绍了课题组十多年来在铁路桥梁抗风领域所取得的研究成果，对我国当前展开的大跨铁路桥梁建设具有重要指导和参考价值。

本书是“高速铁路基础研究与技术创新丛书”的分册，系统论述了铁路桥梁抗风理论和设计方法，对从事铁路桥梁抗风设计研究的工程技术人员、高等院校师生具有很好的参考价值。

中国工程院院士
湖南大学教授
陈政清

2024 年 3 月 11 日

前　　言

本书为“高速铁路基础研究与技术创新丛书”之分册，按丛书要求，力求体现高速铁路桥梁抗风关键技术的制高点、前沿性、原创性特色。

1940年美国旧塔科马大桥风毁事件，引起全世界桥梁界和学术界的强烈震动，抗风问题成为大跨度桥梁建设不可回避的问题。我国学者因为希望修建跨黄浦江大桥于20世纪70年代末80年代初开始研究桥梁抗风问题，经过40余年的发展，公路桥梁抗风已相对成熟；但早期铁路桥梁由于跨度小、刚度大，对风不敏感，抗风研究相对滞后。

随着我国高速铁路的快速发展，大跨度桥梁越来越多，其抗风问题日益突出。相比公路桥梁，高速铁路桥梁具有车-桥气动干扰突出、车-桥动力作用显著、高速列车对桥面平顺性要求高等特点，不能简单套用公路桥梁抗风理论与方法，亟需开展专门研究。

在国家自然科学基金(51925808、52078504、52078502)和中国国家铁路集团有限公司科技计划(2015G002-C、2015-G-01A、P2019G002、N2022G031)等重点项目的大力支持下，笔者依托高速铁路建造技术国家工程研究中心、轨道交通工程结构防灾减灾湖南省重点实验室、中南大学风工程研究中心等创新平台，长期致力于高速铁路桥梁抗风研究，并编制国内首部《铁路桥梁抗风设计规范》(Q/CR 9162—2023)。

本书针对高速铁路桥梁抗风特点，从风场特性及风参数取值、车-桥系统气动干扰、动力特性、涡振振幅限值、抗/防风控制等方面，系统论述了高速铁路桥梁抗风研究关键问题，为确保桥梁抗风性能及桥上高速列车行车安全做出了一系列前沿探索与实践。

当前国内外关于桥梁风工程的著作主要集中于公路桥梁抗风领域，针对高速铁路桥梁抗风的专著尚付阙如。本书系统总结了中南大学桥梁风工程研究团队十多年来的研究成果和工程实践经验，在突出高速铁路桥梁抗风基础理论研究的同时，也强调研究成果对实际桥梁抗风设计的指导作用。

本书由中南大学何旭辉等著，由湖南大学陈政清院士主审。由何旭辉提出写作计划、制定全书大纲、统稿、定稿，集体讨论确定各章节内容。具体分工如下：第1章由何旭辉著，第2章由邹云峰、敬海泉著，第3章由李欢、何旭辉著，第4章由魏晓军、何旭辉、郭辉著，第5章由邹云峰、郭向荣著，第6章由敬海泉、邹云峰、魏晓军、严磊著，第7章由杨伟超、何旭辉著，第8章由何旭辉著。博士研究生谢祖育、康星辉、梁浩博、何雨晴，硕士研究生刘航钊等参与校订工作。

著　者

2024年1月

目　　录

第 1 章　绪　　论 …… 1
1.1　高速铁路桥梁建设成就 …… 1
1.1.1　常用标准跨度桥梁 …… 1
1.1.2　大跨度混凝土梁式桥及组合结构桥梁 …… 2
1.1.3　大跨度拱桥 …… 3
1.1.4　大跨度缆索支承桥梁 …… 3
1.2　高速铁路桥梁抗风发展 …… 6
1.2.1　桥梁风毁事件 …… 6
1.2.2　公路桥梁抗风研究历程 …… 8
1.2.3　高速铁路桥梁抗风研究历程 …… 14
1.3　高速铁路桥梁抗风关键问题 …… 15
1.3.1　风参数取值 …… 15
1.3.2　车-桥系统气动干扰 …… 15
1.3.3　动力特性 …… 16
1.3.4　桥梁涡振振幅限值 …… 16
1.3.5　抗/防风控制技术 …… 17
第 2 章　风场特性及风参数取值 …… 19
2.1　边界层风特性 …… 19
2.1.1　平均风速剖面 …… 19
2.1.2　湍流强度 …… 20
2.2　复杂地形风场特性研究 …… 21
2.2.1　风洞试验 …… 22
2.2.2　现场实测 …… 28
2.2.3　数值模拟 …… 34
2.3　铁路桥梁抗风设计基准风速 …… 44
2.3.1　TW1 设计基准风速 …… 45
2.3.2　TW2 设计基准风速 …… 46
2.3.3　结构或构件设计基准风速 …… 47
2.3.4　深切峡谷区桥梁设计基准风速 …… 48

第 3 章 车-桥系统气动干扰 …… 53
3.1 车-桥系统气动力特性 …… 53
3.1.1 试验设置与工况 …… 53
3.1.2 气动力特性 …… 57
3.2 车-桥系统准雷诺数效应 …… 61
3.2.1 准雷诺数效应的定义与流动机理 …… 62
3.2.2 准雷诺数效应对列车气动特性的影响 …… 66
3.2.3 准雷诺数效应对桥梁气动特性的影响 …… 72
3.3 车-桥系统间隙流干扰效应 …… 73
3.3.1 间隙流干扰效应的定义与流动机理 …… 74
3.3.2 间隙流干扰效应对列车气动特性的影响 …… 75
3.4 车-桥系统附加风攻角效应 …… 78
3.4.1 附加风攻角效应的定义与流动机理 …… 78
3.4.2 附加风攻角效应对桥梁气动特性的影响 …… 79
3.5 车-桥系统车头绕流三维效应 …… 81
3.5.1 车头绕流三维效应的定义与流动机理 …… 81
3.5.2 车头绕流三维效应对列车气动特性的影响 …… 82
第 4 章 铁路桥梁动力特性 …… 86
4.1 结构模态参数识别方法 …… 86
4.1.1 面积法 …… 86
4.1.2 经验模态分解与随机减量技术联合方法 …… 90
4.2 铁路桥梁及构件频率估算 …… 93
4.2.1 拱桥基频 …… 93
4.2.2 斜拉桥基频 …… 95
4.2.3 悬索桥基频 …… 98
4.2.4 吊杆频率 …… 99
4.2.5 斜拉索频率 …… 100
4.3 铁路桥梁及构件阻尼参考值 …… 101
4.3.1 桥梁模态阻尼比 …… 101
4.3.2 桥塔模态阻尼比 …… 106
4.3.3 拉索、吊索结构阻尼比 …… 106
第 5 章 高速铁路桥梁涡振振幅限值 …… 108
5.1 桥梁涡激振动 …… 108
5.1.1 涡激振动简介 …… 108

5.1.2　公路桥梁涡激振幅限值 …… 109
5.2　高速铁路桥梁涡振振幅限值理论公式 …… 111
5.2.1　基本假定 …… 111
5.2.2　竖弯涡振振幅限值公式 …… 111
5.2.3　扭转涡振振幅限值公式 …… 114
5.2.4　涡振振幅限值公式统一表达式 …… 116
5.3　基于列车走行性的高速铁路桥梁涡振振幅限值计算 …… 117
5.3.1　涡振风速估算 …… 117
5.3.2　走行性指标及计算参数 …… 119
5.3.3　竖弯涡振振幅限值 …… 120
5.3.4　扭转涡振振幅限值 …… 123
5.4　高速铁路桥梁涡振振幅限值公式验证 …… 124
5.4.1　涡振振幅限值计算说明 …… 124
5.4.2　竖弯涡振振幅限值比较 …… 125
5.4.3　扭转涡振振幅限值比较 …… 127
第 6 章　高速铁路桥梁抗/防风控制技术 …… 129
6.1　主梁风致振动控制技术 …… 129
6.1.1　稳定板气动控制 …… 129
6.1.2　尾流分隔板气动控制 …… 134
6.1.3　检修车轨道气动优化 …… 140
6.1.4　附属结构形式优化 …… 147
6.2　斜拉索/吊索尾流弛振及其控制 …… 153
6.2.1　尾流弛振响应特征 …… 153
6.2.2　弹性连杆抑振效果 …… 160
6.2.3　弹性连杆工作原理 …… 164
6.2.4　弹性连杆无量纲刚度 …… 165
6.3　桥上行车防风技术 …… 166
6.3.1　组合式风屏障方案提出 …… 166
6.3.2　组合式风屏障对车桥系统气动特性影响 …… 169
6.3.3　组合式风屏障风-车-桥耦合系统动力响应分析 …… 175
第 7 章　桥隧过渡段行车安全防风技术 …… 179
7.1　桥隧过渡段横风-移动列车风洞试验 …… 179
7.1.1　试验布局 …… 179
7.1.2　试验模型 …… 180

7.1.3 数据采集及测点布置方案 …… 181
7.1.4 CFD 模拟与试验结果对比 …… 182
7.2 桥隧过渡段列车空气动力特性 …… 184
7.2.1 移动列车气动效应分析模型 …… 184
7.2.2 桥隧过渡段移动列车气动荷载变化规律 …… 186
7.2.3 桥隧过渡段移动列车流场时变演化 …… 189
7.3 桥隧过渡段风屏障优化设计方法 …… 194
7.3.1 透风式风屏障气动分析模型 …… 194
7.3.2 有无风屏障下列车气动荷载对比 …… 197
7.3.3 屏障高度对列车气动荷载的影响 …… 200
7.3.4 风屏障透风率对列车气动荷载影响 …… 203
7.3.5 桥隧过渡段合理防风方法 …… 205
第 8 章 展　　望 …… 208

第1章 绪　论

1940 年美国旧塔科马大桥风毁事件促进了桥梁风工程学科的诞生。修建大跨度桥梁必须重视其抗风问题。我国公路桥梁抗风研究始于 20 世纪 70 年代末 80 年代初，经过 40 余年的发展已相对成熟；早期铁路桥梁由于跨度小、刚度大，对风不敏感，抗风研究相对滞后。随着我国高速铁路的快速发展，大跨度桥梁越来越多，对风愈加敏感，但因其自身特点又不能直接采用公路桥梁抗风设计规范，其抗风问题亟须开展专门研究。本章分析我国高速铁路桥梁建设成就、公路桥梁和铁路桥梁抗风研究发展历程，提出高速铁路桥梁抗风需重点关注的问题。

1.1　高速铁路桥梁建设成就

我国从 20 世纪 90 年代初期就开始研究高速铁路桥梁，1999 年开工建设秦沈客运专线，通过 20 多年的研究、探索和工程实践，我国在高速铁路桥梁建设标准、运营里程和在建规模均处于世界前列。截至 2023 年底，我国高速铁路运营里程已突破 4.5 万 km，其中，桥梁占比约为 45%，超 2.0 万 km。在高速铁路桥梁技术标准、设计及施工关键技术等方面积累了丰富成果，形成了自主创新的技术体系。

1.1.1　常用标准跨度桥梁

常用跨度桥梁占比大，易于标准化、工厂化建造，我国已形成特有的高速铁路常用跨度桥梁体系。在 24 m、32 m 跨度简支箱梁技术体系的基础上，发展了 40 m 跨度简支箱梁设计、制造、运输、架设的成套技术，丰富了现有标准梁跨度序列，提升了高速铁路桥梁的技术经济性。如何确保常用跨度标准梁满足高速列车运行的舒适性和平稳性、避免产生较大的动力响应、尽量减小后期养护维修工作量，我国桥梁设计和研究人员通过多年的研究和探索，以及一系列综合试验、联调联试验证和工程实践，掌握了常用跨度梁的动力设计、后期变形控制等设计关键技术。典型标准跨度简支梁桥如图 1-1 所示。

在动力设计方面，梁体以竖向基频为动力控制的主要指标，掌握了桥梁动力性能和速度的近似关系，梁体动力性能能够满足运营要求。为保持桥上轨道的平顺性、减小后期养护维修的工作量，无砟轨道线路必须严格控制简支箱梁的徐变变形。我国设计中采取控制梁体混凝土最大压应力，以确保徐变变形与应力呈线性关系；同时，控制恒载作用下梁体截面上下缘应力差，这样梁体截面基本长期处于均匀受压状态，徐变上拱很小。

图 1-1 标准跨度简支梁桥

1.1.2 大跨度混凝土梁式桥及组合结构桥梁

混凝土结构具有刚度大、噪声小、成本低和维修养护方便等优点，我国在修建大跨度桥梁时，混凝土桥仍是优先考虑的桥型之一，主跨 112 m 以下的连续梁桥还有通用图。随着跨度的加大，桥梁的变形必然增加，如何控制大跨度混凝土桥的收缩徐变变形以满足无砟轨道的要求是设计关注的重点技术难题。典型高速铁路连续梁桥如图 1-2 所示。

目前国内大跨度混凝土梁体收缩徐变竖向变位的控制，除了沿用常用跨度标准梁控制混凝土最大压应力和恒载下梁体上下缘应力差的方法外，创造性提出从减小梁体的弹性变形入手以达到控制梁体徐变变形的目的，即在混凝土连续结构上增加拱结构、桁结构、拉索结构等辅助加劲结构，辅助加劲结构承担了部分荷载，提高了结构的刚度，控制了梁体变位，拓展了混凝土桥在高速铁路桥梁中的适用跨度范围。典型高速铁路连续刚构-拱组合桥如图 1-3 所示。

图 1-2 连续梁桥

图 1-3 连续梁刚构-拱组合桥

1.1.3 大跨度拱桥

上承式混凝土拱桥具有跨越能力强、刚度大、经济合理、对环境适应性好等特点，是山区高速铁路跨越深切峡谷的最佳桥型之一。上承式混凝土拱桥主要技术问题是主拱的施工难度问题，我国针对不同的地形地质条件，开展了主拱平面转体、竖向转体、二次分段竖转、劲性骨架法等工法研究。结合多座上承式拱桥的建设实践，中铁二院工程集团有限责任公司等单位对拱上结构的合理形式、拱的结构参数、行车动力特性、劲性骨架拱的分析方法、施工线形控制等方面开展了系统研究，形成了较为丰富的科研成果和设计、建造经验。目前，沪昆高速铁路北盘江特大桥主跨 445 m，是高速铁路跨度最大的上承式拱桥，如图 1-4 所示。

当桥梁建筑高度受到严格限制时，可采用中承式或下承式拱桥。例如，成贵高速铁路鸭池河特大桥采用了主跨 436 m 的中承式钢混结合提篮拱，京沪高速铁路南京大胜关特大桥采用了主跨 336 m 的中承式钢桁拱，如图 1-5 所示。下承式拱桥由于结构高度低、外形美观而在高速铁路上大量采用。例如，福厦铁路跨越福厦高速公路采用了 128 m 的提篮式系杆拱桥，武广客运专线跨越京珠高速公路采用了 140 m 钢箱系杆拱桥。

图 1-4 沪昆高速铁路北盘江大桥

图 1-5 京沪高速铁路南京大胜关大桥

1.1.4 大跨度缆索支承桥梁

缆索支撑桥梁是目前发展超大跨度桥梁的必然选择，包括斜拉桥、悬索桥及斜拉-悬索协作体系均在我国高速铁路桥梁中得到应用。

1. 大跨度斜拉桥

斜拉桥作为柔性桥梁，早期在铁路桥梁中的应用一直比较谨慎。1981 年建成的湘桂铁路来宾红水河桥为主跨 96 m 混凝土斜拉桥，2000 年建成的芜湖长江公铁大桥为主跨 312 m 的部分斜拉桥，如图 1-6 所示。直到 2009 年建成通车的主跨 504 m 的天兴洲公铁两用长江大桥，才首次将铁路斜拉桥主跨推进到 500 m 以上，成为第一座高速铁路斜拉桥，并拉开了我国高速铁路斜拉桥建设的序幕，铁路斜拉桥的跨径也不断被刷新；主跨 1 092 m 的沪苏通铁路长江大桥标志着铁路斜拉桥进入千米级时代，如图 1-7 所示。代表性大跨度铁路斜拉桥见表 1-1。

图 1-6　芜湖长江公铁大桥

图 1-7　沪苏通长江公铁两用大桥

表 1-1　代表性大跨度铁路斜拉桥

序号	桥梁名称	主跨/m	结构形式	建成时间/年
1	南广铁路郁江大桥	228	钢桁梁斜拉桥	2011
2	渝利铁路韩家沱长江大桥	432	钢桁梁斜拉桥	2013
3	宁安(阜景)铁路安庆长江大桥	580	钢桁梁斜拉桥	2015
4	渝贵铁路白沙沱长江大桥	432	钢桁梁斜拉桥	2018
5	昌赣高速铁路赣江大桥	300	首座无砟轨道组合梁斜拉桥	2019
6	商合杭高速铁路裕溪河大桥	324	高低矮塔钢桁梁斜拉桥	2020
7	南沙港铁路西江大桥	600	混合梁斜拉桥	2021
8	新建安九铁路鳊鱼洲长江大桥	672	交叉索钢箱混合梁斜拉桥	2021
9	渝万高速铁路石沱长江大桥	608	混合梁斜拉桥	在建
10	武广高速铁路天兴洲公铁大桥	504	钢桁梁斜拉桥	2009
11	京广高速铁路郑州黄河公铁大桥	5×168	钢桁梁斜拉桥	2010
12	武黄铁路黄冈长江公铁大桥	567	钢桁梁斜拉桥	2014
13	合福高速铁路铜陵长江公铁大桥	630	钢桁梁斜拉桥	2015
14	商合杭高速铁路芜湖长江公铁大桥	588	钢桁-箱组合斜拉桥	2020
15	沪苏通长江公铁大桥	1 092	钢桁梁斜拉桥	2020
16	平潭海峡公铁大桥(元洪航道桥/鼓屿门水道桥/大小练岛水道桥)	532/364/336	钢桁混合梁斜拉桥	2020
17	宜宾临港长江公铁大桥	522	钢箱梁斜拉桥	2023
18	合池铁路池州长江公铁大桥	812	钢桁梁斜拉桥	在建
19	巢马铁路马鞍山长江公铁大桥	2×1 120	钢桁梁斜拉桥	在建
20	常泰长江大桥	1 176	钢桁梁斜拉桥	在建
21	通苏嘉甬高速铁路杭州湾跨海大桥(北航道桥/中航道桥)	450/2×448	钢桁梁斜拉桥	在建

世界上关于大跨度桥的桥上列车行车速度目标值的主要技术标准没有成功的经验可借鉴，我国技术人员通过对已建和在建的铁路斜拉桥的研究、设计和总结，掌握了铁路斜拉桥的刚度标准和不同列车速度下桥上轨道形位的要求。主梁的竖向刚度采用活荷载作用下的挠跨比和梁端转角进行控制。由于斜拉桥刚度较小，大跨度铁路斜拉桥一般都是采用有砟轨道，主跨 300 m 的昌赣高速铁路赣江大桥则是首座探索采用无砟轨道的斜拉桥。

2. 大跨度悬索桥

相比斜拉桥，悬索桥则更柔，在我国铁路桥梁中的应用更少。刚建成通车的主跨 660 m 的丽香铁路金沙江大桥为我国首座铁路专用悬索桥，如图 1-8 所示；2020 年建成通车的主跨 1 092 m 五峰山长江公铁大桥是世界上最大跨度的高速铁路悬索桥，如图 1-9 所示。还有色曲特大桥、怒江特大桥、大渡河特大桥 3 座艰险山区的千米级铁路悬索桥正在建设，见表 1-2。

图 1-8 丽香铁路金沙江大桥

图 1-9 连镇铁路五峰山大桥

表 1-2 代表性大跨度铁路悬索桥

序号	桥梁名称	主跨/m	结构形式	建成时间/年
1	丽香铁路金沙江大桥	660	上承式钢桁梁悬索桥	2023
2	连镇铁路五峰山长江公铁大桥	1 092	钢桁梁悬索桥	2020
3	色曲大桥	880	钢桁梁悬索桥	在建
4	怒江大桥	1 000	钢桁梁悬索桥	在建
5	大渡河大桥	1 060	钢桁梁悬索桥	在建

由于缺乏铁路悬索桥列车运行的研究，目前按照斜拉桥的标准和桥上轨道结构要求进行设计。为解决其梁端转角问题，采用加劲梁连续布置、中跨悬吊的结构形式，为了控制其刚度，桥梁设计普遍采用了较大的恒载，自重较重，设计上较为保守。

3. 大跨度斜拉-悬索协作体系桥

斜拉-悬索协作体系最早由约翰·奥古都·罗布林(John Augustus Roebling)在 1855 年修建的主跨 251 m 的尼亚加拉瀑布公铁两用桥中提出，其设计思想为斜拉索和吊杆均在全桥范围内布置，受力以悬吊部分为主，斜拉索仅起增加悬索桥刚度和提高承载力的作用。

1938年，弗朗兹·狄辛格(Franz Dichinger)提出了主梁在桥塔附近采用斜拉索支承、跨中采用悬索支承的新结构体系。

自协作体系桥提出至今，国内外学者对协作体系桥做了很多研究工作，陆续提出了不同的协作体系方案。但大部分研究都以公路桥为对象，我国于1997年建成的主跨288 m的乌江公路大桥采用狄辛格体系，土耳其于2016年建成主跨1 048 m的博斯普鲁斯三桥采用改进的狄辛格体系。公路桥活载与恒载比为10%～20%，较同等跨度的铁路桥或公铁两用桥小，活载产生的结构疲劳问题相对容易解决。

为充分发挥斜拉桥和悬索桥的优点，进一步提高速铁路路桥梁的跨度，我国工程技术人员在充分研究斜拉-悬索协作体系合理刚度和力学性能的基础上，已设计三座正在建设的超大跨度斜拉-悬索协作体系桥：主跨988 m的G3铜陵长江公铁大桥、主跨1 120 m的荆州李埠长江公铁大桥(图1-10)和主跨1 488 m涌舟铁路西侯门公铁大桥(图1-11)，见表1-3。

图1-10 荆州李埠长江公铁大桥

图1-11 涌舟铁路西侯门公铁大桥

表1-3 代表性大跨度铁路斜拉-悬索协作体系桥

序号	桥梁名称	主跨/m	结构形式	建成时间/年
1	G3铜陵长江公铁大桥	988	钢桁梁斜拉悬索协作体系	在建
2	荆州李埠长江公铁大桥	1 120	钢桁梁斜拉悬索协作体系	在建
3	涌舟铁路西侯门公铁大桥	1 488	钢桁梁斜拉悬索协作体系	在建

伴随着我国近20年的高速铁路发展，高速铁路桥梁建设取得了举世瞩目的成就。目前铁路建设仍处于重要机遇期，我国高速铁路桥梁将向更大跨度发展，也将面临西南山区和东部沿海更加复杂的气候环境条件，大跨度桥梁抗风问题尚需进一步深入研究。

1.2 高速铁路桥梁抗风发展

1.2.1 桥梁风毁事件

说到桥梁风毁事件，最著名的就是1879年发生的英国泰河铁路桥(Tay Rail Bridge)风毁事件和 1940 年发生的美国旧塔科马大桥(Old Tacoma Narrows Bridge)风毁事件。

泰河铁路桥跨越泰河，连接爱丁堡(Edinburgh)和邓迪(Dundee)，由邓迪富商詹姆斯·考克斯(James Cox)出资修建，原计划 1874 年建成，后因河床地质条件勘察不充分，推迟至 1879 年 2 月 5 日建成通车。泰河铁路桥是当时世界上跨度最大的铁路桥，由 85 孔铆接锻铁桁梁构成，最大跨度 75.3 m 总长 3.264 km。因通航净空要求，中间 13 孔为下承式钢桁梁，其余 72 孔为上承式钢桁梁。1879 年 12 月 28 日晚，一列 6 节车厢的邮政列车和 13 孔下承式钢桁梁全部坠入河中，如图 1-12 所示。列车上 75 名乘客和机乘人员(包括大桥设计师鲍奇的女婿)全部遇难。调查报告表明，当晚风力为蒲式 10～11 级(风速 24～32.6 m/s)，设计风荷载过小是桥梁倒塌的直接原因，当然材料和结构设计也存在缺陷。

图 1-12　泰河铁路大桥风毁前后

旧塔科马大桥位于美国西海岸华盛顿州的西雅图南 50 余公里，横跨塔科马海湾，是一座三跨(336＋853＋336)m 连续加劲梁悬索桥，桥宽 11.9 m，加劲梁为 2.44 m 高的 H 型板梁，塔高 130 m，由金门大桥设计者之一的莱昂·莫伊瑟夫(Leon S. Moisseiff)承担大桥上部结构设计。大桥于 1938 年 11 月 23 日开始施工，1940 年 7 月 1 日建成通车。但仅仅过了 4 个月，于 1940 年 11 月 7 日上午就发生了风毁事故，如图 1-13 所示，当时记录风速为 19 m/s。实际上，在旧塔科马大桥风毁之前，已有 10 余座悬索桥(吊桥)遭受风灾垮塌，具体见表 1-4。

图 1-13　旧塔科马大桥风毁前后

表 1-4　历史上主要风毁吊桥

序号	桥梁名称	主跨/m	所在国	设计者	垮塌时间/年
1	德赖堡修道院(Dryburgh Abbey)桥	74	英国	威廉・史密斯	1818
2	联邦(Union)桥	137	英国	塞缪尔・布朗	1821
3	拿骚(Nassau) 桥	75	德国	罗森和沃尔夫	1834
4	布莱顿(Brighton)桥	78	英国	塞缪尔・布朗	1836
5	蒙特罗斯(Montrose)桥	132	英国	塞缪尔・布朗	1838
6	梅奈海峡(Menai Straits)桥	177	英国	托马斯・特尔福德	1839
7	拉罗斯伯纳德(Roche Bernard)桥	195	法国	勒布朗	1852
8	威灵(Wheeling)桥	308	美国	查尔斯・埃莱特	1854
9	尼亚加拉・刘易斯(Niagara-Lewiston)桥	318	美国	爱德华・塞雷尔	1864
10	尼亚加拉・克利夫顿(Niagara-Clifton)桥	384	美国	塞缪尔・基夫	1889
11	旧塔科马大(Old Tacoma Narrows)桥	853	美国	莱昂・莫伊瑟夫	1940

旧塔科马大桥建成通车后，就多次发生风致竖向弯曲振动(当地人称“跳跃的格蒂”)。这一现象引起华盛顿大学的法库哈森(Farquharson)教授关注。法库哈森教授成立了观测小组，长达 4 个月的时间里，通过目测、经纬仪测量、16 mm 胶片的拍摄，记录了大桥的振动模态及风毁全过程，为后续分析研究积累极为宝贵的资料。旧塔科马大桥风毁后，美国政府正式委托冯・卡门(Von *Kármán*，流体力学大家)、安曼(Ammann，华盛顿大桥建设者)和伍德拉夫(Woodruff，旧金山奥克兰海湾大桥上部结构设计者)三位权威专家组成调查委员会进行调查并编制了 290 多页的正式报告。调查报告认为塔科马桥和一般类似结构一样，桥梁设计充分考虑了静力(包括风)作用，但没有考虑风的动力作用，是导致事故发生的主要原因。风致振动问题由此引起人们高度重视，经过桥梁工程师和流体力学专家的紧密合作，逐渐诞生了一门新兴学科——桥梁风工程。

1.2.2　公路桥梁抗风研究历程

1. 孕育——20 世纪 70 年代

我国公路桥梁抗风研究，实际上始于上海黄浦江大桥(南浦大桥)的建设。受 1940 年美国旧塔科马大悬索桥(Old Tacoma Narrows Bridge)风毁事故影响，上海市政工程设计院的桥梁工程师希望通过主跨 200 m 的上海郊区松江县泖河上的泖港大桥(2020 年拆除)的斜拉桥预研究，为将要建设主跨超 400 m 的跨黄浦江大桥提供经验，在此之前，我国已建桥梁的最大跨度仅为 150 m。1979 年初，同济大学项海帆教授展开泖港大桥风洞试验研究，于 1979 年底在中国气动中心低速所 4 m×3 m 低速风洞中，成功进行了国内首次桥梁节段模型风洞试验——泖港大桥颤振试验，拉开了我国桥梁抗风研究的序幕。

“中国人民解放军第 29 试验训练基地”的空气动力研究院，于 20 世纪 60 年代末期开始筹建,1979 年 1 月开始对外使用“中国空气动力研究与发展中心”名称。此时,低速所也开始关注工业空气动力学研究,安排专人开展桥梁和建筑结构的抗风研究,并于 1979 年 4 月主持召开了“桥梁风振问题座谈会”,程庆国、项海帆等几位院士都出席了这次会议。

2. 成长——20 世纪 80 年代

进入 20 世纪 80 年代,项海帆院士带领的桥梁抗风研究得到了快速发展,逐渐成为我国桥梁风工程研究的重要力量。在泖港大桥风洞试验之后,又在气动中心完成了天津永和桥、辽宁大洋河桥(方案)两座跨度分别为 260 m 和 330 m 斜拉桥的节段模型风洞试验研究,开辟了桥梁抗风理论研究新方向,开始培养硕博士研究生,先后完成了广州海印大桥、重庆嘉陵江大桥、东营黄河大桥等多座斜拉桥的节段模型试验。在可供试验的边界层风洞建成之前,几乎所有的桥梁风工程试验都是在低速航空风洞中进行的。

我们国家第一座边界层风洞是北京大学于 1984 年建成的 3 m×2 m×32 m 直流边界层风洞,北京大学孙天风教授 1973 年就开始从事发电厂冷却塔风荷载研究,是我国最早进行结构风工程研究的主要专家之一。1986 年广东省建筑科学研究院建成了 1.8 m×1.2 m×9 m+3 m×2 m×10 m 双试验段边界层风洞。1988 年同济大学获批筹建土木工程防灾减灾国家重点实验室,1989 年底建成 1.2 m×1.8 m×18 m 边界层风洞——TJ-1 风洞。1990 年完成南浦大桥气弹模型试验,并通过了亚洲开发银行组织的由美国、加拿大、日本国际知名风工程专家组成的专家组多次审查。

3. 壮大——20 世纪 90 年代

进入 20 世纪 90 年代,我国桥梁风工程研究已有较好的基础。在试验设备上,西南交通大学于 1991 年建成了 2.4 m×2 m×16 m+3.6 m×3 m×8 m 双试验段的边界层风洞——XNJD-1 风洞;同济大学于 1994 年建成了 3 m×2.5 m×15 m 边界层风洞——TJ-2 边界层风洞;紧接着于 1995 年建成了 15 m×2 m×14 m 边界层风洞——TJ-3 大型边界层风洞;汕头大学于 1996 年建成了 3 m×2 m×20 m 直流式边界层风洞。2000 年前我国建成的边界层风洞及航空低速风洞,见表 1-5。

表 1-5 2000 年前建成的边界层风洞及低速风洞

序号	建成时间/年	单位和风洞	宽度/m	高度/m	长度/m	最大风速/($m \cdot s^{-1}$)
1	1965	中国航空工业空气动力研究院(FL-8)	3.5	2.5	5.5	60.0
2	1966	中国航天空气动力技术研究院(FD-09)	3.0	3.0	12.0	100.0
3	1970	中国船舶科学研究中心(02)	3.0	3.0	12.5	93.0
4	1971	中国空气动力研究与发展中心(FL-12)	4.0	3.0	8.0	100.0
5	1972	中国空气动力研究与发展中心(FL-11)	1.4	1.4	2.8	50.0
6	1978	中国空气动力研究与发展中心(FL-13)	12.0/8.0	16.0/6.0	25.0/15.0	25.0/100.0

续上表

序号	建成时间/年	单位和风洞	宽度/m	高度/m	长度/m	最大风速/(m·s^{-1})
7	1981	南京航空航天大学(NH-2)	3.0/5.1	2.5/4.25	6.0/7.0	90.0/31.0
8	1984	北京大学直流式边界层环境风洞	3.0	2.0	32.0	21.0
9	1985	北京大学回流式边界层环境风洞	1.2/2.4	1.0/1.8	8.5/4.2	40.0/11.0
10	1986	广东省建筑科学研究院(CGB-1)	3.0/1.2	2.0/1.8	10.0/9.0	18.0/46.0
11	1990	同济大学直流式边界层风洞(TJ-1)	1.8	1.8	12.0	30.0
12	1991	西南交通大学边界层风洞(XNJD-1)	2.4/3.6	2.0/ 3.0	16.0/8.0	45.0/22.0
13	1992	西北工业大学边界层风洞(NF-3)	3.0/2.5	1.6/2.5	8.0/4.2	130.0/145.0
14	1992	复旦大学直流式边界层风洞(FD-1)	1.8	1.5	12.4	17.0
15	1994	同济大学回流式边界层风洞(TJ-2)	3.0	2.5	15.0	68.0
16	1995	同济大学回流式边界层风洞(TJ-3)	15.0	2.0	14.0	17.0
17	1996	汕头大学直流式边界层风洞	3.0	2.0	20	45.0

在研究队伍上，西南交通大学奚绍中教授培养了周述华、廖海黎等一批桥梁抗风方向博士研究生，建立了风工程试验研究中心，成为桥梁抗风研究的重要力量；中南大学(原长沙铁道学院)陈政清教授成立桥梁抗风研究课题组，开辟桥梁抗风研究方向，培养硕博士研究生；长安大学(原西安公路学院)刘建新教授组建课题组从事桥梁抗风研究。

桥梁抗风研究水平的不断提高，开始获批国家自然科学基金项目，研究成果在国家重大桥梁工程建设中发挥了重要作用。同济大学项海帆教授团队承担的上海南浦大桥、杨浦大桥、虎门大桥、江阴长江大桥等抗风研究任务，为指导桥梁工程抗风设计起到重要作用。特别是南浦大桥抗风研究成果，在推动我国超大跨度桥梁自主建设上具有里程碑意义。1996 年，项海帆教授主编的《公路桥梁抗风设计指南》出版，成为我国第一部大跨度桥梁抗风设计参考书。

4. 成熟——21 世纪

进入 21 世纪后，中国桥梁风工程届跨入了一个崭新的发展时期，边界层风洞迅速增加，研究队伍规模不断扩大，重大工程支撑作用不断加强。边界层风洞及特殊气流风洞建设此起彼伏。

西南交通大学于 2002 年建成了 1.34 m×1.54 m×15 m 直流风雨风洞——XNJD-2 风洞，2008 年又建成了 22.5 m×4.5 m×36 m 的边界层风洞——XNJD-3 风洞；湖南大学于 2004 年建成了 3 m×2.5 m×17 m+5.5 m×4.4 m×15 m 双试验段回流边界层风洞——HD-2 风洞，2011 年改建增加了 8.5 m×2 m×15 m 直流试验段，2024 年又将建成立式回流 18 m×3.2 m×25 m 边界层风洞和水平回流 2.2 m×2.0 m×3.2 m 边界层风洞；同济大学 2007 年建成了 0.8 m×0.8 m×6 m 边界层风洞——TJ-4 风洞；长安大学、大连理工大学、兰州大学、哈尔滨工业大学、中国建筑科学研究院、石家庄铁道大学、浙江大学、武汉大学、华南理工大学、湖南科技大学、北京交通大学、上海交通大学、厦门理工大学、长沙理工大学、重庆大学等高校和科研机构都建成了边界层风洞或特殊气流风洞，当然有的风洞主要用于建筑结构抗风研究。

中南大学先后建设了6个不同类型风洞，形成先进风洞平台群：2012年建成了12 m×3.5 m×18 m+3 m×3 m×15 m双试验段闭口回流边界层风洞——CSU-WT1风洞(图1-14)，低速试验段最高风速20 m/s，高速试验段最高风速大94 m/s，为目前国际上民用最高风速边界层风洞；2022年建成了0.8 m×1.2 m×1.5m边界层风洞——CSU-WT2风洞；2013年建成0.45 m×0.45 m×1.2 m的小型直流边界层风洞——CSU-WT3风洞；为开口直流风洞。2023年建成了2.2 m×2 m×15 m边界层风洞——CSU-WT4风洞；2023年建成了目前世界上最大的龙卷风风洞——CSU-WT5风洞(图1-15)，最大切向速度30 m/s、测试区域直径12 m且可移动；2021年建成了4 m×1 m×6.31 m，温度−15～−5 ℃的积雪结冰风洞——CSU-WT6风洞。2000年后我国建成的边界层风洞及特殊气流风洞，见表1-6～表1-8。

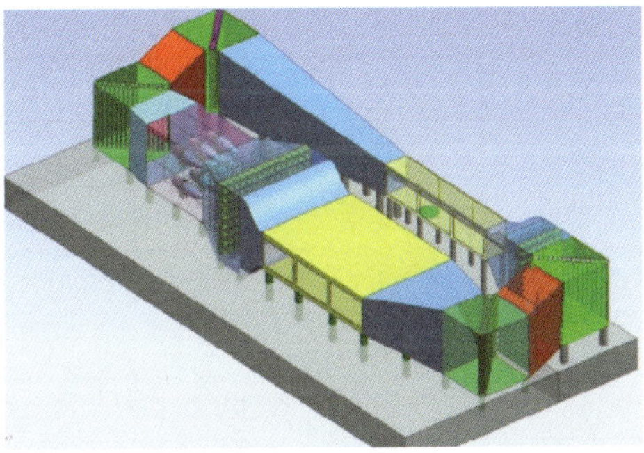

图1-14 中南大学CSU-WT1边界层风洞

图1-15 中南大学CSU-WT5龙卷风风洞

表1-6 2000年后建成的边界层风洞

序号	建成时间/年	单位和风洞	宽度/m	高度/m	长度/m	最大风速/(m·s⁻¹)
1	2002	西南交通大学边界层风洞(XNJD-2)	1.34	1.54	8.0	20.0
2	2004	长安大学回流式边界层风洞(CA-1)	3.0	2.5	15.0	53.0
3	2004	湖南大学回流式边界层风洞(HD-2)	3.0/5.5	2.5/4.4	17.0/15.0	58.0/18.0
4	2004	上海理工大学直流式边界层风洞	2.2	2.1	21.0	18.0
5	2006	大连理工大学回流式边界层(DUT-1)	3.0	2.5	18.0	52.0
6	2007	兰州大学直流式边界层沙漠风洞	1.3	1.45	20.0	40.0
7	2007	同济大学回流式边界层风洞(TJ-4)	0.8	0.8	6.0	32.0
8	2008	哈尔滨工业大学回流式边界层风洞	4.0/6.0	3.0/3.6	25.0/50.0	52.0/29.0
9	2008	中国建筑科学研究院边界层风洞	4.0/6.0	3.0/3.5	22.0/21.0	30.0/18.0
10	2008	西南交通大学边界层风洞(XNJD-3)	22.5	4.5	36.0	16.0

续上表

序号	建成时间/年	单位和风洞	宽度/m	高度/m	长度/m	最大风速/(m·s⁻¹)
11	2009	石家庄铁道学院边界层风洞(STY-1)	4.0/2.2	3.0/2.0	24.0/5.0	30.0/80.0
12	2010	浙江大学回流式边界层风洞	4.0	3.0	18.0	55.0
13	2010	北京交通大学回流式边界层风洞	5.2/3.0	2.5/2.0	14.0/15.0	18.0/39.0
14	2011	天津水运工程科学研究所边界层风洞	4.4	2.5	15.0	30.0
15	2011	湖南大学直流式边界层风洞	3.0	2.5	11.5	20.0
16	2011	中国科学院电工研究所直流式边界层风洞	3.0	2.5	20.0	30.0
17	2011	湖南大学直流式边界层风洞(改建)	8.5	2.0	15.0	15.0
18	2011	武汉大学直流式边界层风洞	3.2	2.1	16.0	30.0
19	2012	中南大学回流式边界层风洞(CSU-WT1)	12/3.0	3.5/3.0	18.0/15.0	20.0/94.0
20	2013	华南理工大学回流式边界层风洞	5.0	3.0	24.0	29.0
21	2013	中南大学小型直流边界层风洞(CSU-WT3)	0.45	0.45	1.5	42.0
22	2014	内蒙古牧区水利科学研究所风洞	2.5	1.8	12.6	30.0
23	2014	湖南科技大学直流式边界层风洞	4.0	3.0	21.0	33.0
24	2014	北京交通大学直流式边界层风洞	1.2	1.5	10.0	20.0
25	2014	上海交通大学回流式边界层风洞	3.0/6.0	2.5/3.5	16.0/14.0	60.0/20.0
26	2014	扬州大学回流式边界层风洞	3.0/3.0	3.0/1.5	7.0/3.0	25.0/50.0
27	2014	国家海洋标准计量中心边界层风洞	1.7/1.0	1.3/0.75	5.0/2.5	30.0/90.0
28	2015	同济大学多风扇主动控制风洞(TJ-5)	1.5	1.8	10.0	18.0
29	2016	南京国电环保研究院环境风洞	4.0	3.0	24.0	30.0
30	2016	南京国电环保研究院阵风风洞	2.5	2.0	20.0	50.0
31	2017	厦门理工学院回流式边界层风洞	6.0/2.6	3.0/2.8	23.0/9.0	30.0/80.0
32	2018	上海海事大学回流式边界层风洞	1.5	1.8	5.0	25.0
33	2018	广东省建筑科学研究院边界层风洞	8.0	5.0	34.0	35.0
34	2018	北京交通大学直流边界层风洞	1.2	1.5	25.0	20.0
35	2019	重庆大学直流式边界层风洞	2.4	1.8	15.0	35.0
36	2019	长沙理工大学直/回流式边界层风洞	4.0/10	3.0/3.0	21.0/21.0	49.0/20.0
37	2019	中冶建筑研究总院边界层环境风洞	2.5	1.7	14.5	14.0
38	2019	中国环境科学研究院边界层环境风洞	3.0	2.0	24.0	10.0
39	2019	水电部电力环境保护研究所环境风洞	1.5	1.2	20.0	15.0
40	2019	昆明工学院直流式边界层环境风洞	1.8	1.4	8.0	4.0
41	2020	同济大学直流式边界层风洞(TJ-7)	0.65	1.2	3.2	15.0

续上表

序号	建成时间/年	单位和风洞	宽度/m	高度/m	长度/m	最大风速/(m·s^{-1})
42	2021	中南大学积雪结冰风洞(CSU-WT6)	4.0	1.0	6.31	30.0
43	2022	中南大学回流式边界层风洞(CSU-WT2)	0.8	1.2	1.5	30.0
44	2023	中南大学直流式边界层风洞(CSU-WT4)	2.2	2.0	15.0	35.0
45	2023	长沙学院直流式边界层风洞	1.6	1.6	11.0	20.0
46	2024	湖南大学大回流式边界层风洞	18.0	3.2	25.0	20.0
47	2024	湖南大学小回流式边界层风洞	2.2	2.0	3.2	37.0
48	在建	重庆大学回流式边界层风洞	8.0/4.0	4.0/3.0	42.0/32.0	18.0/48.0
49	在建	华东交通大学回流式边界层风洞	8.0/4.0	3.0/3.0	20.0/20.0	22.0/45.0
50	在建	武汉理工大学回流式边界层风洞	8.0/3.5	3.0	21.0	15.0/35.0
51	在建	北京工业大学回流式边界层风洞	2.0/1.5	2.2/1.5	6/2.5	20.0/40.0

表 1-7 2000 年后建成的下击暴流模拟器

序号	建成时间/年	单位和风洞	喷口直径/m	喷口高度/m	移动速度/(m·s^{-1})	最大风速/(m·s^{-1})
1	2010	浙江大学下击暴流模拟器	0.4/0.5/0.6	2.0	2.0	12.0
2	2015	气动中心下击暴流模拟器	0.6/0.8	1.2	1.6	28.0
3	2017	北京交通大学下击暴流模拟器	0.6	0.8	0.8	12.0
4	2018	武汉科技大学下击暴流模拟器	0.6	2.5	0.8	12.0
5	2022	长沙理工大学下击暴流模拟器	0.8	1.6	1.0	15.0
6	2023	重庆大学下击暴流模拟器	1.0	0.1～0.6	3.0	15.0

表 1-8 2000 年后建成的龙卷风模拟器

序号	建成时间/年	单位和风洞	测试区域直径/m	涡核半径/m	涡流比	最大切向风速/(m·s^{-1})
1	2013	同济大学龙卷风模拟器(TJ-6)	1.5	0.10	0.72	12.0
2	2017	北京交通大学龙卷风模拟器	1.5	0.11	0.72	12.0
3	2018	武汉科技大学龙卷风模拟器	1.5	0.10	0.80	15.0
4	2023	中南大学大型龙卷风模拟器(CSU-WT5)	12.0	2.00	2.00	30.0
5	2023	重庆大学龙卷风模拟器	1.5	0.10	0.10～1.00	15.0

边界层风洞迅速增加的同时，桥梁抗风研究队伍规模也不断扩大。研究人员和研究生数量规模比较大的高校有同济大学、中南大学、西南交通大学、湖南大学等。反映研究队伍规模不断扩大的另一重要标志，就是参加全国结构风工程大会的代表人数不断增长，2001 年在广西龙胜举行的第十届会议参会代表 71 名，在校研究生代表不到 10 人；2003 年在海南

三亚举行的第十一届会议参会代表 112 名，在校研究生代表 20 多名；2011 年在杭州举行的第十五届全国结构风工程会议，并创办了第一届全国风工程研究论坛，参会代表 201 名，研究生代表 70 人；2013 年在四川成都举行的第十六届会议暨第二届全国风工程研究生论坛（西南交通大学承办）参会代表 258 名，在校研究生代表 115 名；2015 年在湖北武汉举行的第十七届会议暨第三届全国风工程研究生论坛（武汉大学承办）参会代表 341 名，在校研究生代表 176 名；2017 年在湖南长沙举行的第十八届会议暨第四届全国风工程研究生论坛（中南大学承办）参会代表 504 名，在校研究生代表 297 名；2023 年在湖南长沙举行的第二十一届会议暨第七届全国风工程研究生论坛（湖南大学承办）参会代表 771 名，在校研究生代表 521 余名。

随着桥梁抗风研究试验设备的不断增加和研究队伍的不断壮大，桥梁风工程研究很好服务于大规模桥梁建设的国家需求。2004 年陈政清教授主编《桥梁风工程》、2005 年项海帆教授的桥梁风工程著作《现代桥梁抗风理论与实践》，对我国桥梁风工程人才培养和桥梁工程师抗风水平的提高具有重要作用。随着理论研究和工程实践成果的积累，2004 年发布了 JTG/TD60-01—2004《公路桥梁抗风设计规范》，2019 年发布了 JTG/T3360-01—2018《公路桥梁抗风设计规范》，2021 年发布了 T/CCES 25—2021《桥梁结构风洞试验标准》。

1.2.3 高速铁路桥梁抗风研究历程

随着我国高速铁路的迅猛发展，大跨度铁路桥梁越来越多，列车速度越来越高，对风越来越敏感，亟须开展铁路桥梁抗风研究。依托先进的风洞试验平台，西南交通大学、中南大学、湖南大学和同济大学等都承担了很多高速铁路大跨铁路桥梁抗风研究任务，为工程建设提供了理论和技术支撑。

相比公路桥梁，高速铁路桥梁具有车-桥气动干扰突出、车-桥动力相互作用显著、高速列车对桥面平顺性要求极高等特点，其抗风问题面临更大挑战。中国国家铁路集团有限公司（以下简称国铁集团）高度重视高速铁路桥梁抗风问题，布局了多个高速铁路联合基金重点项目开展相关基础理论研究，2015 年规划了科技计划重点项目"高速铁路桥梁-列车系统抗风设计关键参数深化研究"（2015G002-C，中南大学负责），为建立高速铁路桥梁抗风技术体系提供理论基础。

针对高速铁路桥梁抗风的特点，中南大学发挥桥梁风工程、铁路车-桥振动、列车空气动力学研究等优势，在平台建设方面等尽量突出特色。中南大学 CSU-WT1 风洞，是 2007 年我国首批批准建设的"高速铁路建造技术国家工程实验室"（2021 年纳入新序列，优化整合为"高速铁路建造技术国家工程研究中心"）的主要平台之一，研建时就充分考虑到了将来高速铁路桥梁抗风和行车安全研究的特殊需求。一是结合空间限制，创造性地将双试验段错层布置，高速试验段较低速试验段高 2 m，为后续在低速试验段开展横风-移动车-桥风洞试验预留了列车风洞外加减速装置布置空间；二是将风速设计与高速列车车速基本相当，高速试验段风速达 94 m/s，为世界民用风洞最高风速，为相关研究工作提供了关键装备保障。

2021 年国铁集团下达了铁路桥梁抗风设计规范编制任务，中南大学联合中铁大桥勘测设计院集团有限公司、中国铁路经济规划研究院有限公司、湖南大学、西南交通大学、中铁第四勘察设计院集团有限公司、中铁二院工程集团有限责任公司、中国铁道科学研究院集团有限公司、中国铁路设计集团有限公司、同济大学、中铁第一勘察设计院集团有限公司和中铁第五勘察设计院集团有限公司单位，编制完成 Q/CR 9162—2023《铁路桥梁抗风设计规范》。2023 年国家铁路局项目“大跨度铁路桥梁抗风技术标准研究”，由中南大学联合相关单位继续开展相关研究工作。

1.3 高速铁路桥梁抗风关键问题

1.3.1 风参数取值

合理的设计基准风速取值对桥梁抗风的安全性和经济性至关重要。设计基准风速取值太低可能导致安全风险甚至造成重大经济损失；取值太高则会浪费建设资源，甚至影响项目建设的可行性。我国早期的铁路桥梁以小跨度为主，自重大、刚度高，桥上的列车质大，重行车速度慢，因此早期铁路桥梁和桥上列车均对风的作用不敏感，风荷载往往不是桥梁结构设计的控制因素。截至 2023 年，铁路桥梁一直缺乏抗风设计专业规范，抗风设计基准风速或风荷载的取值主要参考 TB 10002—2017《铁路桥涵设计规范》和 JTG/T 3360-01—2018《公路桥梁抗风设计规范》。TB 10002—2017《铁路桥涵设计规范》未考虑桥梁结构/构件不同高度或者特殊地形条件对风参数取值的影响；JTG/T 3360-01—2018《公路桥梁抗风设计规范》缺乏列车行车安全相关的风参数取值标准，而且相关条文对于常规地形的风参数取值的适用性较好；对于特殊的复杂地形的风参数取值精度较低。既有风参数取值方法和标准均不能直接应用于铁路桥梁抗风设计。因此，根据不同地形条件的风场特性，制定合理的铁路桥梁抗风设计基准风速取值标准是高速铁路桥梁抗风设计的关键技术难题之一。

1.3.2 车-桥系统气动干扰

车-桥系统由两种流线型截然不同的钝体构成，且系统中两子结构错列布置，二者之间还存在一定间隙（通常情况下为列车高度的 0.10～0.15 倍）。横风作用下，气流首先流经桥梁前缘，并发生流动分离。接下来，桥面前缘分离流可能再附在桥面、列车迎风面或列车车肩处，显著影响列车车顶流动分离和车桥间隙流动；由于列车的阻挡作用，车-桥系统来流驻点上移，桥梁底面流动分离-再附规律发生显著改变。最后，车顶分离流、车桥间隙流和桥梁底面分离流在车-桥系统横风近尾流区域相遇，并发生复杂的相互作用。总之，横风作用下，上述列车和桥梁分离剪切层之间的耦合和干扰作用机理十分复杂，主导车-桥系统各子结构的气动特性，进而影响桥上行车安全评估。

目前，我国高速铁路桥梁呈现数量多、跨度大、结构柔和阻尼小的发展趋势；随着跨海连岛、川藏铁路、新藏铁路及滇藏铁路等交通强国战略和“一带一路”倡议的实施，新建铁路桥梁将面临更加复杂的风环境。总体上来说，大跨度铁路桥梁抗风问题愈发突出，桥上行车安全性和舒适性备受关注。然而，既有研究主要揭示了位于平路堤、高路堤和高架桥上列车的气动和绕流特性，探明了中小跨度桥梁-列车系统的气动特性，对于大跨度桥梁-列车系统气动特性和流动机理的认识还有待进一步完善。

总之，探明横风作用下车-桥系统气动干扰的物理本质，揭示气动干扰对列车和桥梁气动特性的影响规律，提高车-桥系统气动荷载测量精度是高速铁路桥梁抗风设计的关键技术难题之一。

1.3.3 动力特性

铁路桥梁的动力特性是抗风设计和安全防控的基础，也是桥梁自身的“指纹”特征，因此，准确获取铁路桥梁动力至关重要。

结构模态分析是获取动力特性的重要手段，可分为基于有限元的数值模态分析和基于振动测试的模态分析。数值模态分析可以较好地计算桥梁的模态质量、自振频率和振型等模态参数，但是不能提供阻尼参数。基于振动测试的模态分析是运用振动测试获取结构的响应信号/激励和响应信号，再基于系统识别方法识别频率、阻尼和振型等动力特性的过程。铁路桥梁主要采用环境振动测试，有时也采用移动式线路动态加载试验车进行自由振动测试。目前，基于振动测试的模态分析可以较为可靠地获得桥梁实际的频率和振型，但是对阻尼识别的可靠性偏低。

相较于公路桥梁，高速铁路桥梁质量和刚度更大，大跨度铁路桥梁上一般采用有砟道床，能量耗散能力更好。因此，高速铁路桥梁与公路桥梁在动力特性方面存在差异，在进行高速铁路桥梁抗风和安全防控设计时，不能直接参考公路桥梁的动力特性。近年来，随着高速铁路桥梁的快速发展，我国有关单位已计算或测量了一批铁路桥梁的动力特性，但是数据较为零散。

因此，发展更为可靠的阻尼识别方法和系统总结高速铁路桥梁的动力特性是高速铁路桥梁抗风设计发展的关键内容之一。

1.3.4 桥梁涡振振幅限值

桥梁涡激振动是一种在低风速下容易发生的限幅振动，涉及流体的非线性及结构-流体复杂的耦合效应，目前尚无法在设计阶段从理论上和技术上完全解决。由于涡振起振风速低(通常为 10～20 m/s)、发生频率高，至今在国内外已有数十座桥梁出现过大幅的涡激振动，较早时有日本 Trans-Tokyo Bay Crossing Bridge、巴西 Rio-Niterói Bridge、丹麦 Great

Belt East Bridge 等，近期俄罗斯伏尔加河大桥，美国韦拉札诺大桥，我国虎门大桥、鹦鹉洲大桥也均发生了大幅的涡激振动，交通被迫中断，社会影响极大。

一般认为涡激振动为简谐或接近简谐的限幅振动，一般不会像颤振一样造成桥梁结构毁灭性破坏，但过大的振幅会影响结构的使用性能（行人舒适度、行车安全等），极端情况下有可能导致结构主要受力构件损伤乃至断裂。因此，涡激振动抗风设计的关键是如何科学合理地确定涡振振幅限值，确保桥梁涡振状态下行车安全性和舒适性。然而，现行抗风设计规范中只有公路桥梁抗风设计规范依据舒适性给出了涡振振幅限值，没有考虑行车安全性，且只适用于 200 m 及以下跨度的桥梁。

由于高速列车对桥上轨道线形更为敏感，我国现行铁路技术管理规程中的低风速下列车容许速度较高，涡激振动对高速铁路桥上列车走行性的影响更为突出。以五峰山公铁两用大桥为例，一阶竖弯频率 f 为 0.15 Hz，参考公路桥梁抗风设计规范计算其允许振幅可达 1.11 m（$0.025/f^2=1.11$ m）。1.11 m 幅值的振动可能不会影响大跨桥梁的结构安全和桥上汽车行车安全，但势必影响高速列车的行车稳定性，不适用于作为高速铁路大跨桥梁的规定。因此，由于涡振发生风速低、频率高，公交化运行的高速铁路无法绝对避免主梁涡振时桥上行车，高速铁路桥梁的涡振性能和列车运行安全性与公路桥梁和汽车又有显著差别，如何根据列车走行性确定涡振振幅限值是高速铁路桥梁抗风设计的关键技术难题之一。

1.3.5 抗/防风控制技术

高速铁路车-桥系统是一个复杂的移动钝体流固耦合问题；由于列车行车速度快、对平顺性的要求严格，铁路桥梁抗风面临更加艰巨的技术挑战。在强风作用下，铁路桥梁首先需要保障结构自身的抗风安全；随着桥梁跨度的增大，铁路桥梁面临与公路桥梁类似的风致振动问题，主要包括颤振、涡振、抖振和弛振等，其中，颤振直接威胁桥梁结构安全、涡振发生概率大且容易导致疲劳破坏或者行车安全事故。其次，高速铁路桥梁抗风还必须兼顾桥上列车的行车安全；随着高速铁路桥梁建造技术向大跨度、高运行速度方向不断发展，侧风作用下桥上列车的行车安全性和舒适性问题愈加突出，因强风导致高速列车晃车并降速的事件十分频繁。同时，由于高速铁路的荷载大且对刚度要求高，采用双索/多股吊索并行布置的大跨度铁路斜拉桥和悬索桥越来越常见；当拉索/吊索近距离并行布置时，处于尾流区的拉索/吊索容易发生大幅尾流弛振，严重威胁桥梁结构安全和降低结构服役寿命。因此，如何控制铁路桥梁主梁的颤振和涡振、如何提升桥上列车的行车安全性和舒适性以及如何抑制铁路桥梁拉索/吊索的尾流驰振等是高速铁路桥梁抗风设计的关键技术难题。

同时，我国地形多样性和地质环境复杂性突出，高速铁路桥隧过渡段普遍，桥梁和隧道分别属于完全开放和封闭的两种差异显著的气动环境，风环境的快速切变容易导致过渡段列车的更强气动荷载。然而，既有研究分别在桥梁抗/防风和隧道空气动力学效应开展了大量研究，提出了桥梁风屏障、隧道断面面积、洞口缓冲结构等多种技术措施，但高速铁路桥隧过渡段防风的相关研究尚显薄弱。因此，如何分析桥梁/隧道两种基础设施转化条件下列车气动荷载突变效应，并提出桥隧过渡段合理防风方法也是高速铁路桥梁抗/防风必须面临的关键问题。

参考文献

[1] 陈良江，阎武通．我国铁路桥梁建造技术的成就与展望[J]．高速铁路技术，2022，13(4)：1-7.

[2] 周勇政，陈良江，高策．我国高速铁路桥梁设计技术及探索[J]．桥梁建设，2018，48(5)：11-15.

[3] 闫龙彪，程泽农，韩冰，等．我国高速铁路桥梁的研究现状与发展趋势[J]．铁道建筑，2018，58(12)：1-5.

[4] QIN S Q，GAO Z Y. Developments and prospects of long-span high-speed railway bridge technologies in China[J]. Engineering，2017(3)：787-794.

[5] HE X H，WU T，ZOU Y F， et al. Recent development of high-speed railway bridges in China[J]. Structure and Infrastructure Engineering，2017，13(12)：1584-1595.

[6] 高宗余，梅新咏，徐伟，等．沪通长江大桥总体设计[J]．桥梁建设，2015，45(6)：1-6.

[7] 唐贺强，徐恭义，刘汉顺．五峰山长江大桥主桥总体设计[J]．桥梁建设，2020，50(6)：1-7.

[8] 肖海珠，高宗余，何东升，等．公铁两用斜拉-悬索协作体系桥结构参数研究[J]．桥梁建设，2020，50(4)：17-22.

[9] 张海顺．荆州李埠长江公铁两用大桥主桥方案设计研究[J]．铁道建筑技术，2023(7)：77-80.

[10] 川田忠树．谁把塔科玛桥弄垮了？[M]．刘健新，译．北京：人民交通出版社，2018.

[11] 陈政清．桥梁风工程[M]．北京：人民交通出版社，2005.

[12] 何旭辉，邹云峰．强风作用下高速铁路桥上行车安全分析理论与应用[M]．长沙：中南大学出版社，2018.

[13] 叶华文．重返桥梁垮塌现场：世界著名钢桥失效事故分析[M]．成都：西南交通大学出版社，2019.

[14] 项海帆，等．现代桥梁抗风理论与实践[M]．北京：人民交通出版社，2005.

[15] 中华人民共和国交通运输部．公路桥梁抗风设计规范：JTG/T D60-01—2004[S]．北京：人民交通出版社，2004.

[16] 中华人民共和国交通运输部．公路桥梁抗风设计规范：JTG/T 3360-01—2018[S]．北京：人民交通出版社，2018.

[17] 中国土木工程学会标准．桥梁风洞试验指南[M]．北京：人民交通出版社，2018.

[18] 项海帆，林志兴，葛耀君．中国结构风工程学科发展三十年回顾[C]//中国结构风工程研究30周年纪念大会．上海：2010.

[19] 葛耀君，王勋年，朱乐东，等．中国结构风工程四十年发展与展望 [C]//第二十届全国结构风工程会议．广州：2021.

第2章 风场特性及风参数取值

准确了解风场特性是进行抗风设计的基本前提。然而，风场特性既受大尺度气象条件的控制，又受局部地形地貌的影响，现行规范有关风参数的规定仅适用于地形平坦、风环境明确的地形。对于深切峡谷复杂地形，往往需要通过风洞试验、现场实测或数值模拟开展专门研究。此外，高速铁路桥梁抗风设计需要同时保障铁路桥梁结构自身抗风安全和桥上列车行车安全。因此，结合风场特性分析结果，如何合理确定设计基准风速的取值，是高速铁路桥梁抗风首先需要解决的关键技术难题。

2.1 边界层风特性

2.1.1 平均风速剖面

自然风受到地面各种粗糙元的阻碍，致使风的能量减弱，风速也随之降低。由于大气湍流运动，这种阻碍效果逐渐向上传递，随高度增加而减弱。当达到一定高度后，地表粗糙元的阻碍作用便可忽略，此高度即为边界层厚度。

介于地表与边界层厚度范围内的自由大气即为“大气边界层”。在大气边界层内，由于地表阻力的减少，平均风速会随着离地高度增加而逐渐增大，当达到梯度风高度后，可以认为不再受到地面的阻力，在气压作用下达到梯度风速。在此特定高度下，描述平均风速随高度变化的曲线就称为风速剖面（也称风速廓线），如图2-1所示。

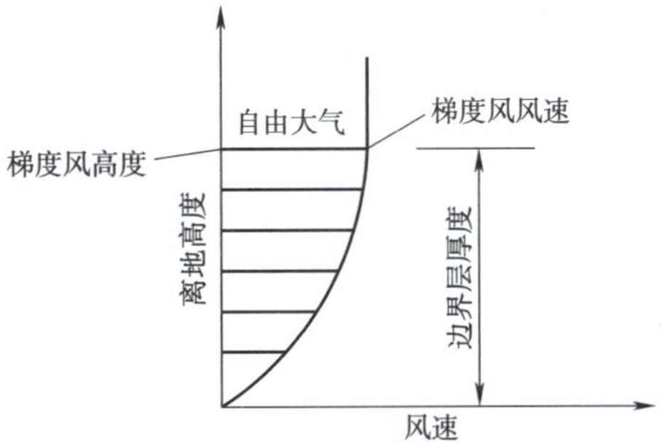

图2-1 边界层平均风速剖面

风速剖面同时受动力因素（地面粗糙度）和热力因素（大气稳定度）的作用，在桥梁抗风设计中，若以中性强风气候为研究前提，即忽略热力因素，仅考虑地面粗糙度，可采用指数律或者对数律模型描述风速剖面。

气象学认为，对数律能比较理想地表示强风风速剖面，如式(2-1)所示。

$$v(z)=\frac{v^*}{K}\ln\left(\frac{z}{z_0}\right) \tag{2-1}$$

式中 $v(z)$——高度 z(m)处的风速,m/s;

z——地面或水面以上高度,m;

z_0——地表粗糙高度,m;

v^*——流动剪切速度, m/s;

K——Karman 系数,通常取 0.4。

相比于对数律风剖面,指数律模型的函数形式更容易求解。现行 JTG/T 3360-01—2018《公路桥梁抗风设计规范》依据地表状况将地貌划分为 A、B、C、D 共四种类型,见表 2-1,并采用指数律模型描述风速剖面。假定大气边界层内风速沿着垂直高度的分布服从幂指数律,风速剖面如式(2-2)所示。

$$\frac{v_2}{v_1}=\left(\frac{z_2}{z_1}\right)^{\alpha} \tag{2-2}$$

式中 v_1——高度 z_1(m)处的风速, m/s;

v_2——高度 z_2(m)处的风速, m/s;

α——地表粗糙度系数,按照表 2-1 选取。

表 2-1 地表分类

地表类别	地表状况	地表粗糙度系数 α	地表粗糙高度 z_0/m	梯度风高度/m
A	海面、海岸、开阔水面、沙漠	0.12	0.01	300
B	田园、乡村、平坦开阔地及低层建筑物稀少地区	0.16	0.05	350
C	树木及低层建筑物等密集地区、中高层建筑物稀少地区、平缓的丘陵地区	0.22	0.30	400
D	中高层建筑物密集地区、起伏较大的丘陵地	0.30	1.00	450

2.1.2 湍流强度

来流风速为三维空间矢量,故需以风速矢量为基准定义风坐标系。如图 2-2 所示,取 10 min 平均风速所在方向(主风向)为坐标系 x 轴,建立笛卡儿(右手)坐标系。采用矢量分解法,可将风速矢量分解为不在同一平面的三个方向分量。图 2-2 中,$\bar{v}_x$ 为 x 方向 10 min 平均风速,m/s;$\bar{v}_y$ 为 y 方向 10 min 平均风速,m/s;$\bar{v}_z$ 为 z 方向 10 min 平均风速,m/s;U 为主风向;u 为顺风向;v 为横风向;w 为竖向。

湍流强度是大气湍流中最基本的参数,定义为脉动风速均方根与平均风速的比值,代表风的脉动强弱,如式(2-3)所示。

$$\left.\begin{aligned} I_u&=\frac{\sigma_u}{\bar{v}} \\ I_v&=\frac{\sigma_v}{\bar{v}} \\ I_w&=\frac{\sigma_w}{\bar{v}} \end{aligned}\right\} \tag{2-3}$$

式中　$\bar{v}$——10 min 平均风速；

σ_u——顺风向脉动风速均方根；

σ_v——横风向脉动风速均方根；

σ_w——竖向脉动风速均方根；

I_u——顺风向湍流强度；

I_v——横风向湍流强度；

I_w——竖向湍流强度。

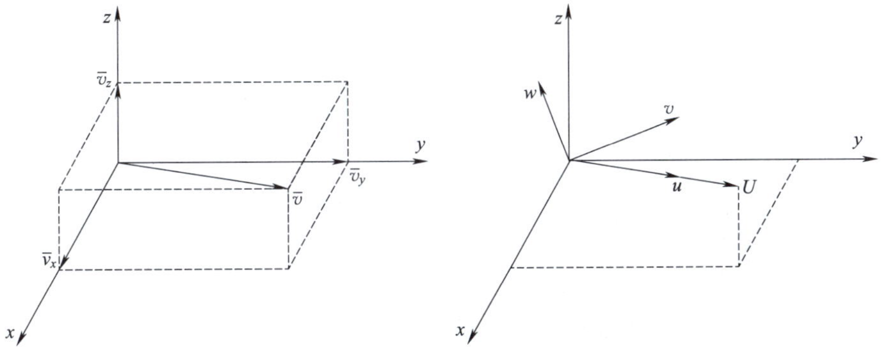

图 2-2　脉动风定义示意

从过往的经验来看，顺风向的湍流强度一般大于另外两个方向的湍流强度。现行 JTG/T 3360-01—2018《公路桥梁抗风设计规范》建议，在不能进行现场测量时，可依据式(2-4)进行确定。其中，顺风向湍流强度 I_u 可以参照规范规定选取，或可通过现场实测和风洞试验确定。

$$\left.\begin{aligned} I_v &= 0.88 I_u \\ I_w &= 0.50 I_u \end{aligned}\right\} \tag{2-4}$$

除此之外，有关风的湍流参数还包括湍流积分尺度、脉动风速功率谱、湍流空间相关性等，同样可参照规范规定选取，或通过现场实测和风洞试验确定，此处不再赘述。

2.2　复杂地形风场特性研究

高原峡谷山高谷深，受到复杂地形的剧烈扰动，峡谷风场变异性强，空间分布呈各向异性，现有规范与研究难以总结出普适性的规律与标准，高原深切峡谷风场特性亟须进行专门研究。高原峡谷不同位置的太阳辐射、下垫面热特性存在显著差异，吸热与散热随时间变化不均匀，峡谷温度场随时间变化，形成明显局部温差与气压梯度。目前，热效应对峡谷风场的影响机制尚未明确，建立考虑峡谷热效应影响的风特性研究手段至关重要。

2.2.1 风洞试验

地形模型风洞试验能够便捷的控制试验参数，得到不同条件、各个位置的风特性。自风洞试验模拟复杂地形上流动的准确性与适用性被验证后，得到广泛应用。因此，以某大跨桥梁建设为工程背景，进行桥位风场特性地形模型风洞试验，研究高原深切峡谷的风场特性及其分布特征。

1. 峡谷地形

桥梁海拔高度为 3 350 m，桥址区为典型的高原深切峡谷地貌，峡谷轴线走向约为北偏西 20°(南偏东 20°)，河岸两侧为延绵不绝的高大山脉，峡谷地形如图 2-3 所示。

图 2-3　高原峡谷地形

2. 地形模型

既有研究表明，风洞试验结果受地形范围、缩尺比的影响，选取更大的地形范围与缩尺比，能够很大程度的增加模拟精度。但是，受到风洞尺寸与阻塞比要求的限制，地形范围和缩尺比的确定需要进行权衡。考虑到高原深切峡谷来流多为峡谷轴向风，垂直于峡谷轴线的来流常常被山体阻挡，对风特性的影响较弱。因此，对地形模型进行一定程度地简化，将峡谷轴向两侧多余山体去除，既能减小模型大小与阻塞比，又对试验精度的影响较小。

为验证上述方法的可行性与准确性，在模型设计与制作前，基于 CFD 数值模拟分别考虑三种不同范围的地形几何模型，如图 2-4 所示。模型一为以桥跨为中心直径为 10 km 范围的圆形；模型二为将模型一沿平行于峡谷方向两侧各减少 1 km 的范围；模型三为将模型一沿平行于峡谷方向两侧各减少 2 km 的范围。

为进行范围比选，三种模型使用相同的计算域、网格参数以及边界条件。在如图 2-5 所示来流方向(峡谷轴向风)下，对模型一、模型二和模型三分别进行数值计算。三种模型得到主梁跨中位置风速剖面的模拟结果如图 2-6 所示。可以看出，三种地形模型风剖面比较接近，差异低于 5%。此外，相比于模型一和模型二，模型三的阻塞率最低，对试验结果影响最小。因此，风洞试验的地形范围参照模型三的地形范围选取。

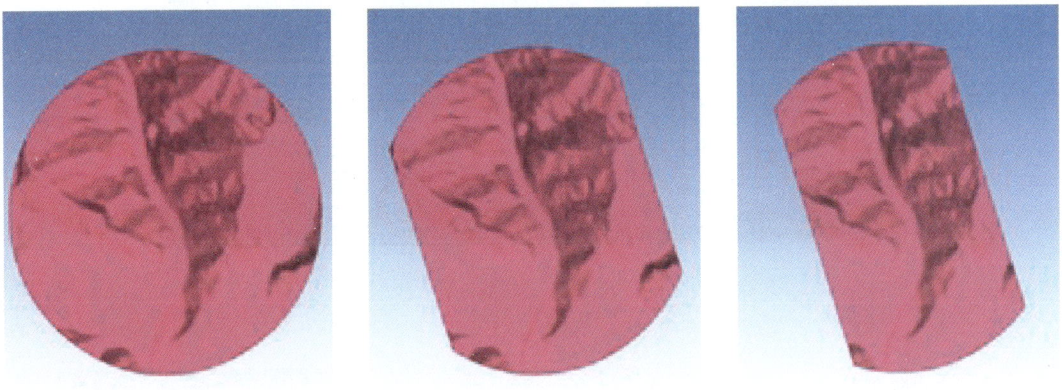

(a) 模型一　　(b) 模型二　　(c) 模型三

图 2-4　三种范围的几何模型

图 2-5　来流风向示意

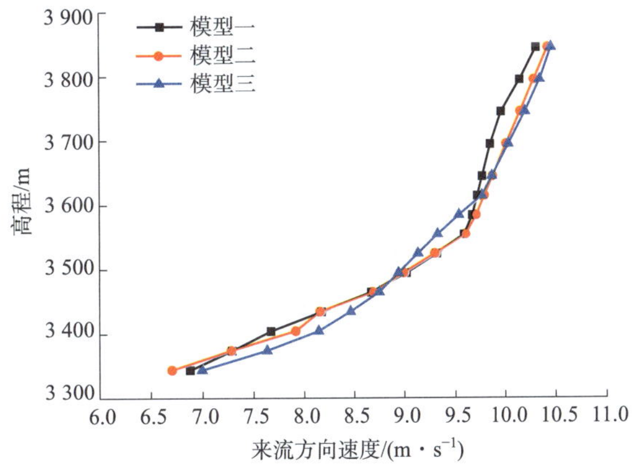

图 2-6　三种模型跨中风速剖面对比

考虑到风洞尺寸、模型制作精度以及阻塞比的限制，模型缩尺比采用 1/1 000。模型底部以桥位附近水电站蓄水前的桥位处水面高程为基准，山体外形采用高密度泡沫材料，由数控雕刻机精密加工而成，高度分辨率为 5 m。模型表面喷涂玻璃钢漆与砂浆混合物，以保证模型具有足够的强度、刚度，以期在试验风速下不发生明显的变形和振动，地形模型如图 2-7 所示。

3. 测点布置

主梁测点布置及探针如图 2-8 所示。其中，1/4 跨为 1 号测点、跨中为 2 号测点、3/4 跨为 3 号测点、右边跨为 4 号测点。此外，沿高度方向布置若干测点进行剖面测量。

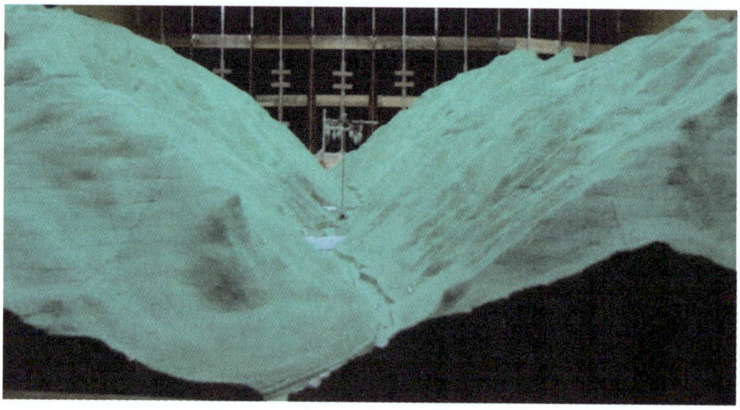

图 2-7　地形模型

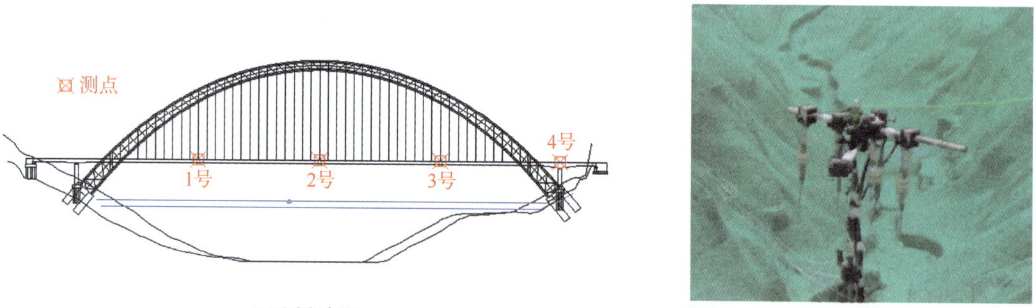

(a) 测点布置　　(b) 探针布置

图 2-8　主梁测点及探针布置

峡谷测点布置及探针如图 2-9 所示。主要布置在沿峡谷走向各拐点处，相邻两侧点间距约为 1～2 m(相当于足尺距离 1～2 km)，沿高度方向同样布置若干测点进行剖面测量。

(a) 测点布置　　(b) 探针布置

图 2-9　峡谷测点及探针布置

4. 结果分析

试验设置工况较多，同类工况的结果较为一致。为此，以东南方向沿峡谷轴线的 8 m/s 均匀来流为基本工况，主要研究主梁与峡谷各测点的风特性参数及其分布规律。

桥址区主梁各测点以及峡谷各测点的平均风速剖面如图 2-10 所示。可以看出，离地高度较小时，来流受山体表面摩擦的影响较大、速度较小，且测点位置离两侧山体越近、速度越小。峡谷各测点的风剖面存在诸多拐点，原因是峡谷测点布置在地形拐点处，来流易受到前方山体的遮挡与阻碍，但随着高度增加，阻挡效应减弱，风剖面差异减小。总的来说，峡谷风速剖面复杂，显著偏离于现行规范推荐的各类（A、B、C、D 类）风剖面。此外，不同位置风速随高度增加而增大的幅度不同，风剖面指数存在显著差异。

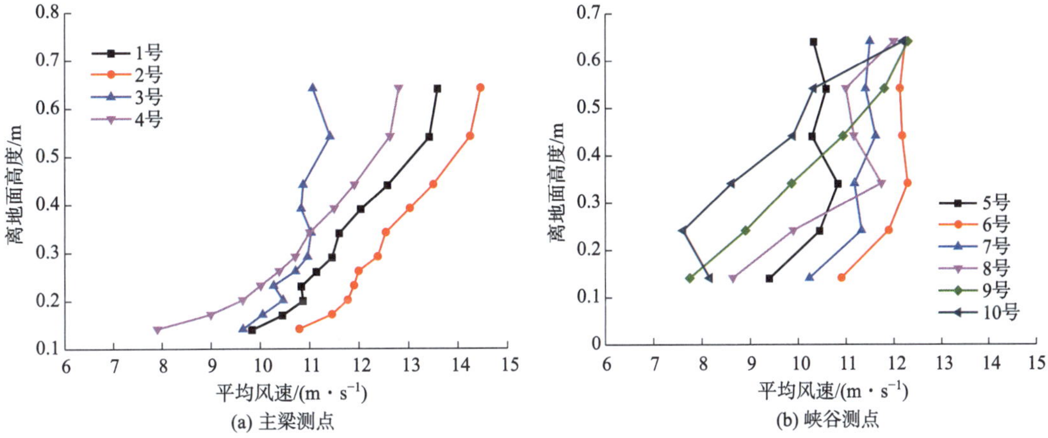

图 2-10　主梁与峡谷风速剖面

桥址区主梁各测点的风攻角随高度变化如图 2-11 所示。可以看出，风攻角沿高度的分布存在较多拐点，但各测点风攻角随高度的变化趋势基本一致。主梁桥面高度各测点的风攻角主要为正攻角，风攻角取值范围为$-2.46°\sim21.58°$，远超现行规范的风攻角限值。

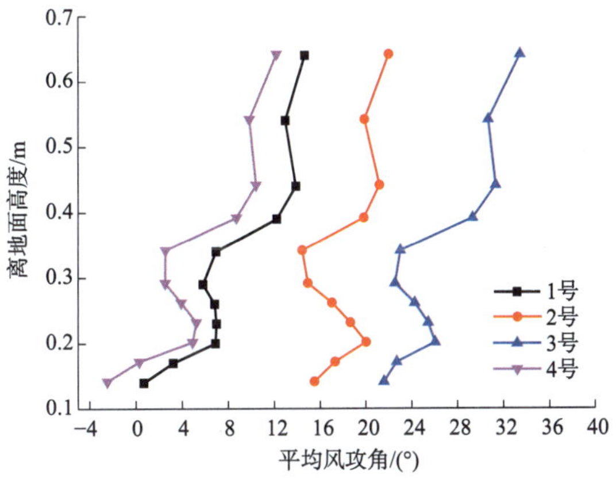

图 2-11　主梁测点的风攻角沿高度分布

桥址区主梁各测点的顺风向、横风向和竖向湍流强度见表 2-2。湍流强度分量间比值的均值为 $I_u : I_v : I_w = 1 : 0.80 : 0.72$，与现行 JTG/T 3360-01—2018《公路桥梁抗风设计规范》推荐的 1 ∶0.88 ∶0.5 相比存在差异，横向偏小、竖向显著偏大。

表 2-2　主梁测点的湍流强度

测点编号	1 号	2 号	3 号	4 号	均　值
I_u/%	15.30	10.80	14.50	21.40	15.50
I_v/%	13.30	9.90	12.20	13.90	12.33
I_w/%	11.70	8.70	9.60	14.70	11.18
I_v/I_u	0.87	0.92	0.84	0.65	0.80
I_w/I_u	0.76	0.90	0.79	0.69	0.72

桥址区主梁各测点以及峡谷各测点的湍流强度剖面如图 2-12 所示。可以看出，湍流强度随高度增加而减小。原因是受到山坡边界层的影响，测点位置越靠近山坡表面，湍流强度越大，显然，边跨处的湍流强度最大。此外，峡谷 8 号、9 号、10 号测点的湍流强度显著高于 5 号、6 号、7 号测点，原因是 8 号、9 号、10 号测点位于地形模型来流的下游区段，由于河道较为曲折，来流经过前方地形的起伏变化后，气流脉动程度显著增强。

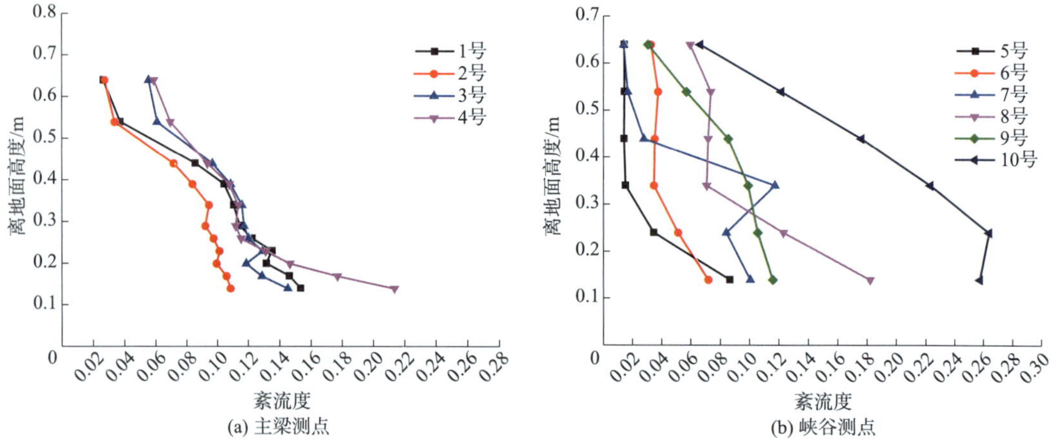

图 2-12　主梁与峡谷湍流强度剖面

图 2-13 给出了湍流强度与平均风速的相关关系，并进行线性拟合。可以看出，湍流强度随平均风速的增加而减小，拟合系数为 −0.91，表明湍流强度与平均风速呈线性负相关。

湍流积分尺度是气流中湍流涡旋平均尺寸的量度，也是表示湍流空间相关性大小及范围的关键参数，桥址区主梁各测点以及峡谷各测点的积分尺度剖面如图 2-14 所示。可以看出，当高度较小时，积分尺度较小，积分尺度随高度的增加而增大，与平均风速的变化规律一致。分析其原因，峡谷底部较为狭窄，来流进入峡谷后，涡旋结构破碎成较小的涡旋，随着高度的增加，两侧山体的间距变大，涡旋破碎程度变小，湍流积分尺度变大。

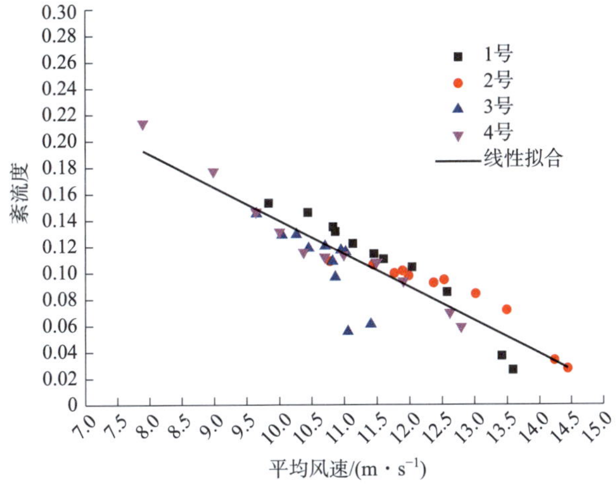

图 2-13　湍流强度与平均风速的相关关系

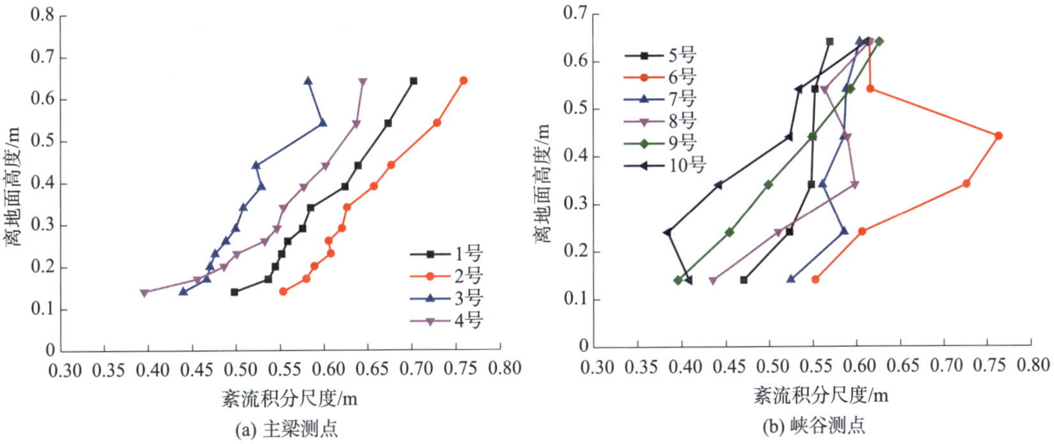

图 2-14　主梁与峡谷湍流积分尺度剖面

图 2-15 给出了湍流积分尺度与平均风速的相关关系，并进行线性拟合。可以看出，积分尺度随平均风速增加而减小，拟合系数为 0.97，表明积分尺度与风速呈线性正相关。

从物理结构上讲，湍流可看成是由各种不同尺度的涡旋叠合而成的流动，其中，大尺度涡旋主要是由流动的边界条件所决定，是引起低频脉动的原因，而小涡旋主要是由黏性力所决定，是引起高频脉动的原因。脉动风速功率谱密度表征湍流中各频率成分的涡旋所贡献能量的大小。由于试验得到同一高度处不同测点的功率谱密度较为接近，因此，仅给出了桥址区主梁 1 号测点以及峡谷 5 号测点桥面高度处的功率谱密度，如图 2-16 所示。

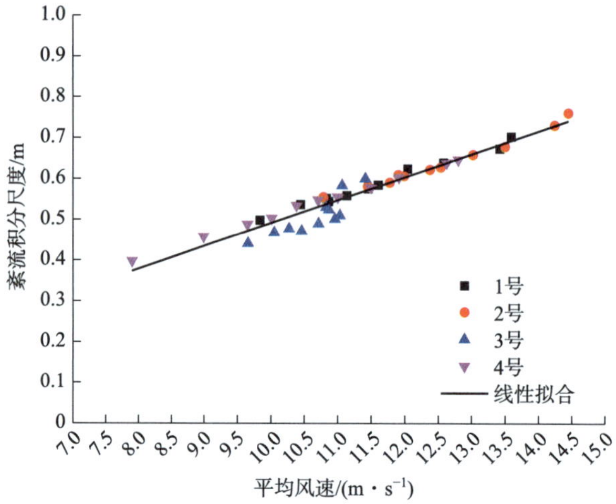

图 2-15 湍流积分尺度与平均风速的相关关系

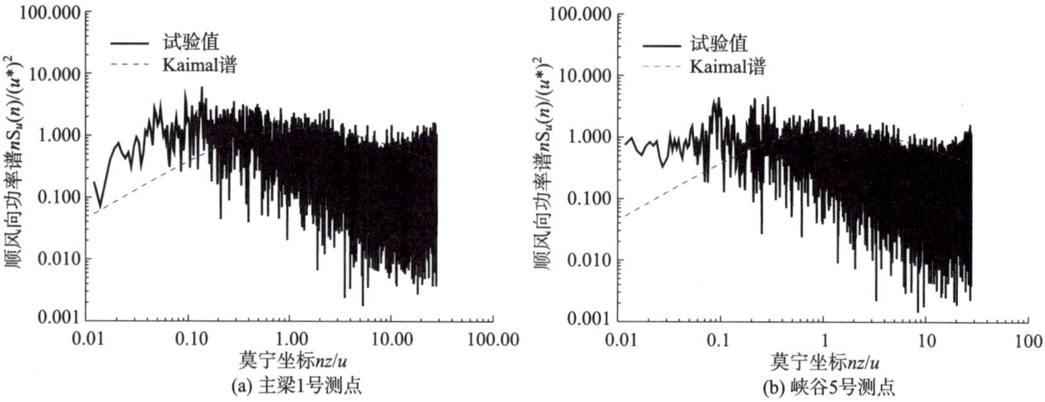

图 2-16 主梁与峡谷部分测点桥面高度的功率谱密度

功率谱分析结果表明，随着高度增加，实测功率谱低频部分谱值逐渐减小，由最初的高于 Kaimal 谱变为最终的略低于 Kaimal 谱；相反，高频部分谱值逐渐增大，由最初的低于 Kaimal 谱变为最终的与 Kaimal 谱接近。从一定程度上讲，随着高度的增加，复杂地形的影响效果降低，试验值与规范 Kaimal 谱渐趋接近，表明峡谷高空的功率谱与平坦地貌接近。

2.2.2 现场实测

由于地形风洞试验过程仍然存在一定的假设与简化，且地形模型的制作存在误差，试验结果常需要借助其他手段进行验证。现场实测作为另一种风特性研究手段，可以直接测得风速、风向角等数据，也可以测量部分大气参数，能够真实地反映风场特性。因此，以某高原深切峡谷大跨桥梁建设为工程背景，开展桥位风场实测研究，分析峡谷风场特性分布及其日变化特征。

1. 峡谷地形

如图 2-17 所示，桥址区为典型的高原深切峡谷地貌，河道两岸均为延绵不绝的高大山脉，西南侧山坡坡度约为 84%，坡顶最高海拔约 5 300 m，东北侧山坡坡度约为 100%，坡顶最高海拔约 5 200 m，峡谷顶部与底部海拔高差超过 2 km。

2. 实测布置

桥址测风塔高 50 m，位于河道西南岸坡脚处，如图 2-18 所示。分别在塔的 10 m、25 m、40 m 位置布置 1 个二维机械风速仪，在 50 m 的位置布置 1 个三维超声风速仪。机械风速仪、超声风速仪的采样频率分别为 1 Hz、4 Hz，均采用全天候工作模式。

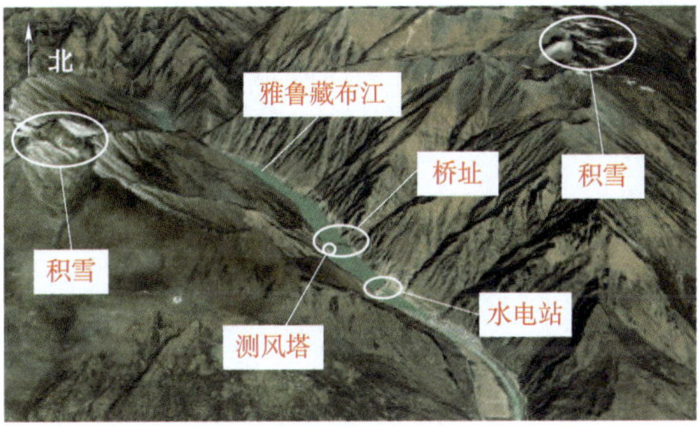

图 2-17　峡谷地形特征

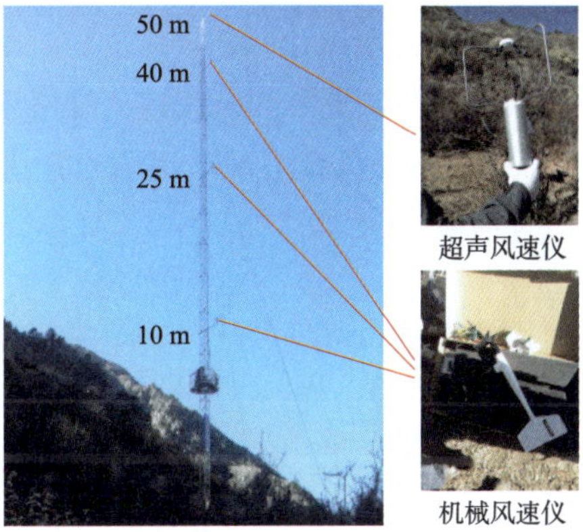

图 2-18　风场实测布置

3. 典型时段样本选取

图 2-19 给出了 2014 年 12 月 1 日至 7 日 10 min 平均风速、平均风向角以及 1 h 平均气温的时程曲线，可以看出，风速、风向均呈现以天为周期的规律波动。风速与气温日变化的趋势基本一致，日最大风速基本都在每日下午至傍晚的时间段出现。风向主要分布在 SSE（东南偏南）与 NW（西北）方向，且来流风向在一天之中出现两次突变现象。

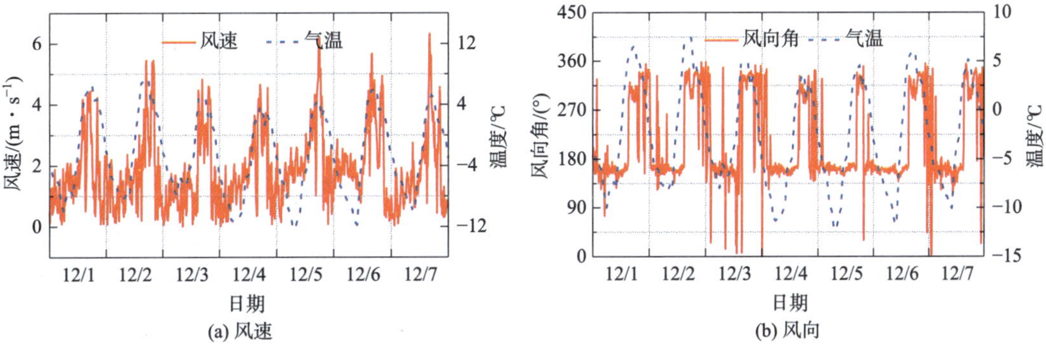

图 2-19　风速与风向时程

通过气象参数(温度、降水)时程曲线进行筛选,2014 年 12 月 1 日至 7 日(冬季 7 日)、2015 年 6 月 23 日至 29 日(夏季 7 日)均没有较强的天气系统作用。图 2-20 给出了冬季 7 日、夏季 7 日各时间段归一化 10 min 平均风速的分布,冬季 7 日 10 min 平均风速随时间变化的趋势具有一致性,夏季亦然。因此,在没有较强天气系统作用时,同一季节风速随时间变化呈现一致规律。对上述典型季节时段的风参数日变化特征进行研究,揭示不同季节(冬季、夏季)峡谷风场的演变规律。其中,风参数取 7 日平均值以降低随机性。

4. 结果分析

图 2-21 给出了冬季、夏季 10 min 平均风速的变化特征。可以看出,冬季、夏季风速随时间的变化趋势基本一致。冬季风速在 12:00 点左右开始增大,17:00 点左右达到最大值,20:00 点左右快速减小;夏季风速在 10:00 点左右快速增大,16:00 点左右达到最大值,21:00 点左右快速减小。风速达到峰值后存在明显突降过程,夏季的风速变化更加急剧和显著,风速达到该区段谷底后逐渐回升达到第二个峰值,随后开始快速降低。此外,峡谷风速整体处于较低水平,原因是峡谷较深,而测风塔设置于峡谷底部,地形对于来流的阻挡效应显著。

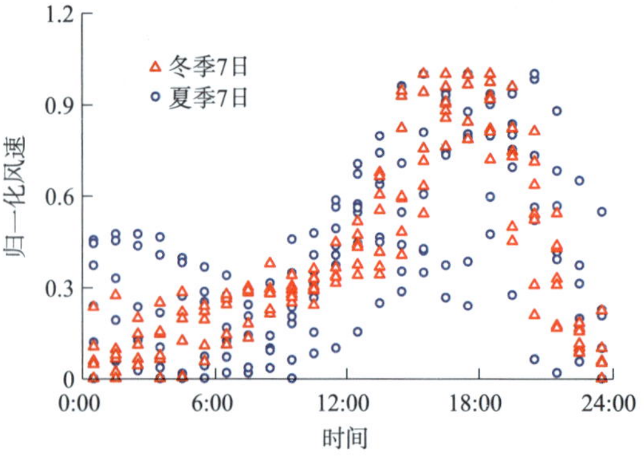

图 2-20　典型季节时段风速分布

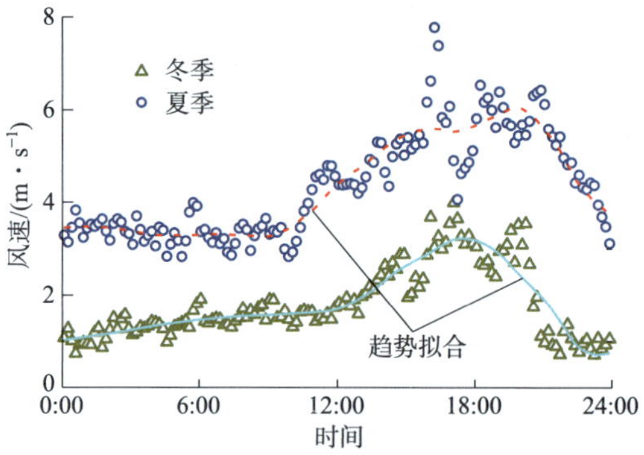

图 2-21　风速变化

图 2-22 给出了冬季、夏季 10 min 平均风向的变化特征。可以看出,冬季、夏季风向随时间的变化特征差异显著。夏季风场受东南季风影响,主导风向明确,风向基本稳定在 SSE(东南偏南)方向;冬季风向在 15:00 点左右出现突变现象,由 SSE 方向突变至 NW(西北)方向,随后几个小时内风向基本稳定在 NW 方向,但在 20:00 点左右风向开始出现剧烈波动,直至次日凌晨 2:00 点左右风向再次稳定在 SSE 方向。显然,峡谷主导风向与峡谷轴线方向基本一致,原因是峡谷地形对来流存在阻挡和限制作用,外界大尺度来流受到山体阻挡,风向被动改变为沿峡谷轴向,致使风向集中在更狭窄的范围内,主导风向非常明确。

此外,冬季风向在下午至傍晚某个时刻存在突变,原因是桥位东南方向不远处为城镇区,而西北方向为河谷深处,由于人类活动、太阳辐射的共同作用,整个白天下游区吸收较多热量但散热较快,相反,上游区由于山高谷深,太阳辐射较弱、吸收热量少但散热较慢,在下午至傍晚时间段内，人类活动与太阳辐射较强，热量积累致使下游区出现热岛效应，从而形成高温、低压区。因此，热力驱动作用致使峡谷冬季下午盛行西北风。

基于指数律模型对平均风速剖面进行拟合，图 2-23 给出了冬季、夏季风剖面指数的变化特征。可以看出，风剖面指数以负为主，风速剖面变异性强，指数律模型不能准确描述峡谷风场风速的垂直分布规律。冬季、夏季风速剖面随时间的变化特征差异显著，夏季风速剖面指数随时间变化趋于平稳，大致呈先增大后减小的趋势，风剖面指数整体稳定分布在 −0.1～0.05 之间。冬季风速剖面指数分布的离散性较强，主要分布在 −0.2～0.15 之间，在 10:00 点左右开始快速增加，18:00 点左右达到最大值，随后开始快速减小。

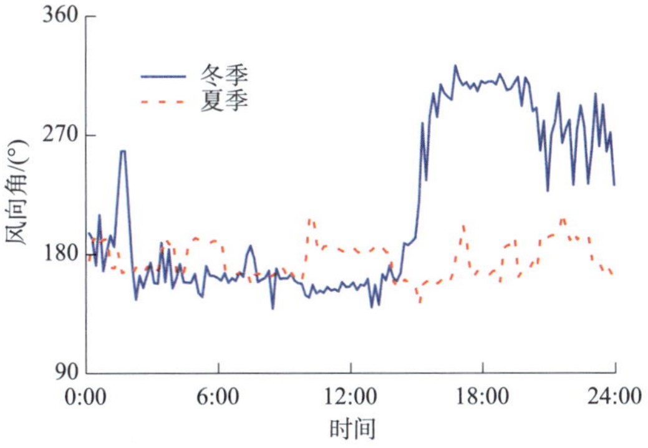

图 2-22　风向变化

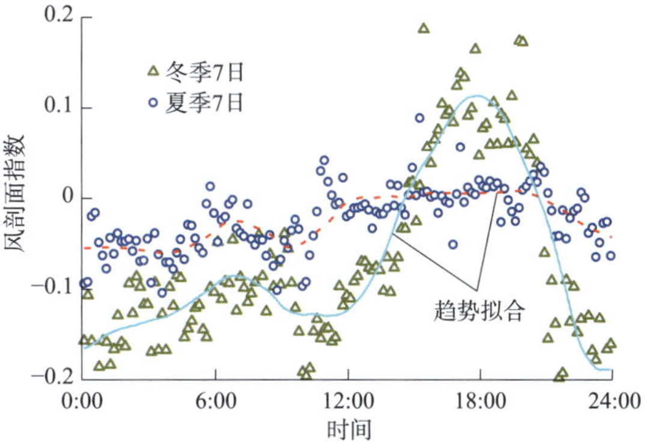

图 2-23　风剖面指数变化

风剖面指数分布表明，峡谷风速垂直分布受到地面摩擦、峡谷压缩以及峡谷顶部辐散等多种因素的综合影响。随离地高度的增加，峡谷压缩作用迅速减小，地面摩擦作用也随之减小。峡谷类型为典型的 V 形峡谷，实测位置处于峡谷深处，摩擦作用和压缩作用显著，辐散作用影响较小。由于地面的摩擦作用，风速剖面形式呈现为规范类风剖面，然后叠加压缩作用的影响，且离地高度愈低压缩作用愈加显著，实测风速剖面较规范类剖面更陡峭。观测期间来流强风的风向大多分布在峡谷轴向附近，来流强风的下垫面为河面，开阔水面对来流的摩擦作用较小。因此，实测风剖面指数远低于规范推荐值。

图 2-24 给出了冬季、夏季湍流强度的变化特征。可以看出，三个方向湍流强度分量随时间的变化趋势基本一致，但冬季、夏季湍流强度的变化特征差异显著。夏季湍流强度随时间变化较为平稳，冬季变化呈先减小后增大的趋势，12:00 点左右达到最低水平。

图 2-25 给出了冬季、夏季湍流积分尺度的变化特征。可以看出，三个方向湍流积分尺度分量随时间的变化趋势基本一致，且冬季、夏季的变化特征基本一致。夏季湍流积分尺度在 10:00 点左右开始增加，17:00 点左右达到最大值，随后开始快速减小；冬季湍流积分尺度在 12:00 点左右开始增加，16:00 点左右达到最大值，随后开始快速减小。湍流积分尺度随时间的变化趋势与风速变化基本一致，夏季平均风速高于冬季，致使夏季湍流积分尺度同样高于冬季，即湍流积分尺度与平均风速间呈正相关性，此结论与既有研究及理论结果相符。

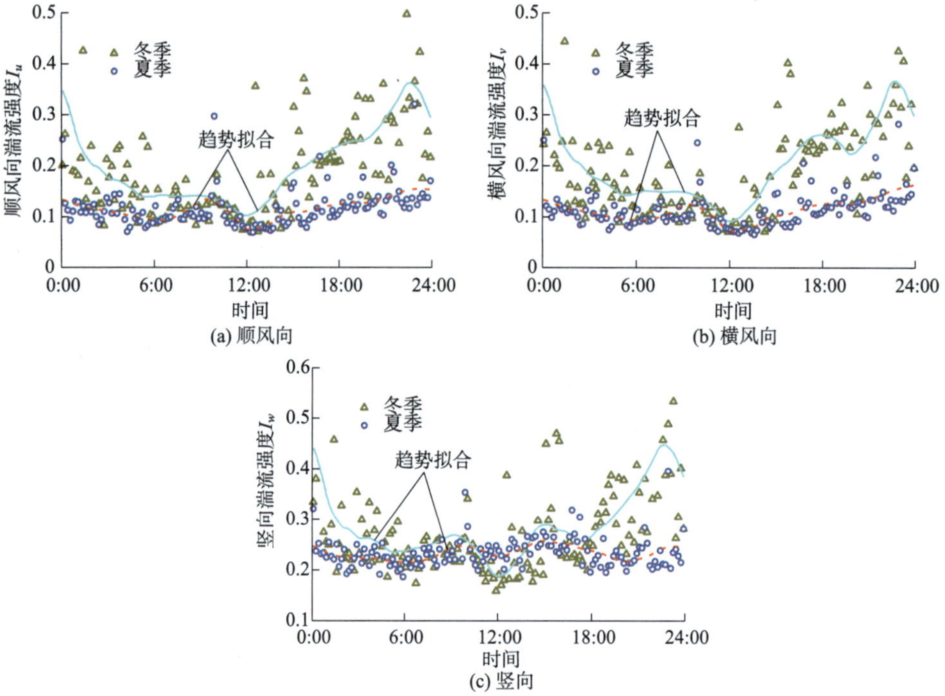

图 2-24　湍流强度变化

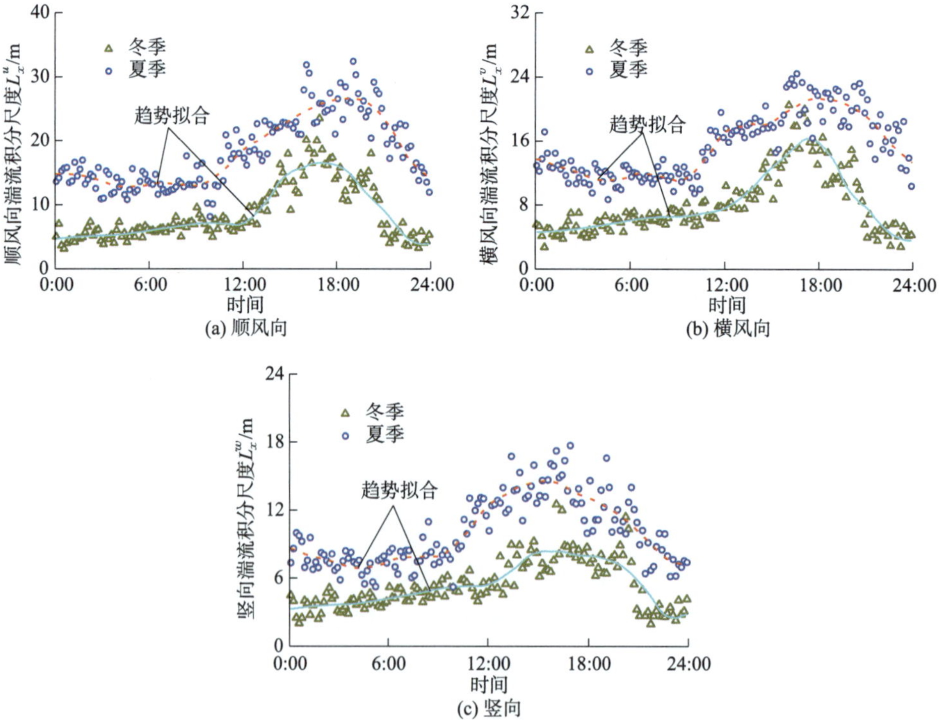

图 2-25　湍流积分尺度变化

图 2-26 给出了冬季、夏季两个不同时刻(10:00 点与 18:00 点)的湍流功率谱密度及其理论模型。对比冬季、夏季在 10:00 点与 18:00 点的功率谱密度曲线,可以看出,不同季节、不同时段的功率谱密度基本一致。因此,不同季节、不同时刻的功率谱密度可采用统一形式进行描述,但需要考虑功率谱密度在频域内分布随时间改变产生的偏移效果。

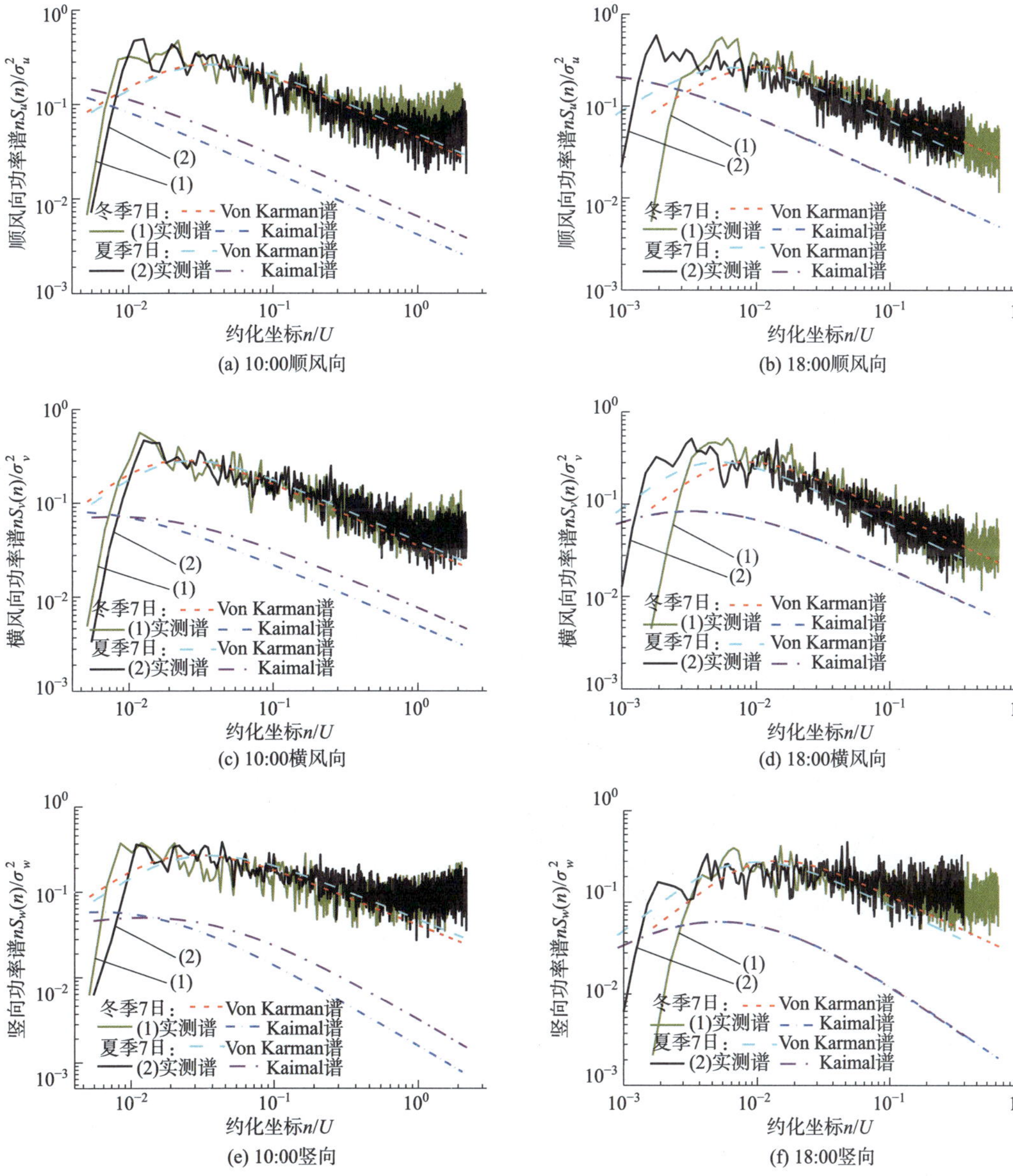

图 2-26　实测功率谱与理论谱

此外,顺风向与横风向功率谱高于 Kaimal 谱,竖向功率谱显著高于 Panofsky 谱,实测功率谱与 Von Karman 谱吻合较好。功率谱在高频段存在偏高与发散现象,原因是紊流涡旋包含较多高频成分。现行 JTG/T 3360-01—2018《公路桥梁抗风设计规范》推荐顺风向功率谱采用 Kaimal 谱、竖向采用 Panofsky 谱，显然，规范在高原深切峡谷的适用性较差。

2.2.3 数值模拟

前述研究通过现场实测手段分析了高原深切峡谷风参数的日变化特征，结果表明以温度为主导的热效应对风场变化的影响显著。现阶段，现场实测不能很好地将受局部温度影响产生的自然对流与外界来流分离，而要在常规风洞试验中考虑地形模型的温度变化较为困难。随着计算机技术的发展，可以采用计算流体力学 CFD（computational fluid dynamics，CFD）方法，基于 Fluent 数值模拟软件，通过 Expressions 以及 UDF 对某高原深切峡谷桥址地形进行建模，实现高原深切峡谷自然对流的模拟，分析讨论各种热效应条件对该峡谷风场特性的影响，揭示高寒高海拔深切峡谷局地风场小尺度热力驱动机理。

1. 地形模型

桥址地形如图 2-27 所示，桥梁主跨为 1 000 m，横跨下方河谷，连接两岸高山。大桥南侧被两条山脊包围着，山脊最高海拔达到 5 000 m。而大桥北侧位于一条山脊附近，该山脊最高海拔在 4 000 m 以上。河谷海拔为 3 000 m，与山顶的高差约 2 000 m，且两侧岸坡大于 50°，地形十分复杂。

图 2-27 峡谷桥址地形特征

首先，选定以主梁为中心、南北向和东西向宽度皆为 20 km 的正方形区域，作为建模流体域。从 Geospatial Data Cloud 中获取选定地形所在区域的高程数据，数据类型为 ASTERAGDEM 30 m 精度。获得地形坐标信息后，在 Global Mapper 中进行裁剪，并利用逆向拟合软件 Imageware 生成几何面。然后，以该几何面为底面，建立高度为 17 km 的长方体计算域。计算域顶面至地形面约为最高山峰高度的 7～8 倍，可以保证地形上方气流有充分的发展空间。

网格通过 ICEM 生成，采用非结构与结构化网格相结合的方式进行离散划分。地形表面是极度不规则的各种小曲面的集合体，采用O形块网格划分，如图2-28所示。先采用O形块将计算域划分为5个区域，中心区域采用Mapped块进行网格划分，周围四个区域采用Swept块进行网格划分。中心区域网格水平尺寸为60 m，主梁所在区域网格水平尺寸加密为30 m。四周网格水平尺寸从中心区域向外由60 m逐渐增大至200 m。整个计算域第一层网格高度设置为1 m，沿高度方向的网格增长率为1.07，计算域网格总数为621万。

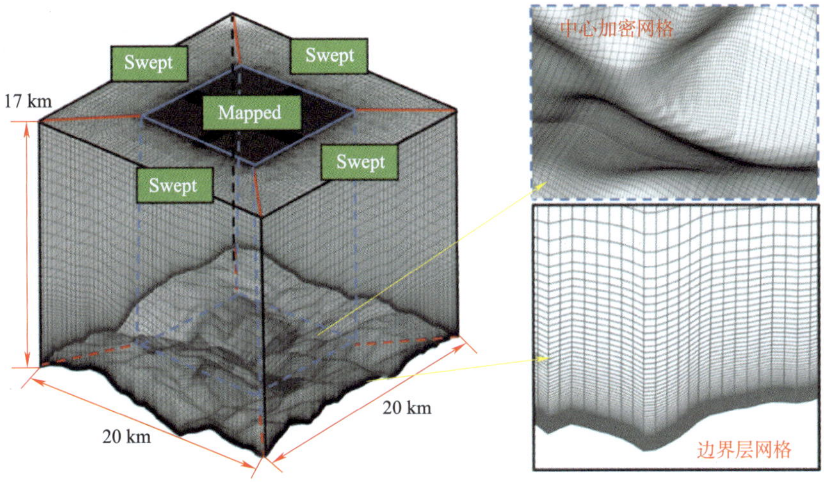

图2-28 网格划分示意

计算之前，需要设置计算域的各个边界条件以及湍流模型，如图2-29所示。地面采用无滑移壁面边界条件，侧面采用对称面边界条件，入口采用速度入口边界条件，出口采用压力出口边界条件，顶面根据模拟要求可设置为对称面或压力出口边界条件。湍流模型设定为大涡模拟，亚格子模型设定为Smagorinsky模式，$C_s=0.1$，Energy Prandtl Number与Wall Prandtl Number保持默认值。激活能量方程后，压力速度耦合方程采用SIMPLE算法求解，扩散项与对流项采用二阶中心差分格式，瞬态公式采用二阶隐式格式。

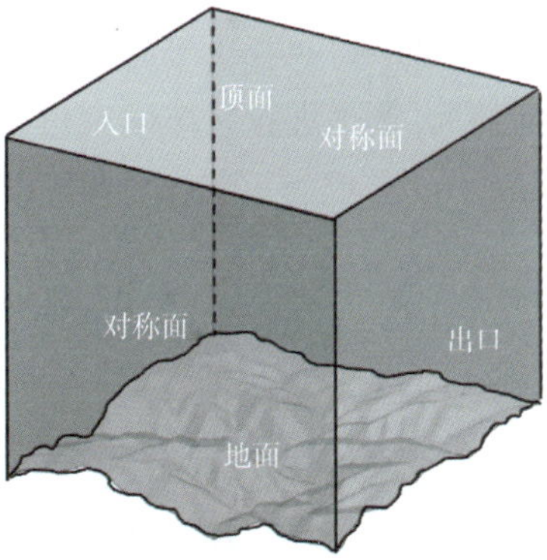

图2-29 计算域边界条件

2. 热量交换的原理与实现方法

由于大气中占比较大的氮气、氧气对太阳辐射这种短波辐射吸收能力很弱，当太阳辐射穿过大气时绝大部分并不能被吸收，大部分太阳辐射到达地表后被吸收，然后地面再向空气进行不间断的热量传递，同时空气也会反射一部分热量到地面。在这个过程中，热量交换以多种形式进行，主要包括热传导、辐射传热、热力对流以及动力对流四种方式。

空气的导热系数很小，通过热传导的方式在地面与空气间传递的热量较少，在大多数情况下与对流同时进行，单独的热传导可以忽略不计。辐射传热指能量向物体外所有方向直线发射，地面与空气的辐射传热每时每刻都在进行，二者互相发射与吸收辐射能。在白天，太阳辐射大量进入，地面吸收的辐射量超过向空气反射的辐射量，地面温度升高，空气吸收地面反射的辐射后温度升高。当太阳落山、夜晚到来时，太阳辐射的进入量快速降低，地面吸收的辐射量低于向空气反射的辐射量，地面温度会下降，气温也随之降低。因此，受太阳直射的地面与近地面空气温度较高，反之，不受太阳直射的地面与近地面温度往往较低。热力对流与动力对流是指空气在竖直方向上循环流动，呈现一种有规律的升降运动。热力对流完全由密度变化引起，当高处与低处空气的温差增大，即高处空气温度下降，低处空气温度增加时，高处空气密度增大，低处空气密度降低，由于重力的作用，冷空气下沉，热空气上升。动力对流是指空气流动时受到阻挡，沿着山坡或山脊抬升时，冷热空气会发生热量交换，是一种受外力影响发生的对流。

四种热量交换方式可以在 Fluent 中实现。热传导可在材料设置中对空气与地面分别设定不同的导热率。太阳辐射可以使用太阳光线追踪模型模拟出不同时刻的太阳来实现。热力对流的实现需将密度与温度关联，动力对流也需要将密度与温度关联，同时还需设置外界来流作为强迫力，针对两种对流在模拟中实现密度随温度变化的结果即可。

Fluent 中的 Boussinesq 假设模型使用参考密度，在温度变化范围很小的情况下考虑动量方程中的浮力项，适用于空间尺度较小的空气流动状态，但计算域内的密度是不随温度变化的。此外，Fluent 中可以设置密度与温度的多种关系式，为了尽可能模拟大尺度空间的真实情况，选择理想气体模型进行计算，计算域内密度、温度、气压都是动态变化的。利用 Clapeyron 方程表示密度与温度的关系，状态方程如公式(2-5)所示。

$$pV=nRT \tag{2-5}$$

式中 p——气体压强，Pa；

V——气体体积，m^3；

n——气体物质的量，mol；

R——普适气体常数，J/(mol · K)；

T——气体温度，K。

由于 $V=m/\rho$ 与 $n=m/M$，公式(2-5)可改写成公式(2-6)：

$$\rho=\frac{pM}{RT} \tag{2-6}$$

式中 ρ——空气密度，kg/m^3；

M——摩尔质量，g/mol。

由式(2-6)可以看出，密度是与气压、温度相关的，当气压保持不变时，空气密度与温度成反比，即空气密度随着温度的增加而降低。

由力平衡方程可推导动量方程，在开启重力后，动量方程如公式(2-7)所示。

$$\rho\left(\frac{\partial u_i}{\partial t}+\frac{\partial u_i u_j}{\partial x_j}\right)=-\frac{\partial p}{\partial x_i}+\eta\left(\frac{\partial^2 u}{\partial x^2}+\frac{\partial^2 u}{\partial y^2}+\frac{\partial^2 u}{\partial z^2}\right)+\rho g \tag{2-7}$$

式中　u——t 时刻空间位置(x,y,z)处的速度矢量，m/s；

i,j——分量形式，i、$j=1,2,3$；

η——动力黏度，N/m^2；

g——重力加速度，m/s^2。

选用理想气体模型，设置参考密度后，动量方程中重力项变为浮力项，浮力项的计算如式(2-8)所示。

$$F_i=(\rho-\rho_0)g \tag{2-8}$$

式中　F_i——浮力，N；

ρ_0——参考空气密度，kg/m^3。

因此，动量方程式(2-7)可写成式(2-9)的形式：

$$\rho\left(\frac{\partial u_i}{\partial t}+\frac{\partial u_i u_j}{\partial x_j}\right)=-\frac{\partial p'}{\partial x_i}+\eta\left(\frac{\partial^2 u}{\partial x^2}+\frac{\partial^2 u}{\partial y^2}+\frac{\partial^2 u}{\partial z^2}\right)+F_i \tag{2-9}$$

式中　p'——考虑浮力项后的修正压力，Pa。

从动量方程式(2-9)可以看出，当温度发生变化后，密度也随之发生变化，从而产生浮力，形成热力对流。若在进口处同时设置外界来流，冷热空气受外界来流的作用后开始运动，温度分布也会发生相应变化，形成动力对流。

3. 热效应条件

热效应条件主要包括地面山谷地表温差、空气温差与太阳辐射。

高海拔特点使得高原峡谷岭谷温差很大，山顶温度比谷底温度往往低很多，在计算时必须考虑山体温度随海拔变化的情况。由于地球引力的作用，大气层沿着高度可以被分成很多层，如图 2-30 所示。

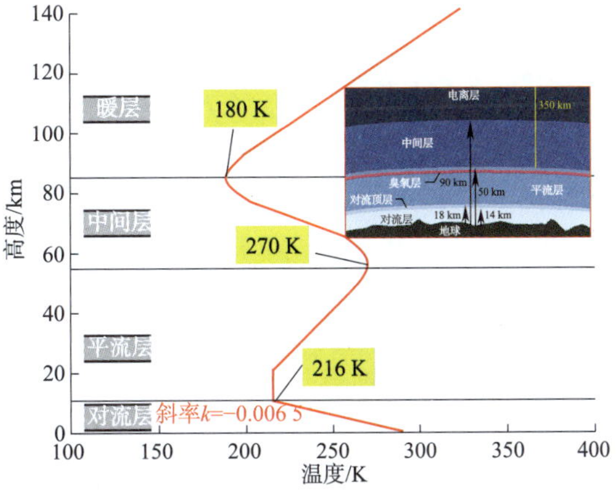

图 2-30　大气层垂直结构

土木工程的研究对象基本都处于对流层内，温度随着海拔高度近似线性变化，从低到高以 0.006 5 ℃/m 的斜率递减。研究对象最高海拔在 5 000 m 左右，远远低于对流层顶。峡谷实测温度数据显示，地表海拔 3 680 m 高度处 6 月份的平均温度为 20 ℃。因此，在 Fluent 中设置海拔 3 680 m 处温度为 20 ℃，并在竖直方向生成线性变化的温度垂直廓线。

太阳辐射指太阳通过电磁波的形式向宇宙发射能量，地球的能量主要来自太阳，太阳通过辐射的方式不断向地球传输能量，到达地球的太阳辐射量称为天文太阳辐射量。相比于空气对太阳辐射的低吸收性，地表能吸收绝大部分太阳辐射，地表温度主要受太阳辐射变化影响。空气对地面二次发射的辐射吸收率很高，其温度变化也与地表温度高度相关，太阳辐射间接影响着空气温度的变化。因此，在模拟中必须考虑太阳辐射的影响。

世界气象组织规定，大气上界在垂直太阳光线的方向上 1 m^2 在 1 s 受到的太阳辐射总量为太阳常数，数值为 1 368 W/m^2。Fluent 中可以通过设置太阳高度角，计算出太阳辐射理论值。在 Fluent 中激活太阳加载模型，输入大桥所在地区的经纬度，使用太阳计算器计算太阳辐射理论值，分为直接太阳辐射值与散射太阳辐射值。辐射模型选定为 Discrete Ordinates 模型。不同时刻的太阳辐射存在差异，但计算方式相同。

4. 来流条件

采用数值模拟研究风场特征，地形模型必然是真实地形一定范围的截断部分，此时地形模型边缘与计算域地面存在高度差。一般来说，沿着地形模型边缘的高度差不一致，会出现较为明显的“人工悬崖”现象，如果不加处理将直接影响模拟精度。例如，气流会在边缘处发生较大的分离，对于目标区域的风特性造成较大影响。以往研究中，通常采用过渡段来减弱这种“人工悬崖”现象，如图 2-31 所示，过渡段的主要作用是将来流更完整地递送至地形上。

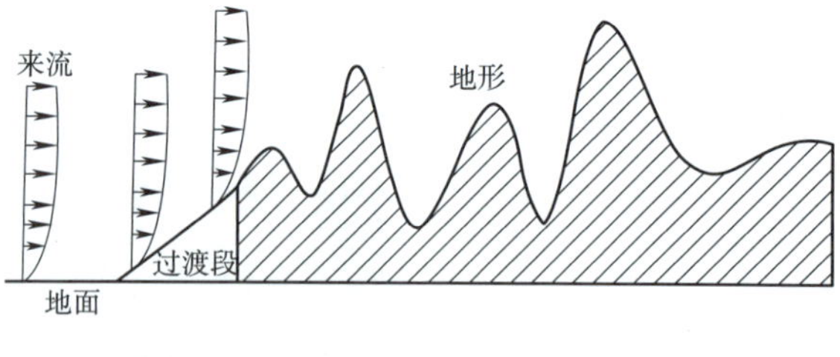

图 2-31　过渡段作用示意

但是，添加过渡段对地形风特性的影响并不清晰。因此，采用与过渡段作用相同且更优的方法避开人工悬崖，即在数值模拟中以地形为底面直接建立起计算域。为了提高计算的精度，入口来流往往采取风速随高度变化的剖面形式，比如指数律或对数律风剖面。在 Fluent 中设置风剖面形式来流一般以最低点为起点，然而地形入口边界高程并不一致，某些位置将会给予过高的来流风速，来流条件也就设置地并不合理，如图 2-32 所示。

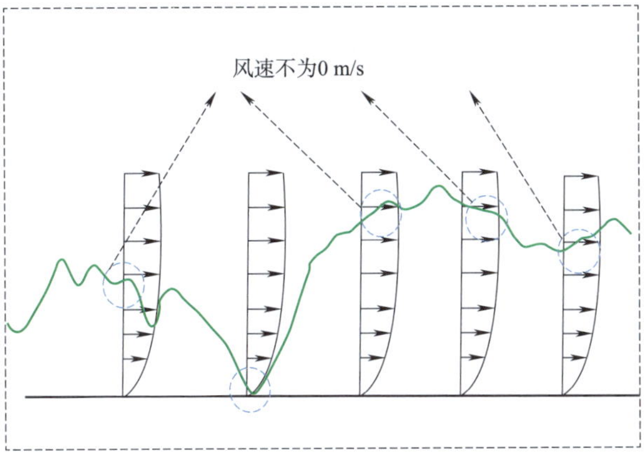

图 2-32　传统方法给定入口来流

为解决部分位置起点风速不为零的问题，对入口边界的轮廓线进行曲线拟合，并通过 UDF 添加更加合理的入口来流。具体操作如下，在地形数据中筛选出入口轮廓线的坐标信息后，通过傅里叶曲线拟合得到入口轮廓线高程随 WGS-84 坐标系下的地球投影坐标 Y 变化的表达式，拟合公式如式(2-10)所示，其中，ω、a_0、a_1、b_1、…、a_n、b_n 均为拟合参数。

$$Z=a_0+a_1\cos\omega Y+b_1\sin\omega Y+\cdots+a_n\cos n\omega Y+b_n\sin n\omega Y \tag{2-10}$$

首先，对整条轮廓线直接拟合，发现拟合后生成的曲线与原本轮廓线在某些高程变化较大的位置差别较大，达不到数值模拟所需要的精度要求，如图 2-33 所示。因此，根据轮廓线的起伏情况将其分开为 4 段，并分别对 4 段轮廓线进行拟合，然后再进行合并，最终合成的曲线与原轮廓线重合程度较高，可用于数值模拟。

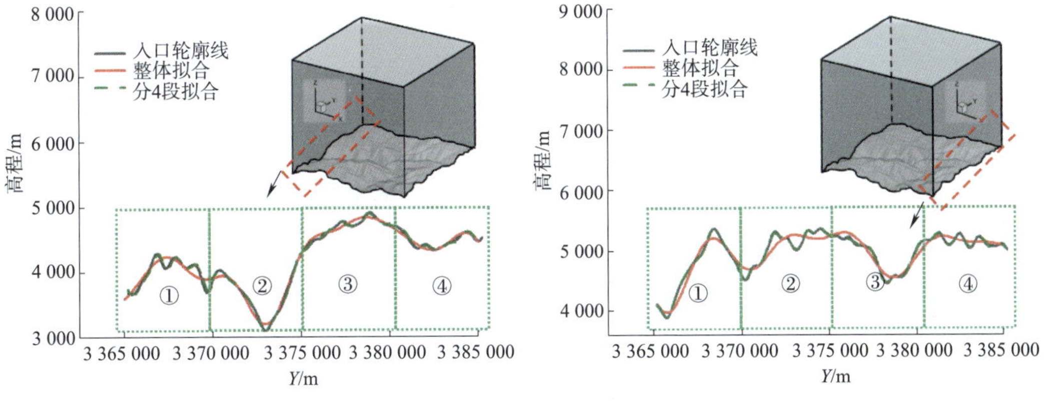

图 2-33　入口轮廓线拟合曲线结果

确定轮廓线表达式后，在 UDF 中使用 DEFINE_PROFILE 进行风速剖面的输入，即遍寻入口网格的坐标，对纵向坐标相同的网格使用相同的风剖面形式，最底部网格中心风速为零，如图 2-34 所示。

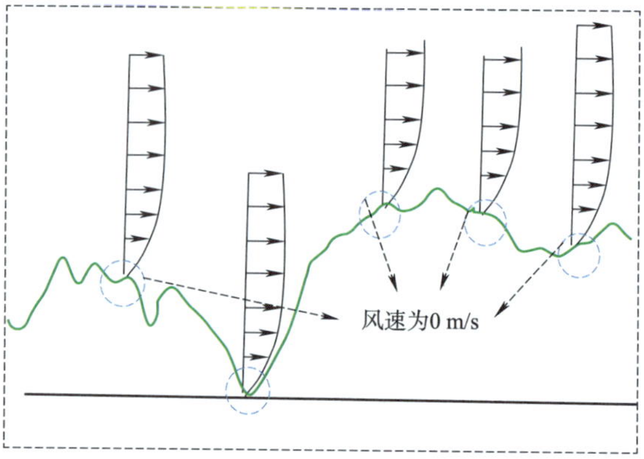

图 2-34　拟合方法给定入口来流

根据上述拟合方法，设置梯度风为 53 m/s 的 D 类地貌风速剖面，速度云图如图 2-35 所示。可以看出，近地面处风速为零，风速随轮廓线的高程变化而改变。

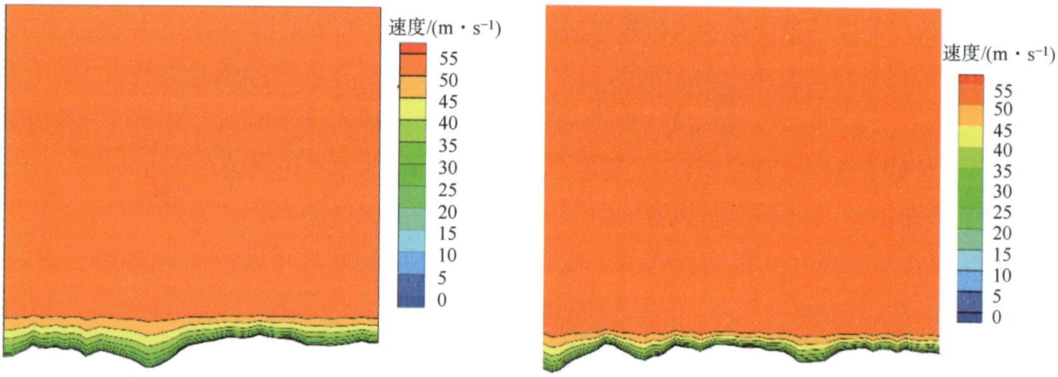

图 2-35　数值模拟入口来流速度云图

5. 测点布置

为了能够研究主梁附近风场特性的分布规律，在主梁水平方向上布置了 9 个观测点(Q1～Q9)，并在 1/4 跨、2/4 跨和 3/4 跨处沿竖直方向布置若干数据观测点，距离主梁较近处观测点间距较小。除主梁区域风场特性外，峡谷内部风速分布同样是重点关注对象，在峡谷中沿河谷等间距布置了 15 个数据观测点(H1～H15)，观测点海拔高度与大桥桥面高度(海拔高度为 3 650 m)一致。观测点分布位置如图 2-36 所示。

6. 结果分析

为了研究热效应条件与来流条件各自对峡谷风场的影响，设置了不考虑热效应仅给予来流和同时考虑热效应与来流的工况，见表 2-3。此外，设置不同大小的梯度风速，用于研究低风速来流与高风速来流在热效应条件下的差异。

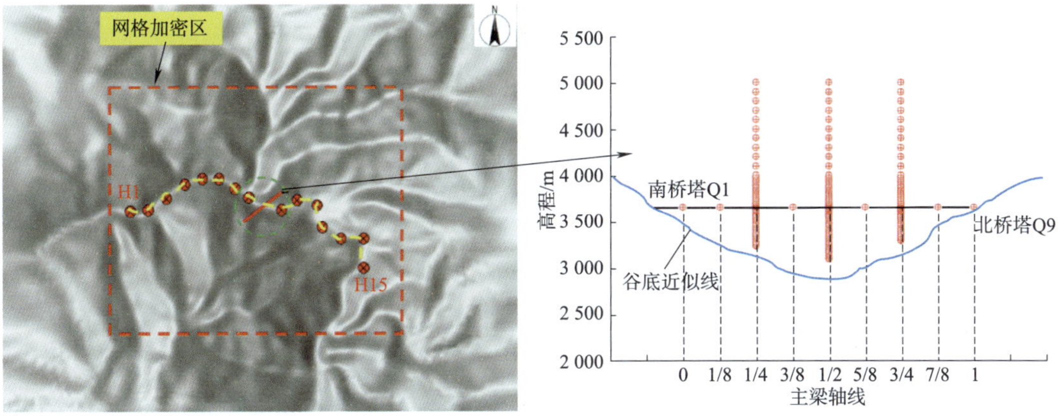

图 2-36　测点布置示意

表 2-3　计算工况

工况序号	来流方向	来流速度/(m·s^{-1})	山谷地表温差	太阳辐射	空气温差
1	—	0	否	否	否
2	—	0	是	否	否
3	—	0	是	是	否
4	—	0	是	是	是
5	西侧	1	否	否	否
6	西侧	3	否	否	否
7	西侧	6	否	否	否
8	西侧	10	否	否	否
9	西侧	30	否	否	否
10	西侧	53	否	否	否
11	西侧	1	是	是	是
12	西侧	3	是	是	是
13	西侧	6	是	是	是
14	西侧	10	是	是	是
15	西侧	30	是	是	是
16	西侧	53	是	是	是

注：(1)“是”表示加入该热效应条件；
(2)“否”表示不考虑该热效应条件。

为研究不同热效应条件对峡谷风速的影响，首先讨论不考虑来流、仅考虑热效应(工况1～4)的情况，桥面高度处的风速分布如图 2-37 所示。不加入热效应条件时，河谷桥面高度的风速为零，即没有发生空气的流动；仅加入山谷地表温差条件后，河谷各测点位置风速比较接近，各处产生的热力环流较为一致；同时考虑山谷地表温差、太阳辐射后，河谷风速增加、分布不均匀，主梁附近有明显的低速区域，南侧有明显的高速区域；同时考虑山谷地表温差、太阳辐射、空气温差后，高速和低速区域消失，分布不均匀性加剧。

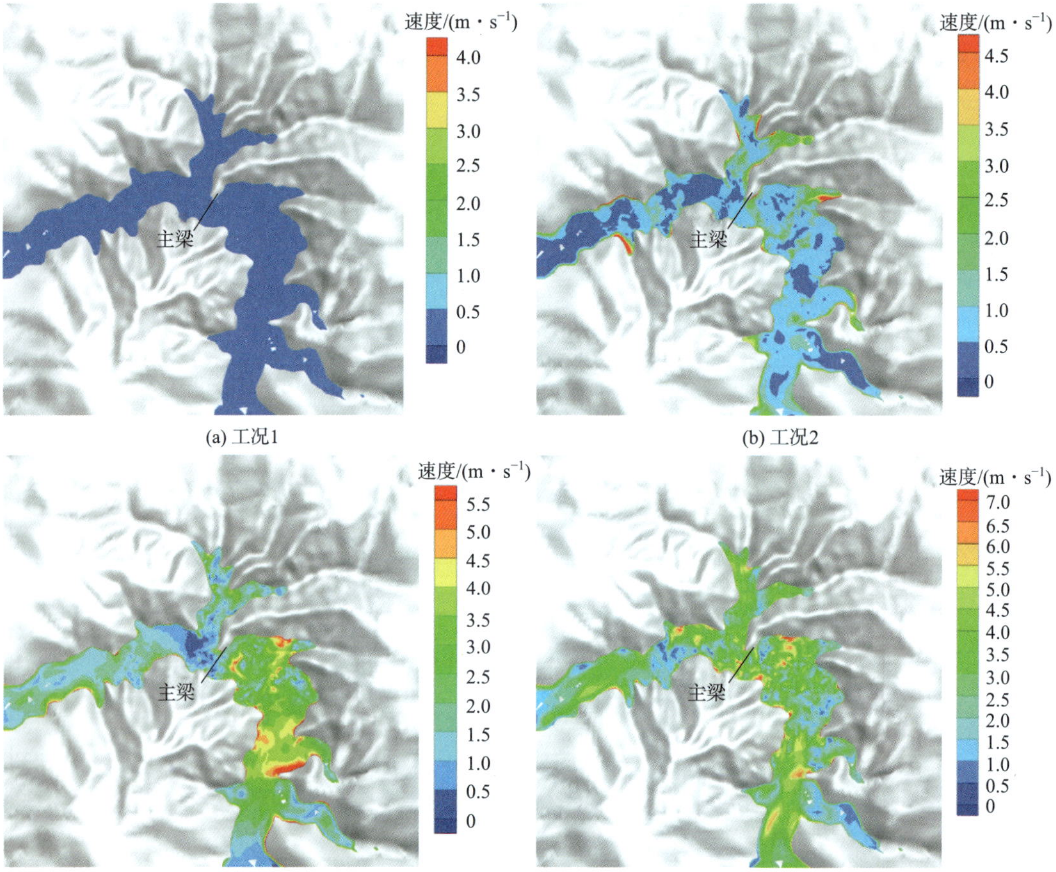

(a) 工况1　(b) 工况2

(c) 工况3　(d) 工况4

图 2-37　桥面高度风速分布

当不考虑来流、仅考虑热效应时，主梁竖直剖面的竖向风速分布如图 2-38 所示。不加入热效应条件时，流体域内不存在形成风所需的浮力，风速为零；加入山谷地表温差条件后，浮力出现，空气运动形成了局部风；同时考虑山谷地表温差、太阳辐射后，桥面上部与下部产生了较大的漩涡且影响区域增大，最大风速达到了 2.2 m/s；同时考虑山谷地表温差、太阳辐射、空气温差后，主梁附近出现了漩涡，整个区域内风向发生了较大变化。

为研究热效应条件与来流条件相互影响规律，分析同时考虑外界来流和热效应条件的风场特征，河谷内不同测点的风速分布如图 2-39 所示。

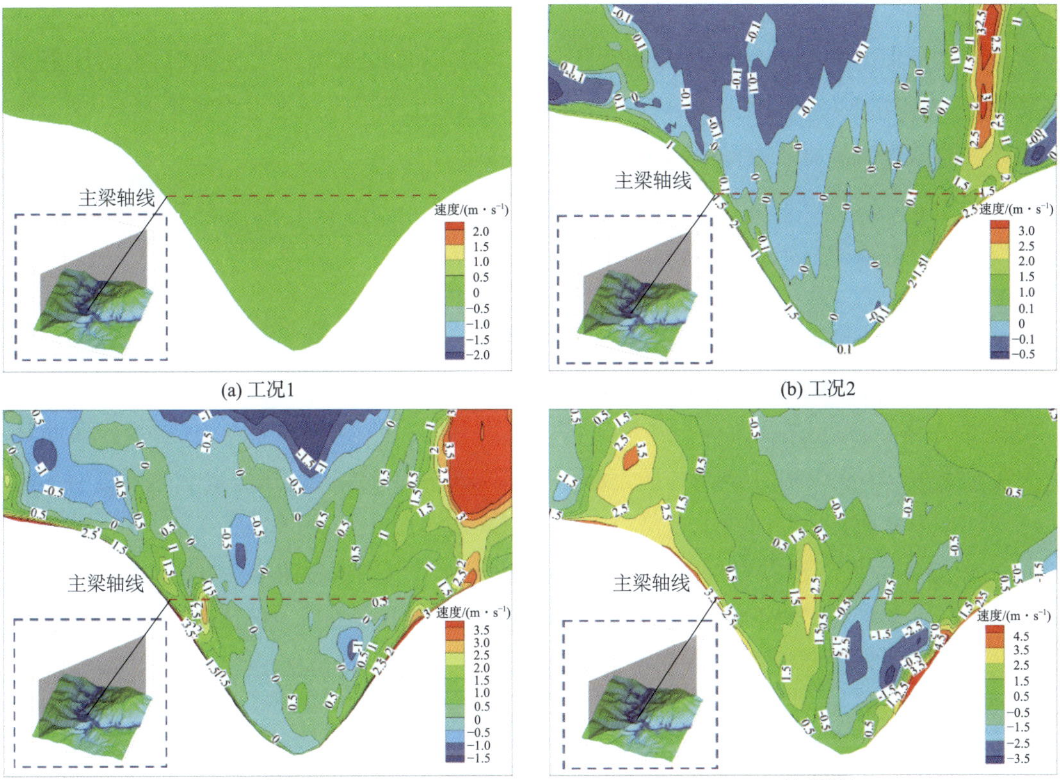

(a) 工况1　(b) 工况2

(c) 工况3　(d) 工况4

图 2-38　主梁竖直剖面竖向风速分布

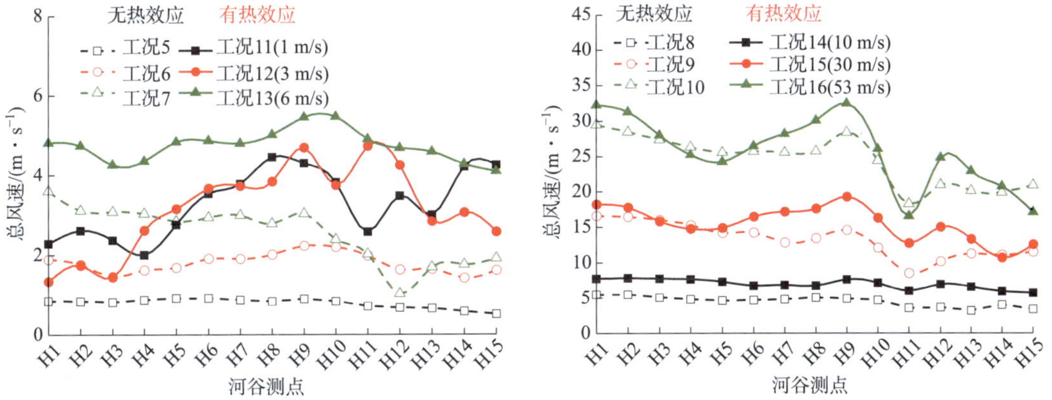

(a) 低风速来流　(b) 高风速来流

图 2-39　河谷风速分布

在低风速来流条件下，热效应条件对风速影响较大。不加入热效应条件时，风速分布较均匀，加入热效应条件后，风速都有所增加，特别是在来流下游范围，风速增加至 4～6 m/s。分析其原因，加入热效应后，来流上游生成的热力对流较小，风速增值小，下游生成的热力对流较大，风速增值较大。这进一步说明在低风速来流下，热效应的影响不可忽略，甚至在热力对流较大的区域对风速起到了主导作用。

在高风速来流条件下，不加入热效应条件时，风速分布与低风速工况类似，下游比上游风速略低，加入热效应条件后，风速有一定的增加，但相比于原风速来说增幅不大。因此，热效应产生的风速比来流风速要小很多，外界来流风速大小对河谷上的风速起主导作用，热效应仅起到一定的增幅作用。

为了能够量化热效应引起的风速增幅的大小，采用式(2-11)计算总风速增幅 Δv。

$$\Delta v=(v_1-v_0)/v_0 \tag{2-11}$$

式中 v_0——加入热效应条件后的总风速，m/s；

v_1——未加入热效应条件时的总风速，m/s。

通过式(2-11)可得不同来流风速下河谷各测点总风速的增幅，如图 2-40 所示。在低风速来流工况中，当来流为 1 m/s 时，最大增幅为 7.3，出现在 H15 测点处，表示热效应引起的风速增幅是不考虑热效应时的 7.3 倍。在高风速来流工况中，当来流为 10 m/s 时，最大增幅为 1.1，出现在 H13 测点处，表明热效应对风速仅有 10%的增幅效果。显然，大部分测点的风速在低风速来流工况下的增幅要大于高风速工况，随着来流风速的逐渐增加，大部分测点风速增幅逐渐降低，但变化的趋势存在一定差异。

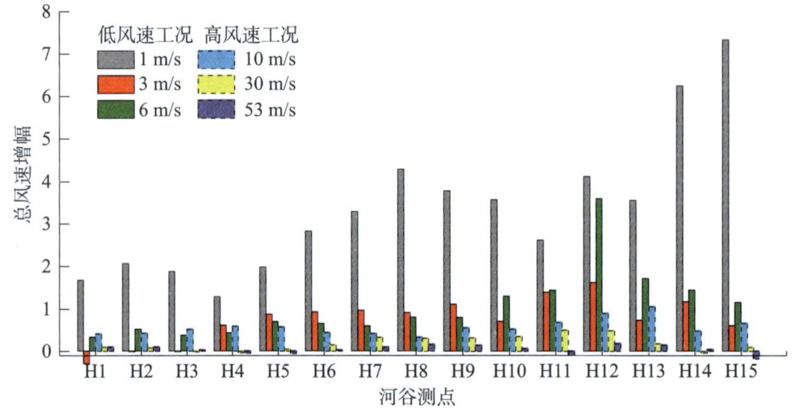

图 2-40 河谷测点总风速的增幅

综上所述，峡谷风速受外界来流风速与热效应产生的热力对流共同影响，当外界来流风速较大时，以外界来流影响为主，外界来流风速较小时，以热效应影响为主。

2.3 铁路桥梁抗风设计基准风速

随着我国高速铁路建造技术的快速发展，桥梁跨度越来越大、结构越来越柔，且桥上行车速度越来越快；风致振动和风荷载已经成为大跨度铁路桥梁结构安全和桥上行车安全主要控制因素。基于环境风场特性，制定合理的铁路桥梁抗风设计基准风速取值标准对铁路桥梁抗风设计十分重要。为了同时保障铁路桥梁结构自身抗风安全和桥上列车的行车安全，本书提出了 TW1 设计基准风速和 TW2 设计基准风速，并纳入了最新发布的 Q/CR 9162—2023《铁路桥梁抗风设计规范》。

2.3.1　TW1 设计基准风速

TW1 设计基准风速的定义为列车运营时，桥梁结构及构件基准高度处频率 1/25（重现期 25 年）的 10 min 平均年最大风速；具体取值方法及设计目标见表 2-4。TW1 设计基准风速的取值综合考虑了 TB 10002—2017《铁路桥涵设计规范》、《铁路技术管理规程（高速铁路部分）》以及 JTG/T 3360-01—2018《公路桥梁抗风设计规范》对桥上大风行车限速的相关规定。

表 2-4　TW1 设计基准风速取值方法及相应的设计目标

风作用水平	风速取值	设计目标
TW1 设计基准风速	（1）频率 1/25（重现期 25 年）轨面高度处的桥梁设计风速； （2）客货共线铁路、重载铁路当按（1）确定的桥梁轨面上的风速计算值大于 30 m/s 时，取 30 m/s； （3）高速铁路当按（1）确定的桥梁轨面上的风速计算值大于 25 m/s 时，取 25 m/s； （4）公铁两用桥梁公路桥面风速计算值大于 25 m/s 时，取 25 m/s	（1）与车辆等作用组合，应满足规定的强度、刚度、静力稳定性、耐久性及疲劳性能要求； （2）应满足规定的车辆行车安全性、平稳性或舒适性的要求； （3）在 TW1 设计基准风速范围内，不应发生影响正常运营的风致振动

根据 TB 10002—2017《铁路桥涵设计规范》第 4.4.1 条，桥上有车时，风荷载强度按桥上无车时的风压的 80%计；换言之，当桥上有车时，设计基准风速可近似按照桥上无车时的设计基准风速的 0.9 倍进行折减。根据我国各地平均的重现期与设计基准风速取值之间的换算关系，折减系数取 0.9 相当于将桥上无车时的设计频率 1/100（重现期 100 年）增大为 1/25（重现期 25 年）。因此，TW1 设计基准风速的基本取值确定为频率 1/25（重现期 25 年）轨面高度处的桥梁设计风速。TB 10002—2017《铁路桥涵设计规范》第 4.4.1 条第 4 款同时规定桥上有车时基本风压不大于 1 250 Pa。基本风压 1 250 Pa 对应的瞬时风速为 45 m/s，按照我国最广泛的 B 类地貌进行换算，10 min 平均风速应为 30 m/s。因此，对于客货共线铁路、重载铁路，当按设计频率 1/25 确定的 TW1 设计基准风速计算值大于 30 m/s 时，直接取 30 m/s。

对于高速铁路而言，列车行车速度快，行车状态对横风作用十分敏感；为了保障大风天气情况下的高速铁路行车安全，中国铁路总公司发布的《铁路技术管理规程（高速铁路部分）》对大风行车进行了严格规定，见表 2-5。当环境瞬时风速大于 30 m/s，高速列车必须停运，严禁所有高速列车进入大风区间。参考此条规定，按照我国最广泛的 B 类地貌进行换算，30 m/s 瞬时风速对应的 10 min 平均风速为 20 m/s；同时参考 JTG/T 3360-01—2018《公路桥梁抗风设计规范》第 3.2.2 条，当桥面有车辆时，主梁上的风速值最大取 25 m/s；最终，综合考虑《技规》和 JTG/T 3360-01—2018《公路桥梁抗风设计规范》，按照保守设计原则，提出高速铁路当按设计频率 1/25 确定的 TW1 设计基准风速计算值大于 25 m/s 时，取 25 m/s。

表 2-5 《技规》对大风列车限速、停运的规定

环境风速(瞬时风速)	一般区间限速
15 m/s$<v\leqslant$20 m/s	300 km/h
20 m/s$<v\leqslant$25 m/s	200 km/h
25 m/s$<v\leqslant$30 m/s	120 km/h
$v>$30 m/s	停运

对于公铁两用桥梁，如果公铁平层布置时，汽车桥面风速与列车轨面风速十分接近，TW1 设计基准风速取 25 m/s 作为最大值，既满足《规范》对高速列车行车安全的要求，又满足 JTG/T 3360-01—2018《公路桥梁抗风设计规范》对桥上汽车行车安全的要求；如果公铁两用桥梁按上下层布置，公路行车道往往在上层，铁路行车道在下层；当轨面风速取值为 25 m/s 时，其公路桥面风速计算值应大于 25 m/s。为此，为了满足 JTG/T 3360-01—2018《公路桥梁抗风设计规范》的规定，提出公铁两用桥梁公路桥面风速计算值大于 25 m/s 时，取 25 m/s。

TW1 设计基准风速考虑桥上列车运行，是检验桥上行车安全、风致限幅振动、施工阶段桥梁抗风安全的风参数取值标准，设计目标包括风荷载与车辆等作用组合时桥梁结构的自身安全性、车辆行车安全性、平稳性或舒适性、风致限幅振动要求等。

2.3.2 TW2 设计基准风速

TW2 设计基准风速的定义为桥梁结构及构件基准高度处频率 1/100 的 10 min 平均年最大风速；具体取值方法及设计目标见表 2-6。TW2 设计基准风速的取值综合考虑了 TB 10002—2017《铁路桥涵设计规范》和 JTG/T 3360-01—2018《公路桥梁抗风设计规范》对桥梁结构自身抗风安全的相关规定。两本规范中桥梁抗风的设计频率均为 1/100(重现期 100 年)，沿用此规定，将 TW2 设计基准风速的基本取值确定为频率 1/100(重现期 100 年)轨面高度处的桥梁设计风速。

表 2-6 TW2 设计基准风速取值方法及相应的设计目标

风作用水平	风速取值	设计目标
TW2 设计基准风速	频率 1/100(重现期 100 年)轨面高度处的桥梁设计风速	(1)应满足规定的强度、刚度及静力稳定性的要求； (2)应满足规定的风致静力稳定性和风致动力稳定性要求； (3)在 TW2 设计基准风速范围内，不应发生影响结构及构件安全的涡振

TW2 设计基准风速主要针对桥梁结构自身的抗风安全，此时风速较高，默认桥上不再行车，风荷载不再与车辆荷载组合，也不考虑列车对桥梁主梁断面气动外形的影响；因此，设

计目标确定为满足规定的强度、刚度、静力稳定性、风致静力稳定性和风致动力稳定性等要求。同时，为避免长时间涡振导致桥梁局部疲劳破坏和使用寿命降低，也规定在 TW2 设计基准风速范围内，不发生影响结构及构件安全的涡振。

TW2 设计基准风速的定义和取值与 TB 10002—2017《铁路桥涵设计规范》和 JTG/T 3360-01—2018《公路桥梁抗风设计规范》基本一致。

2.3.3 结构或构件设计基准风速

传统铁路桥梁跨度较小、离地高度不高，TB 10002—2017《铁路桥涵设计规范》在规定风荷载设计取值时并未考虑结构及构件离地高度的影响。近年来，大跨度铁路桥梁建设数量越来越多、跨度越来越大，结构形式以拱桥、斜拉桥和悬索桥为主；与小跨度铁路桥梁相比，大跨度铁路桥梁桥面、拱肋、桥塔、斜拉索、主缆等结构和构件的高度更高，而且不同桥梁的结构和构件的高度也存在很大差异。因此，对于跨度较大的铁路桥梁而言，借鉴 JTG/T 3360-01—2018《公路桥梁抗风设计规范》，考虑结构和构件的实际高度确定其设计基准风速对铁路桥梁抗风设计更加精确和合理。最新发布的 Q/CR 9162—2023《铁路桥梁抗风设计规范》也采用这种设计基准风速确定方法。

因此，根据前文所述，对于常规地形地貌，采用幂指数[公式(2-2)]表达大气边界层风速沿高度的分布规律(风剖面)；考虑气象站的建设高度为离地 10 m，以离地 10 m 作为基准高度；由此，对于基准高度为 z 的铁路桥梁结构或构件，设计基准风速可按公式(2-12)和公式(2-13)计算。

$$v_d = k_f k_t \left(\frac{z}{10}\right)^{\alpha_0} v_{s10} \tag{2-12}$$

$$v_d = k_f k_t k_h v_{10} \tag{2-13}$$

式中 v_d——桥梁或构件基准高度 z 处的设计基准风速，m/s；

α_0——桥址处的地表粗糙度系数，按 JTG/T 3360-01—2018《公路桥梁抗风设计规范》或 Q/CR 9162—2023《铁路桥梁抗风设计规范》选取；

k_f——抗风风险系数，根据桥梁抗风风险区域按 JTG/T 3360-01—2018《公路桥梁抗风设计规范》；

k_t——地形条件修正系数，对于平坦开阔地形取 1.0，对峡谷谷口、山口一般可取为 1.1～1.2；对大跨径桥梁，可通过风洞试验或数值风洞确定，并不应小于 1.0；

k_h——地表类型转换及风速高度修正系数，按照 JTG/T 3360-01—2018《公路桥梁抗风设计规范》或 Q/CR 9162—2023《铁路桥梁抗风设计规范》相关规定计算；

v_{s10}——桥梁设计基本风速，m/s；

v_{10}——地区基本风速，m/s。

由公式(2-12)和公式(2-13)可知，结构和构件基准高度 Z 对设计基准风速有重要影响，根据既有桥梁抗风研究经验，结构和构件基准高度参考表 2-7 进行取值。

表 2-7　桥梁结构和构件基准高度确定方法

构件/列车	悬索桥、斜拉桥	拱桥	其他桥型
主梁	主梁主跨桥面距水面或地面的平均高度		取下列两条中的较大值： (1)支点平均高度+(桥面最大标高−支点平均标高)×0.8； (2)桥梁设计高度
吊杆、斜拉索或主缆	构件的中点距水面或地面的高度	吊杆的中点距水面或地面的高度	—
桥塔(墩、柱)	水面或地面以上塔(墩、柱)65%高度处	立柱的中点距水面或地面的高度	水面或地面以上塔(墩、柱)65%高度处
拱肋	—	拱顶距水面或地面的高度	—

注:(1)水面以河流或海面的最低水位作为参考面；

(2)当进行风荷载精细化分析时，可按桥址处风速剖面确定斜拉索、吊索(杆)、主缆不同高度处设计基准风速。

跨越河谷或山谷的铁路桥梁及构件的基准高度 z 根据图 2-41 按下列方法进行计算。除主梁外，其他构件的基准高度取构件中点位置或桥塔 65%高度位置与地面或水面之间的距离。例如，拱不同位置的离地高度存在差异，如图 2-41 中的 z' 和 z'' 所示。

桥梁主梁的基准高度，可按公式(2-14)计算确定：

$$z=\frac{2}{3}\times z_{\mathrm{h}} \tag{2-14}$$

式中　z_{h}——桥面或轨面距离水面或谷底高度，m。

除主梁外其他构件的基准高度取构件中点位置或桥塔 65%高度位置与地面或水面之间的距离。

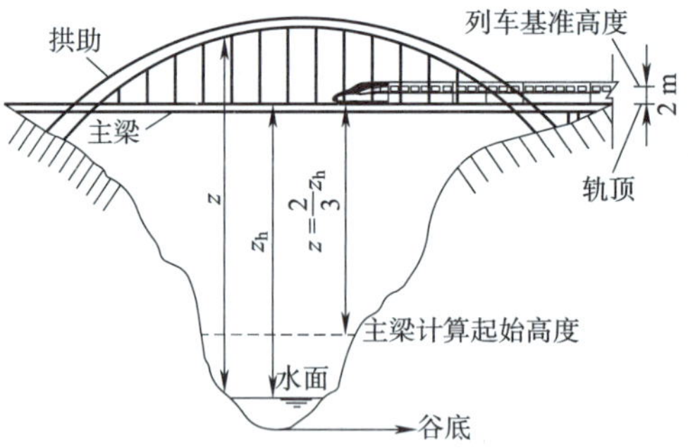

图 2-41　桥梁结构及构件基准高度

2.3.4　深切峡谷区桥梁设计基准风速

山区大跨度铁路桥梁往往地处深山峡谷之中，地形陡峭，高差达千米；特殊地形对气流的动力和热力作用导致桥址处风环境十分复杂，具有"两难"特征："难于确定地表粗糙度类别"和"难于确立风速沿高度的分布曲线"。直接采用 JTG/T 3360-01—2018《公路桥梁抗风设计规范》和 Q/CR 9162—2023《铁路桥梁抗风设计规范》的相关公式计算深切峡谷地区桥梁结构和构件的设计基准风速精度较差。正如前文所述，实际工程中，往往在桥址处设置测风塔或布置激光雷达，对桥址风场进行现场观测，并结合桥址附近气象台站的历年气象资料进行相关性分析与统计计算，由此综合研究确定深切峡谷区桥梁设计基准风速。

以我国西部山区某典型深切峡谷大跨度铁路桥梁为例，桥址为典型的 V 形深切峡谷地形，主梁从山体中部横跨峡谷，桥塔位于峡谷两侧山体半山腰，如图 2-42 所示。为了准确获得该桥梁主梁、主塔和主缆结构的设计基准风速，在桥址处布置了数个测风塔和激光雷达，对当地风场进行长期监测。本书结合桥址附近 1.5 km 处的气象观测站数据，确定了该大跨度铁路桥梁结构和构件设计基准风速。

测风塔和测风雷达的实测数据显示，桥址处风速竖向分布规律十分复杂，包含如图 2-43 所示的多种典型的空间分布规律。风速随着高度的变化存在多种分布形式，离地越高风速可能越大也可能越小或者基本一致。既有的大气边界层风剖面分析方法，即采用公式(2-12)建立气象观测风速(离地 10 m)与结构和构件高度处风速之间的关系，对于该桥梁不再适用。为了更加准确地计算桥梁设计基准风速，本书提出采用平均风速和极值风速两个统计参数沿高度的变化规律建立气象观测风速与结构基准高度处风速之间的关系。

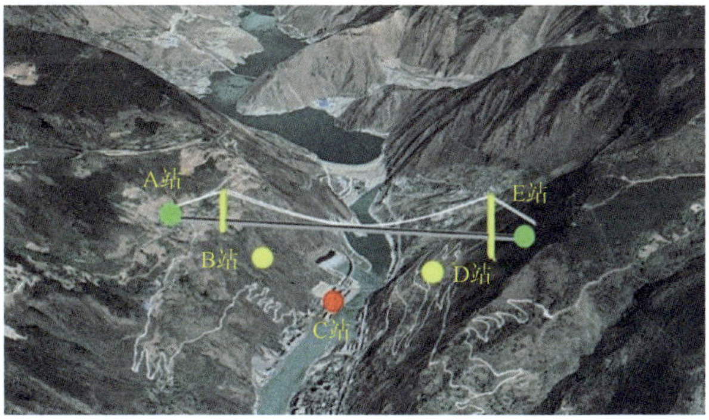

图 2-42 某典型深切峡谷大跨度铁路桥梁桥址

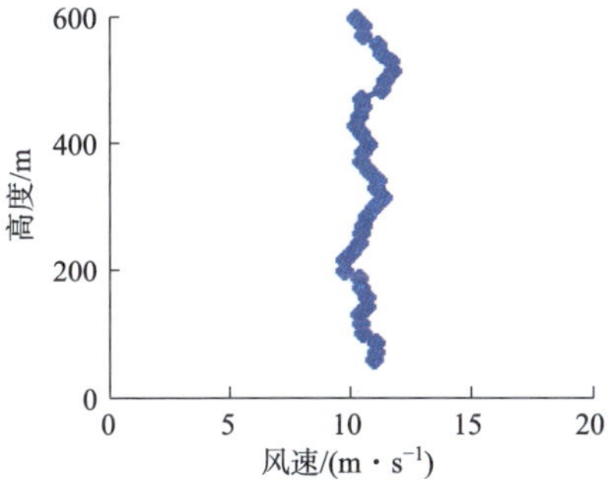

(a) 规律一

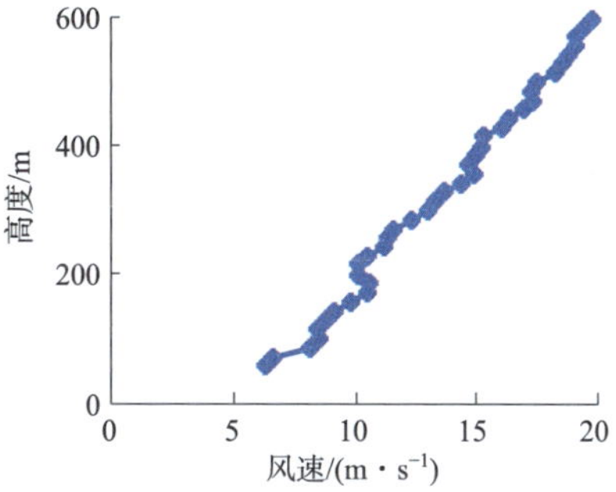

(b) 规律二

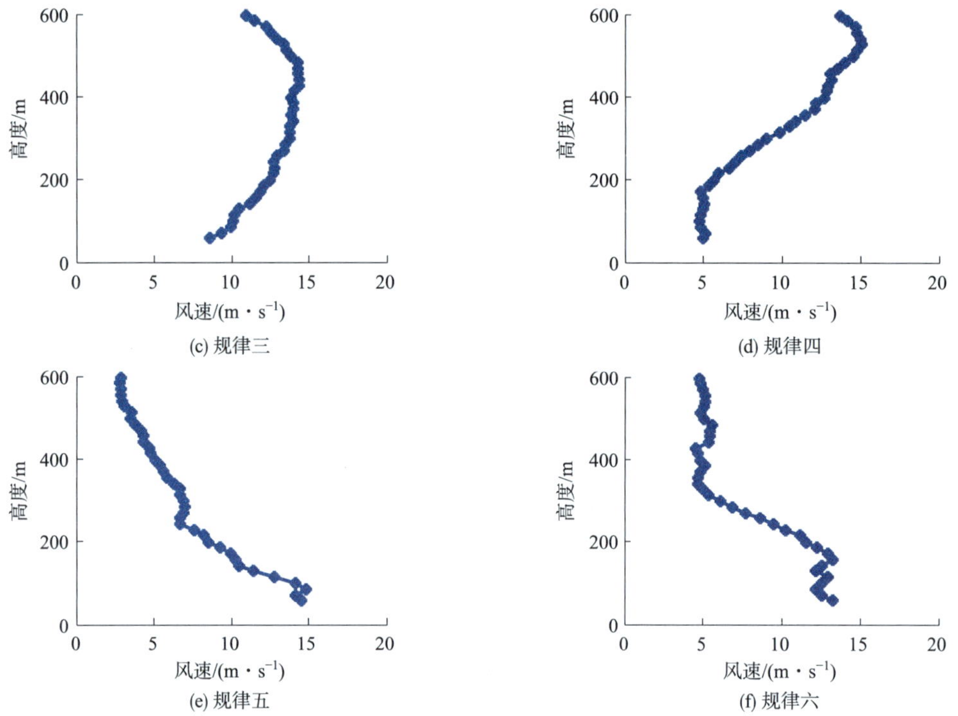

图 2-43　桥址实测的不同类型风剖面

以该桥梁桥面的设计基准风速为例。桥面距离谷底的高度为 384 m，根据测风塔和测风雷达实测数据，桥址处离地 10 m 高度处风速的平均值和极值与桥面高度处风速的平均值和极值之间满足如公式(2-15)所示的换算关系。

$$\bar{v}_{384}=1.79\bar{v}_{10}$$
$$\bar{v}_{384\max}=1.84\bar{v}_{10\max} \tag{2-15}$$

综合考虑，选择以 1.84 作为离地 10 m 风速与桥面风速的转换因子。同时，根据当地地形特征和气象专家的经验，气象站的观测数据可直接代表桥址历史观测数据。气象站 1977—2006 年(30 年)观测数据统计分析，确定设计频率 1/100(重现期 100 年)的 10 min 平均的年最大风速为 21.6 m/s。因此，可计算得到桥面高度处 100 年重现期 10 min 平均风速 v_{b_deck}，如公式(2-16)所示。

$$v_{b\_deck}=1.84v_b=1.84\times21.6=39.7\ \text{m/s} \tag{2-16}$$

根据 JTG/T 3360-01—2018《公路桥梁抗风设计规范》或 Q/CR 9162—2023《铁路桥梁抗风设计规范》的相关规定，可依据式(2-17)计算该桥梁桥面设计基准风速。

$$v_d=k_f v_{b\_deck}=1.05\times39.7=41.7\ \text{m/s} \tag{2-17}$$

式中　k_f——抗风风险系数，保守取值为 1.05。

因此，该铁路悬索桥的桥面设计基准风速为 41.7 m/s。

同理，根据表 2-7，桥塔设计风速的基准高度应为 0.65 倍桥塔高度。右侧桥塔的抗风设计基准高度距离谷底垂直距离为 426.5 m，左侧桥塔的抗风设计基准高度距离谷底垂直距离为 445.5 m。因此，根据保守设计原则，以距离谷底 445.5 m 作为桥塔的抗风设计高度。与桥面设计基准风速计算方法类似，根据测风雷达观测数据，建立离谷底 10 m 高度处风速与离谷底高度 445.5 m 高度处风速的关系，如公式(2-18)所示。

$$\begin{aligned}\bar{v}_{445.5} &= 1.78\bar{v}_{10} \\ \bar{v}_{445.5\max} &= 1.95\bar{v}_{10\max}\end{aligned} \tag{2-18}$$

综合考虑，选择 1.95 作为离地 10 m 风速与桥跨中心离地 445 m 风速的转换因子；可计算得到桥塔基准高度处 100 年重现期风速 v_{b_tower}，如公式(2-19)所示。

$$v_{b\_tower} = 1.95v_b = 1.95 \times 21.6\ \text{m/s} = 42.1\ \text{m/s} \tag{2-19}$$

进一步乘以抗风风险系数，计算得到该桥塔设计基准风速为 44.2 m/s。

主缆设计风速的基准高度为主缆的平均高度。该桥主缆设计风速基准高度可近似取塔顶与桥面的中心，距离谷底距离 434 m。同时，根据保守设计原则，采用桥跨中心处同等高程的风速作为主缆设计基准风速。根据测风雷达观测数据，建立离谷底 10 m 高度处风速与离谷底高度 434 m 高度处风速的关系，如式(2-20)所示。

$$\begin{aligned}\bar{v}_{434} &= 1.79\bar{v}_{10} \\ \bar{v}_{434\max} &= 1.94\bar{v}_{10\max}\end{aligned} \tag{2-20}$$

综合考虑，选择 1.94 作为离地 10 m 风速与桥跨中心离地 434 m 风速的转换因子；可计算得到主缆基准高度处 100 年重现期风速 v_{b_cable}，如式(2-21)所示。

$$v_{b\_cable} = 1.94v_b = 1.94 \times 21.6\ \text{m/s} = 41.9\ \text{m/s} \tag{2-21}$$

乘以抗风风险系数，计算得到主缆设计基准风速为 44.0 m/s。

参考文献

[1] 邹云峰，康星辉，周帅，等．高海拔深切峡谷桥址风场特性实测研究[J]．工程力学，2023，40(5)：69-78，92.

[2] 邹云峰，康星辉，何旭辉，等．高海拔深切峡谷典型季节风参数日变化特征[J]．工程力学，2024，41(7)：99-108.

[3] ZOU Y F，YUE P，LIU Q K，et al. Wind field characteristics of complex terrain based on experimental and numerical investigation [J]. Applied Sciences，2022，12(10)：5124.

[4] ZHANG M J，LI Y L，WANG B，et al. Numerical simulation of wind characteristics at bridge site considering thermal effects [J]. Advances in Structural Engineering，2017，21(9)：1313-1326.

[5] 严磊，李妍，何旭辉，等．高山峡谷桥址处风场特性的大涡模拟研究[J]．中南大学学报(自然科学版)，2023，54(1)：137-145.

[6] 邹云峰，岳鹏，周帅，等．高原深切峡谷桥址风场特性风洞试验研究[J]．中南大学学报(自然科学版)，

2022,53(7):2533-2543.

[7] 何旭辉,敬海泉,李龙安,等. 关于铁路桥梁抗风设计标准的若干思考[J]. 铁道技术标准(中英文),2020,2(9):81-95.

[8] 中华人民共和国交通运输部. 公路桥梁抗风设计规范:JTG/T D60-01—2004[S]. 北京:人民交通出版社,2004.

[9] 中华人民共和国交通运输部. 公路桥梁抗风设计规范:JTG/T 3360-01—2018[S]. 北京:人民交通出版社股份有限公司,2018.

[10] 中国国家铁路集团有限公司. 铁路桥梁抗风设计规范:Q/CR 9162—2023[S]. 北京:中国铁道出版社有限公司,2023.

第3章 车-桥系统气动干扰

横风作用下，列车周围绕流主要表现为车头锥形涡、车顶流动分离和车底间隙流。桥梁周围绕流因梁型而异：对箱梁而言，主要表现为前缘流动分离-再附、尾流卡门涡街；对桁架梁而言，主要表现为上、下桥面流动分离-再附和腹杆流动分离。实际工程中，列车运营在桥面分离流中，桥梁前缘分离气流将显著影响车头锥形涡、车顶流动分离和车底间隙流等；反之，列车绕流将明显改变桥梁流动分离-再附和尾流卡门涡街等流动特性。上述流动相互作用规律对车-桥系统气动特性的影响十分显著。本章详细论述了我国典型高速铁路车-桥系统的气动力特性，系统揭示了车-桥系统的气动干扰机理，为高速铁路桥梁抗防风控制技术研发提供了理论基础。

3.1 车-桥系统气动力特性

气动力是车-桥系统各子结构复杂绕流相互作用的宏观表现，是大跨度高速铁路桥梁抗风设计的重要依据，同时也是开展风-车-桥系统耦合振动响应计算分析的首要前提，对基础理论研究和工程实践具有重要意义。由第1章内容可知，我国高速铁路大跨度桥梁常用主梁结构形式主要有桁架和扁平箱梁两种。其中，桁架因刚度大、阻尼大而广泛使用，扁平箱梁因整体性好、经济性好和施工便捷而逐渐得到应用。本节以上述两种车-桥系统为研究对象，通过系列风洞试验获得了典型车-桥系统的气动力特性。

3.1.1 试验设置与工况

3.1.1.1 试验模型

主要测试三类模型的气动特性，即列车模型、扁平箱梁模型和桁架主梁模型，如图3-1所示。列车模型由某一型号中国高速列车简化而来，模型宽和高分别为 $b=81.6$ mm 和 $d=92.3$ mm，列车车肩处圆角率为 $r/d\approx0.11$。为保证模型制作精度，列车模型采用光敏树脂3D打印而成，共计加工制作两个，长度分别为2 000 mm和1 540 mm。其中，长度为2 000 mm的模型主要用于列车气动特性和列车-扁平箱梁气动特性研究；而长度为1 540 mm的模型主要用于列车-桁架主梁气动特性研究。

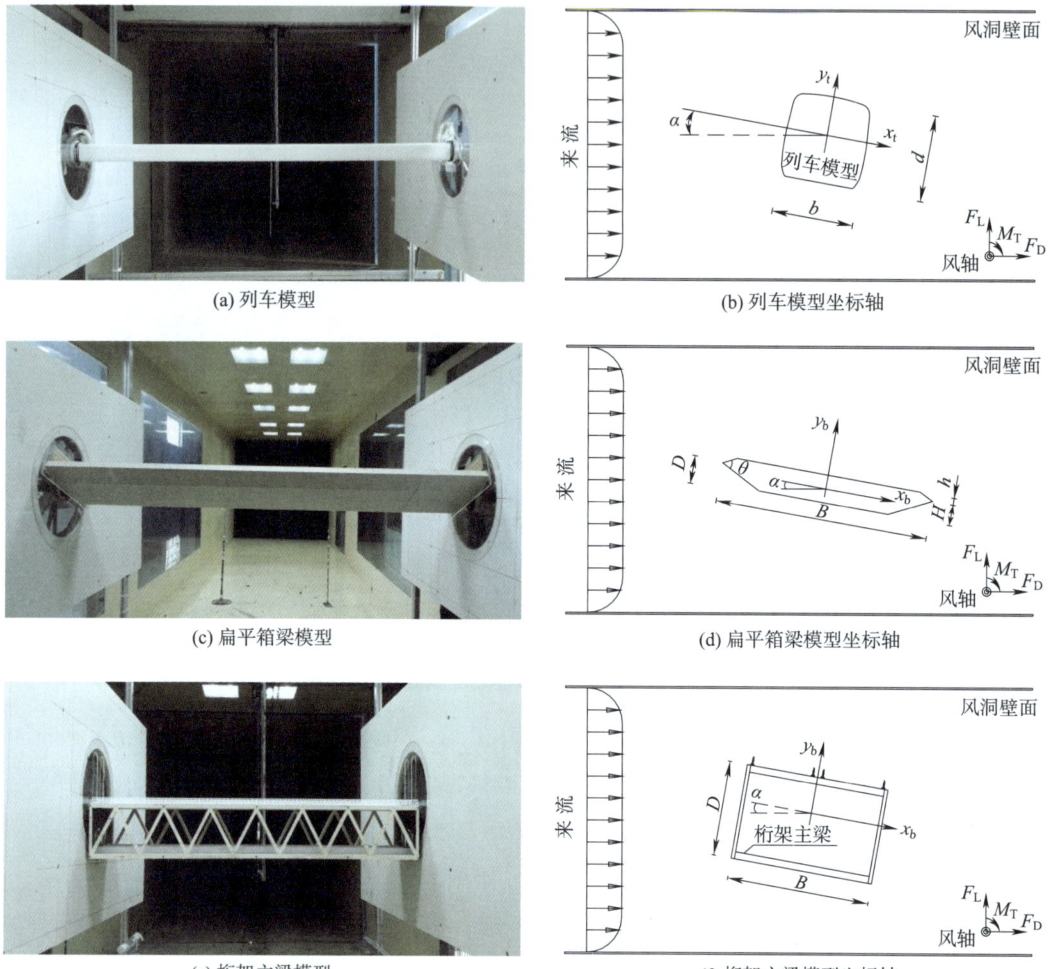

(a) 列车模型　(b) 列车模型坐标轴

(c) 扁平箱梁模型　(d) 扁平箱梁模型坐标轴

(e) 桁架主梁模型　(f) 桁架主梁模型坐标轴

图 3-1　试验模型照片与坐标系(单位:mm)

扁平箱梁模型共计 22 组,模型长度均为 2 000 mm,详细几何参数见表 3-1。由表 3-1 可知,扁平箱梁 1～4 号模型的宽高比和风嘴角度均保持不变、分别为 $B/D=6$ 和 $\theta=65°$,风嘴顶点位置等差递增、增长梯度为 1,即 $H/h=1$、2、3 和 4。5、6、4 和 7 号模型的宽高比和风嘴顶点位置均保持不变、分别为 $B/D=6$ 和 $H/h=4$,风嘴角度等差递增、增长梯度为 10°,即 $\theta=45°$、55°、65°和 75°。8～21 号模型参数变化与上述类似,仅是模型宽高比由 6 增加到 9 和 12。虽然上述模型参数范围是基于公路大跨度桥梁统计结果确定的,但涵盖目前已建和拟建高速铁路大跨度扁平箱梁桥。根据初步试验结果,本章仅选用 $B/D=7$、风嘴角度 $\theta=75°$和风嘴顶点位置 $H/h=1$ 的扁平箱梁模型开展横风-列车-大跨度扁平箱梁系统气动干扰研究。扁平箱梁采用优质木材外衣+铝合金芯梁的制作方式,从而保证模型整体刚度,有效避免了模型局部振动。

表 3-1　扁平箱梁模型几何参数

编号	B/D	θ	H/h	编号	B/D	θ	H/h
1	6	65°	1	12	9	45°	4
2	6	65°	2	13	9	55°	4
3	6	65°	3	14	9	75°	4
4	6	65°	4	15	12	65°	1
5	6	45°	4	16	12	65°	2
6	6	55°	4	17	12	65°	3
7	6	75°	4	18	12	65°	4
8	9	65°	1	19	12	45°	4
9	9	65°	2	20	12	55°	4
10	9	65°	3	21	12	75°	4
11	9	65°	4	22	7	75°	1

桁架主梁模型共计 15 组，模型长度均为 1 540 mm，详细几何参数见表 3-2。由表 3-2 可知，1～3 号桁架主梁模型的宽高比 $B/D=1$，采用三角形桁架，桁架透风率 Φ 等差递增、增长梯度为 0.06，即 $\Phi=0.28$、0.34 和 0.40。4～6 号与 1～3 号模型的唯一区别是桁架形式，即前者采用 N 形桁架，而后者采用三角形桁架。7～15 号模型均采用三角形桁架，其中 7～11 号模型的宽高比保持不变，为 $B/D=1.0$，透风率等差递增、增长梯度为 0.05，即 $\Phi=0.20$、0.25、0.30、0.35、0.40；反之，9 号、12～15 号模型的透风率保持不变，为 $\Phi=0.30$，宽高比等差递增、增长梯度为 0.3，即 $B/D=1.0$、1.3、1.6、1.9、2.2。桁架模型满足节段模型刚度要求。

表 3-2　桁架主梁模型几何参数

编号	Φ	B/D	桁架形式	编号	Φ	B/D	桁架形式	编号	Φ	B/D	桁架形式
1	0.28	1.0	三角形	6	0.40	1.0	N形	11	0.40	1.0	三角形
2	0.34	1.0	三角形	7	0.20	1.0	三角形	12	0.30	1.3	三角形
3	0.40	1.0	三角形	8	0.25	1.0	三角形	13	0.30	1.6	三角形
4	0.28	1.0	N形	9	0.30	1.0	三角形	14	0.30	1.9	三角形
5	0.34	1.0	N形	10	0.35	1.0	三角形	15	0.30	2.2	三角形

如图 3-1(d)～(f)所示，模型几何坐标轴原点均固定在模型的形心上。x_t、y_t 为列车模型坐标系，x_b、y_b 为桥梁模型坐标系，由于文中扁平箱梁和桁架主梁互不影响，因此二者几何坐标系不做区分。与公路桥梁抗风设计规范一致，风轴坐标系阻力正方向与来流一致，升力正方向垂直于来流竖直向上，扭矩与模型几何坐标 z_t/z_b 正方向一致，即顺时针方向；无特殊强调，风轴坐标系原点均位于模型形心；为保持图形美观，风轴坐标系单独列出，如图 3-1(d)～(f)所示。

3.1.1.2 测试工况

本文试验工况可以分为单独模型试验和组合模型试验两大类。

1. 单独模型试验

单独模型试验主要测试列车模型、扁平箱梁模型以及桁架主梁模型的气动特性。测量风速为 15～40 m/s，对应雷诺数范围 Re 为 9.35×10^4～2.49×10^5。值得注意地是，由于扁平箱梁量和桁架主梁模型均为钝体结构，对雷诺数的变化不敏感。因此，无特殊说明本文所有雷诺数的计算均采用列车模型的高度 d。

2. 组合模型试验

组合模型试验主要测试列车和桥梁在不同组合方式下系统的气动特性，主要包括单车迎风和单车背风等两种方式。测量风速为 15 m/s，对应雷诺数范围 $Re=9.35\times10^4$。

在上述两大类工况中，来流风攻角的测试范围因模型的不同而不同，表 3-3 对各个试验工况进行了汇总。

表 3-3 试验工况

<table>
<tr><th>类别</th><th>模型</th><th>α/(°)</th><th>U_∞/(m·s^{-1})</th></tr>
<tr><td rowspan="5">单独模型</td><td rowspan="2">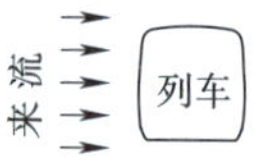</td><td>−20～20，$\Delta\alpha=2$</td><td>15</td></tr>
<tr><td>0</td><td>15～40，$\Delta U_\infty=5$</td></tr>
<tr><td rowspan="2"></td><td>−12～12，$\Delta\alpha=2$</td><td rowspan="2">15</td></tr>
<tr><td>−20～20，$\Delta\alpha=2$</td></tr>
<tr><td>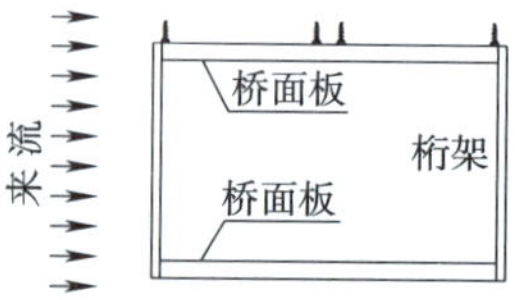</td><td>−6～6，$\Delta\alpha=3$</td><td>15</td></tr>
<tr><td rowspan="3">组合模型</td><td>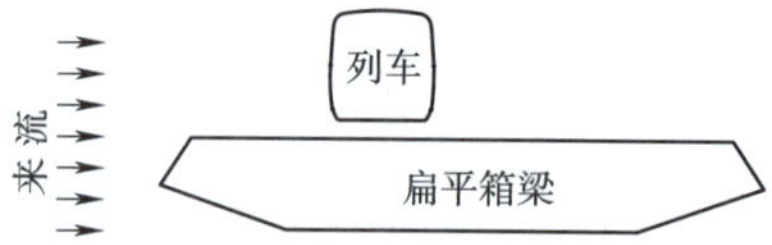</td><td rowspan="2">−12～12，$\Delta\alpha=2$</td><td rowspan="2">15</td></tr>
<tr><td></td></tr>
<tr><td>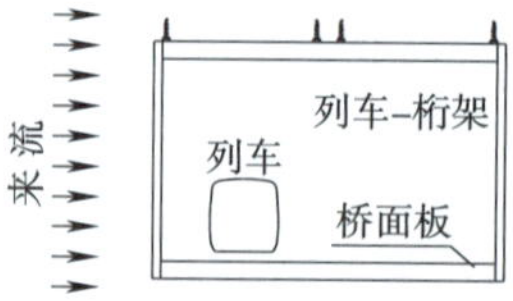</td><td>−6～6，$\Delta\alpha=3$</td><td>15</td></tr>
</table>

3.1.2　气动力特性

3.1.2.1　列车-扁平箱梁系统

图3-2给出了桥上列车气动力系数随风攻角的变化规律，圆角方柱(圆角率$r/d=0.07$)气动力系数随风攻角的变化规律也在图中一并给出。由图3-2可知，在考虑列车标准断面柱体与圆角方柱气动外形差异的情况下，本次试验结果与既有研究结果取得了较好的一致性，验证了本文试验装置的可靠性。

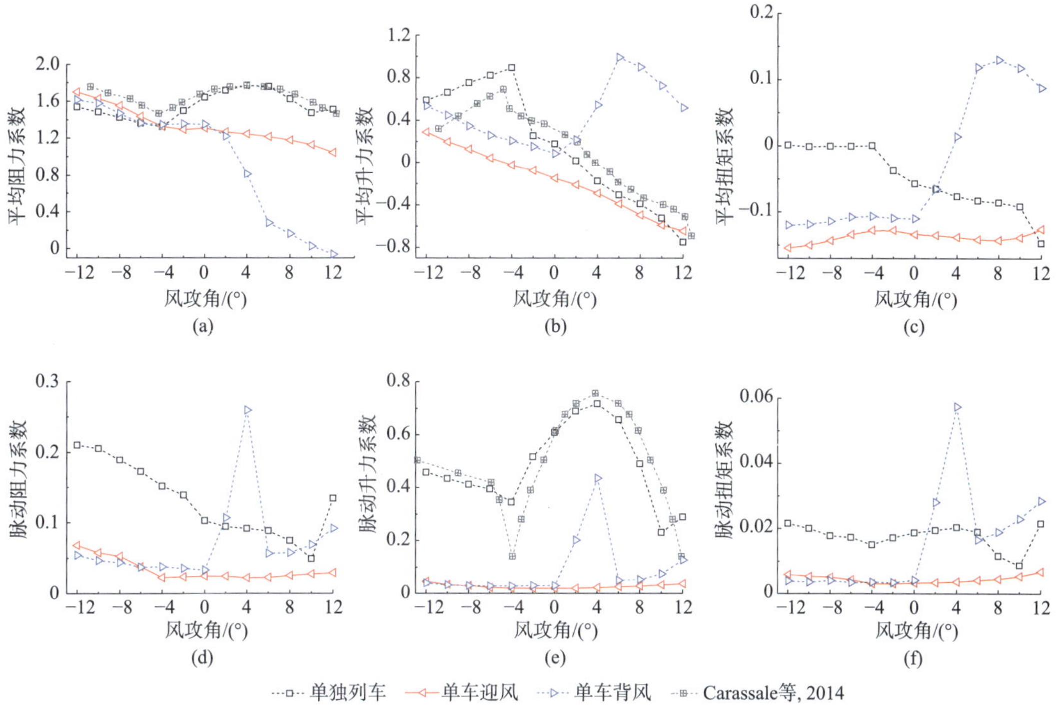

图3-2　桥上列车气动力系数随风攻角的变化规律

对于单车迎风工况而言，在风攻角$\alpha=[-12°,12°]$范围内，单车迎风工况下列车气动力有两种明显的变化规律。当$\alpha=[-12°,-4°]$时，列车平均阻力、升力系数和脉动阻力、升力和扭矩系数等均随α的增大而单调递减，然而列车平均扭矩系数表现出相反的变化规律，即随α的增大而单调递增；当$\alpha=[-4°,12°]$时，平均阻力和升力系数以较小的衰减速率持续减小，脉动气动力系数随α的增大而开始缓慢增大。与单独列车工况相比，单车迎风工况下列车气动力有三种明显的改变。在$\alpha=[-4°,12°]$时，单车迎风工况下列车平均阻力系数明显小于单独列车工况；除$\alpha=12°$之外，单车迎风工况下列车平均扭矩系数绝对值显著增大，且增长幅度超过50%；这种扭矩大幅增大的现象对列车运营安全可能是一种潜在的威胁。在整个风攻角测试范围内单车迎风工况下列车脉动气动力系数均明显减小。

对于单车背风工况而言，当$\alpha=[-12°,-4°]$时，单车背风工况下列车的气动力系数随风攻角的变化规律与单车迎风工况类似，在此不再赘述。在 $\alpha=[-4°,12°]$范围内，单车背风工况下列车的气动力系数主要有以下不同之处。当 $\alpha=[-4°,0°]$时，平均阻力、升力系数和脉动阻力、升力和扭矩系数的大小几乎保持不变，而平均升力系数继续随 α 的增大而单调递减，但曲线斜率较 $\alpha=[-12°,-4°]$时明显减小，如图 3-2 中红色虚线所示。当 $\alpha=[0°,6°]$时，平均阻力系数突然从 1.32 减小到 0.27，平均升力和扭矩系数几乎是线性增大，同时三个脉动气动力系数均骤然跃起。上述单车背风工况下列车气动力系数的变化规律与临界雷诺数区间内圆柱/圆角方柱的气动特性类似。当 $\alpha=[6°,12°]$时，随风攻角 α 的增大，列车平均气动力系数逐渐减小，而脉动气动力系数逐渐增大。与单独列车工况下的结果对分析表明，单车背风工况下列车气动力表现出四种不同的变化规律。在 $\alpha=[-4°,0°]$范围内，单车背风工况下列车平均阻力系数明显减小。在 $\alpha=[-12°,0°]$范围内，单车背风工况下列车平均扭矩系数增大约 50%。在 $\alpha=[-12°,0°]$范围内，单车背风工况下列车脉动气动力系数明显减小。上述三种对比结果与单车迎风和单独列车两个工况下的对比结果一致。在 $\alpha=[0°,12°]$范围内，单车背风工况下列车气动力发生了明显的突变，这与单车迎风工况所不具备的，将在 3.2 节详细讨论。

图 3-3 给出了扁平箱梁气动力系数随风攻角的变化规律。为便于比较，图 3-3 中给出了既有文献中两组无量纲几何参数分别为 $B/D=11.6$、$\theta=51°$和 $B/D=5.5$、$\theta=60°$扁平箱梁的气动力结果。对比分析结果表明，在考虑上述三组扁平箱梁模型几何差异的情况下，本次试验结果与已有文献结果取得了较好的一致性，再次验证了本次试验的正确性。

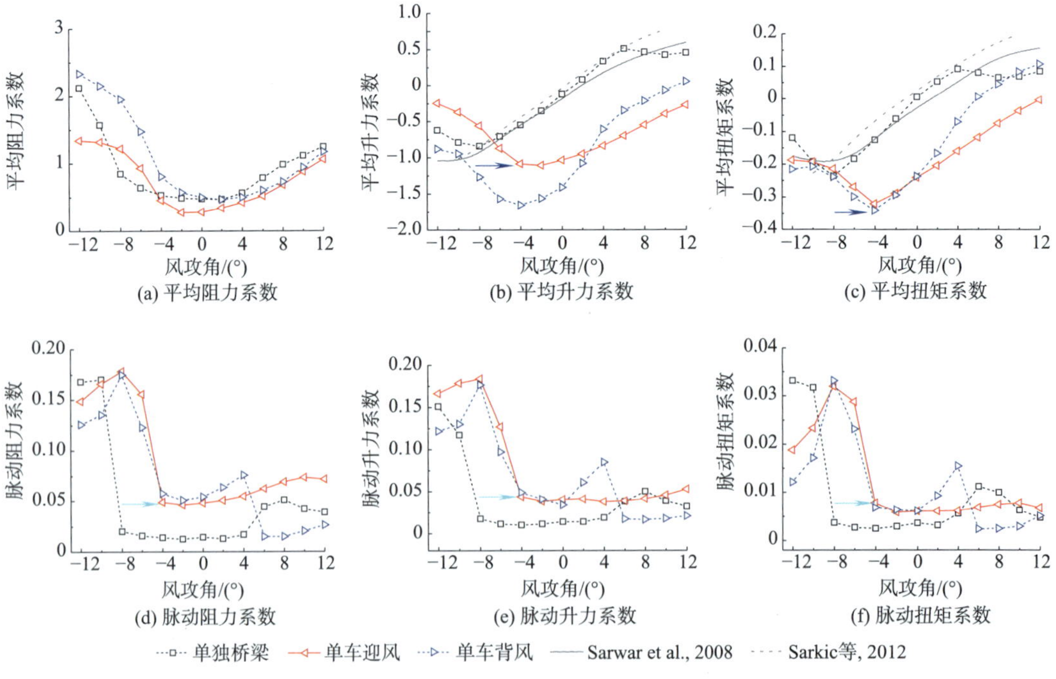

图 3-3 扁平箱梁气动力系数随风攻角的变化规律

对于单车迎风工况而言,扁平箱梁平均阻力系数在 $\alpha=-2°$附近取得最小值;当 α 逐渐增大但仍位于[$-4°$,$6°$]范围内时,平均阻力系数缓慢增大;随$|\alpha|$的进一步增大,平均阻力系数开始线性突增,直到 $\alpha=-8°$和 $12°$为止;在 α=[$-12°$,$-8°$]范围内,平均阻力系数随风攻角的增大而趋于稳定。在 $0°$风攻角附近时,扁平箱梁平均升力和扭矩系数的斜率为正;在负攻角区,平均升力和扭矩系数在 $\alpha=-4°$时取得最小值;且在 α=[$-10°$,$-4°$]范围内,平均升力和扭矩系数的绝对值单调递增,平均阻力系数线性突增。上述现象表明,单车迎风工况下扁平箱梁在 $\alpha=-4°$发生了类似机翼的静态失速现象,且失速风攻角 $\alpha_{sc}\approx-4°$;在正攻角区,平均升力和扭矩系数随 α 的增大而单调递增;由于试验风攻角的范围有限,尚未在正攻角区域观测到扁平箱梁的静态失速现象。随 α 的增大,扁平箱梁脉动气动力系数均在 $\alpha=-4°$附近突然下降。因此,以 $\alpha=-4°$为界将脉动气动力系数在 α=[$-12°$,$12°$]范围内的变化规律分成两个分区;当 α=[$-12°$,$-6°$]时,脉动气动力系数数值较大,扁平箱梁周围的气流脉动性较强;当 α=[$-4°$,$12°$]时,脉动气动力系数数值相对较小,扁平箱梁周围气流的脉动性较弱。

由图 3-3 可知,单车背风下扁平箱梁平均气动力系数与单车迎风工况类似,在此主要总结为以下四个方面:

(1)在 $0°$风攻角附近时,桥梁平均阻力系数取得最小值;平均升力和扭矩系数随风攻角的变化曲线斜率为正。

(2)在 α=[$-4°$,$12°$]范围内时,随$|\alpha|$的增大,桥梁平均阻力系数缓慢增大,平均升力和扭矩系数线性递增。

(3)在 α=[$-12°$,$-4°$]范围内时,随$|\alpha|$的增大,桥梁平均阻力系数线性陡增,平均升力和扭矩系数绝对值线性减小;当$|\alpha|$继续增大时,平均气动力系数在 $\alpha=-10°$时开始趋于稳定。

(4)单车迎风和单车背风两个工况下,扁平箱梁均在 $\alpha=-4°$时发生了类似机翼的静态失速现象,且失速风攻角 $\alpha_{sc}=-4°$;由于试验风攻角范围有限,尚未在正攻角区观测到失速现象。

对于脉动气动力系数而言,在 α=[$-12°$,$0°$]范围内,单车背风工况下扁平箱梁的结果与单车迎风类似,在此不再赘述。然而当 α=[$0°$,$12°$]时,由于单车背风工况下列车发生了准雷诺数效应,列车车肩处气流由层流分离转变为湍流分离,列车周围气流脉动性增强,因此与单车迎风工况下的差异主要表现在以下两个方面:

(1)在 α=[$0°$,$4°$]范围内,单车背风工况下扁平箱梁的脉动气动力系数均随风攻角的增大而线性增大。

(2)在 α=[$4°$,$12°$]范围内,单车背风工况下扁平箱梁的三个脉动气动力系数在 $\alpha=6°$突然减小,然后趋于稳定。

3.1.2.2 列车-桁架主梁系统

图 3-4 给出了桁架透风率 $\Phi=30\%$和宽高比 $B/D=1.0$ 时车-桥系统中列车气动力系数随风攻角的变化规律。在 $\alpha=[-6°,6°]$范围内，列车平均气动力系数几乎是线性变化，仅在 $\alpha=0°$附近发生突变；脉动气动力系数先增大，分别在 $\alpha=-3°$、$0°$和$-3°$工况下取得极大值后再单调递减。与单独列车工况对比分析可知，车-桥系统中列车平均阻力和扭矩系数、平均升力系数绝对值以及脉动气动力系数均明显减小。

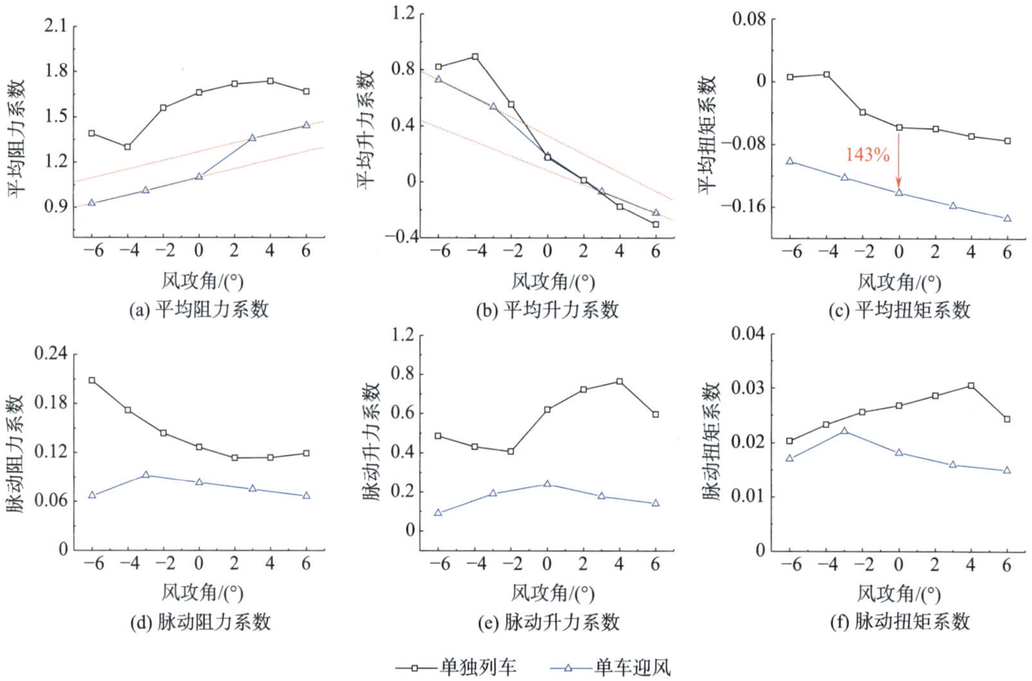

图 3-4 桁架透风率 $\Phi=30\%$和宽高比 $B/D=1.0$ 时车-桥系统中列车气动力系数随风攻角的变化规律

图 3-5 给出了桁架宽高比 $B/D=1.0$ 和 $\alpha=0°$时车-桥系统中列车气动力系数随风攻角的变化规律。在 $\Phi=[20\%,40\%]$范围内，列车平均阻力系数单调递减，平均扭矩系数几乎呈线性增大趋势，平均升力系数和脉动气动力系数均先缓慢增大，之后在 $\Phi=[25\%,35\%]$范围内呈现线增大趋势，最后在 $\Phi=40\%$时增长趋于饱和。与单独列车工况对比分析可知，车-桥系统中列车平均和脉动气动力系数均明显减小，但 $\Phi=[30\%,40\%]$范围内平均升力系数除外。

图 3-6 给出了桁架透风率 $\Phi=30\%$和 $\alpha=0°$时车-桥系统中列车气动力系数随风攻角的变化规律。在 $B/D=[1.0,2.2]$范围内，列车平均气动力系数均在 $B/D=1.6$ 处取得极值；其中平均阻力系数为极小值 0.92，平均升力和扭矩系数为极大值，分别是 0.59 和-0.01；脉动气动力系数先保持不变，在 $B/D=1.3$ 处开始线性递减，而后在 $B/D=1.9$ 处开始趋于稳定。与单独列车工况对比分析可知，车-桥系统中列车脉动气动力系数均明显减小。

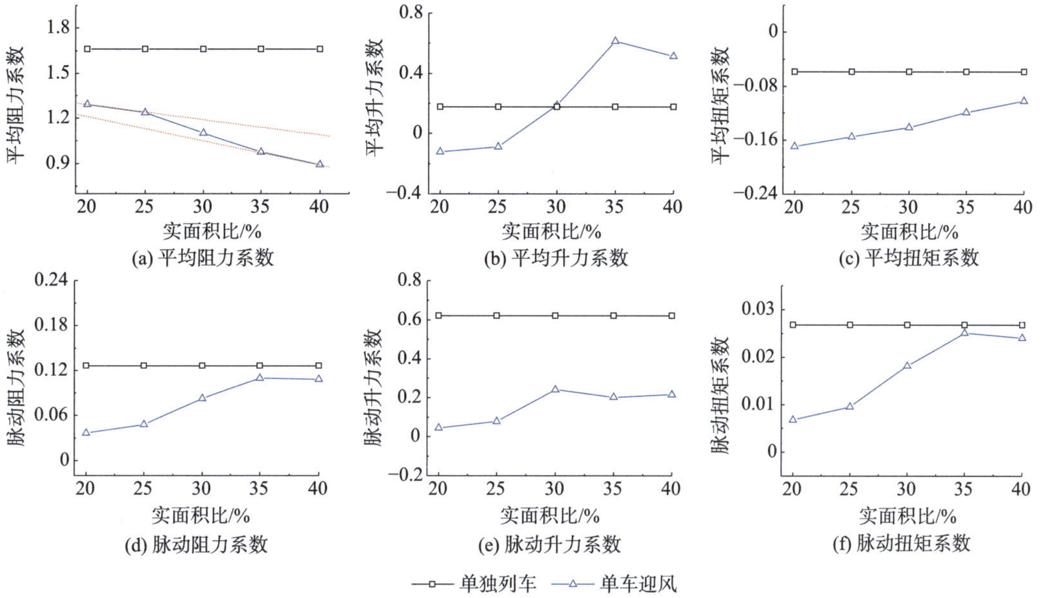

图 3-5　桁架宽高比 $B/D=1.0$ 和 $\alpha=0°$时车-桥系统中列车气动力系数随风攻角的变化规律

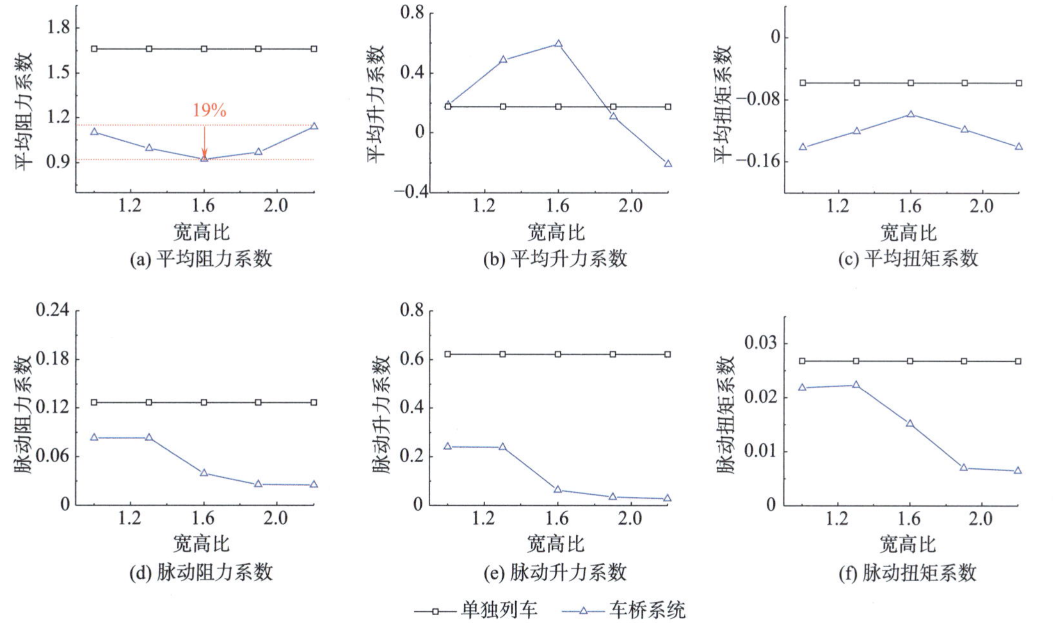

图 3-6　桁架透风率 $\Phi=30\%$和 $\alpha=0°$时车-桥系统中列车气动力系数随风攻角的变化规律

3.2　车-桥系统准雷诺数效应

雷诺数效应一直是风工程研究领域的热点和难点问题，相关研究已日趋完善，尤其是圆柱雷诺数效应问题。对车-桥系统而言，气动干扰机理复杂，雷诺数效应相关研究十分有限，对车-桥系统风洞试验结果影响规律不明。针对上述研究难题，本节详细研究了亚临界区内车-桥系统的气动特性，提出了准雷诺数效应，并揭示其对车桥模型风洞试验结果的影响规律。

3.2.1 准雷诺数效应的定义与流动机理

圆柱雷诺数效应的研究已有近百年历史，研究结果十分成熟。在风工程研究领域常见雷诺数范围内，圆柱气动特性表现出四个明显的流动分区，即亚临界区（$1\times10^4\leqslant Re\leqslant 2\times10^5$）、临界区[$2\times10^5\leqslant Re\leqslant(3\sim5)\times10^5$]、超临界区[$(3\sim5)\times10^5\leqslant Re\leqslant 1\times10^6$]和超高临界区（$1\times10^6\leqslant Re\leqslant 1\times10^{7\sim8}$），如图 3-7 所示。图 3-7 中 r/d 为柱体的圆角率，其中 r 为圆

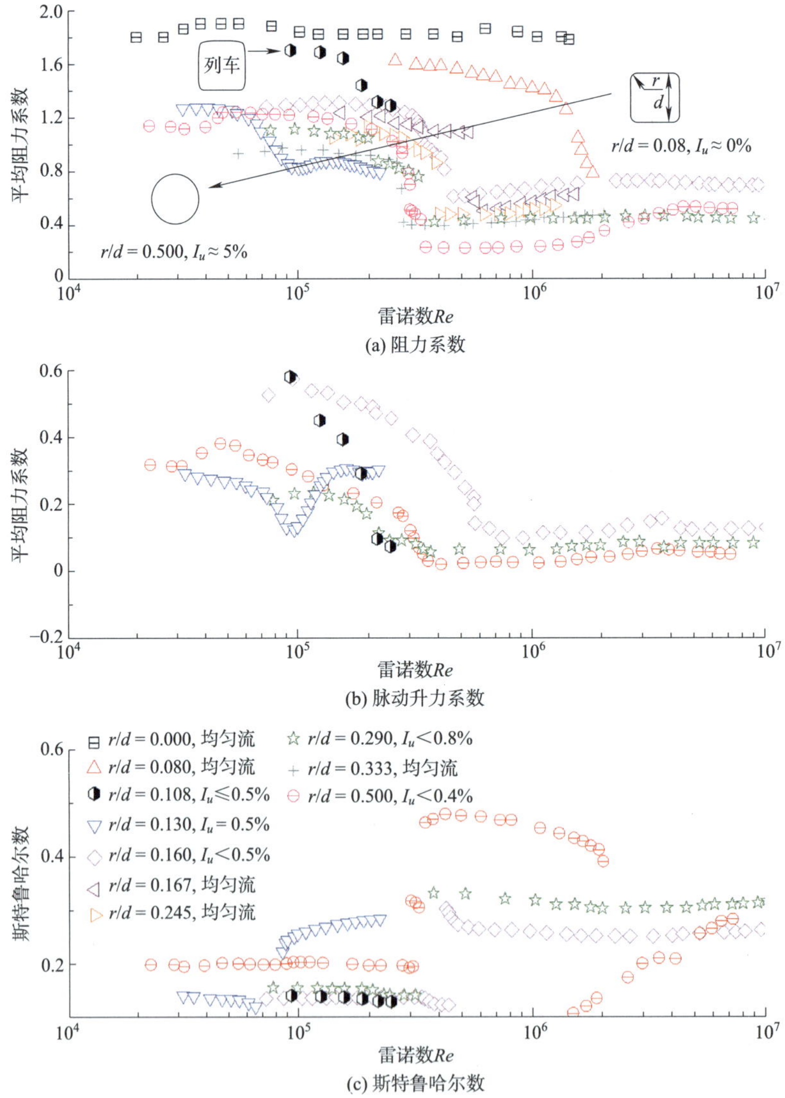

图 3-7 典型钝体气动特性随雷诺数的变化规律

角方柱圆弧半径，d 为圆角方柱的对边间距，$r/d=0$ 时表示方柱，$r/d=0.5$ 时表示圆柱。在亚临界区内，人们通常认为圆柱气动特性与雷诺数关系较弱，工程领域通常称为“第一自模区”。在临界区内，圆柱气动特性对雷诺数变化极其敏感。在超临界区内，圆柱气动特性与雷诺数关系再次变得微弱，工程领域通常称为“第二自模区”。在超高临界区内，圆柱气动特性随雷诺数变化十分缓慢。该雷诺数效应的潜在流动机理是圆柱边界层从亚临界区层流分离状态逐步转捩为超临界区湍流分离状态（边界层转捩），诱发流动分离点下移、尾流宽度减小及旋涡脱落周期性和强度均减弱等气动现象。

高速列车车肩采用圆弧过渡，列车车肩处圆角率（特征尺度取列车高度）为 $r/d=0.108$，以列车标准断面为底面的柱体气动特性与圆柱和圆角方柱类似，也存在明显的雷诺数效应，如图 3-7 所示。在 $Re=[9.35\times10^4, 2.49\times10^5]$ 范围内，列车平均阻力系数从 1.70 降低到 1.29，脉动升力系数从 0.58 减小到 0.07。由于列车气动外形复杂，均匀来流作用下，列车标准断面柱体临界雷诺数 $Re_c=1.56\times10^5$，比圆柱和圆角方柱临界雷诺数 $Re_c=2\sim3\times10^5$ 略小。

在第一自模区内开展列车-扁平箱梁和列车-桁架主梁系统气动特性研究时发现了准雷诺数效应，即来流风速保持不变时，车-桥系统气动特性发生了类似经典雷诺数效应的物理现象。与经典雷诺数效应相比，准雷诺数效应主要有以下两个各方面的特点。

（1）准雷诺数效应同样可以引起阻力危机、升力和扭矩突增以及脉动气动力突变等气动现象，如图 3-8(a)所示，这与经典雷诺数效应是类似的。

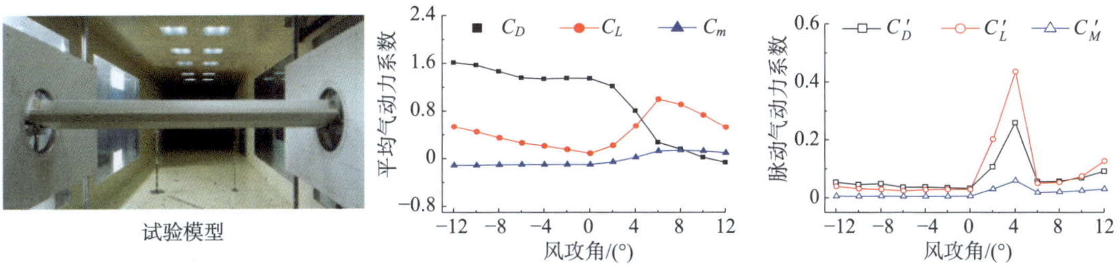

(a) 列车气动力测试结果

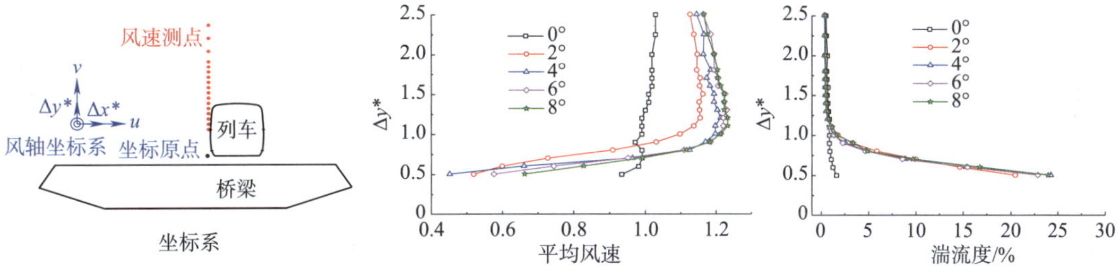

(b) 车肩处风剖面测试结果

图 3-8　车-桥系统的准雷诺数效应

（2）引起准雷诺数效应的直接原因是车-桥系统来流风攻角 α 的改变，桥梁前缘分离气流特性随之改变，进而影响列车车肩处气流的流速和湍流度，如图 3-8(b)所示，但此时基于来流的雷诺数大小不变，这与经典雷诺数效应是不同的。

由此可见，自模区内车-桥系统气动特性同样与雷诺数关系密切，采用自模区内的风洞试验结果来近似反映实际工程中车-桥系统的气动特性可能会引入较大误差。

车肩处风剖面测试结果(图 3-8)和烟线流场显示结果(图 3-9)表明，当 $\alpha=0°$时，基于车

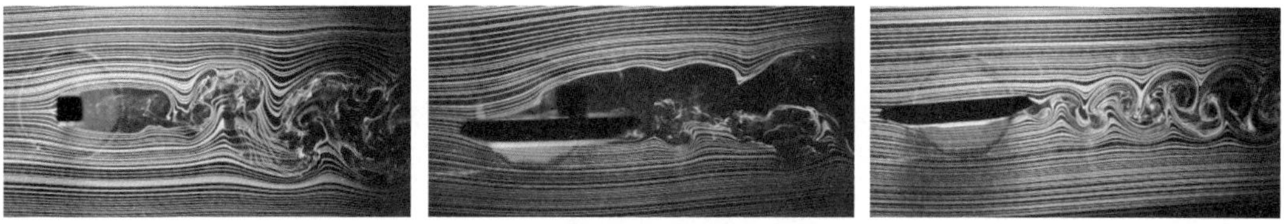

(a) 单独列车，$\alpha=0°$　(b) 单车背风，$\alpha=0°$　(c) 单独桥梁，$\alpha=-4°$

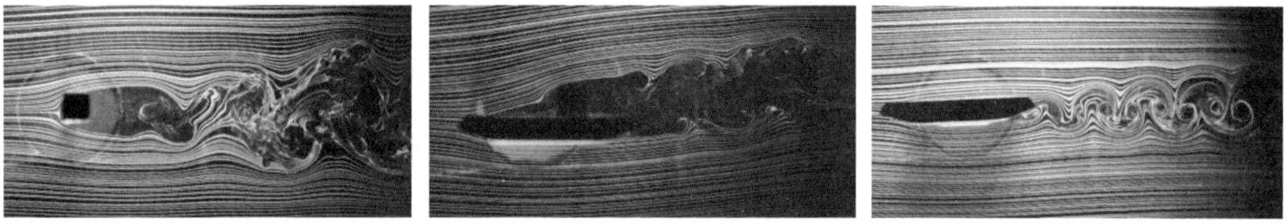

(d) 单独列车，$\alpha=2°$　(e) 单车背风，$\alpha=2°$　(f) 单桥工况，$\alpha=-2°$

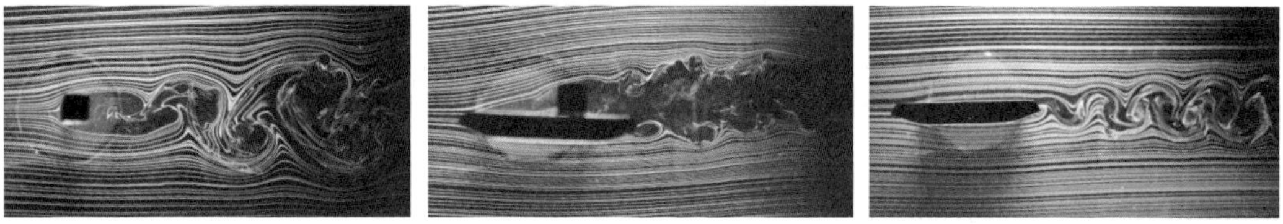

(g) 单独列车，$\alpha=4°$　(h) 单车背风，$\alpha=4°$　(i) 单桥工况，$\alpha=0°$

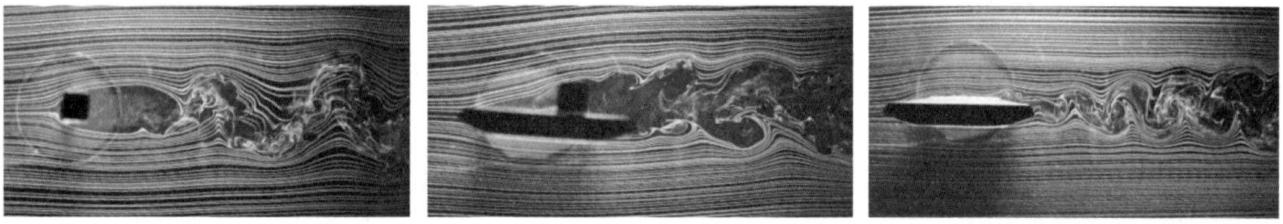

(j) 单独列车，$\alpha=6°$　(k) 单车背风，$\alpha=6°$　(l) 单桥工况，$\alpha=2°$

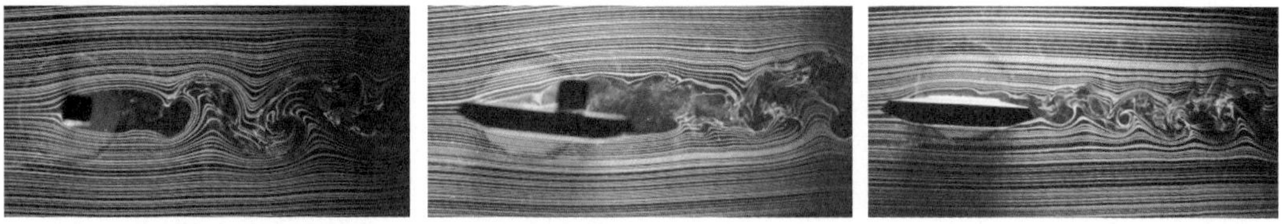

(m) 单独列车，$\alpha=8°$　(n) 单车背风，$\alpha=8°$　(o) 单桥工况，$\alpha=4°$

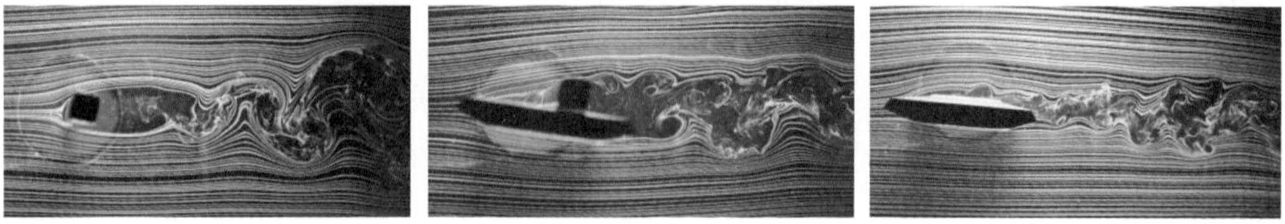

(p) 单独列车，$\alpha=10°$　(q) 单车背风，$\alpha=10°$　(r) 单桥工况，$\alpha=6°$

(s) 单独列车，$\alpha = 12°$　　(t) 单车背风，$\alpha = 12°$　　(u) 单桥工况，$\alpha = 8°$

图 3-9　车-桥系统(列车位于背风侧轨道)绕流形态

肩处气流速度和列车高度的当地雷诺数为 $Re_L = 1.25\times10^5$，湍流度为 $T_i = 1\%$，与来流雷诺数和湍流度相当，此时桥梁前缘分离气流再附到列车迎风面上；当 $\alpha = 4°$时，车肩处当地雷诺数增大到 $Re_L = 1.48\times10^5$，湍流度增大到 $T_i = 30\%$，此时桥梁前缘分离气流再附到列车车肩处，由于气流加速和湍流度陡增的共同作用，列车气动特性出现了明显的准雷诺数效应；当 α 继续增大时 Re_L 缓慢增大并趋于饱和，而湍流度大小几乎保持不变，列车迎风面和前缘均由桥梁前缘分离泡控制。

在列车-桁架主梁系统和圆角方柱-矩形系统中也观察到了准雷诺数效应，分别如图 3-10 和图 3-11 所示。因此，准雷诺数效应是一种广泛存在于异构钝体系统中的非定常流动分离

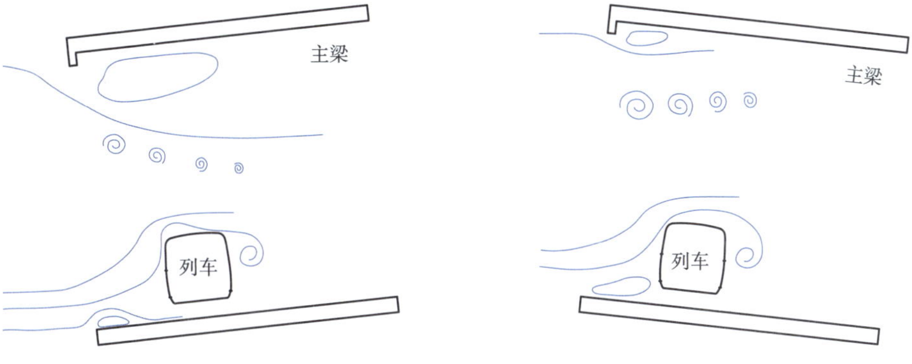

(a) 负攻角区　　(b) 正攻角区

图 3-10　列车-桁架主梁系统绕流形态示意

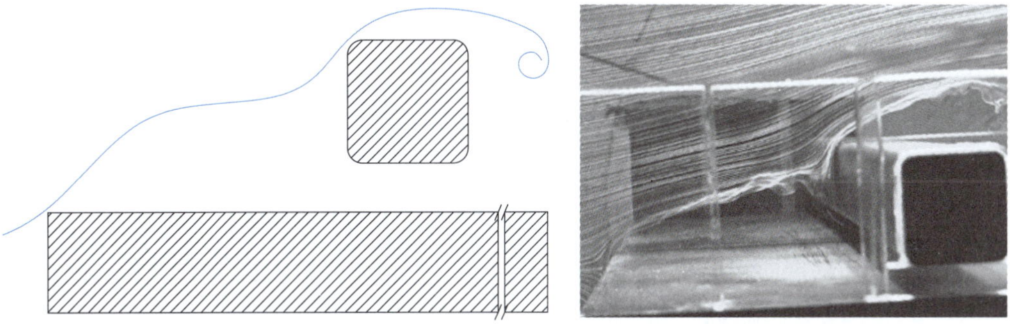

(a) 绕流形态示意　　(b) 绕流形态流场显示结果

图 3-11　圆角方柱-矩形系统绕流形态

与再附现象，其潜在流动机理为系统子结构前缘分离的加速湍流再附到另一子结构圆弧区域如图 3-12 所示，进而诱发系统圆弧区域发生流动转捩和分离点后移等现象，在宏观层面表现为阻力危机、脉动升力激增和斯托罗哈数突变等气动现象。

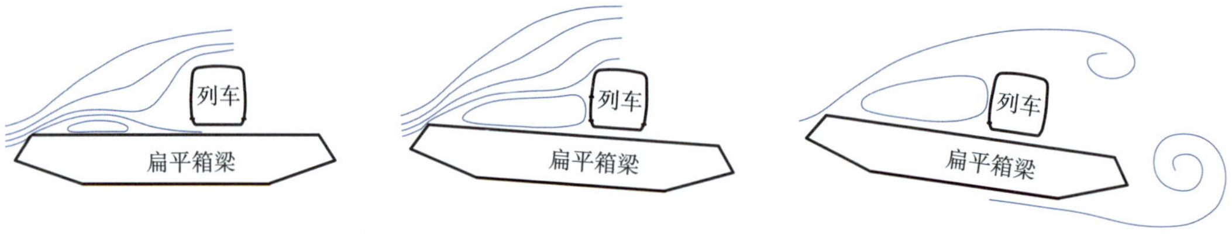

(a) α<临界风攻角　(b) α=临界风攻角　(c) α>临界风攻角

图 3-12　准雷诺数效应潜在流动机理示意

3.2.2　准雷诺数效应对列车气动特性的影响

3.2.2.1　列车-扁平箱梁系统

1. 气动力

准雷诺数效应对列车-扁平箱梁系统中列车气动力的影响如图 3-2 中蓝色曲线所示。列车平均阻力系数 α 在 0°～6°范围内的突降(经典圆柱雷诺数效应中的阻力危机)、平均升力和扭矩系数的线性突增以及三个脉动气动力系数均骤然跃起均是由准雷诺数效应引起的。当风攻角离开临界区后，列车气动转捩现象消失，列车气动力重新恢复到之前连续变化状态。

2. 斯托罗哈数

图 3-13 为单车背风工况下列车的斯托罗哈数。由图 3-13 可知，α 在$-4°$～12°范围内，斯托罗哈数随 α 的增大而逐渐减小；当 α 超越 0°时，斯托罗哈数消失。显然，上述斯托罗哈数变化规律是由准雷诺数效应引起的，即准雷诺数效应发生时，列车车肩处由层流向湍流转捩，列车绕流周期性减弱。

3. 展向相关性

根据气动特性分区结果，本文选取 $\alpha=-12°$、$-4°$、4°和 12°等四个风攻角开展单车背风和单独列车两个工况下列车气动力展向相关性分析，结果如图 3-14 所示。由图可知，随无量纲展向距离 $\Delta s/d$(其中，Δs 为模型两个测压面之间的间距)的增大，单独列车和单车背风两个工况下列车升力展向相关性系数均逐渐减小。就单车背风工况下的列车而言，随 α 的增大，列车气动力的展向相关性减弱。与单独列车工况对比分析表明，单车背风工况中列车气动力展向相关性明显减弱；且随 α 的增大，气动力展向相关性减弱的程度逐渐增大。上述气动相关性减弱的主要原因为准雷诺数效应引起的列车车肩处流场转捩。

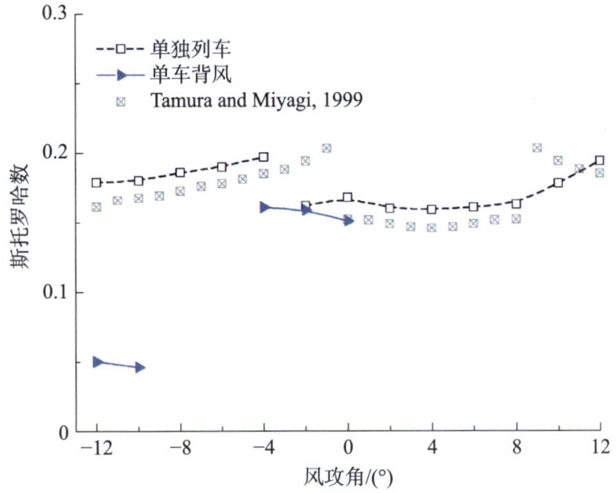

图 3-13　单车背风工况下列车斯托罗哈数与单独列车工况及已有文献对比结果

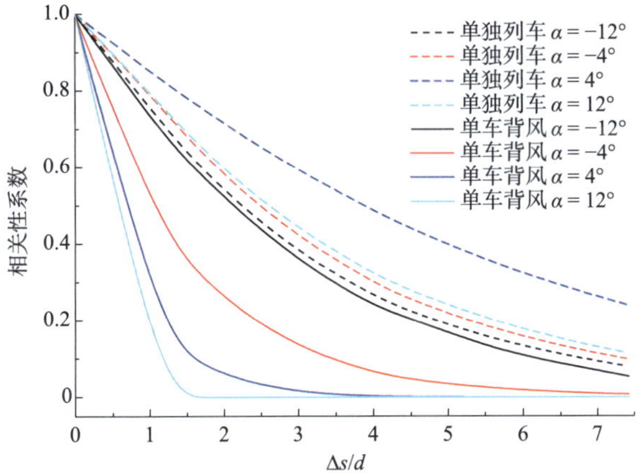

图 3-14　单车背风工况下列车不同测试断面升力展向相关系数与单独列车工况对比结果

4. 风压场

图 3-15 给出了 α 在 0°～12°时单车背风工况下列车表面风压分布。模型表面风压测点的相对位置均通过列车高度 d 进行了无量纲化，如图 3-15(g)所示。其中，0～1.76、1.7.6～3.50 分别表示列车模型的上下两部分。除此之外，列车迎风表面上测点的无量纲距离为 0～0.46、3.15～3.50，背风表面测点的无量纲距离为 1.30～2.22。

由于准雷诺数效应的影响，在 α=[0°,6°]范围内，随 α 的增大，列车车肩处流动分离点由 $x_p\approx$ 0.46 逐渐向下游 $x_p\approx$ 1.30 处移动；在 α=[8°,12°]范围内，随 α 的增大，分离点 S 的位置几乎稳定在 $x_p\approx$ 1.30 处。其次，在 α=[0°,6°]范围内，随 α 的增大，车肩处负压区范

围逐渐增大、强度逐渐增强，同时风压脉动强度也逐渐增强、并在 $\alpha=4°$ 时达到最大值；在 $\alpha=[8°,12°]$ 范围内，随 α 的增大，车肩处负压区范围保持不变、但强度逐渐减小，风压脉动强度有增大的趋势。最后，在 $\alpha=[0°,6°]$ 范围内，随 α 的增大，列车背风表面风压系数逐渐增大；在 $\alpha=[8°,12°]$ 范围内，随 α 的增大，列车背风表面风压系数几乎保持不变。综上所述，在 $\alpha=[0°,12°]$ 范围内，随 α 的增大，单车背风工况下列车车肩处分离点逐渐向下游移动而后趋于稳定，车肩处分离泡逐渐增大而后逐渐缩小，背风风压逐渐增大而后趋于稳定。

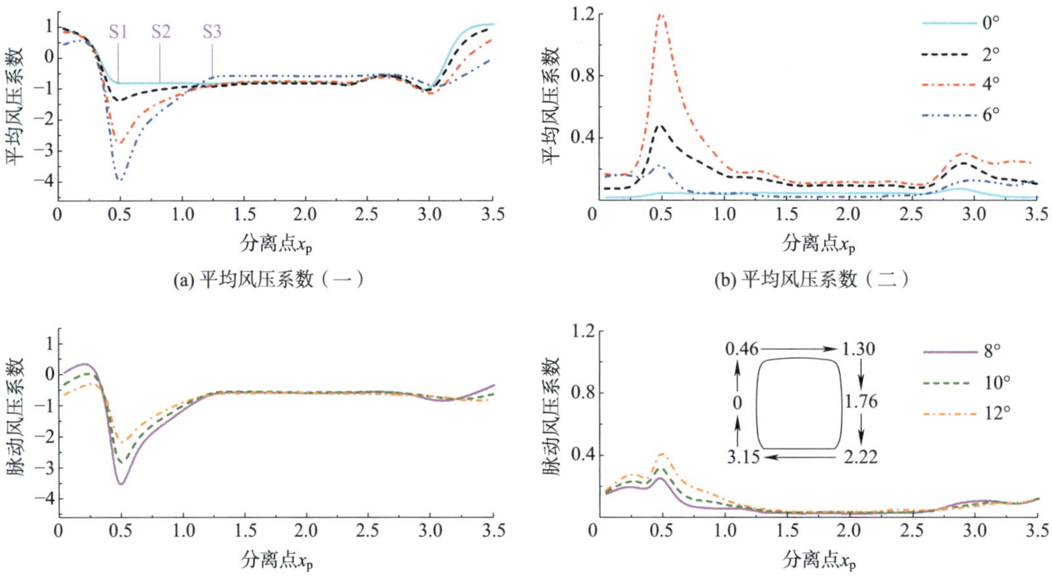

(a) 平均风压系数（一）　(b) 平均风压系数（二）
(c) 脉动风压系数（一）　(d) 脉动风压系数（二）

图 3-15　单车迎风工况下列车表面风压分布

为进一步揭示准雷诺数效应对列车周围风压场的影响规律，选取车肩处 9 号测点的风压时程做进一步的分析，结果如图 3-16 所示。图 3-16 中，左列为风压时程，右列为对应的概率密度分布。由图 3-16 可知，当 $\alpha=4°$ 时，9 号测点风压时程在两种模态之间来回跳跃，此时概率分布函数存在两个明显的峰值，非高斯特性显著；其中，模态 Ⅰ 风压系数时程与 $\alpha=2°$ 时 9 号测点风压时程及其概率分布十分类似，而模态 Ⅱ 风压系数时程与 $\alpha=6°$ 时 9 号测点风压时程及其概率分布十分类似，即在 $\alpha=[2°,6°]$ 范围内车肩处风压时程由模态 Ⅰ 逐渐转换为模态 Ⅱ。为便于论述，上述变化规律简称为双模态现象。上述双模态现象与圆柱或圆角方柱在临界雷诺数区内气流分离点附近风压时程的变化规律相似。它不仅合理地解释了图 6-15 中脉动气动力在 $\alpha=[0°,6°]$ 范围内的突增现象，而且进一步确认了单车背风工况下列车车肩处发生的准雷诺数效应。由于列车模型宽高比为 0.88、在 $\alpha=[0°,12°]$ 范围内列车垂直于来流方向的特征尺度几乎保持不变，且来流风速大小也保持不变，因此基于列车特征尺度的来流雷诺数大小几乎不随风攻角的改变而改变，约为 $Re=1.25\times10^5$。

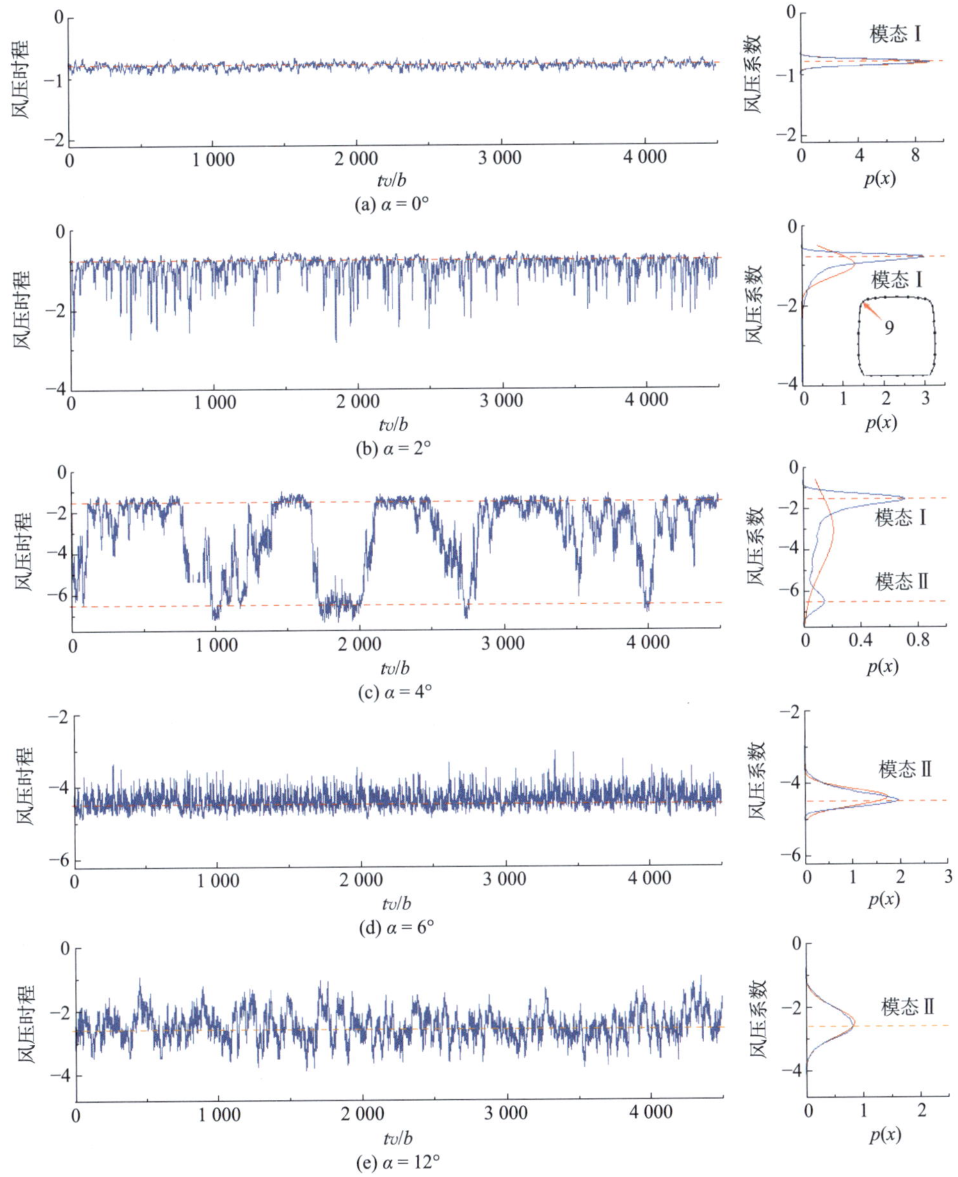

图 3-16　单车迎风工况下列车车肩 9 号测点处风压系数时程及其概率分布(右图红色曲线为高斯分布)

3.2.2.2　列车-桁架主梁系统

1. 气动力

准雷诺数效应对列车-桁架主梁系统中列车气动力的影响规律如图 3-17 所示。由图 3-17 可知，当 $\alpha=6°$和 3°时，车-桥系统中列车上半部分表面风压分布规律与亚临界区圆柱或圆角方柱的结果类似；此时准雷诺数效应对车-桥系统中列车气动特性的影响有限。当 α 减小到

0°和−3°时，车-桥系统中列车上半部分表面风压分布规律与临界区圆柱或圆角方柱的结果类似；此时准雷诺数效应使得车-桥系统中列车平均阻力系数突然减小，平均升力系数增长率增大，如图 3-17 中红色虚线所示。同时，脉动气动力系数进一步增大。当 α 进一步减小到−6°时，车-桥系统中列车上半部分表面风压分布规律与超临界区圆柱或圆角方柱的结果类似；车-桥系统中列车平均阻力系数降率几乎保持不变，而平均升力系数的增长率开始减小；由于列车车肩处气流转捩的结束，脉动气动力系数开始快速减小。

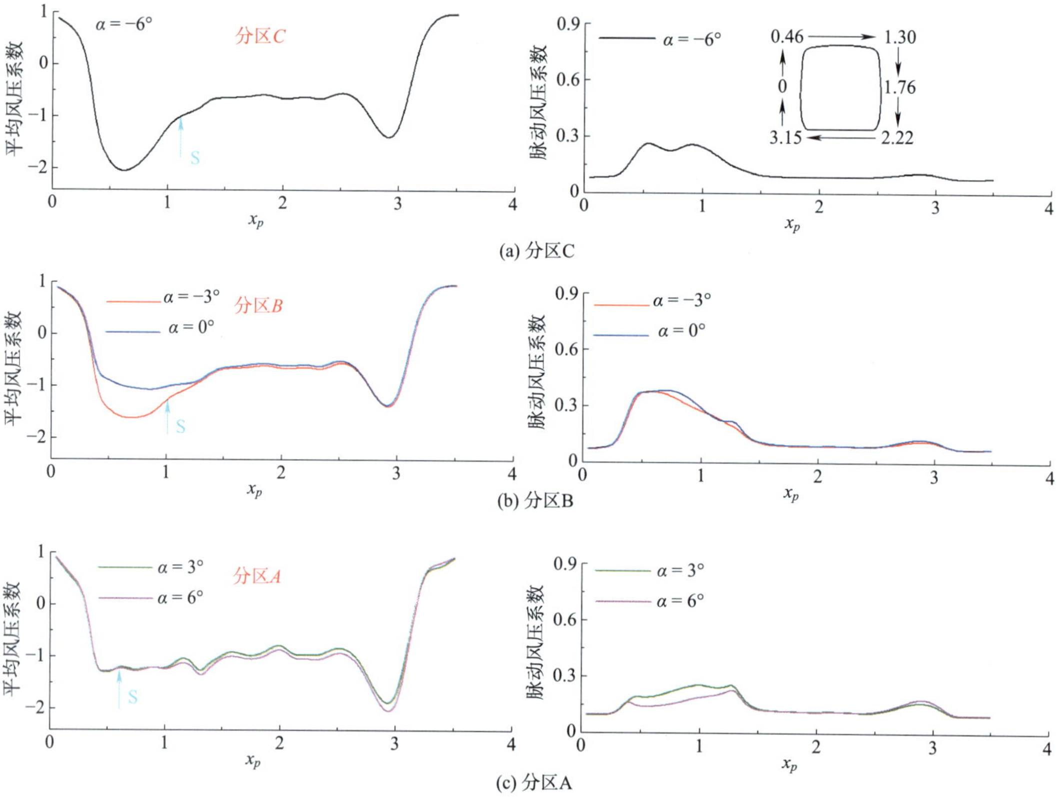

图 3-17　桁架透风率 Φ=30%和宽高比 B/D=1.0 时车-桥系统中列车表面风压分布

2. 风压场

图 3-17 给出了桁架透风率 Φ 为 30%、宽高比 B/D 为 1.0 和雷诺数 Re 为 6.24×10^4 时车-桥系统中列车表面风压分布规律。由于准雷诺数效应的影响，列车迎风侧车肩处气流分离点 S 的位置逐渐由 $x_p\approx0.6$ 向 $x_p\approx1.1$ 移动；也就是说随 α 的减小，气流分离点沿列车车顶面逐渐向下游移动。同时，列车背风面平均风压系数随风攻角的减小而逐渐由分区 A 中的−1.0 左右逐渐恢复到分区 C 中的−0.5 左右。

图 3-18 给出了列车车肩处 9 号测点的风压时程和相应概率密度函数分布规律。由于准雷诺数效应的影响，9 号测点处的风压时程在两种模态之间转变，即模态Ⅰ和Ⅱ；其中，模

态Ⅰ平均风压系数约为−1.1，且脉动风压系数较小；模态Ⅱ平均风压系数约为−2.0，脉动风压系数约为模态Ⅰ的三倍。上述两种风压模态随机切换导致相应概率密度函数出现双峰值现象。

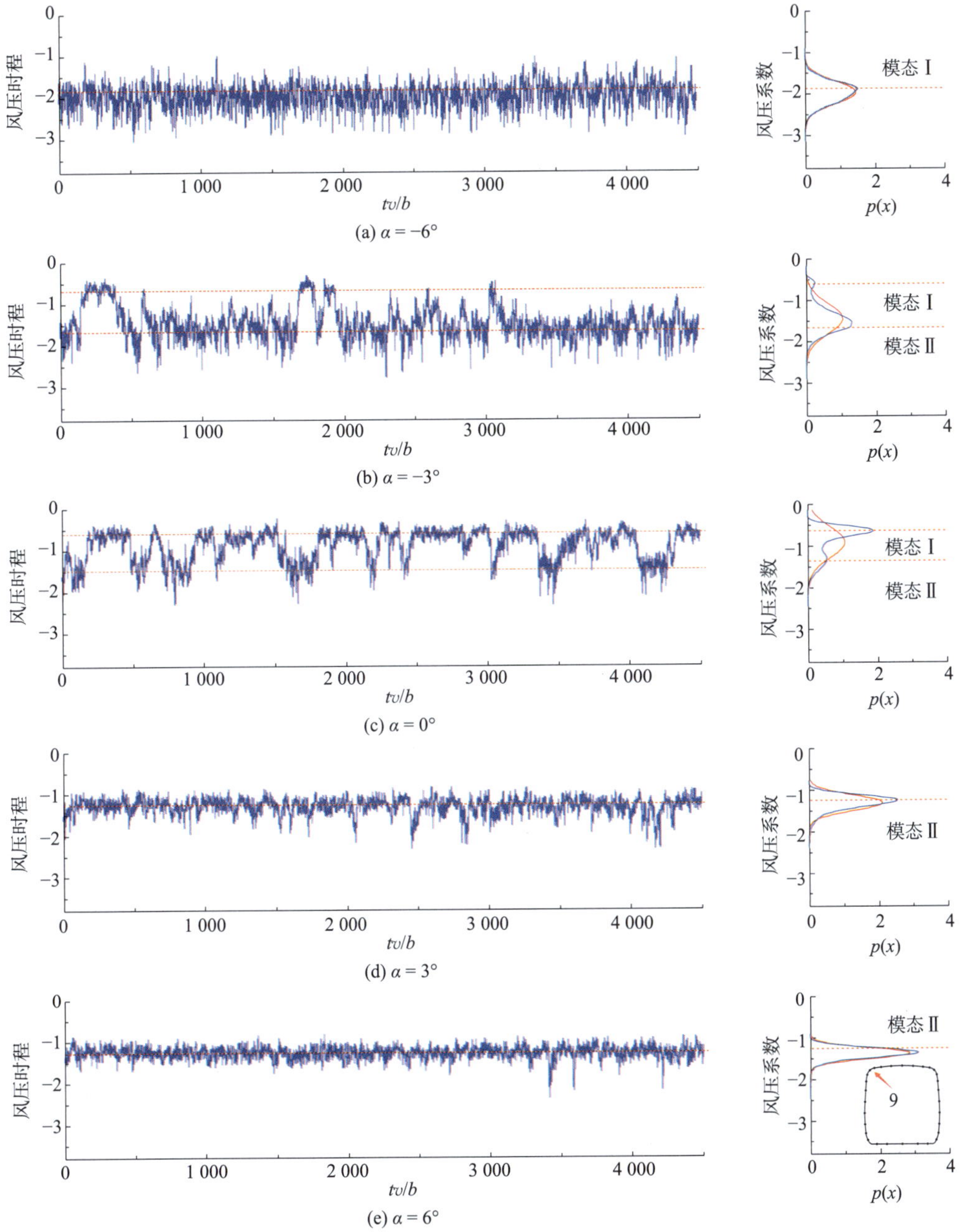

图3-18 桁架透风率 $\Phi=30\%$ 和宽高比 $B/D=1.0$ 时车-桥系统中列车车肩处9号测点处的风压时程及概率密度分布（右图红色曲线为高斯分布）

总之，准雷诺数效应对列车-桁架主梁系统中列车风压场的影响主要表现为上述气流分离点的下移、背压系数恢复和分离点附近气流转捩引起的双模态现象等。

3.2.3 准雷诺数效应对桥梁气动特性的影响

3.2.3.1 列车-扁平箱梁系统

1. 气动力

准雷诺数效应对列车-扁平箱梁系统中桥梁气动力的影响规律见图 3-3。准雷诺数效应的影响主要表现在以下两个方面。首先，在扁平箱梁静态失速之前，平均升力和扭矩系数表现明显的非线性特征，如图 3-3(a)～(c)所示。其次，在 $\alpha=[0°,12°]$范围内，脉动气动力系数均显著增大；其中，在 $\alpha=[0°,4°]$范围内，单车背风工况下扁平箱梁的脉动气动力系数均随风攻角的增大而线性增大；在 $\alpha=[4°,12°]$范围内，单车背风工况下扁平箱梁的三个脉动气动力系数在 $\alpha=6°$突然减小，然后趋于稳定。

2. 斯托罗哈数

图 3-19 给出了单车背风工况下扁平箱梁的斯托罗哈数。由于准雷诺数效应的影响，列车车肩处气流分离由层流转变为湍流，旋涡脱落周期性减弱，进而影响车-桥系统的涡脱特征。上述无序的涡脱规律使得扁平箱梁气动特性周期性显著减弱。因此，图 3-19 在 $\alpha=[0°,12°]$范围内难以观察到明显涡脱频率，斯托罗哈数消失。

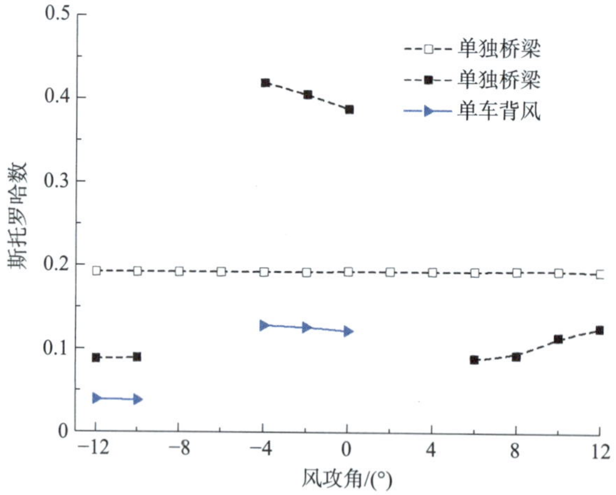

图 3-19　单车背风工况下扁平箱梁斯托罗哈数与单独桥梁工况对比结果

3.2.3.2 列车-桁架主梁系统

图 3-20 给出了桁架透风率 $\Phi=30\%$和宽高比 $B/D=1.0$ 时车-桥系统和单独桥梁两个工况下桁架主梁平均气动力系数随 α 的变化规律。由图 3-20 可知，两个工况下桁架主梁平均气动力系数随 α 的变化规律类似。上述变化规律说明准雷诺数效应对车桥系统中桁架主

梁气动特性影响有限，这是由于桁架主梁高度约为列车高度的 5 倍，列车流动转捩对桁架整体绕流影响较小。

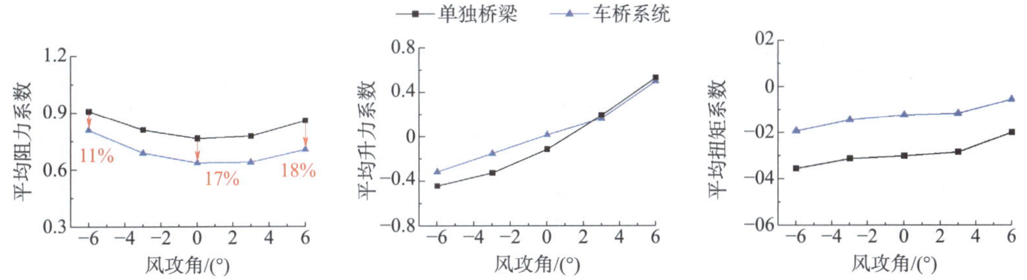

(a) 平均阻力系数　(b) 平均升力系数　(c) 平均扭矩系数

图 3-20　桁架透风率和宽高比分别为 $\Phi=30\%$ 和 $B/D=1.0$ 时车-桥系统中桁架主梁气动力系数与单独桥梁工况对比结果

3.3　车-桥系统间隙流干扰效应

实际工程中列车车底与轨道顶面存在一定间隙。由于列车高度的差异，该间隙通常为列车高度的 0.10～0.15 倍。横风绕过车-桥系统时在车桥间隙中形成射流，如图 3-21 和图 3-22 所示。图 3-21 中红色箭头所示，图 3-21(d)中间隙流较为弱，流场显示结果难以识别。

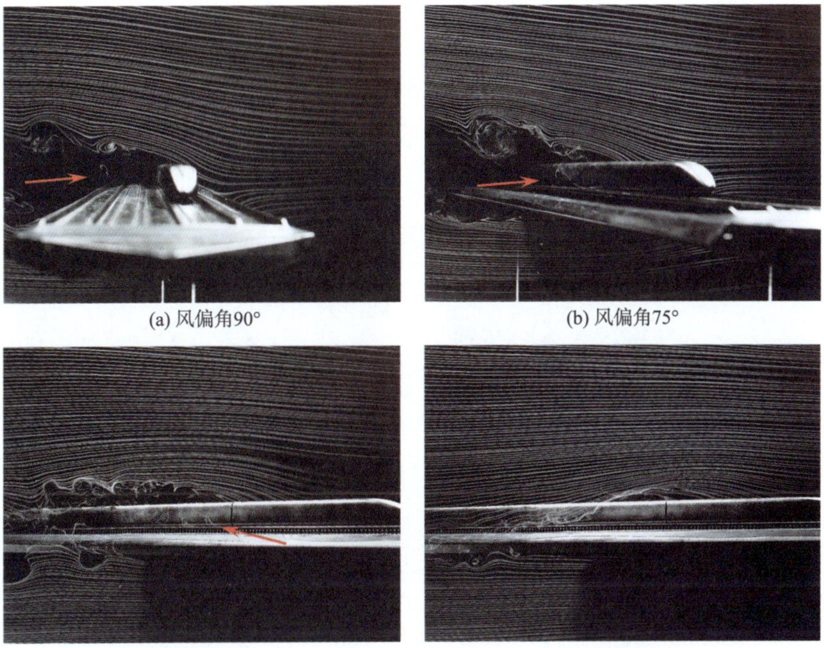

(a) 风偏角90°　(b) 风偏角75°

(c) 风偏角45°　(d) 风偏角15°

图 3-21　列车-扁平箱梁系统间隙流流动显示结果

图 3-22(d)中间隙流较为弱，流场显示结果较淡。既有研究重点关注车-桥系统的气动特性，对车桥间隙流的研究相对有限。本节系统研究车桥间隙流特性，提出间隙流干扰效应，揭示该效应对车-桥系统气动特性的影响。

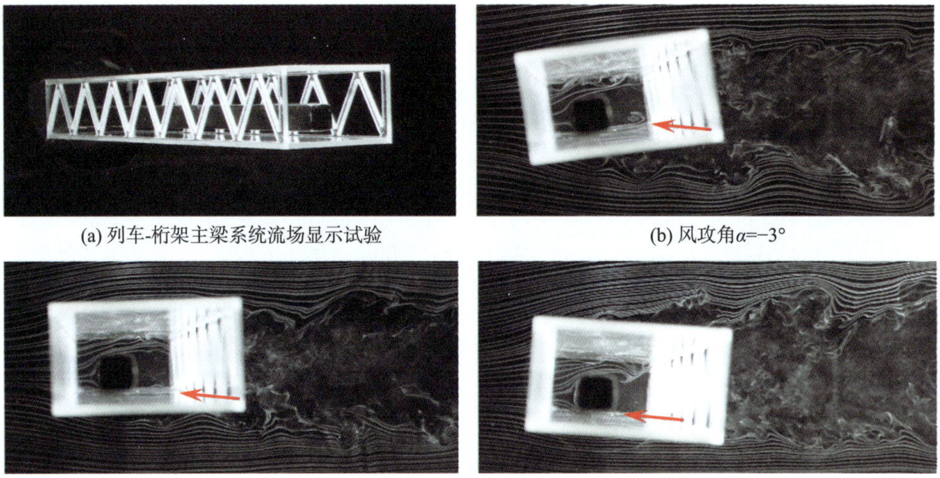

(a) 列车-桁架主梁系统流场显示试验　(b) 风攻角α=−3°

(c) 风攻角α=0°　(d) 风攻角α=3°

图 3-22　列车-桁架主梁系统间隙流流动显示结果

3.3.1　间隙流干扰效应的定义与流动机理

流动优化控制时常常采用射流为边界层注入能量，延缓流动分离，抑制流动转捩。对于车-桥系统而言，间隙流主要控制桥面轨道设施绕流形态，同时影响车顶和梁底分离气动，并最终影响车-桥系统横风近尾流(与列车近尾流形成于列车尾部不同)特征。图 3-23 展示了不同风偏角下间隙流风速功率谱。由图 3-23 可知，间隙流涡脱频率 f 为 31 Hz，约为车-桥系统尾流涡脱频率的 2 倍；且间隙流涡脱频率带宽窄而尖，车-桥系统尾流涡脱频率带宽款而钝，说明间隙流涡脱能量集中，对桥面绕流影响较大。

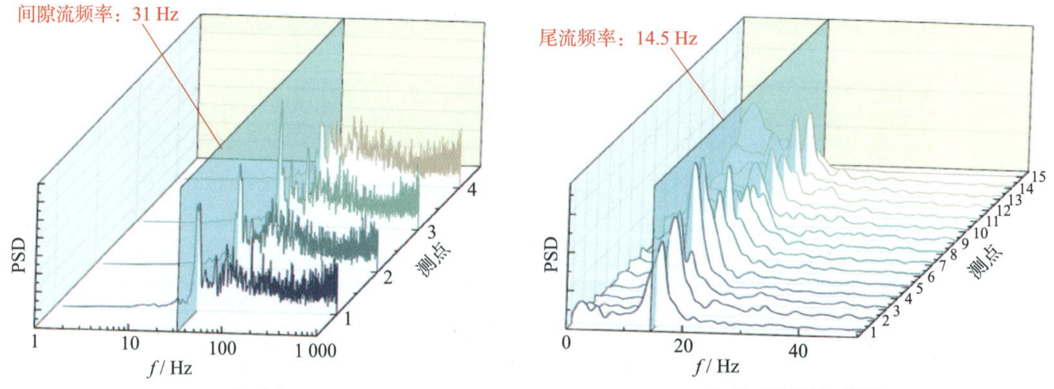

(a) 间隙流　(b) 车-桥系统横风近尾流

图 3-23　车-桥系统间隙流功率谱

3.3.2 间隙流干扰效应对列车气动特性的影响

3.3.2.1 列车-扁平箱梁系统

1. 气动力

间隙流干扰效应对列车-扁平箱梁系统中列车气动力的影响如图 3-21 中红色曲线所示。由图 3-21 可知，在风攻角 $\alpha=[-12°,12°]$范围内，列车气动力未出现阻力危机、脉动升力陡增等现象。因此，图 3-21 中气动力变化规律与准雷诺数效应无关。基于上述判断，与单独列车工况对比分析表明，间隙流干扰效应主要表现为以下两个方面。

（1）由于列车底面绕流由间隙流主导，流动分离明显减弱，列车顶/底流动分离平衡被打破，列车扭矩系数绝对值显著增大。

（2）间隙流主导列车车底绕流时，车底绕流由单独列车工况的流动分离转变为流动完全再附，车底大尺度涡结构被抑制，因此列车脉动气动力系数均明显减小。

2. 风压场

图 3-24 展示了单独列车和单车迎风两个工况在 $\alpha=-12°$、$-6°$和 $12°$等三个典型风攻

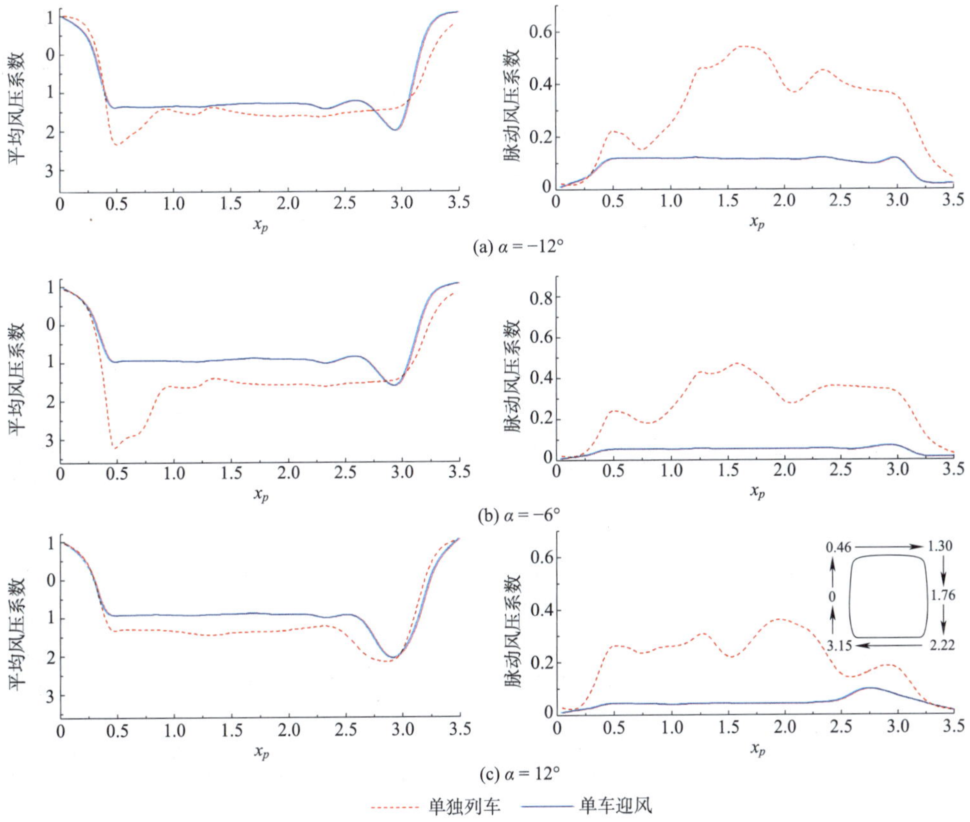

图 3-24 单车迎风工况下列车表面风压分布与单独列车工况对比结果

角时列车表面风压分布的对比结果。图 3-25 给出了上述两个工况对应的流场显示结果。由图 3-24 和图 3-25 可知，单独列车和单车迎风两个工况下列车表面风压分布的不同之处主要表现在如下两个方面。一方面，就单车迎风工况而言，仅在列车迎风侧底角处（x_p=2.70～3.30）观测到一个较大的负压区；同时，脉动风压系数在相应位置出现了一个明显的峰值；而列车顶部（x_p=0.46～1.30）的平均和脉动风压系数几乎都是一条水平线，即不随 x_p 的改变而改变。流场显示结果可以识别出单车迎风工况下列车周围的主要流场形态为车顶气流分离和车底气流稳定再附，且上述流场形态不随风攻角的改变而改变。上述风压场的变化规律和单独列车工况下的结果是截然不同的。另一方面，相对单独列车工况而言，除列车迎风驻点附近外，单车迎风工况下列车表面脉动风压系数均显著减小，意味着由于车桥间隙流使得列车表面流动分离被显著抑制；上述流动分离抑制现象可通过单车迎风工况下列车升力功率谱更加尖锐的峰值进一步证明，如图 3-26 所示。值得注意地是，在 $\alpha=-6°$ 时单车迎风工况下无法观测到明显的斯托罗哈数，因此图 3-26 中仅给出 $\alpha=-12°$ 和 12° 两个攻角下的对比结果。间隙流对车-桥系统绕流仅起干扰作用，因此仅在车桥间隙处才可以观测到如图 3-23 所示的间隙流涡脱峰值。相对整个车桥系统涡脱而言，间隙流涡脱强度较弱，难以在图 3-26 中识别到。

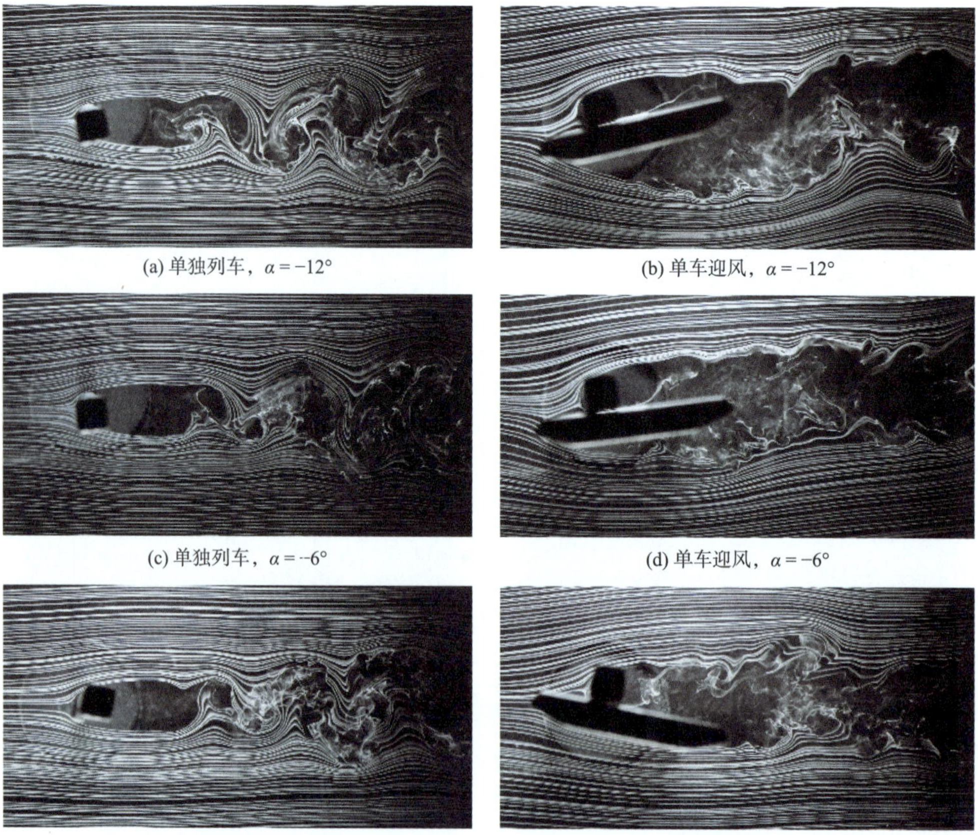

(a) 单独列车，$\alpha=-12°$　　(b) 单车迎风，$\alpha=-12°$

(c) 单独列车，$\alpha=-6°$　　(d) 单车迎风，$\alpha=-6°$

(e) 单独列车，$\alpha=12°$　　(f) 单车迎风，$\alpha=12°$

图 3-25　车-桥系统（列车位于迎风侧轨道）绕流形态

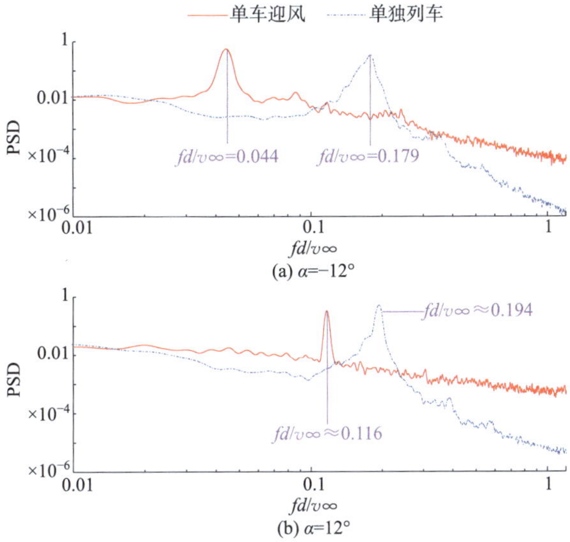

图 3-26 单车迎风工况下列车升力功率谱与单独列车工况对比结果

为进一步认识扁平箱梁的出现对列车气动力的影响，图 3-27 给出了 $\alpha=-12°$时单车迎风工况下列车的瞬时气动力和升力瞬时功率谱，其他风攻角下的结果均类似，为简便起见，在此仅给出 $\alpha=-12°$时的结果。图 3-27 中最后一排瞬时功率谱由小波变换求得，其母小波为复 Morlet 小波，时间轴采用来流风速 v_∞ 和列车高度 d 来无量纲化。图 3-27(a)～图 3-27(b)中窗口长度分别为 500 和 2 000 个无量纲时间点，但由于单独列车和单车迎风两个工况下列车旋涡脱落周期的大小不同，因此图 3-27 两个子图中的时间轴均对应约 90 个涡脱周期。

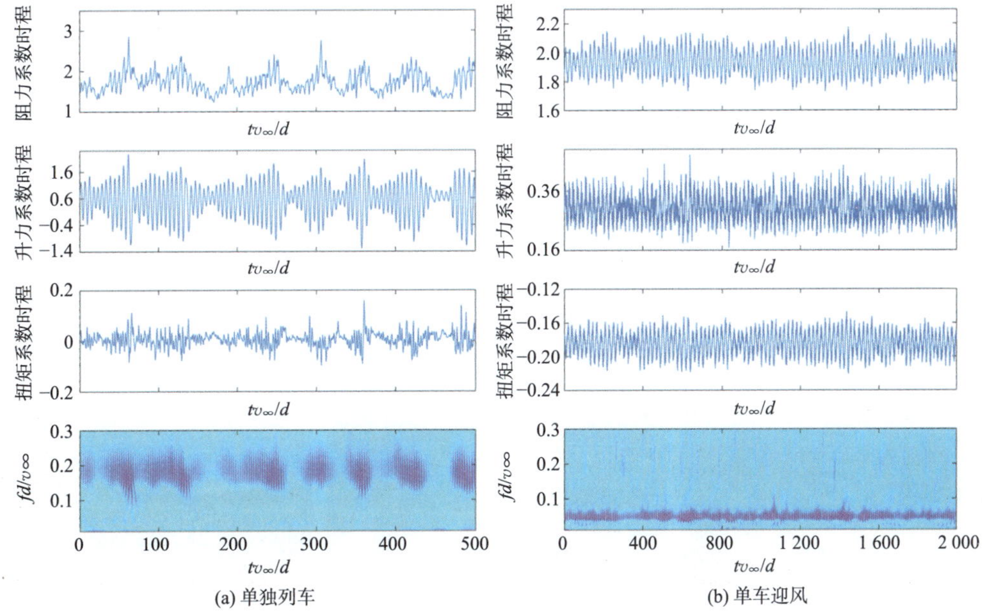

图 3-27 $\alpha=-12°$时单车迎风工况下列车气动力时程及升力瞬时功率谱与单独列车工况的对比结果

对于单独列车工况而言，列车气动力系数时程和瞬时升力功率谱如图 3-27(a)所示。由图可知，列车瞬时气动力系数表现出明显的双稳态现象，即 C_L^t 和 C_M^t 随时间变化是非稳态的。当 C_L^t 和 C_M^t 大幅波动时，C_D^t 的时均值和脉动值以及升力瞬时功率谱密度均达到极大值，列车旋涡脱落周期性明显增强；反之，C_L^t 和 C_M^t 小幅波动，C_D^t 的时均值和脉动值以及升力瞬时功率谱密度均达到极小值，列车旋涡脱落周期性明显减弱，且这种双稳态现象是由列车上、下表面流场形态在正对称与反对称两种旋涡脱落模式之间交替往复的切换造成的。对于单车迎风工况而言，如图 3-27(b)所示，列车瞬时气动力无明显的双稳态现象，且由图 3-25 可知，列车车底气流由于扁平箱梁的出现而转变为稳定的再附。因此，单车迎风工况下列车气动力双稳态现象的消失可能是由间隙流干扰效应造成的。

3.3.2.2 列车-桁架主梁系统

由图 3-4～图 3-6 可知，位于桁架内的列车脉动气动力系数均明显减小。与列车-扁平箱梁系统类似，间隙流同样使得车底涡脱由单独列车工况的完全分离转化为车桥状态的完全再附如图 3-22 所示，因此，列车脉动气动力大幅度减小。

3.4 车-桥系统附加风攻角效应

风攻角是来流与结构物在竖直面内形成的夹角，显著影响结构物的气动特性。桥梁风工程领域已经系统研究了风攻角对桥梁和车桥系统气动特性的影响规律，但对车-桥系统中而言，来流驻点通常位于车桥间隙处，偏离列车/桥梁形心所在的水平面，由此带来的影响尚不明确。由于列车标准断面和桁架主梁宽高比分别约为 0.88 和 1.1，风攻角变化对它们气动特性的影响有限，因此下文主要关注来流驻点偏移对车-桥系统中扁平箱梁气动特性的影响。

3.4.1 附加风攻角效应的定义与流动机理

图 3-28 给出了单独桥梁和双车工况下车-桥系统的流场显示结果。由图 3-9、图 3-22 和图 3-28 可知，列车-扁平箱梁系统来流驻点位于桥梁上表面所在平面内，而列车-桁架主梁系统来流驻点位于列车中下部平面内，均偏离桥梁形心所在平面。来流驻点偏移使得来流与桥梁形成附加风攻角，从而影响车-桥系统气动特性。

(a) 单独桥梁，$\alpha=-6°$　　(b) 单独桥梁，$\alpha=0°$　　(c) 单独桥梁，$\alpha=6°$

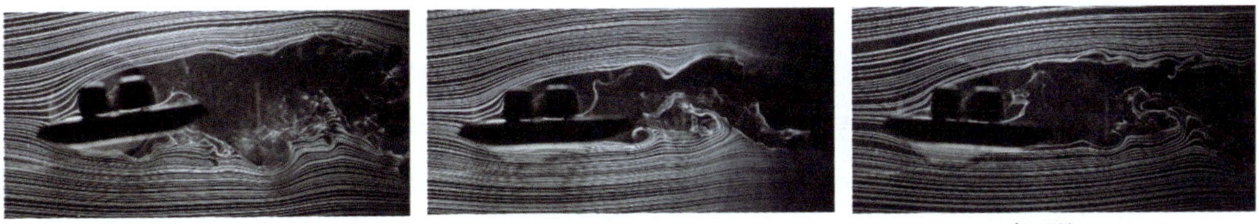

(d) 双车工况，$\alpha=-6°$　　(e) 双车工况，$\alpha=0°$　　(f) 双车工况，$\alpha=6°$

图 3-28 单独桥梁和车-桥系统(双车工况)绕流形态

3.4.2 附加风攻角效应对桥梁气动特性的影响

3.4.2.1 气动力系数

图 3-29 展示了双车工况下扁平箱梁气动力系数随风攻角的变化规律。由图 3-29 可知,本文试验结果与 Šarkić等的扁平箱梁风洞试验结果取得了较好的一致性,验证了本文试验结果的可靠性。

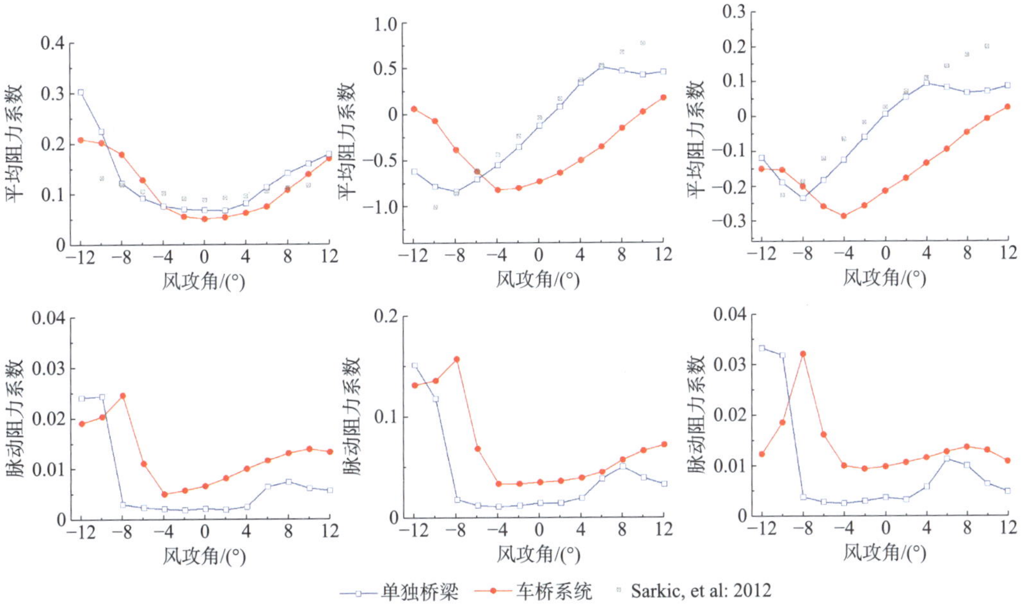

图 3-29 车-桥系统(双车工况)中桥梁气动力系数

对车-桥系统工况而言,扁平箱梁平均阻力系数在 $\alpha=0°$时取得最小值。当 $\alpha=[-4°, 6°]$时,平均阻力系数随 α 的增大而缓慢增长;当 α 进一步增大时,平均阻力系数线性增大,其增长分别在 $\alpha=-8°$和 12°达到饱和。在 $\alpha=[-12°, 12°]$范围内,扁平箱梁平均升力和扭矩系数仅在 $\alpha=-4°$发生静态失速现象,并取得极小值。以 $\alpha=-4°$为界,可将脉动气动力系数在 $\alpha=[-12°, 12°]$范围内的变化规律分成两部分;其中,$\alpha=[-12°, -6°]$时脉动气动力系数较大,$\alpha=[-4°, 12°]$时脉动气动力系数较小。

与单独桥梁工况相比,由于附加风攻角效应的影响,车-桥系统中扁平箱梁平均升力和扭矩系数均取得最小值的风攻角由 $\alpha=-8°$ 增大到 $\alpha=-4°$，脉动气动力系数变化规律的分界点也由原来的 $\alpha=-8°$ 增大到 $\alpha=-4°$。上述改变说明桥梁气动力系数随风攻角变化曲线大约沿 x 轴向右平移了约 4°，即由于车-桥系统的气动干扰作用桥梁附加风攻角约为 4°。

3.4.2.2 风压分布

图 3-30 给出了典型风攻角下双车工况下桥梁表面风压分布与单独桥梁工况对比结果。为便于分析，图 3-30 还给出了 $\alpha=-16°$、$\alpha=-10°$、$\alpha=-4°$ 和 $\alpha=8°$ 等四个风攻角下单独桥梁表面的风压分布规律。整体来说，图 3-30 中风压分布规律与图 3-28 中流场显示结果取得

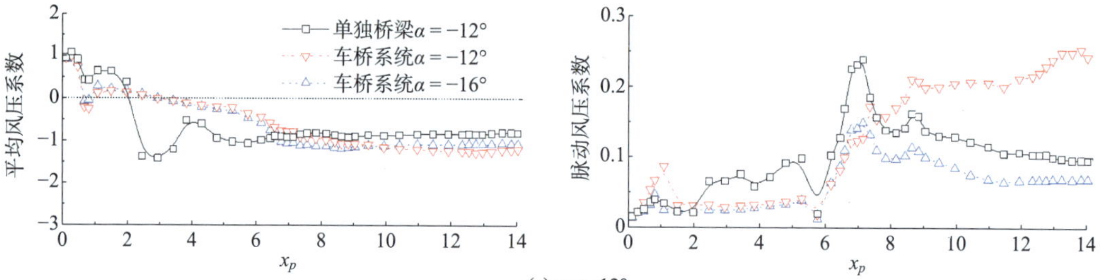

(a) $\alpha=-12°$

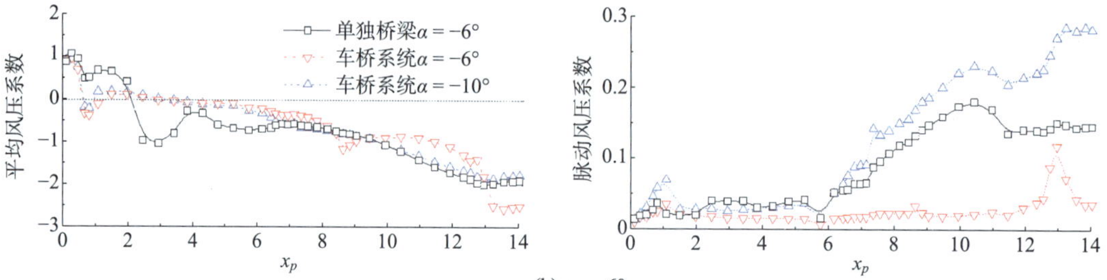

(b) $\alpha=-6°$

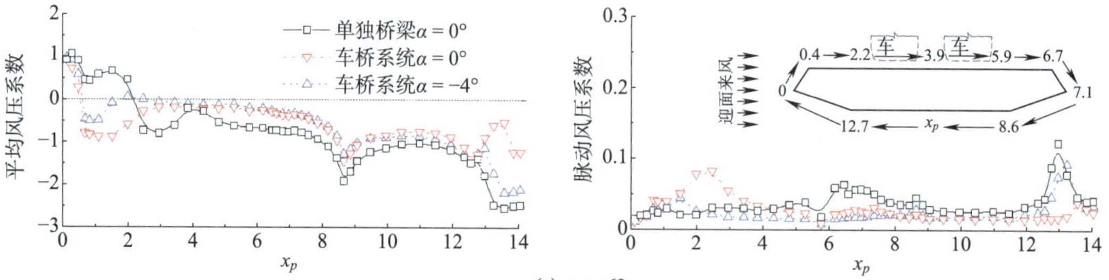

(c) $\alpha=-6°$

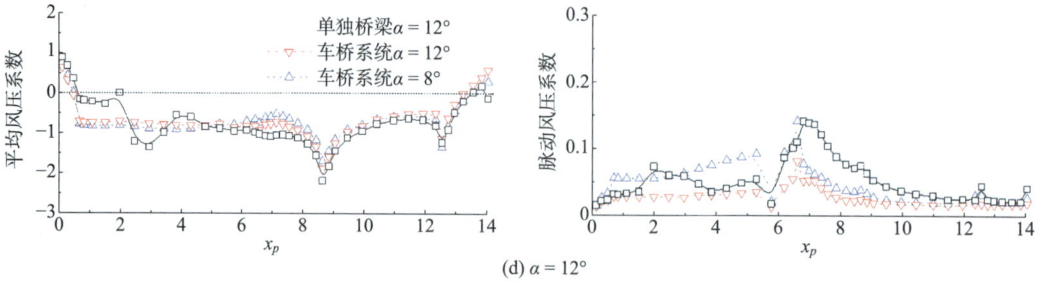

(d) $\alpha=12°$

图 3-30 双车工况下桥梁表面风压分布与单独桥梁工况对比结果

了较好的一致性，尤其是桥梁下表面。当 $\alpha=-12°$ 时，桥梁下表面流场结构为前缘涡脱 LEVS(leading-edge vortex shedding，LEVS)，平均风压系数约为 -0.85，且不随桥梁表面无量纲距离 x_p(无量纲尺寸为桥梁高度 D)的影响；脉动风压系数在主梁尾部 $x_p=0.71\sim0.86$ 取得极大值。当 $\alpha=-6°$ 时，桥梁下表面流场结构为碰撞剪切层 ILEV(impinging leading-edge vortices，ILEV)，脉动风压系数 $C_p^{b\prime}$ 在主梁下表面 $x_p=0.71\sim14.1$ 范围内显著增强，这是由于前缘分离气流在主梁下表面发生间歇性再附，气流平动动能快速转化为湍动能，在主梁下表面形成较厚边界层，如图 3-28(d)所示。当 $\alpha=0°$ 和 $12°$ 时，桥梁下表面流场结构为尾部涡脱(Trailing-edge vortex shedding，TEVS)，平均风压系数 $\overline{C}_p^b$ 在 $x_p=8.6$ 和 12.7 处分别取得极小值，而脉动风压系数 $C_p^{b\prime}$ 缓慢变化，这是由于前缘分离气流首先在 $x_p=12.7$ 附近发生稳定再附，最后在 $x_p=8.6$ 附近再次发生流动分离，此时桥梁下表面气动特性由尾部涡脱控制，因此称为尾部涡脱绕流形态。

总体而言，车-桥系统中扁平箱梁高度再现了单独桥梁在 $\alpha=-16°$、$\alpha=-10°$、$\alpha=-4°$ 和 $\alpha=8°$ 等四个风攻角下主梁下表面风压分布规律；再次说明，由于车-桥系统的气动干扰作用桥梁附加风攻角约为 $4°$。

3.5　车-桥系统车头绕流三维效应

高速列车属运行于地面、路堤和桥梁上的细长钝体。车头附近气动外形变化剧烈，对列车气动特性影响突出。从 20 世纪七八十年代开始，人们对运行在地面和路堤上列车(头车＋中车＋尾车，三车模型)气动特性进行了系统的研究，详细分析了车头周围复杂绕流结构，及其对列车气动特性的影响规律。横风作用下桥梁绕流与地面和路堤差异较大，而相关研究有限。本节系统介绍桥梁上车头周围绕流结构及其对车-桥系统中列车气动特性的影响。

3.5.1　车头绕流三维效应的定义与流动机理

横风绕过车头时，在列车横风近尾流中形成类似拖曳涡的锥形涡结构，如图 3-31 中所示蓝色曲线所示。由图 3-31 可知，锥形涡是由车头分离气流与车顶分离气流形成的顺时针

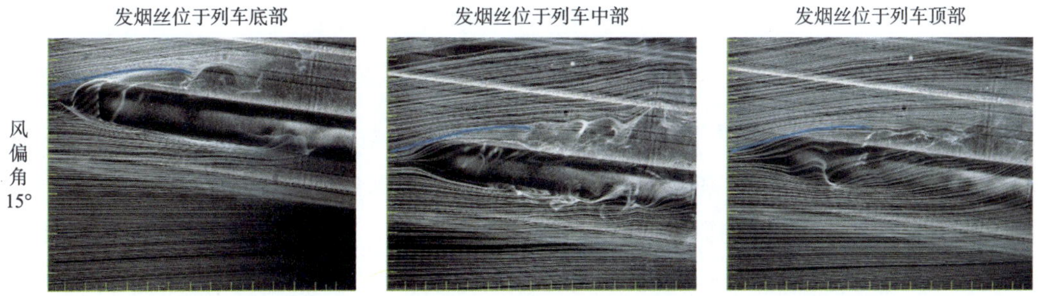

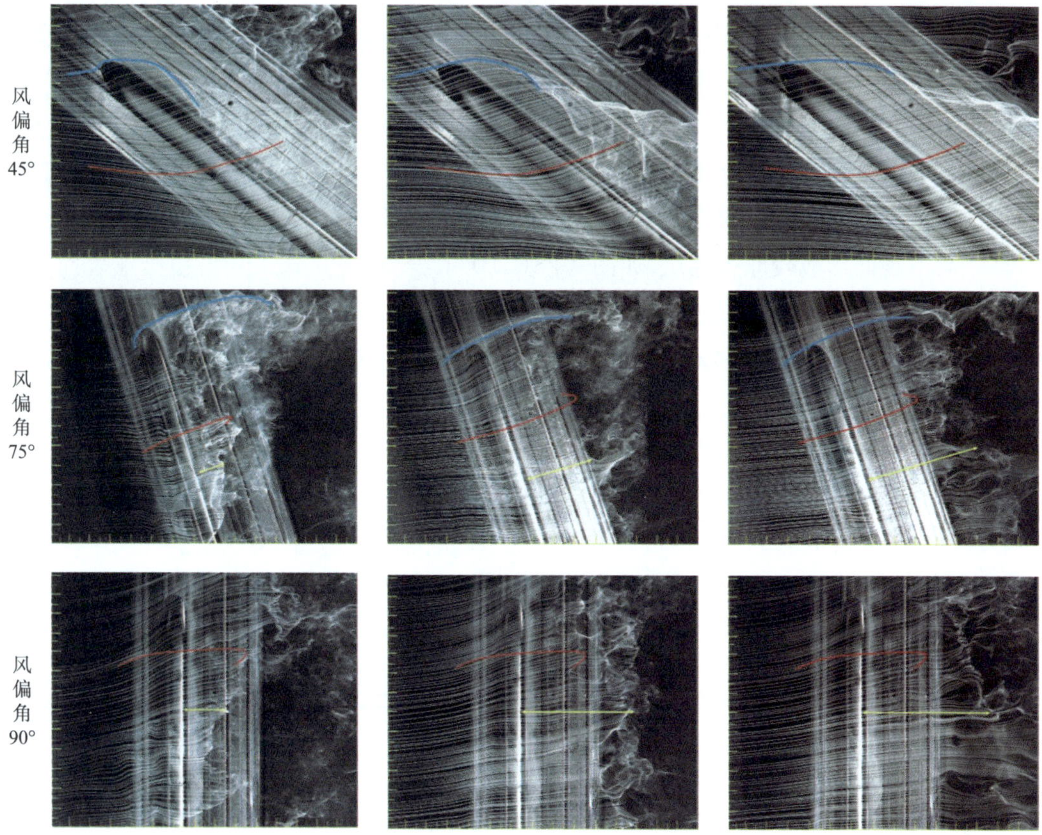

图 3-31　车-桥系统中车头区域绕流形态

旋转并向列车尾部扫略的涡结构，具有明显的三维特征。当风偏角 $\beta=15°$时，锥形涡控制几乎整个列车横风近尾流；且随风偏角 β 增大，锥形涡对对列车横风近尾流的影响逐渐减弱；当风偏角 $\beta=90°$时，锥形涡几乎消失。从列车高度上来看，锥形涡上窄下宽，在列车车顶处远离列车，在列车车底处贴近列车，这是因为车顶分离流具有较大的平动动能，从而将锥形涡裹挟至横风近尾流下游；而车桥间隙流平动动能减弱，对锥形涡的运输作用较弱。上述研究结果表明：车头绕流三维效应主要由横风绕过列车车头后在下游形成三维锥形涡结构造成的。

3.5.2　车头绕流三维效应对列车气动特性的影响

3.5.2.1　气动力

图 3-32 给出了扁平箱梁上列车气动力系数随风偏角 β 的变化规律。为比较分析，Sanquer、Cheli 等研究结果也在图中一并给出。在充分考虑列车气动外形、试验设置和来流特性等差异，本文研究结果与既有研究结果取得了较好的一致性，从而验证了本次研究结果的可靠性。由图 3-32 可知，在车头锥形涡影响范围内，即 $\beta=[15°,60°\sim70°]$，无论位于桥梁

迎风侧轨道还是背风侧，列车侧向力系数、升力系数和扭矩系数均单调递增；当风偏角 β 进一步增大时，列车气动力系数增长区域饱和。

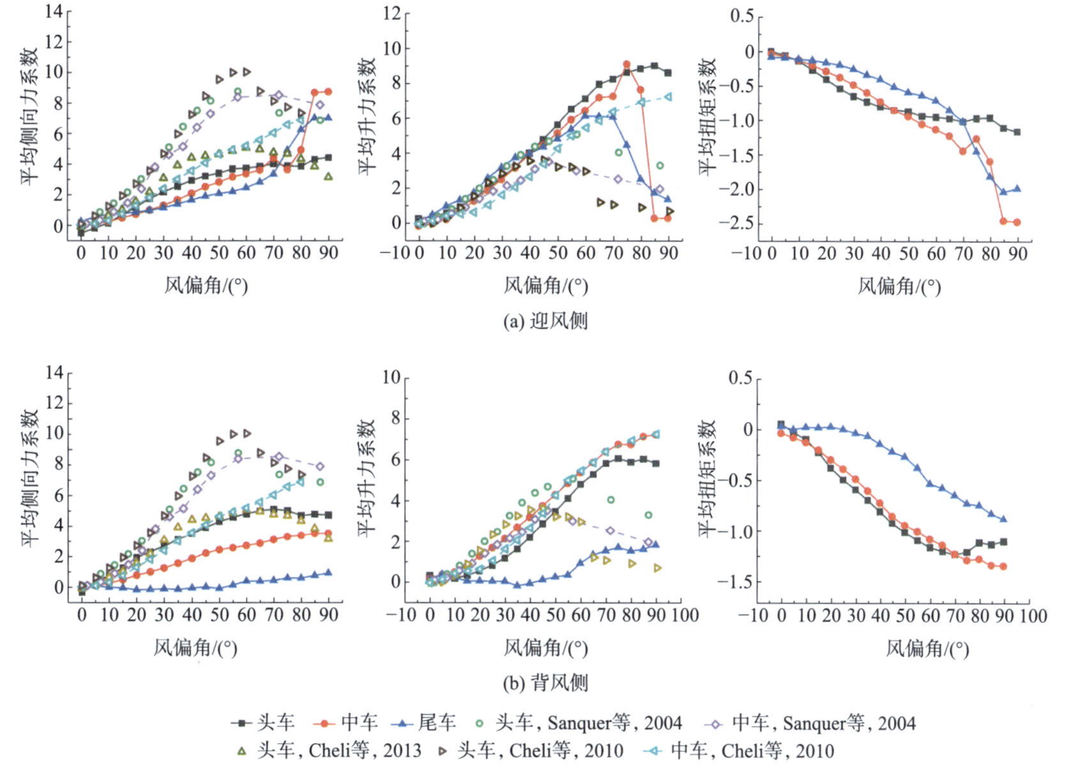

图 3-32　桥上列车气动力系数

3.5.2.2　风压分布

图 3-33 给出了扁平箱梁上列车头车区域的风压分布规律，Wang 和 Xiao 等研究结果也在图中一并给出。对比分析表明，本次试验与既有研究结果取得了较好的一致性。在 $\beta=[0°,30°]$ 范围内，随 x/h 的增大，列车迎风面腰线上风压系数逐渐减小；列车车顶中线上风压系数先减小，后在 $x/h=3$ 附近区域稳定；背风侧腰线上风压系数先减小，在 $x/h=0.48$ 取得极小值后逐渐增大。在 $\beta=[45°,60°]$ 范围内，随 x/h 的增大，列车迎风面腰线上风压系数快速增大，在 $x/h=0.75$ 取得极大值后逐渐减小；列车车顶中线上风压系数变化规律与上一分区内类似，但在 $x/h=2.5$ 附近区域提前稳定；背风侧腰线上风压系数同样在 $x/h=0.48$ 取得极小值，并在 $x/h=1.25$ 附近区域提前稳定。在 $\beta=[75°,90°]$ 范围内，随 x/h 的增大，列车迎风面腰线、车顶中线和背风侧腰线上风压系数与上一分区内的变化趋势类似，但均提前进入稳定阶段。其中车顶中线在 $x/h=2.0$ 附近区域提前稳定。上述对比分析表明：随风偏角 β 的增大，列车车头风压场三维区域逐渐减小，车头绕流三维效应影响逐渐减弱。

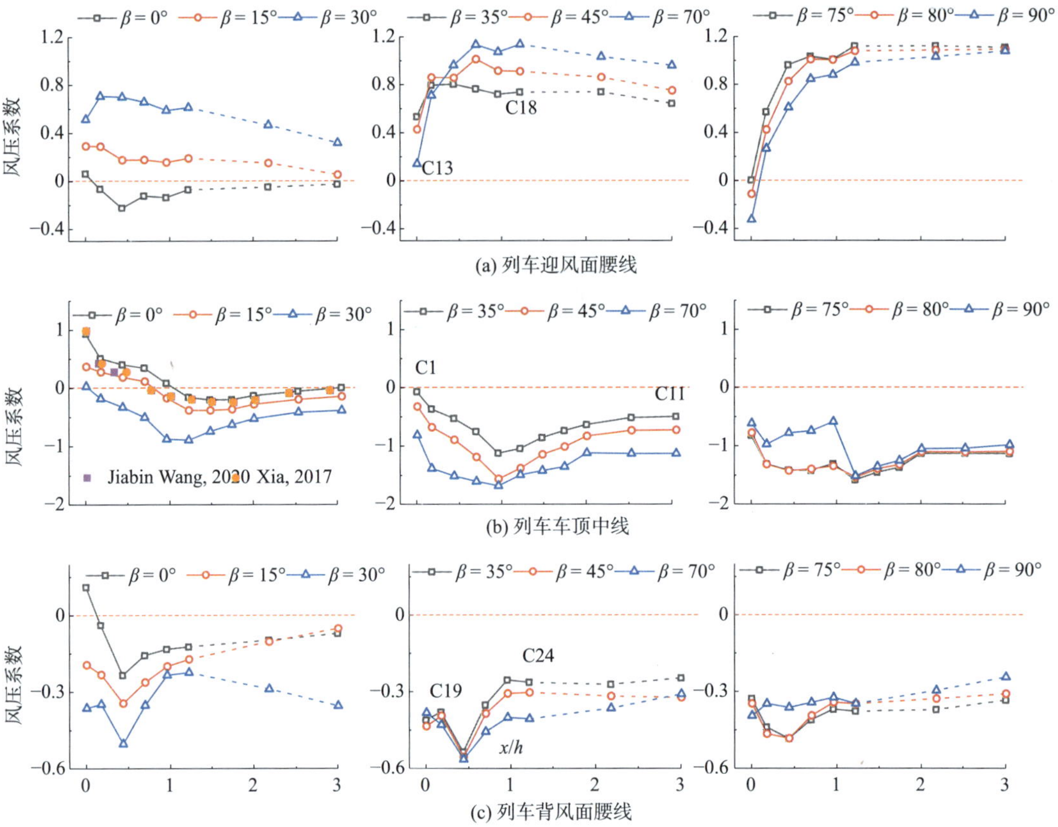

图 3-33 车头区域风压系数

参考文献

[1] 雷俊卿,黄祖慰,桂成中,等. 公铁两用大桥现状与可持续发展趋势分析[J]. 钢结构,2016,31(11):1-4.

[2] 许兆军,侯文葳,张玉玲. 公铁两用桥在我国的应用前景[J]. 铁道建筑,2000(12):16-19.

[3] 何旭辉,薛繁荣,邹云峰,等. 横风下 π 型断面大跨桥上汽车气动特性风洞试验[J]. 中国公路学报,2019,32(10):169-177.

[4]HE X H,XUE F R,ZOU Y F,et al. Wind tunnel tests on the aerodynamic characteristics of vehicles on highway bridges[J]. Advances in Structural Engineering,2020,23(13):2882-2897.

[5] 田红旗. 风环境下的列车空气阻力特性研究[J]. 中国铁道科学,2008(5):108-112.

[6] 高广军,田红旗,苗秀娟. 青藏线棚车在强横风下的稳定性研究[J]. 中国科技论文在线,2007(9):684-687.

[7] BAKER C. The flow around high speed trains[J]. Journal of Wind Engineering & Industrial Aerodynamics,2009,98(6):277-298.

[8] 邹思敏,何旭辉,王汉封,等. 横风作用下高速列车-桥梁系统气动特性风洞试验[J]. 交通运输工程学报,2020(1):132-139.

[9] 何旭辉,邹云峰,杜风宇. 风屏障对高架桥上列车气动特性影响机理分析[J]. 振动与冲击,2015,34(3):66-71.

[10] 邹云峰,何旭辉,李欢,等. 风屏障对车桥组合状态下中间车辆气动特性的影响[J]. 振动工程学报,2016,29(1):156-165.

[11] LI H,HE X,WANG H,et al. Aerodynamics of a scale model of a high-speed train on a streamlined deck in cross winds[J]. Journal of Fluids and Structures,2019,91.

[12] CARASSALE L, FREDA A, MARRÈ-BRUNENGHI M. Experimental investigation on the aerodynamic behavior of square cylinders with rounded corners[J]. Journal of Fluids and Structures, 2014,44.

[13] SARWAR M W,ISHIHARA T,SHIMADA K,et al. Prediction of aerodynamic characteristics of a box girder bridge section using the LES turbulence model[J]. Journal of Wind Engineering and Industrial Aerodynamics,2008,96(10):1895-1911.

[14] ŠARKIĆA, FISCH R, HÖFFER R, et al. Bridge flutter derivatives based on computed, validated pressure fields[J]. Journal of Wind Engineering & Industrial Aerodynamics,2012,104-106.

[15] MIYAGI T T. The effect of turbulence on aerodynamic forces on a square cylinder with various corner shapes[J]. Journal of Wind Engineering and Industrial Aerodynamics,1999.

[16] STÉPHANE S,CHRISTIAN B,VIREL M D D. ,et al. Effect of cross winds on high-speed trains: development of a new experimental methodology[J]. Journal of Wind Engineering & Industrial Aerodynamics,2004,92(7-8):535-545.

[17] CHELI F,CORRADI R,ROCCHI D,et al. Wind tunnel tests on train scale models to investigate the effect of infrastructure scenario[C]//VI International Colloquium on Bluff Bodies Aerodynamics & Applications (BBAA VI). 2008.

[18] XIA C,WANG H,SHAN X,et al. Effects of ground configurations on the slipstream and near wake of a high-speed train[J]. Journal of Wind Engineering & Industrial Aerodynamics,2017,168:177-189.

[19] WANG J B,MINELLI G,GAO G J. An improved delayed detached eddy simulation study of the bogie cavity length effects on the aerodynamic performance of a high-speed train[J]. Proceedings of the Institution of Mechanical Engineers,Part C:Journal of Mechanical Engineering Science,2020,234(12):2386-2401.

第4章 铁路桥梁动力特性

铁路桥梁的动力特性是抗风设计和安全防控的基础，亦是桥梁自身的“指纹”特征，准确获取铁路桥梁动力至关重要。在设计阶段，铁路桥梁动力特性主要通过数值模态分析获得，但是数值模态分析不能提供阻尼参数。在运营阶段，铁路桥梁动力特性主要通过环境振动测试得到，但是识别的阻尼参数的可信度较低。相较于公路桥梁，高速铁路桥梁在结构和构造方面均存在差异，因而动力特性也存在差异。鉴于此，本章主要介绍两种鲁棒性较好的模态参数识别方法以及系统总结高速铁路桥梁的动力特性。

4.1 结构模态参数识别方法

结构模态参数识别的主要任务是从测得的数据中提取结构的模态参数，如固有频率、阻尼比、振型、模态质量、模态刚度等。目前，常用的参数识别方法可分为频域法、时域法、时-频域法等三大类。频域方法一般利用频率函数或功率谱密度函数进行模态参数识别，主要的方法包括：峰值法、导纳圆法、有理分式多项式法、频域分解法，增强频域分解法、多参考点最小二乘复频域法等。时域法利用时域响应信号、相关函数或脉冲响应进行模态参数识别，最常用的有 Ibrahim 时域法、随机减量法、最小二乘复指数法、多参考点复指数法、特征系统实现法、ARMA 时序分析法、随机子空间法、面积法等。当响应信号为非平稳信号时，可采用时-频域方法，如小波分析、同步挤压小波变换、经验模态分解等。本节主要介绍一种基于自由响应的面积法和基于环境激励响应的经验模态分解与随机减量技术联合方法。

4.1.1 面积法

本节介绍了一种由结构自由振动响应识别结构模态阻尼比的方法，这是一种时域方法，不需测量输入，只需测量某点的自由振动响应（位移、速度、加速度均可），适用于单、多自由度系统。该方法识别阻尼比系数时，是通过响应时间历程与时间轴所围面积之间的关系来确定的。实际处理时，面积均是通过对响应采样后与时间轴所形成的各小块梯形面积求和得到。噪声虽然对采样值局部（如峰值）污染严重，但对信号的整体求和影响不大，特别是对零均值高斯白噪声干扰的情况，求和运算可产生正负抵消效应。因而，该方法抗噪声干扰能力强、精度高、结果稳定。

对于多自由度振动系统，其自由衰减振动响应随着时间的推移会逐渐衰减至零，衰减是按照指数关系 $e^{-\xi_i \omega_{ni} t}$ 规律进行的。将自由振动响应 $x(t)$ 乘上 $e^{\xi_i \omega_{ni} t}$，则 $x(t)e^{\xi_i \omega_{ni} t}$ 在经过一段时间后，将做等幅振荡，而且永远振荡下去。当然，事先并不知道 $\xi_i \omega_{ni}$ 的值为多少，但可以通过搜索的方法确定。$\xi_i \omega_{ni}$ 值确定后，对等幅振荡信号做频谱分析，即可确定 ω_{ni}，因而 ξ_i 值也随之确定。

1. 单自由度系统情况

考虑一单自由度线性系统，有

$$\ddot{x} + 2\xi\omega_n \dot{x} + \omega_n^2 x = 0 \tag{4-1}$$

自由衰减振动响应：

$$x(t) = Ae^{-\xi\omega_n t}\sin(\omega_d t + \varphi) \tag{4-2}$$

式中 ξ——阻尼比系数；

ω_n——无阻尼固有频率；

ω_d——有阻尼固有频率，满足 $\omega_d = \omega_n\sqrt{1-\xi^2}$；

A,φ——由初始条件确定的常数，且满足：

$$x(0) = A\sin\varphi,\quad \dot{x}(0) = -A\xi\omega_n\sin\varphi + A\omega_d\cos\varphi \tag{4-3}$$

对数衰减率法为

$$\begin{aligned}\delta &= \ln\frac{A_1}{A_n} = \ln\frac{Ae^{-\xi\omega_n t_i}}{Ae^{-\xi\omega_n(t_i+nT_d)}} = \xi\omega_n T_d n \\ &= 2n\pi\xi/\sqrt{1-\xi^2}\end{aligned} \tag{4-4}$$

式中 T_d——自然周期，满足 $T_d = \dfrac{2\pi}{\omega_d}$。

由以上公式可求得阻尼比系数 ξ。

存在的问题：实测响应中，对数衰减率法中峰值 A_1、A_n 是响应的采样值，不一定刚好与实际极大值相等；易受噪声干扰。若 $x(t)$ 受噪声干扰后，A_1、A_n 的峰值可能在局部有很大的变化，从而影响阻尼比系数 ξ 值的识别结果。为此，做如下改进。

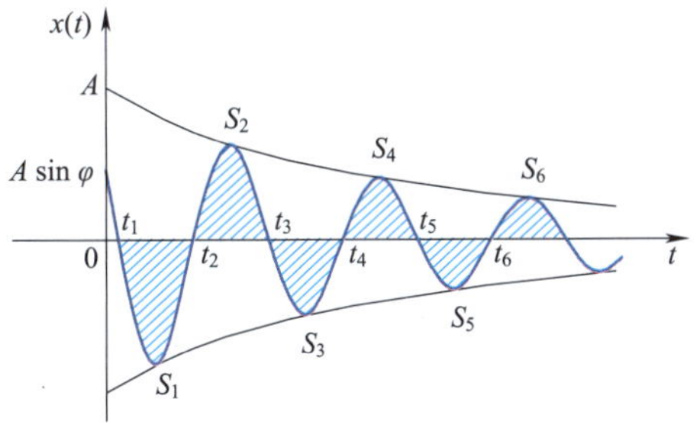

图 4-1 响应时程曲线

如图 4-1 所示，设该响应曲线与时间 t 轴分别交于 $t_1, t_2, \cdots, t_{2N+1}$ 点，与 t 轴所围的面积的绝对值分别为 $S_1, S_2, \cdots, S_{2N}$（以下的面积均指绝对值），则

$$S_1=\int_{t_1}^{t_1+\frac{T_d}{2}}\left|x(t)\right|dt=\int_0^{\frac{T_d}{2}}\left|x(t+t_1)\right|dt$$

$$=Ae^{-\xi\omega_n t_1}\int_0^{\frac{T_d}{2}}\left|e^{-\xi\omega_n t}\sin(\omega_d t+\varphi-\omega_d t_1)\right|dt \tag{4-5}$$

$$S_2=\int_{t_1+\frac{T_d}{2}}^{t_1+T_d}\left|x(t)\right|dt=\int_0^{\frac{T_d}{2}}\left|x\left(t+t_1+\frac{T_d}{2}\right)\right|dt$$

$$=Ae^{-\xi\omega_n t_1}e^{-\xi\omega_n\frac{T_d}{2}}\int_0^{\frac{T_d}{2}}\left|e^{-\xi\omega_n t}\sin(\omega_d t+\varphi-\omega_d t_1)\right|dt \tag{4-6}$$

由式(4-5)、式(4-6)两式知，$S_2=S_1e^{-\xi\omega_n\frac{T_d}{2}}$。同理可推得 $x(t)$ 与 t 轴所围的各部分面积的绝对值 $S_{2N}=S_{2N-1}e^{-\xi\omega_n\frac{T_d}{2}}$，即后一面积总和为前一面积的 $e^{-\xi\omega_n\frac{T_d}{2}}$ 倍。则

$$\frac{S_1+S_3+\cdots+S_{2N-1}}{S_2+S_4+\cdots+S_{2N}}=\frac{S_1+S_3+\cdots+S_{2N-1}}{(S_1+S_3+\cdots+S_{2N-1})e^{-\xi\omega_n\frac{T_d}{2}}}$$

$$=e^{\xi\omega_n\frac{T_d}{2}}=e^{\pi\xi/\sqrt{1-\xi^2}} \tag{4-7}$$

两边取自然对数，可解得阻尼比系数为

$$\xi=\frac{1}{\sqrt{1+(\pi/E)^2}} \tag{4-8}$$

式中，$E=\ln\left(\sum S_{2k-1}/\sum S_{2k}\right)$，即 N 个奇数面积之和与 N 个偶数面积之和之比的自然对数，N 可自由确定。也可用

$$\frac{S_1+S_2+\cdots+S_N}{S_{N+1}+S_{N+2}+\cdots+S_{2N}}=\frac{S_1+S_2+\cdots+S_N}{(S_1+S_2+\cdots+S_N)e^{-\xi\omega_n nT_d}}$$

$$=e^{\xi\omega_n nT_d}=e^{2n\pi\xi/\sqrt{1-\xi^2}} \tag{4-9}$$

解得阻尼比系数为

$$\xi=\frac{1}{\sqrt{1+(2n\pi/E)^2}} \tag{4-10}$$

式中，E——前 N 个面积之和与后 N 个面积之和之比的自然对数，即 $E=\ln\left(\sum_k S_k/\sum_k S_{k+N}\right)$。

2. 多自由度系统情况

考虑 N 自由度振动系统

$$M\ddot{x}+C\dot{x}+Kx=0 \tag{4-11}$$

某一测点响应为

$$x(t)=\sum_{i=1}^{N}A_i e^{-\xi_i\omega_{ni}t}\sin(\omega_{di}t+\varphi_i) \tag{4-12}$$

式中　ξ_i——第 i 阶模态阻尼比系数；

ω_{ni}——第 i 阶模态频率；

ω_{di}——第 i 阶有阻尼模态频率；

A_i，φ_i——由初始条件确定的常数。

为叙述方便，不妨设 $\xi_1\omega_{n1}\leqslant\xi_2\omega_{n2}\leqslant\cdots\leqslant\xi_N\omega_{nN}$，将公式(4-12)两边同乘以 e^{at}，即

$$y(t)=x(t)e^{at}=\sum_{i=1}^{N}A_i e^{-(\xi_i\omega_{ni}-a)t}\sin(\omega_{di}t+\varphi_i) \tag{4-13}$$

讨论三种情况：

(1)$a>\xi_1\omega_{n1}$ 时，$e^{(a-\xi_1\omega_{n1})t}$ 将发散，一定时间后，$y(t)$ 与 t 所围的面积的绝对值将越来越大，即后一面积大于前一面积；

(2)$a=\xi_1\omega_{n1}$ 时，$e^{(a-\xi_1\omega_{n1})t}=1$，

$$y(t)=\sum_{i=2}^{N}A_i e^{-(\xi_i\omega_{ni}-a)t}\sin(\omega_{di}t+\varphi_i)+A_1\sin(\omega_{d1}t+\varphi_1)$$

显然，在 t 足够大后，$y(t)$ 将做幅值为 A_1，频率为 ω_{d1} 的等幅振荡，即 A_1、ω_{d1} 完全确定，则 $\xi_1=\dfrac{a}{\omega_{n1}}=\dfrac{a\sqrt{1-\xi^2}}{\omega_{d1}}$，解得

$$\xi_1=1/\sqrt{1+(\omega_{d1}/a)^2}$$

(3)$a<\xi_1\omega_{n1}$ 时，所有的 $e^{(a-\xi_1\omega_{n1})t}$ 都随 t 的增加而衰减，即 $y(t)$ 也是衰减信号，$y(t)$ 与 t 所围的面积的绝对值将越来越小，即后一面积小于前一面积。

当然，事先并不知道 a 取何值时会出现 $y(t)$ 的等幅振荡现象，但可以通过搜索的方法来确定，即在某一范围内预给 a 初始值，如令 $a\in(0,1)$，计算 $a=0$、0.5、1 时 $y(t)$ 足够长时间后面积比值的变化情况，通过牛顿二分法(或黄金分割法)搜索出准确的 $a=\xi_1\omega_{n1}$ 值。在获取 $a=\xi_1\omega_{n1}$ 后，$y(t)$ 的振荡信号部分 $A_1\sin(\omega_{d1}t+\varphi_1)$ 与 e^{-at} 相乘即为某阶阻尼比为 ξ_1 的模态对总响应 $x(t)$ 的贡献，从总响应中扣除掉 $A_1e^{-at}\sin(\omega_{d1}t+\varphi_1)$ 后，重复上述过程，可分别获得 ξ_2、ω_{n2}、A_2、…、ξ_N、ω_{nN}、A_N 等参数，亦即各阶模态阻尼比、固有频率均可得到。单自由度振动系统是多自由度振动系统的特例，由搜索的方法同样可以识别单自由度系统的模态阻尼比 ξ。

本节介绍的由结构自由振动响应识别结构模态阻尼比的方法，适用于多自由度系统，也适用于位移、速度、加速度响应信号。采用响应时间历程与时间轴所围的各面积进行模态阻尼比识别，实际处理时，通过对响应采样后与时间轴所形成的各小块梯形面积求和得到面积。噪声虽然对采样值局部(如峰值)污染严重，但对信号的整体求和影响不大，特别是对零均值高斯白噪声干扰的情况，求和运算可产生正负抵消效应。因而，该方法抗噪声干扰能力强、精度高、结果稳定。在进行面积计算时，若无噪声干扰，采样频率只要满足采样定理即可，没有特别要求；若有噪声干扰，则须加大采样频率，因进行面积的数值计算时，若采样点数太少，对消除噪声影响不利，采样频率一般取信号最高频率的10倍即可。该方法是利用一点响应进行模态阻尼比的识别，若有多个测点响应信号，则可识别出所有模态参数，包括

模态阻尼比、固有频率和振型。

4.1.2 经验模态分解与随机减量技术联合方法

本小节介绍一种经验模态分解与随机减量技术联合方法，该方法适合于环境随机激励响应。具体来讲，首先采用经验模态分解对于环境随机激励作用下结构的响应进行分解，分解后的结构模态响应实际上由自由振动响应和外荷载引起的强迫振动响应两部分组成；然后应用随机减量技术得到对应模态的自由振动响应，再应用单自由度系统参数识别方法即可得到结构的频率及阻尼。

4.1.2.1 经验模态分解方法简介

经验模态分解建立在以下假设基础上：

(1)时间信号至少有一个极大值和一个极小值；

(2)时间特征尺度由连续极值的时间间隔决定；

(3)如果时间信号没有极值而只有拐点，那么可对时间信号进行一次或多次的微分来获得极值，最终再通过对分量的积分得到结果。

假设原始时间信号为 $X(t)$，经验模态分解的主要步骤如下所述。

找出信号的所有极大点和极小点，用三次样条曲线分别作为上、下包络线来拟合原数据序列的极大值 $U(t)$ 和极小值 $L(t)$，上、下包络线的平均值，即平均包络线 $m_1(t)$ 为

$$m_1(t)=\frac{L(t)+U(t)}{2} \tag{4-14}$$

将 $X(t)$ 减去 $m_1(t)$ 可得到一个去掉低频的新数据序列 $h_1(t)$ 为

$$h_1(t)=X(t)-m_1(t) \tag{4-15}$$

判断 $h_1(t)$ 是否为一个本征模函数，只需看它是否满足条件：对于一列数据，极值点和过零点数目必须相等或至多相差一点；在任意点，由局部极大点和极小点构成的两条包络线的平均值为零。一般来讲，$h_1(t)$ 仍不是一个平稳数据序列，那么将 $h_1(t)$ 看成原始数据序列，$m_{11}(t)$ 为 $h_1(t)$ 的平均包络线，则：

$$h_{11}(t)=h_1(t)-m_{11}(t) \tag{4-16}$$

重复上述过程 k 次，直到所得的 $h_{1k}(t)$ 满足本征模函数所必须的条件为止，此时 $h_{1k}(t)$ 就是第一个本征模函数，也即原始数据序列的最高频成分，记为 $c_1(t)$

用 $X(t)$ 减去 $c_1(t)$ 得到一个去掉高频成分的新数据序列 $r_1(t)$：

$$r_1(t)=X(t)-c_1(t) \tag{4-17}$$

将 $r_1(t)$ 看作是原数据序列重复以上步骤，可得到一系列本征模函数 $c_j(t)$ 和最后一个不可分解的序列 $r_n(t)$，称为残余项，残余项代表 $X(t)$ 的均值或趋势项。因此，原数据序列 $X(t)$ 可表示为一组本征模函数分量和一个残余项的和：

$$X(t)=\sum_{j=1}^{n}c_j(t)+r_n(t) \tag{4-18}$$

4.1.2.2 随机减量技术原理

随机减量技术是指从线性振动系统的一个或多个平稳随机响应样本函数获得该系统自由振动响应的数据处理方法。

一个单自由度线性系统运动微分方程为

$$m\ddot{x}+c\dot{x}+kx=f(t) \tag{4-19}$$

其位移响应 $x(t)$ 为

$$x(t)=x(0)D(t)+\dot{x}(0)v(t)+\int_0^t h(t-\tau)f(\tau)\mathrm{d}\tau \tag{4-20}$$

式中 $D(t)$——初始位移为 1、初始速度为 0 的自由振动响应；

$v(t)$——初始位移为 0、初始速度为 1 的自由振动响应；

$h(t)$——SDOF 振动系统的单位脉冲响应函数；

$x(0)$——系统的初始位移；

$\dot{x}(0)$——系统的初始速度。

设 $f(t)$为均值为 0 的平稳正态随机过程，那么，在 $f(t)$作用下，对于公式(4-20)的系统，其响应 $x(t)$也是一个均值为 0 的平稳正态过程。

选取一适当的 $x(t_i)$，使 $\hat{A}\leqslant x(t_i)\leqslant\hat{H}$ 去截取这个样本函数，其第一个交点对应的时刻为 $t_i(i=1,2,\cdots)$。由于系统是线性的，对于自 t_i 时刻起的响应 $x(t-t_i)$可以看成是以下三部分响应的线性叠加：(1)由 t_i 时刻的初始位移引起的自由振动响应；(2)由 t_i 时刻的初始速度引起的自由振动响应；(3)由 t_i 时刻开始的随机激励力 $f(t)$引起的强迫振动响应。于是有：

$$x(t-t_i)=x(0)D(t-t_i)+\dot{x}(0)v(t-t_i)+\int_{t_i}^t h(t-\tau)f(\tau)\mathrm{d}\tau \tag{4-21}$$

称 $x(t-t_i)$为子样本函数。这样，重复上述步骤，可得许多子样本函数，子样本函数的全体，构成子响应过程，记为 $X(t-t_i)$。将各子样本函数的起始时刻移至坐标原点，即 $t_i=0$。设 $f(t)$是均值为零的平稳正态随机过程，对 $X(t)$取数学期望，并注意到 $E[\dot{x}(0)]=0$，可得：

$$E[X(t)]=E[x(0)\,|\,\hat{A}\leqslant x(0)\leqslant\hat{H}]D(t)=\bar{A}D(t) \tag{4-22}$$

公式(4-22)表明，子响应过程 $X(t)$的期望是个初始位移为 $\bar{A}$，初始速度为零的自由振动响应。

实际测量时，因样本长度有限，故只能用算术平均值近似代替子响应过程的期望运算，即：

$$E[X(t)]\approx\frac{1}{N}\sum_{i=1}^{N}x(t_i+\tau) \tag{4-23}$$

式中 N——子样本个数；

τ——时间延滞项，$\tau=t-t_i$。

满足

$$\delta(\tau)=\frac{1}{N}\sum_{i=1}^{N}x(t_i+\tau) \tag{4-24}$$

式中，$\delta(\tau)$——随机减量特征函数，当 $N\to\infty$，$\delta(\tau)\to E[X(t)]$。

对于多自由度振动系统，求 $\delta(\tau)$的基本步骤不变，只是取子样本记录的条件改为：取一个测量点为基准站，其余测量点则按基准站 t_i 时刻对应的 t 选取子样本记录。

4.1.2.3 结构模态参数识别

对于环境随机激励，线性结构的动力响应经验模态分解后本征模函数分量是结构的模态响应分量，由自由振动响应和外荷载引起的强迫振动响应两部分组成。采用前述的随机减量技术可得到结构的自由振动响应。获得自由振动响应后，再将自由振动响应表达为解析形式，建立准则函数，调整解析函数中的参数，使准则函数取极小值，通过牛顿-拉夫逊(Newton-Raphson)迭代法获取模态参数的最优估计值，即综合运用随机减量技术、参数识别理论、最优估计理论，获取大型结构环境激励下的模态参数。

由随机减量法提取某一测点(若需识别振型，则应提取多测点响应)自由振动响应后，将其表达为理论形式：

$$x(t)=\sum_{i=1}^{n}\mathrm{e}^{a_i t}(c_i\cos b_i t+d_i\sin b_i t) \tag{4-25}$$

式中　n——所考虑的模态阶数，其他模态可由数字滤波器滤去；

a_i,b_i,c_i,d_i——待定参数，$i=1,2,\cdots n$。

准则函数 $J(\boldsymbol{\theta})$取为

$$J(\boldsymbol{\theta})=\frac{1}{M}\sum_{j=1}^{M}\left[x_{测}(t_j)-\sum_{i=1}^{n}\mathrm{e}^{a_i t}(c_i\cos b_i t+d_i\sin b_i t)\right]^2 \tag{4-26}$$

式中　$x_{测}(t_j)$——自由振动 t_j时刻的位移响应信号；

M——所取测量点数。

待定参数列向量为 $\boldsymbol{\theta}=[a_1,\cdots,a_n b_1,\cdots,b_n c_1,\cdots,c_n d_1,\cdots,d_n]^{\mathrm{T}}$。$J(\boldsymbol{\theta})$是 $\boldsymbol{\theta}$ 的非线性超越代数方程，不是 $\boldsymbol{\theta}$ 的二次式，无法用最小二乘法计算，需进行迭代计算。为确定最优的 $\boldsymbol{\theta}$ 值，采用牛顿-拉夫逊迭代法结合变尺度法(DFP)来解决这个问题。

预给初值 $\boldsymbol{\theta}_{\mathrm{k}}$，当 $\boldsymbol{J}(\boldsymbol{\theta}_{\mathrm{k}})$不是极小值时，必须调整 $\boldsymbol{\theta}_{\mathrm{k}}$ 使 $\boldsymbol{J}(\boldsymbol{\theta}_{\mathrm{k}})$趋向极小值，取极值的必要条件

$$\frac{\partial J(\boldsymbol{\theta}_{k+1})}{\partial\boldsymbol{\theta}}=\frac{\partial J(\boldsymbol{\theta}_k+\Delta\boldsymbol{\theta}_k)}{\partial\boldsymbol{\theta}}=\frac{\partial J(\boldsymbol{\theta}_k)}{\partial\boldsymbol{\theta}}+\frac{\partial J^2(\boldsymbol{\theta}_k)}{\partial\boldsymbol{\theta}^2}\Delta\boldsymbol{\theta}_k+0(\Delta\boldsymbol{\theta}_k^2)=0 \tag{4-27}$$

略去高阶小量，可得

$$\frac{\partial J(\boldsymbol{\theta}_k)}{\partial\boldsymbol{\theta}}+\frac{\partial J^2(\boldsymbol{\theta}_k)}{\partial\boldsymbol{\theta}^2}\Delta\boldsymbol{\theta}_k=0 \tag{4-28}$$

解得修正量

$$\Delta \boldsymbol{\theta}_k = \boldsymbol{S}^{-1}\left(\frac{\partial J(\boldsymbol{\theta}_k)}{\partial \vec{\boldsymbol{\theta}}}\right) \tag{4-29}$$

式中　$\boldsymbol{S}$——信息矩阵，$\boldsymbol{S}=\left(\frac{\partial J^2}{\partial\theta_i\partial\theta_j}\right)_{4n\times 4n}$。

公式(4-29)是一线性代数方程组，$\boldsymbol{S}^{-1}$的阶次为 $4n\times 4n$，由此式解出 $\Delta\boldsymbol{\theta}_k$ 后，再以$\boldsymbol{\theta}_{k+1}=\boldsymbol{\theta}_k+\Delta\boldsymbol{\theta}_k$ 迭代，重复上述步骤，算出 $J(\boldsymbol{\theta}_{k+1})$，直至 J 满足一收敛精度为止，最后的$\boldsymbol{\theta}_{k+1}$值即为所设定准则函数的最优估计。但此处要求计算 $4n\times 4n$ 阶二阶偏导数构成的信息矩阵 $\boldsymbol{S}$，还要计算其逆 $\boldsymbol{S}^{-1}$，计算非常繁复。为避免直接计算二阶偏导数矩阵 $\boldsymbol{S}$ 及其逆 $\boldsymbol{S}^{-1}$，通常设法构造另一矩阵 $\boldsymbol{H}$，用它来逼近二阶偏导数矩阵 $\boldsymbol{S}$ 的逆矩阵 $\boldsymbol{S}^{-1}$，从而把问题化为一维极小值问题，这是 DFP 算法的基本思想。

需要指出地是，响应信号不限于位移信号，提取的速度、加速度响应信号均适用，只需将准则函数 $J(\boldsymbol{\theta})$中的 $x_{测}(t_j)$改为相应的 $\dot{x}_{测}(t_j)$或 $\ddot{x}_{测}(t_j)$即可。因不管用什么响应信号来识别，系统本身的模态参数是不会变的。

识别到$\boldsymbol{\theta}$后，则 a_i 、b_i 值确定，在黏性比例阻尼的情况下，它们与模态参数的关系为

$$a_i=-\xi_i\omega_{ni}\quad b_i=\omega_{ni}\sqrt{1-\xi_i^2} \tag{4-30}$$

由公式(4-30)可解得 i 阶固有频率、i 阶模态阻尼比分别为

$$\omega_{ni}=\sqrt{a_i^2+b_i^2}\quad \xi_i=-\frac{a_i}{\sqrt{a_i^2+b_i^2}} \tag{4-31}$$

4.2　铁路桥梁及构件频率估算

4.2.1　拱桥基频

我国高速铁路拱桥根据跨度大小采用不同的结构形式，跨度较小时多采用下承式简支系杆拱、跨度较大时多采用上承式和中承式拱桥，主梁大部分采用混凝土梁。为了获得铁路桥梁拱桥基频随跨径变化的估算公式，本小节对我国高速铁路桥梁跨度 96～445 m 的大部分拱桥竖向弯曲基频的有限元计算和实测结果进行了统计和拟合分析(图 4-2)。结果显示，有限元计算所得的拱桥弯曲基频与主跨跨径呈幂函数关系，拟合曲线为 $f_{\mathrm{v-c}}=212/L$；实测拱桥竖向弯曲基频与主跨跨径也呈幂函数关系，拟合曲线为 $f_{\mathrm{v-r}}=164.465/L^{-0.922}$。表 4-1 为典型拱桥实测频率值。

为便于计算，简支系杆拱、上承式和中承式拱桥竖弯基频可按公式(4-32)进行初步确定：

$$f_{\mathrm{v}}=238/L \tag{4-32}$$

式中　f_{v}——拱桥竖弯基频，Hz；

L——拱桥主拱肋计算跨径，m。

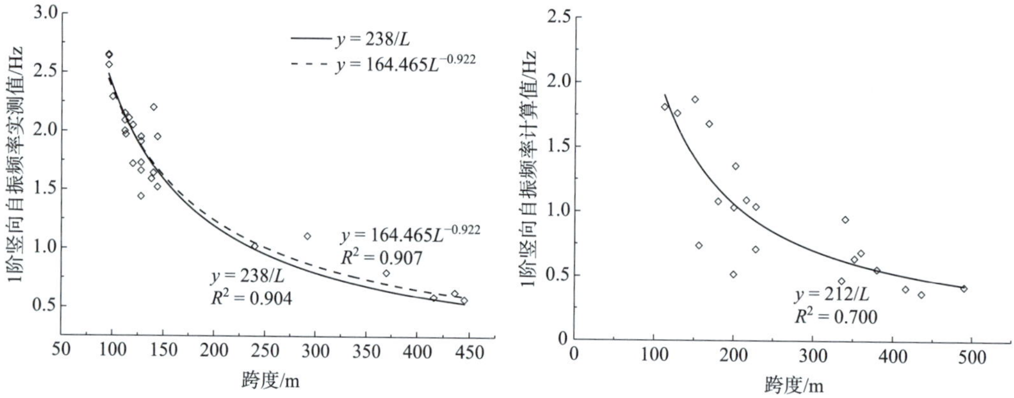

图 4-2 我国铁路拱桥 1 阶竖弯自振频率对跨度的分布特征及拟合关系

表 4-1 典型拱桥实测频率值

序号	桥梁名称	结构形式	跨度/m	竖弯基频/Hz
1	阿蓬江特大桥	混凝土梁提篮拱	96	2.65
2	薛家垄大桥	混凝土梁平行拱	96	2.56
3	跨济兖公路特大桥	钢箱梁钢箱拱	96	2.64
4	三道白河村铁路特大桥	混凝土梁钢管拱	100	2.29
5	大溪大桥	混凝土梁简支系杆拱	112	2.00
6	娄蕴特大桥安亭东桥段	混凝土提篮拱	112	2.09
7	胡家湾特大桥	混凝土梁钢管拱	112	2.15
8	下行跨环城高速特大桥	混凝土梁钢管拱	112	2.09
9	平遥跨汾平高速公路特大桥	混凝土梁钢管拱	113	1.97
10	宜宾金沙江公铁两用特大桥	混凝土梁系杆拱	116	2.11
11	郑州黄河大桥	混凝土梁系杆拱	120	1.72
12	宜宾金沙江公铁两用特大桥	混凝土系杆拱	120	2.05
13	玉龙特大桥	混凝土梁提篮拱	120	2.05
14	钦江双线特大桥	混凝土梁钢管拱	128	1.44
15	上跨江淮运河特大桥	混凝土梁尼尔森体系	128	1.73
16	跨哈同高速公路特大桥	混凝土梁钢管拱	128	1.66
17	西苕溪特大桥	混凝土梁系杆拱	128	1.95
18	乌溪江特大桥	混凝土梁提篮拱	128	1.91
19	新开河特大桥	钢箱叠拱桥	138	1.59
20	石梁河特大桥	混凝土梁提篮拱	140	1.64
21	跨海青铁路特大桥	混凝土梁提篮拱	144	1.95
22	邹淄特大桥	混凝土梁钢管拱	144	1.52

续上表

序号	桥梁名称	结构形式	跨度/m	竖弯基频/Hz
23	北盘江特大桥	上承式混凝土拱	445	0.57
24	夜郎河双线特大桥	上承式混凝土拱	370	0.80
25	南盘江双线特大桥	上承式混凝土拱	416	0.59
26	尤溪大桥	劲性骨架上承式拱桥	140	2.20
27	芙蓉镇西水大桥	上承式钢桁拱	292	1.11
28	西溪河大桥	上承式钢管混凝土拱桥	240	1.02
29	鸭池河特大桥	中承式钢桁-混凝土组合拱	436	0.63

4.2.2　斜拉桥基频

我国铁路斜拉桥当跨度较大时一般采用钢桁梁，部分采用混凝土箱梁；当跨度较小时多采用混凝土梁的矮塔斜拉桥。为了获得铁路斜拉桥竖弯和横弯基频随跨径变化的估算公式，本小节对我国跨度为 115～1 092 m 的部分铁路斜拉桥的对称竖弯和横弯基频的有限元计算结果和实测结果分别进行了统计和拟合分析（图 4-3）。结果表明，斜拉桥对称竖弯和横弯基频有限元计算值与主跨跨径呈幂函数关系，对称竖弯和横弯基频拟合曲线分别为 $f_{v-c}=140/L$ 和 $f_{l-c}=430L^{-1.2}$；对称竖弯和横弯基频实测值也与主跨跨径呈幂函数关系，拟合曲线为 $f_{v-r}=110L^{-0.894}$ 和 $f_{l-r}=803L^{-1.271}$，其中，对称竖弯基频按简化公式 $f_{v-r}=192/L$，对称横弯基频按简化公式 $f_{l-r}=554L^{-1.2}$ 拟合时同样具有很好的拟合精度。此估算公式数据来源加劲梁主要为钢桁梁，混凝土梁数据相对较少，因此对钢桁梁结构的频率估算有较好的适用性。表 4-2 为典型斜拉桥实测频率值。铁路斜拉桥扭转振型的实测数据少，难以根据实测值得到经验公式。统计国内 20 余座已建及在建大跨度铁路斜拉桥的扭转基频计算结果，拟合得到的经验公式为 $f_t=49L^{-0.64}$（图 4-4）。同时，参考《公路桥梁抗风设计规范》给出的双塔斜拉桥对称扭转基频经验公式，$f_t=C/\sqrt{L}$，结合铁路斜拉桥对称扭转基频的有限元计算值，经验系数 C 取 22 时，可以得到较好的拟合结果。表 4-3 为典型斜拉桥计算扭转基频值。

因此，建议铁路斜拉桥对称竖弯、对称横弯基频和对称扭转基频的估算公式近似简化为

$$f_v=192/L \tag{4-33}$$

$$f_l=554L^{-1.2} \tag{4-34}$$

$$f_t=49L^{-0.64} \tag{4-35}$$

式中　f_v——斜拉桥梁体对称竖弯基频，Hz；

f_l——斜拉桥梁体对称横弯基频，Hz；

f_t——斜拉桥梁体对称扭转基频，Hz；

L——斜拉桥计算跨径，m。

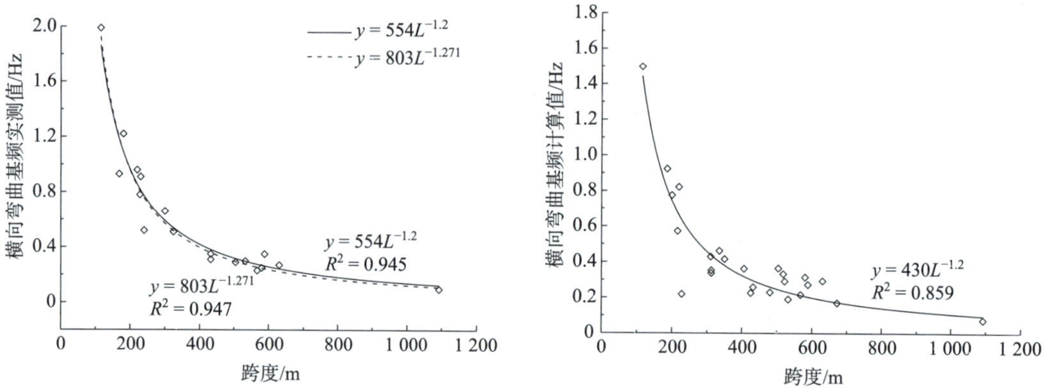

图 4-3　铁路斜拉桥竖向、横向弯曲对跨度的分布特征及拟合关系

表 4-2　典型斜拉桥实测频率值

序号	桥梁名称	主跨跨度/m	主梁结构形式	竖弯基频/Hz	横弯基频/Hz
1	元洪航道桥	532	钢桁梁	0.39	0.30
2	裕溪河特大桥	324	钢桁梁	0.70	0.51
3	芜湖长江公铁大桥	588	钢桁梁	0.29	0.35
4	沪通长江大桥	1092	钢桁梁	0.19	0.10
5	新白沙沱长江特大桥	432	钢桁梁	0.48	0.35
6	韩家沱长江双线特大桥	432	钢桁梁	0.47	0.31
7	黄冈公铁两用长江大桥	567	钢桁梁	0.37	0.23
8	思贤窖特大桥	230	钢桁梁	0.87	0.91
9	铜陵长江大桥	630	钢桁梁	0.33	0.27
10	安庆长江大桥主桥	580	钢桁梁	0.37	0.25
11	郁江双线特大桥	228	钢桁梁	0.98	0.78
12	武汉天兴洲公铁两用长江大桥	504	钢桁梁	0.41	0.29
13	赣州赣江特大桥	300	混凝土箱梁及箱型钢混结合梁	0.54	0.66
14	椒江特大桥	480	钢桁梁	0.44	0.33
15	鳊鱼洲长江大桥	672	钢箱梁	0.28	0.24
16	郑州黄河公铁两用桥	168	钢桁梁	1.15	0.93
17	阿蓬江特大桥	240	混凝土箱梁	0.88	0.52
18	薛家垄大桥	180	混凝土箱梁	0.85	1.22
19	颍上特大桥	220	混凝土箱梁	1.04	0.96
20	跨承唐高速公路大桥	115	混凝土箱梁	1.56	1.99

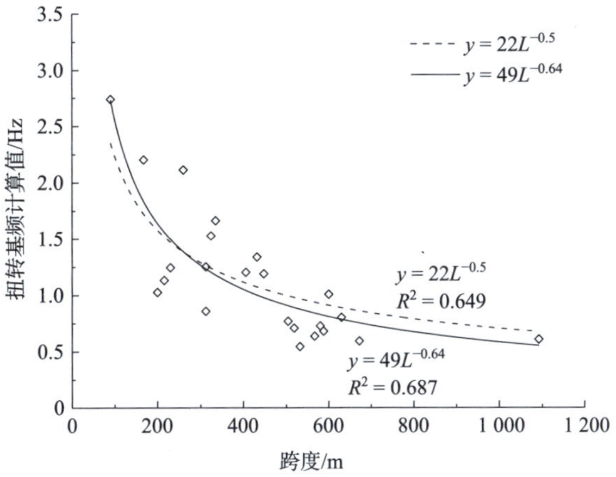

图 4-4　铁路斜拉桥对称扭转基频对跨度的分布特征及拟合关系

表 4-3　典型斜拉桥计算扭转基频值

序号	桥梁名称	主跨跨度/m	主梁结构形式	扭转基频/Hz
1	新安江特大桥	216	混凝土箱梁	1.13
2	芜湖长江大桥	312	钢桁梁	0.86
3	兰江特大桥	200	混凝土箱梁	1.03
4	郑州黄河公铁两用大桥	168	钢桁梁	2.20
5	沪苏通长江公铁大桥	1092	钢桁梁	0.61
6	安庆长江大桥	580	钢桁梁	0.73
7	武汉天兴洲长江大桥	504	钢桁梁	0.77
8	荆州长江公铁大桥	518	钢桁梁	0.71
9	铜陵公铁两用长江大桥	630	钢桁梁	0.80
10	芜湖长江公铁大桥	588	钢桁梁	0.68
11	洞庭湖大桥	406	钢桁梁	1.20
12	鳊鱼洲长江大桥	672	钢箱梁	0.60
13	黄冈长江大桥	567	钢桁梁	0.64
14	平潭海峡元洪航道桥	532	钢桁梁	0.55
15	嘉陵江特大桥	335	混合梁	1.66
16	盐城特大桥	312	钢桁梁	1.25
17	沅江特大桥	90	钢混	2.74
18	思贤窖特大桥	230	钢桁梁	1.25
19	增江特大桥	260	箱梁	2.11
20	裕溪河特大桥	324	钢桁梁	1.53
21	乌龙江特大桥	432	钢混	1.34
22	龙穴南特大桥	448	钢混	1.19
23	西江特大桥	600	钢混	1.01

4.2.3 悬索桥基频

国内外已建铁路或公铁两用悬索桥较少，基频实测数据较为缺乏。本文对国内外铁路悬索桥的基频进行了统计，包括日本大鸣门桥和南备赞濑户大桥、我国五峰山长江大桥、丽香铁路金沙江桥、川藏铁路大渡河桥及怒江桥等共 7 座铁路悬索桥，跨度从 660 m 到 1 100 m，加劲梁均采用钢桁梁型式。基频估算公式暂按数值计算结果进行拟合如图 4-5～图 4-7 所示，待实测数据丰富后再考虑按实测结果拟合。从结果来看，悬索桥横向和竖向弯曲基频与主跨跨径均为幂函数关系，按幂函数拟合出竖向和横向弯曲基频与主跨跨径的关系可作为悬索桥横向和竖向弯曲基频的估算公式。扭转基频与主跨跨径为线性关系，按线性方程拟合出的相关关系可以作为悬索桥扭转基频的估算公式。表 4-4 为典型悬索桥计算频率值。

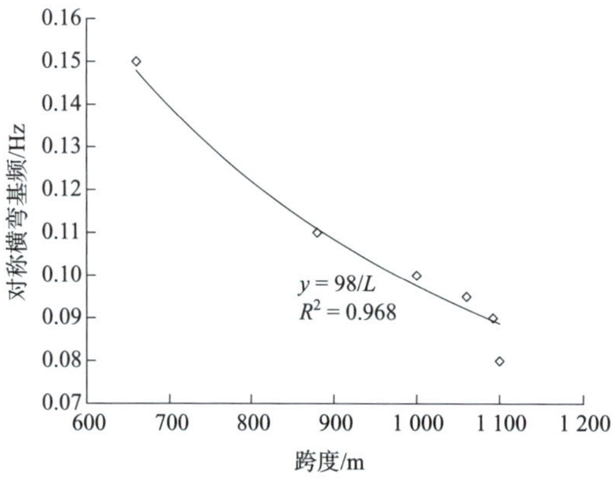

图 4-5 铁路悬索桥对称竖弯的分布特征及拟合关系

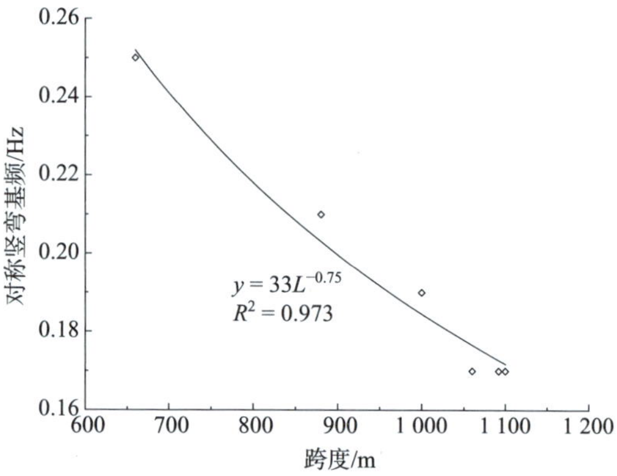

图 4-6 铁路悬索桥对称横弯对跨度的分布特征及拟合关系

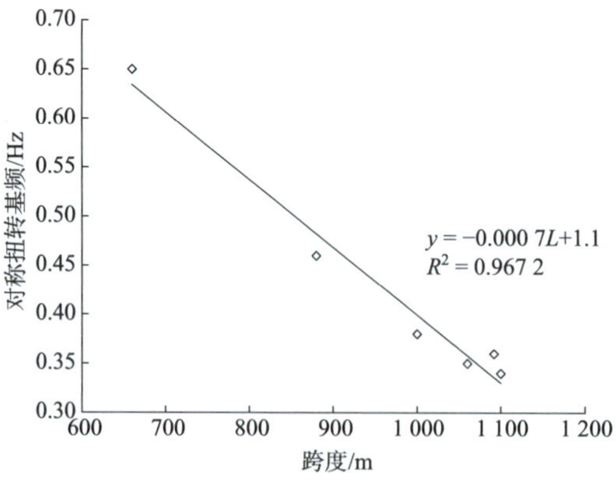

图 4-7 铁路悬索桥对称扭转基频对跨度的分布特征及拟合关系

表 4-4　典型悬索桥计算频率值

序号	桥梁名称	主跨跨度/m	主梁结构型式	对称竖弯基频/Hz	对称横弯基频/Hz	对称扭转基频/Hz
1	日本大鸣门桥	876	钢桁梁	0.16	0.09	0.36
2	日本南备赞濑户大桥	1 100	钢桁梁	0.17	0.08	0.34
3	五峰山长江大桥	1 092	钢桁梁	0.17	0.10	0.36
4	丽香铁路金沙江桥	660	钢桁梁	0.25	0.15	0.65
5	川藏大渡河特大桥	1 060	钢桁梁	0.17	0.10	0.35
6	川藏铁路怒江特大桥	1 000	钢桁梁	0.19	0.10	0.38
7	川藏铁路色曲特大桥	880	钢桁梁	0.21	0.11	0.46

注：日本大鸣门桥各阶基频均明显小于跨度相当的川藏铁路色曲特大桥，在进行基频拟合时不考虑。

由此，悬索桥对称横弯基频可按公式(4-36)进行初步确定，对称竖弯基频可按公式(4-37)进行初步确定，对称扭转基频可按公式(4-38)进行初步确定。

$$f_{\mathrm{v}}=33/L^{0.75} \tag{4-36}$$

$$f_{\mathrm{l}}=98L \tag{4-37}$$

$$f_{\mathrm{t}}=-0.000\,7L+1.1 \tag{4-38}$$

式中　f_{v}——斜拉桥梁体对称竖弯基频，Hz；

f_{l}——斜拉桥梁体对称横弯基频，Hz；

f_{t}——斜拉桥梁体对称扭转基频，Hz；

L——斜拉桥计算跨径，m。

4.2.4　吊杆频率

刚性吊杆的基频可按式(4-39)计算：

$$f_n=\alpha_b\sqrt{\frac{EI}{\rho A l^4}}\cdot\sqrt{1+\frac{T_0}{i^2 p_{\mathrm{cr}}}} \tag{4-39}$$

式中　α_b——与吊杆两端的约束条件有关的系数，$\alpha_b=3.56a+1.57b$；

E——材料的弹性模量，Pa；

I——截面惯性矩，m^4，H 型刚性吊杆根据截面绕弱轴和强轴分别计算取值，H 型劲性吊杆截面及强轴与弱轴示意如图 4-8 所示；

l——吊杆的计算长度，m，可按表 4-5 计算；

T_0——杆件的轴向力，N；

p_{cr}——临界压力，N；

a,b——支承条件系数，根据表 4-5 取值。

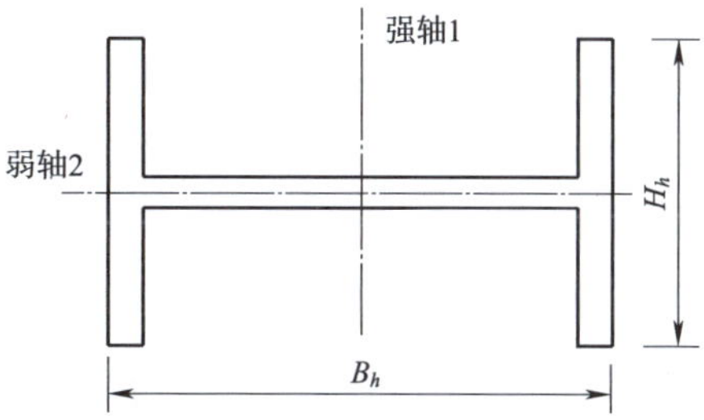

图 4-8　H 型劲性吊杆截面及强轴与弱轴示意

表 4-5 刚性吊杆支承条件系数及计算长度

振动方向		支承条件系数 α_b	计算长度 l
面外(长度不限)		$a=0,b=1$	l_0
面内	$l_0<10$ m	$a=0.4,b=0.6$	$0.8l_0$
	10 m$\leqslant l_0<20$ m	$a=0.2,b=0.8$	$0.9l_0$
	$l_0\geqslant 20$ m	$a=0,b=1$	l_0

不同约束条件下的刚性吊杆自振频率差异显著,即刚性吊杆的振动频率对式(4-39)中的系数 α 很敏感。根据 TB 10091—2017《铁路桥梁钢结构设计规范》和江西九江长江大桥的试验测试结果,可以假设支承条件系数是关于固支和铰支边界条件下的线性组合。

两端固定支撑的 H 型截面劲性吊杆扭转基频可按式(4-40)计算:

$$f_t=\frac{3.56}{l^2}\sqrt{\frac{EI_\omega}{\rho_s I_p}+\frac{(GI_dA+PI_p)l^2}{4\pi^2\rho_s AI_p}} \tag{4-40}$$

式中 f_t——吊杆扭转振动频率,Hz;

E——吊杆的弹性模量,MPa;

ρ_s——结构密度,kg/m^3;

A——横截面面积,m^2;

P——吊杆初张拉力,N;

I_ω——截面的翘曲扭转常数,m^6;

I_p——截面的极惯性矩,m^4;

G——剪切模量,MPa;

I_d——截面的自由扭转常数,m^4。

两端固定支撑的 H 型截面劲性吊杆弯曲基频可按公式(4-41)和公式(4-42)所示:

绕弱轴弯曲振动频率

$$f_1=\frac{3.56}{l^2}\sqrt{\frac{EI_1}{\rho A}+\frac{Pl^2}{4\pi^2\rho A}} \tag{4-41}$$

绕强轴弯曲振动频率

$$f_2=\frac{3.56}{l^2}\sqrt{\frac{EI_2}{\rho A}+\frac{Pl^2}{4\pi^2\rho A}} \tag{4-42}$$

4.2.5 斜拉索频率

斜拉索索平面内外振动频率可按公式(4-43)~公式(4-47)计算:

1. 斜拉索索平面外振动频率

$$f_n=\frac{n}{2l}\sqrt{\frac{F}{m}} \tag{4-43}$$

式中　f_n——斜拉索的第 n 阶面外模态频率，Hz，n 为 2，4，6，…；

F——斜拉索索力，N；

m——斜拉索单位长度质量，kg/m；

l——斜拉索的计算长度，m；

n——振型阶数，可取 1，2，3，…。

2. 斜拉索的平面内反对称振动频率

$$f_n=\frac{n}{2l}\sqrt{\frac{F}{m}} \tag{4-44}$$

3. 斜拉索的平面内对称振动频率

$$f_n=\frac{\eta}{2l\pi}\sqrt{\frac{F}{m}} \tag{4-45}$$

式中　η——系数，按式(4-46)计算。

$$\eta=\begin{cases}-0.001\,7\lambda^2+0.125\,4\lambda+3.144\,4 & n=1\\ 0.005\,3\lambda+9.423\,9 & n=3\\ n\pi & n\geqslant 5\end{cases} \tag{4-46}$$

λ——系数，按公式(4-47)计算：

$$\lambda=EA(mgl\cos\alpha_c)^2/F^3 \tag{4-47}$$

其中，A——斜拉索截面面积，m^2；

α_c——斜拉索的倾角，(°)；

E——斜拉索的弹性模量，MPa。

4.3　铁路桥梁及构件阻尼参考值

4.3.1　桥梁模态阻尼比

国内外研究表明，影响阻尼比的因素复杂，结构材料、结构形式、支座状态、轨道结构等对桥梁的阻尼比都有影响。在不同的测试条件和测试方法下，梁体的阻尼比测试结果可能不同。一般认为钢结构比混凝土结构的阻尼比小；跨度越大，上部结构阻尼比越小；支座状态不好时，阻尼比也会增大；有砟轨道相比无砟轨道，桥梁的阻尼比会更大。从实测数据上看，实测结果无法分清单个因素的具体影响，实测值反映的是不同因素综合作用的结果，实测阻尼比也有一定的离散性，见表 4-6。

表 4-6 典型拱桥实测阻尼比

序号	桥名	主跨跨度/m	主梁/拱圈材料	结构体系	轨道结构	阻尼比/%
1	吉恩高速立交特大桥	96	混凝土	简支系杆拱	有砟轨道	1.51
2	薛家垄大桥	96	混凝土	简支系杆拱	有砟轨道	1.63
3	跨济兖公路特大桥	96	钢箱梁	钢箱系杆拱	无砟轨道	0.96
4	三道白河村铁路特大桥	100	混凝土	简支系杆拱	有砟轨道	0.82
5	大溪大桥	112	混凝土	简支系杆拱	有砟轨道	1.08
6	娄蕴特大桥安亭东桥段	112	混凝土	简支系杆拱	无砟轨道	1.56
7	胡家湾特大桥	112	混凝土	简支系杆拱	无砟轨道	0.90
8	下行跨环城高速特大桥	112	混凝土	简支系杆拱	有砟轨道	1.28
9	平遥跨汾平高速公路特大桥	113	混凝土	简支系杆拱	无砟轨道	1.31
10	宜宾金沙江公铁两用特大桥	116	混凝土	简支系杆拱	有砟轨道	0.93
11	郑州黄河大桥	120	混凝土	简支系杆拱	有砟轨道	1.13
12	宜宾金沙江公铁两用特大桥	120	混凝土	简支系杆拱	有砟轨道	1.09
13	玉龙特大桥	120	混凝土	简支系杆拱	无砟轨道	1.13
14	钦江双线特大桥	128	混凝土	简支系杆拱	有砟轨道	1.21
15	上跨江淮运河特大桥	128	混凝土	简支系杆拱	有砟轨道	0.88
16	跨哈同高速公路特大桥	128	混凝土	简支系杆拱	有砟轨道	0.98
17	西茗溪特大桥	128	混凝土	简支系杆拱	无砟轨道	1.59
18	乌溪江特大桥	128	混凝土	简支系杆拱	无砟轨道	1.15
19	新开河特大桥	138	混凝土	简支系杆拱	无砟轨道	0.73
20	石梁河特大桥	140	混凝土	简支系杆拱	无砟轨道	0.78
21	跨海青铁路特大桥	144	混凝土	简支系杆拱	无砟轨道	1.23
22	邹淄特大桥	144	混凝土	简支系杆拱	无砟轨道	1.13
23	黄固特大桥	112.5	钢箱梁	钢箱系杆拱	无砟轨道	1.13
24	汀泗河特大桥	140	钢箱梁	钢箱系杆拱	无砟轨道	0.54
25	木兰溪特大桥	128	混凝土	简支系杆拱	有砟轨道	1.00
26	鸭子河特大桥	56+116+56	混凝土	连续梁拱	无砟轨道	0.91
27	朝关 1 号双线特大桥	64+120+64	混凝土	连续梁拱	有砟轨道	1.54
28	跨北京环线特大桥	60+128+60	混凝土	连续梁拱	无砟轨道	0.72
29	姚官屯特大桥	42+128+42	混凝土	连续梁拱	无砟轨道	0.88
30	霸雄特大桥	41.65+132+41.65	混凝土	连续梁拱	无砟轨道	1.13
31	昆阳特大桥	64+136+64	混凝土	连续梁拱	有砟轨道	1.48
32	达坂城湿地特大桥	64+136+64	混凝土	连续梁拱	无砟轨道	0.78
33	咸阳西立交特大桥	63.4+136+63.4	混凝土	连续梁拱	无砟轨道	1.06
34	阳茂高速特大桥	76+160+76	混凝土	连续梁拱	有砟轨道	1.13
35	杭瑞高速特大桥	76+160+76	混凝土	连续梁拱	有砟轨道	1.52
36	九龙岗特大桥	76+160+76	混凝土	连续梁拱	无砟轨道	1.02
37	开兰特大桥	76+160+76	混凝土	连续梁拱	无砟轨道	1.59

续上表

序号	桥　　名	主跨跨度/m	主梁/拱圈材料	结构体系	轨道结构	阻尼比/%
38	张良镇跨南水北调干渠特大桥	74+160+74	混凝土	连续梁拱	无砟轨道	1.24
39	郑家坝沱江双线特大桥	78+168+78	混凝土	连续梁拱	无砟轨道	1.19
40	东海特大桥	40+168+40	混凝土	连续梁拱	无砟轨道	0.91
41	花岗特大桥	90+180+90	混凝土	连续梁拱	无砟轨道	1.42
42	徐洪河特大桥	100+200+100	混凝土	连续梁拱	有砟轨道	1.12
43	唐河双线特大桥	96+200+96	混凝土	连续梁拱	无砟轨道	0.93
44	盐城南特大桥	110+228+110	混凝土	连续梁拱	无砟轨道	1.30
45	小榄水道特大桥	100+220+100	混凝土	连续刚构拱	有砟轨道	1.45
46	安陆府河特大桥	90+200+90	混凝土	连续刚构拱	无砟轨道	1.02
47	北盘江特大桥	445	混凝土	上承式	有砟轨道	0.92
48	夜郎河双线特大桥	370	混凝土	上承式	有砟轨道	0.91
49	南盘江双线特大桥	416	混凝土	上承式	有砟轨道	0.98
50	尤溪大桥	140	混凝土	上承式	有砟轨道	1.12
51	芙蓉镇西水大桥	292	钢桁拱	上承式	有砟轨道	0.83
52	西溪河大桥	240	钢管混凝土拱	上承式	有砟轨道	0.94
53	鸭池河特大桥	436	钢桁混凝土组合拱	中承式	有砟轨道	0.69

图 4-9 比较了相同的桥型和主梁材料下不同轨道结构形式的桥梁阻尼比，从图 4-9 可以看出，轨道结构形式对桥梁结构阻尼比的影响并不显著。图 4-10 给出了简支拱桥和连续梁拱主梁不同材料的桥梁阻尼比对比分布图，图 4-11 给出了上承式、中承式拱桥拱圈不同结构材料实测阻尼比对比分布图，从图上可以看出，钢材料相对于混凝土材料，桥梁的阻尼比确实更低。

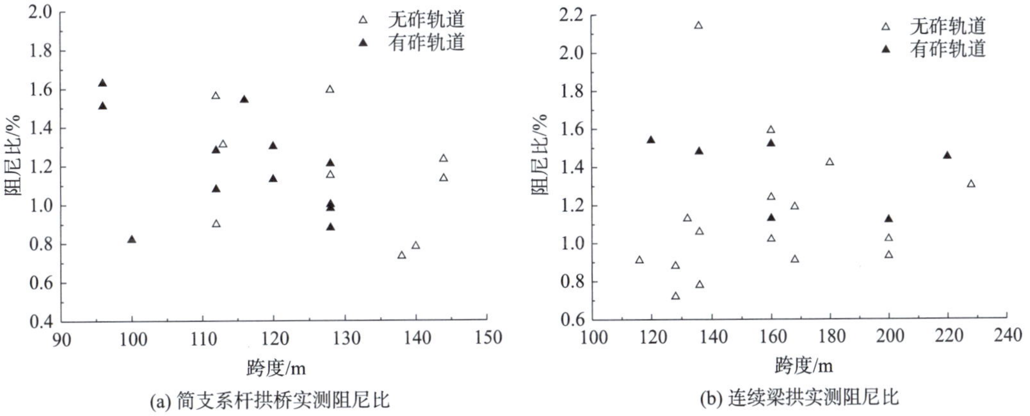

图 4-9 同结构类型桥梁不同轨道结构实测阻尼比对比分布

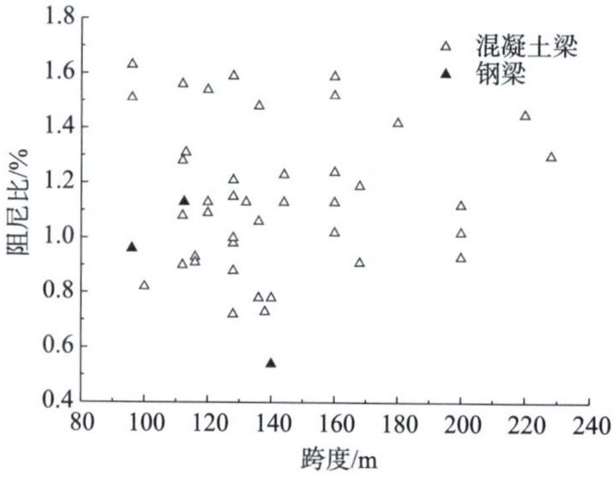

图 4-10 简支拱桥和连续梁拱桥主梁不同结构材料实测阻尼比对比分布

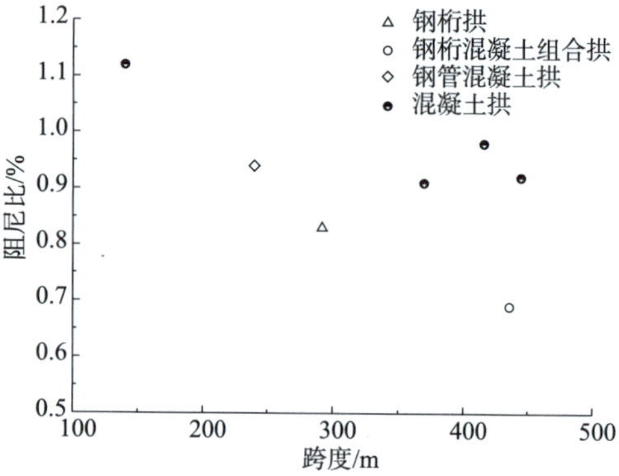

图 4-11 上承式、中承式拱桥拱圈不同结构材料实测阻尼比对比分布

图 4-12 给出了斜拉桥不同加劲梁结构形式阻尼比随跨度的分布图，表 4-7 为典型斜拉桥实测阻尼比，从图 4-12 和表 4-7 上可以看出，随着跨度的增大，阻尼比有减小的趋势，混凝土加劲梁阻尼比在 0.56%～0.90%之间，钢桁梁加劲梁阻尼比在 0.44%～0.96%之间，只有鳊鱼洲长江大桥采用钢箱梁加劲梁，阻尼比为 0.30%，从平均值看，三种加劲梁阻尼比由小往大的依次顺序为钢箱梁、钢桁梁和混凝土梁，本小节按三种不同加劲梁结构形式分别给出阻尼比的取值。

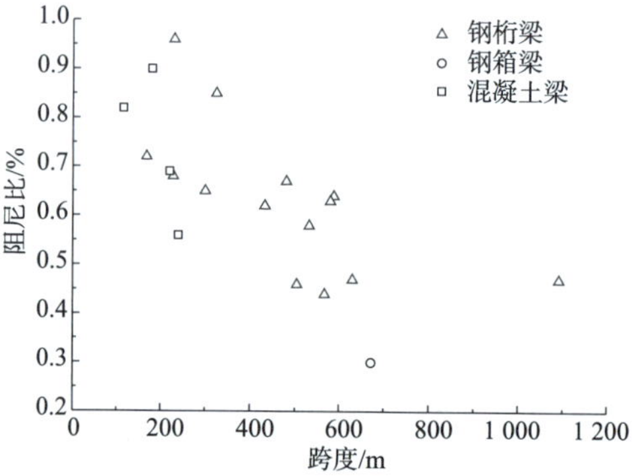

图 4-12 斜拉桥不同主梁结构形式实测阻尼比对比分布

表 4-7 典型斜拉桥实测阻尼比

序号	桥　　名	主跨跨度/m	主梁材料	轨道结构	阻尼比/%
1	平潭海峡元洪航道桥	532	钢桁梁	有砟轨道	0.58
2	裕溪河特大桥	324	钢箱桁梁	无砟轨道	0.85
3	芜湖长江公铁大桥	588	钢桁梁	有砟轨道	0.64
4	沪苏通长江高速铁路大桥	1 092	钢桁梁	有砟轨道	0.47
5	韩家沱长江双线特大桥	432	钢桁梁	有砟轨道	0.62

续上表

序号	桥　　名	主跨跨度/m	主梁材料	轨道结构	阻尼比/%
6	黄冈公铁两用长江大桥	567	钢桁梁	有砟轨道	0.44
7	思贤窖特大桥	230	钢桁梁	有砟轨道	0.96
8	铜陵长江大桥	630	钢箱桁梁	有砟轨道	0.47
9	安庆长江大桥	580	钢桁梁	有砟轨道	0.63
10	郁江双线特大桥	228	钢桁梁	有砟轨道	0.68
11	武汉天兴洲公铁两用长江大桥	504	钢桁梁	有砟轨道	0.46
12	赣州赣江特大桥	300	混凝土梁及箱型钢混结合梁	无砟轨道	0.65
13	郑州黄河公铁两用桥	168	钢桁梁	有砟轨道	0.72
14	椒江特大桥	480	钢桁梁	有砟轨道	0.67
15	鳊鱼洲长江大桥	672	钢箱梁	有砟轨道	0.30
16	阿蓬江特大桥	240	混凝土梁	有砟轨道	0.56
17	沅江大桥	180	混凝土梁	有砟轨道	0.90
18	颍上特大桥	220	混凝土梁	无砟轨道	0.69
19	跨承唐高速公路大桥	115	混凝土梁	无砟轨道	0.82

我国公路悬索桥设计规范针对钢桁加劲梁悬索桥的结构阻尼比分别给出下限值 0.3%和上限值 0.5%，是在结合现场实测结果和日本规范基础上给出的，其中下限值对应高阶振动模态，上限值对应 1 阶或低阶振动模态。目前我国铁路已经运营的五峰山长江大桥(82+82+1092+82+82)m 钢桁梁悬索桥实测 1 阶对称竖弯振型的阻尼比平均值为 0.58%，2 阶反对称竖弯振型的阻尼比平均值为 0.80%，3 阶反对称竖弯振型的阻尼比为 0.29%，1 阶对称扭转振型的阻尼比平均值为 0.27%，从实测结果来看，0.3%～0.5%的阻尼比是在考虑高阶模态阻尼较低基础上对结构阻尼的合适的估计，因为铁路悬索桥上部的有砟道床以及结构自身较大的刚度标准，从定性上分析铁路悬索桥应具有较快的耗散能量的能力，但从偏保守的角度考虑，为了在风洞试验中比较全面地考虑低阻尼比条件下的风致响应，对于铁路悬索桥仍建议考虑较低的阻尼比，这对于评价悬索桥高阶模态涡振及其他结构动力响应是必要的。

综上所述，各形式桥梁的模态阻尼比可按表 4-8 取值。

表 4-8　桥梁模态阻尼比

结构形式	主梁形式	阻尼比/%
梁桥	混凝土梁	1.5
	结合梁	1
	钢梁	0.5
拱桥	混凝土主梁和混凝土拱圈	1.0
	钢主梁或钢拱圈	0.8

续上表

结构形式	主梁形式	阻尼比/%
斜拉桥	混凝土梁	1.0
	结合梁	0.7
	钢桁梁	0.5
	钢箱梁	0.3
悬索桥	钢梁	0.3

4.3.2 桥塔模态阻尼比

针对桥塔阻尼比的测试很少，针对铁路桥塔的阻尼比测试更少。日本通过测试多座斜拉桥钢桥塔的振型阻尼比发现，阻尼比在大多数情况下均小于 0.3%，如明石海峡大桥钢塔的顺桥向一阶阻尼比为 0.11%，日本大鸣门桥（铁路悬索桥）钢塔顺桥向一阶阻尼比为 0.32%；针对泰州长江大桥钢桥塔也进行了实测，钢塔横桥向一阶和顺桥向一阶的阻尼比分别为 0.23%、0.36%。国内同济大学针对南京长江三桥的钢混组合桥塔采用环境微振动法进行了阻尼比实测，综合实测结果对钢混组合桥塔阻尼比取 1.0%。针对混凝土桥塔，仍考虑 2.0%的阻尼比。后续建议多开展大跨度铁路斜拉桥或悬索桥桥塔阻尼比的实测工作，进一步积累相关数据。

通过测试与总结，桥塔模态阻尼比可按表 4-9 取值。

表 4-9　桥塔模态阻尼比

桥塔形式	阻尼比/%
钢桥塔	0.3
钢混组合桥塔	1.0
混凝土桥塔	2.0

4.3.3 拉索、吊索结构阻尼比

《欧洲抗风设计规范》(EN 1991-1-4:2005+A1:2010)给出了斜拉索结构阻尼对数衰减率的近似参考值，其中，平行钢丝和钢绞线斜拉索的阻尼对数衰减率可分别取 0.6%、2%，对应的结构阻尼比分别为 0.10%、0.32%。日本通过测试 50 组斜拉索低阶面内模态阻尼比发现，斜拉索的阻尼比普遍较低，低于 0.08%，其中一阶模态阻尼比普遍较高，之后随自振频率的增大而明显减小。安装斜拉索阻尼器会明显提高斜拉索的整体阻尼，以生口桥为例，斜拉索实测阻尼比由 0.05%增加至 0.3%；以多多罗桥的 C38 索为例，在斜拉索套筒内填充高阻尼橡胶材料后，实测阻尼比是原来的 2 倍，其中第 5 阶模态振型阻尼比由 0.07%增加至 0.13%，第 10 阶模态振型阻尼比由 0.05%增加至 0.11%。综上所述，针对无附加

阻尼装置的斜拉索与吊索的结构阻尼比可取为 0.1%。

无附加阻尼装置的平行钢丝斜拉索和吊索的结构阻尼比可取 0.1%，钢绞线的斜拉索和吊索的结构阻尼比可取 0.3%。

参考文献

[1] 周传荣，赵淳生．机械振动参数识别及其应用[M]．北京：科学出版社，1989.

[2] 任伟新．环境振动系统识别方法的比较分析[J]．福州大学学报，2001，29(6)：80-86.

[3] NORDEN E，HUANG Z S，STEVEN R L，et al. The empirical mode decomposition and the hilbert spectrum for nonlinear and non-stationary time series analysis[J]. The Royal Society 1998，454(1971)：903-995.

[4] YANG J N，LEI Y. Identification of tall building using noisy wind vibration data[C]// Proc. of the Identification Conference on Advances in Structural Dynamics. Hong Kong，2000，2：1093-1100.

[5] 黄方林，何旭辉，陈政清，等．识别结构模态阻尼比的一种新方法[J]．土木工程学报，2002，35(6)：20-24.

[6] HE X H，HUA X G，CHEN Z Q，et al. EMD-based random decrement technique for modal parameter identification of an existing railway bridge[J]. Engineering Structures，2011，33(4)：1348-1356.

[7] 郭辉，胡所亭，董振升，等，大跨度铁路悬索桥模态参数研究[J]．铁道标准设计，2021，65(11)：42-53.

第5章 高速铁路桥梁涡振振幅限值

桥梁涡激振动是一种在低风速下容易发生的限幅振动，涉及流体的非线性及结构-流体复杂的耦合效应，目前尚无法在设计阶段从理论上和技术上完全解决。一般认为涡激振动不会影响桥梁主体结构安全，抗风设计的关键是如何科学合理地确定涡振振幅限值，确保桥梁涡振状态下行车安全性和舒适性。然而，现行抗风设计规范中只有公路桥梁抗风设计规范依据舒适性给出了涡振振幅限值，没有考虑行车安全性，且只适用于200 m及以下跨度的桥梁。由于高速列车对桥上轨道线形更为敏感，我国现行铁路技术管理规程中的低风速下列车容许速度较高，涡激振动对高速铁路桥上列车走行性的影响更为突出，如何根据列车走行性确定涡振振幅限值是高速铁路桥梁抗风设计的关键技术难题之一。

5.1 桥梁涡激振动

5.1.1 涡激振动简介

涡激振动是大跨度桥梁最为常见的一种风致振动现象，当漩涡脱落频率与结构自振频率接近时会发生，且通常在风速较低时发生。例如，日本 Trans-Tokyo Bay Crossing Bridge 发生明显竖向涡振时的风速仅仅为16～17 m/s，巴西 Rio-Niterói Bridge 在16.7 m/s风速作用下发生了一阶竖弯模态涡激振动。涡激振动由于振动的结构反过来会对涡脱形成某种反馈作用，使得涡振振幅受到限制，是一种带有自激性质的风致限幅振动。现有研究表明，涡激振动是由于气流流经结构断面时产生规则的漩涡脱落(图5-1)，进而对结构物产生一个周期性变化的作用力，即涡激力，其频率 f_u 为

$$f_u = S_r \frac{v}{d} \tag{5-1}$$

式中 d——截面投影到与气流垂直的平面上的特性尺度，对于一般钝体截面，可取迎风面的高度，m；

v——风速，m/s；

S_r——Strouhal(斯特劳哈尔数)数，无量纲。

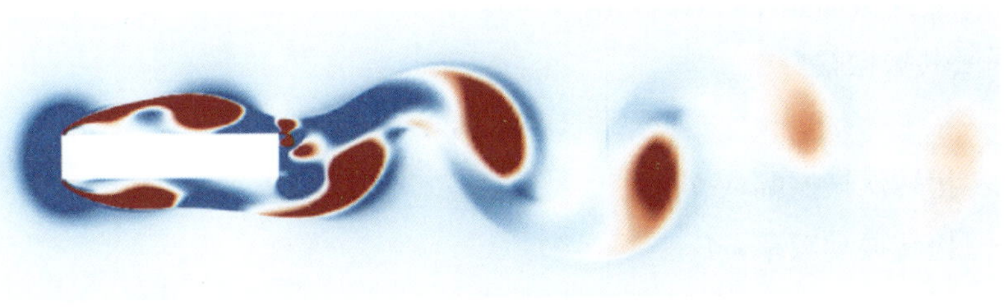

图 5-1　漩涡脱落

当被绕流的物体是一个振动体系时，周期性的涡激力将引起结构的涡激振动，并且在漩涡脱落频率与结构的自振频率一致时将发生涡激共振。从式(5-1)来看，涡频 f_u 与风速 v 呈线性关系，f_u 等于结构某一自振频率 f_s 的条件只在某一风速下才能被满足，但是频率为 f_s 的振动体系将对漩涡脱落产生反馈的作用，使得漩涡脱落频率 f_u 在相当长的风速范围内被结构振动频率 f_s 所"俘获"，产生一种锁定现象，如图 5-2 所示，这种现象使得涡激共振的风速范围扩大，图 5-2 中，v_1 为涡振起始风速，v_2 为涡振终止风速。

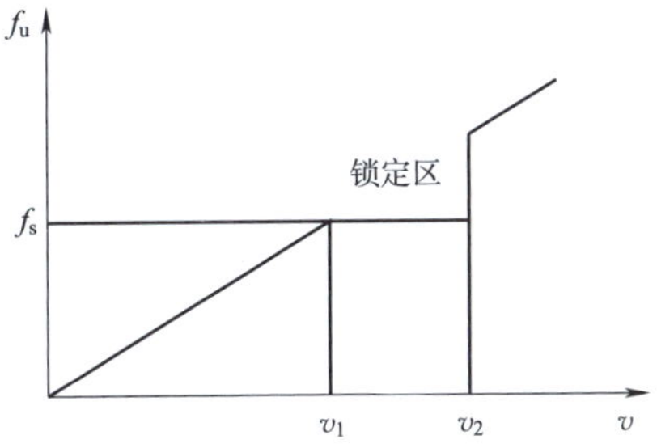

图 5-2　涡激振动锁定现象

从涡激共振的表现形式来看，它是一种带有自激性质的强迫振动。涡激共振主要有五个方面的特征：

(1)是一种较低风速下发生的有限振幅振动；

(2)只在某一风速区间内发生；

(3)最大振幅对阻尼有很大的依赖性；

(4)涡激响应对断面形状的微小变化很敏感；

(5)涡激振动可以激起弯曲振动，也可以激起扭转振动。

5.1.2　公路桥梁涡激振幅限值

虽然涡振不像颤振、驰振是毁灭性的发散振动，但由于它在低风速下常容易发生，且振幅之大足以影响行车安全，或会引起构件的疲劳断裂，因此避免涡振或限制其振幅在可接受的范围内具有十分重要的意义。于是，在工程应用中，除了以上有关涡激共振的性质外，人们更关心的是涡振振幅的计算问题。JTG/T 3360-01—2018《公路桥梁抗风设计规范》给出了竖向弯曲和扭转涡激共振振幅允许值计算公式分别如式(5-2)和式(5-3)所示。

竖向涡激共振振幅：

$$h_v < 0.04/f_v \tag{5-2}$$

式中　h_v——竖向涡振振幅，m；

f_v——竖向振动频率，Hz。

扭转涡激共振振幅：

$$\theta_t < 4.56/Bf_t \tag{5-3}$$

式中 θ_t——扭转涡振振幅，(°)；

f_t——扭转振动频率，Hz；

B——扭转振动频率，m。

公式(5-2)和公式(5-3)仅适用于跨径小于 200 m 的桥梁涡振振幅限值，但根据规范条文解释，假设桥梁发生涡激振动时，桥面振动位移随时间正弦变化，则桥面振动加速度 $a=\omega^2 A=4\pi^2 f^2 A\approx 40f^2 A$。为保证桥面两侧行人的舒适性，桥面加速度允许值取 1.0 m/s²。则桥梁的竖向涡振振幅为

$$A=\frac{1}{40f^2}a=\frac{1}{40f^2} \tag{5-4}$$

式中 A——竖向涡振振幅，m；

f——振动频率，Hz；

a——振动加速度，m/s²。

桥梁的扭转涡振振幅可以通过振幅 A 与桥宽 B 的关系来推导，

$$A=\frac{B}{2}\theta \tag{5-5}$$

式中 A——竖向涡振振幅，m；

B——桥宽，m；

θ——扭转涡振振幅，(°)。

扭转涡振振幅：

$$\theta=\frac{2A}{B}=\frac{1}{20f^2 B}a=\frac{360}{2\pi}\frac{1}{20f^2 B}a=\frac{2.86}{f^2 B} \tag{5-6}$$

由于 200 m 以下的桥梁竖弯基频公式近似为 $f=100/L$，将其代入公式(5-4)和公式(5-6)，保留一个频率 f，并取 $L=160$ m，可得到公路规范条文列出的桥面竖弯涡振振幅公式 $A=0.04/f$ 和扭转涡振振幅公式 $\theta=4.56/Bf$。

若取消上述假定，将上述公路规范条文解释中的公式(5-4)和公式(5-6)直接用于计算涡振振幅限值，则得到基于桥面加速度限值 1.0 m/s² 的涡振振幅限值公式如下：

竖弯涡振振幅限值：

$$[h_v]=\frac{1}{40f^2}=\frac{0.025}{f_v^2} \tag{5-7}$$

式中 h_v——竖弯涡激振动振幅限值，m；

f_v——竖向振动频率，Hz。

扭转涡振振幅限值：

$$[\theta_t]=\frac{2.86}{f_t^2 B} \tag{5-8}$$

式中　θ_t——扭转涡激振动振幅限值,°；

f_t——扭转振动频率,Hz；

B——桥面宽度,m。

以五峰山公铁两用大桥为例,一阶竖弯频率 f 为 0.15 Hz,参考公路桥梁抗风设计规范公式(5-7)计算其允许振幅可达 1.11 m($0.025/f^2=1.11$ m)。1.11 m 幅值的振动可能不会影响大跨桥梁的结构安全和桥上汽车行车安全,但势必影响高速列车的行车稳定性,不适用于作为大跨高速铁路桥梁的规定。因此,高速铁路桥梁需要根据列车走行性确定涡振振幅限值。

5.2　高速铁路桥梁涡振振幅限值理论公式

5.2.1　基本假定

列车加速度是反映列车走行性的关键指标,受桥面静态及动态变形特征、轨道几何不平顺、列车速度、桥梁风致振动等诸多因素影响。现行规范规定的列车竖向加速度限值为 1.3 m/s²,但它是考虑各种因素的综合影响结果。大量高速列车动力学试验结果表明,一般线路或路基上列车的振动加速度不超过 0.9 m/s²,为此偏于保守的假定仅由涡振引起的轨道即桥面动态不平顺所产生的列车竖向加速度容许值为 0.4 m/s²,以此推导高速铁路桥梁的涡振振幅限值计算理论公式。除此之外,有如下基本假定：

(1)将列车视为刚体；

(2)轨面与桥面密贴；

(3)列车沿主梁匀速行驶；

(4)轮对踏面与钢轨轨面密贴。

5.2.2　竖弯涡振振幅限值公式

当大跨度桥梁发生涡激振动时,主梁会以某阶自振频率按照对应的振型模态产生持续振动。对至少具有一个边跨和主跨的大跨度桥梁而言,假定主跨的一阶正对称竖弯振型为余弦曲线,主跨发生一阶正对称竖弯涡振如图 5-3 所示。

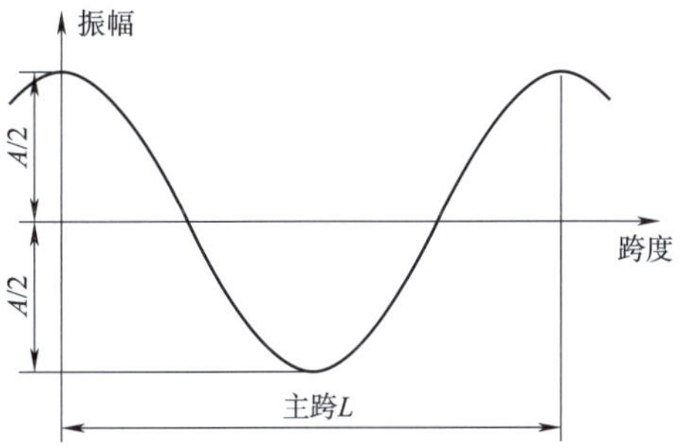

图 5-3　主跨一阶正对称涡振示意

桥梁发生一阶正对称竖弯涡振的动态线形为

$$Y(x,t)=\frac{A}{2}\left(1-\cos\frac{2\pi}{L}x\right)\sin(\omega t+\varphi) \tag{5-9}$$

式中 A——竖向涡振振幅，m；

x——振动位移，m

L——桥梁主跨长度，m；

ω——旋涡脱落圆频率，Hz；

φ——初相位，(°)；

t——时间，s。

如图 5-3 所示，桥梁主跨跨中 $x=L/2$ 处的桥面振幅最大，桥面振动位移 $y(t)$ 为

$$y(t)=A\sin(\omega t+\varphi) \tag{5-10}$$

将上式对 t 求二阶导，可得桥面振动加速度：

$$y''(t)=-\omega^2 A\sin(\omega t+\varphi) \tag{5-11}$$

由此可得到桥面最大振动加速度为

$$a_{\text{bmax}}=\omega^2 A=4\pi^2 f^2 A\approx 40f^2 A \tag{5-12}$$

桥梁发生涡激振动后，桥面或轨面线形会产生动态变化，列车在发生涡激振动的大跨度桥梁上密贴于轨面高速运行时，一方面列车会随桥面一起产生运动加速度，另一方面列车会由于在变形的轨面上高速运行而产生法向加速度，进而影响列车的竖向加速度。

假设高速列车在大跨度铁路桥梁运行时，列车轮对踏面密贴于轨面高速运动，且钢轨与桥面密贴。高速列车密贴于光滑桥面或轨面移动，主梁发生一阶正对称竖弯振动的挠度线形为

$$y(x)=\frac{A}{2}\left(1-\cos\frac{2\pi}{L}x\right) \tag{5-13}$$

将上式对 x 求导可得：

$$y'(x)=\frac{A}{2}\frac{2\pi}{L}\sin\frac{2\pi}{L}x=\frac{\pi A}{L}\sin\frac{2\pi}{L}x \tag{5-14}$$

二阶求导可得：

$$y''(x)=\frac{\pi A}{L}\frac{2\pi}{L}\cos\frac{2\pi}{L}x=\frac{2\pi^2 A}{L^2}\cos\frac{2\pi}{L}x \tag{5-15}$$

同时，曲率半径 ρ 满足以下关系：

$$\frac{1}{\rho}\left|\frac{y''}{(1+y'^2)^{\frac{3}{2}}}\right| \tag{5-16}$$

由于 y' 极小，可假定 $y'^2\approx 0$，则有：

$$\frac{1}{\rho}\approx|y''|=\left|\frac{2\pi^2 A}{L^2}\cos\frac{2\pi}{L}x\right|\approx\left|\frac{20A}{L^2}\cos\frac{2\pi}{L}x\right| \tag{5-17}$$

故涡振因素所致的移动列车法向加速度为

$$a_{t}=v^{2}\frac{1}{\rho}=v^{2}\left|\frac{20A}{L^{2}}\cos\frac{2\pi}{L}x\right| \tag{5-18}$$

式中　v——列车运行速度，m/s。

故涡振因素所致移动列车的最大法向加速度为

$$a_{t\max}=\frac{20A}{L^{2}}v^{2} \tag{5-19}$$

考虑到桥梁发生涡激振动时，运行列车在某一时刻仅由于涡振因素产生的加速度 a 为桥面最大振动加速度 $a_{b\max}$ 和列车运行速度 v 所产生的最大法向加速度 $a_{t\max}$ 之和，根据经验，设定涡振因素所致列车加速度允许值 0.4 m/s²，以此确定桥面涡振振幅允许值理论公式，即：

$$a=a_{b\max}+a_{t\max}=40f^{2}A+\frac{20A}{L^{2}}v^{2}\leqslant 0.4 \tag{5-20}$$

则得到一阶正对称竖弯涡振的振幅限值理论公式为

$$A\leqslant\frac{0.4}{40f^{2}+\frac{20v^{2}}{L^{2}}}=\frac{0.01}{f^{2}+0.5\left(\frac{v}{L}\right)^{2}} \tag{5-21}$$

当桥梁发生的涡激振动为反对称振型时，根据前述假设，假定主跨的一阶反对称竖弯振型为正弦曲线，主梁发生涡激振动时其振动位移按正弦曲线变化。主跨发生一阶反对称竖弯涡振如图 5-4 所示。

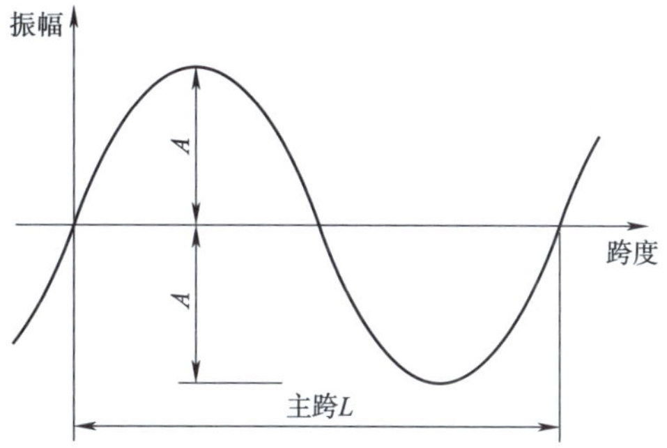

图 5-4　主跨一阶反对称涡振示意

此时桥梁发生一阶反对称竖弯涡振的动态线形为

$$Y(x,t)=A\sin\frac{2\pi}{L}x\sin(\omega t+\varphi) \tag{5-22}$$

如图 5-4 所示，桥梁主跨 $x=L/4$ 和 $x=3L/4$ 处的桥面振幅最大，桥面振动位移为

$$y(t)=A\sin(\omega t+\varphi) \tag{5-23}$$

对 t 二阶求导，可得桥面振动加速度：

$$y''(t)=-\omega^{2}A\sin(\omega t+\varphi) \tag{5-24}$$

在桥梁主跨 1/4 跨 $x=L/4$ 和 3/4 跨 $x=3L/4$ 处的桥面最大振动加速度为

$$a_{b\max}=\omega^{2}A=4\pi^{2}f^{2}A\approx 40f^{2}A \tag{5-25}$$

高速列车密贴于光滑桥面或轨面的运动轨迹和主梁发生一阶反对称竖弯振动的挠度线形完全一致：

$$y(x)=A\sin\frac{2\pi}{L}x \tag{5-26}$$

将公式(5-26)对 x 求二阶导可得：

$$y''(x)=\frac{4\pi^2A}{L^2}\sin\frac{2\pi}{L}x \tag{5-27}$$

由于 y' 极小，可假定 $y'^2\approx0$：

$$\frac{1}{\rho}\left|\frac{y''}{(1+y'^2)^{\frac{3}{2}}}\right|\approx|y''|=\left|\frac{4\pi^2A}{L^2}\sin\frac{2\pi}{L}x\right|\approx\left|\frac{40A}{L^2}\sin\frac{2\pi}{L}x\right| \tag{5-28}$$

故涡振因素所致的移动列车法向加速度为

$$a_t=v^2\frac{1}{\rho}=v^2\left|\frac{40A}{L^2}\sin\frac{2\pi}{L}x\right| \tag{5-29}$$

某一时刻，列车运行至主跨 $x=L/4$ 和 $x=3L/4$ 处的最大法向加速度为

$$a_{\mathrm{tmax}}=v^2\frac{40A}{L^2} \tag{5-30}$$

桥梁发生涡激振动时，运行列车在某一时刻仅由于涡振因素产生的加速度 a 为桥面最大振动加速度 a_{bmax} 和列车最大法向加速度 a_{tmax} 之和，基于前述经验允许值 0.4 m/s^2 确定桥面涡振振幅允许值理论公式，即：

$$a=a_{\mathrm{bmax}}+a_{t\mathrm{max}}=40f^2A+\frac{20A}{L^2}v^2\leqslant0.4 \tag{5-31}$$

则一阶反对称竖弯涡振的振幅限值理论公式为

$$A\leqslant\frac{0.4}{40f^2+\frac{40v^2}{L^2}}=\frac{0.01}{f^2+\left(\frac{v}{L}\right)^2} \tag{5-32}$$

5.2.3 扭转涡振振幅限值公式

当桥梁发生涡激振动的模态为一阶正对称扭转时，如图 5-3 所示，据此可推导得到扭转涡振作用下的桥面竖向加速度。

桥梁发生一阶正对称扭转涡振的动态竖向线形：

$$Y(x,t)=\frac{A}{2}\left(1-\cos\frac{2\pi}{L}x\right)\sin(\omega t+\varphi) \tag{5-33}$$

如图 5-5 所示，桥梁主跨跨中 $x=L/2$ 处的桥面振幅最大，桥面振动位移为

$$y(t)=A\sin(\omega t+\varphi) \tag{5-34}$$

对 t 二阶求导，可得桥面振动加速度为

$$y''(t)=-\omega^2A\sin(\omega t+\varphi) \tag{5-35}$$

桥面扭转角度 θ 可通过桥面振动位移与桥宽 B 的关系来推导：

$$A=\frac{B}{2}\theta \tag{5-36}$$

桥梁主跨 $x=L/2$ 处的桥面最大振动加速度为

$$a_{bmax}=\omega^2A=\frac{B}{2}\omega^2\theta\approx 20Bf^2\theta \tag{5-37}$$

大桥的桥宽 $B=14.6$ m，轨道线间距 $L_w=4.6$ m，钢轨中心距 $L_b=1.5$ m。主梁发生扭转涡振会导致车体倾斜，引起车体横、竖向振动，由此列车会产生法向加速度，如图 5-5 所示。

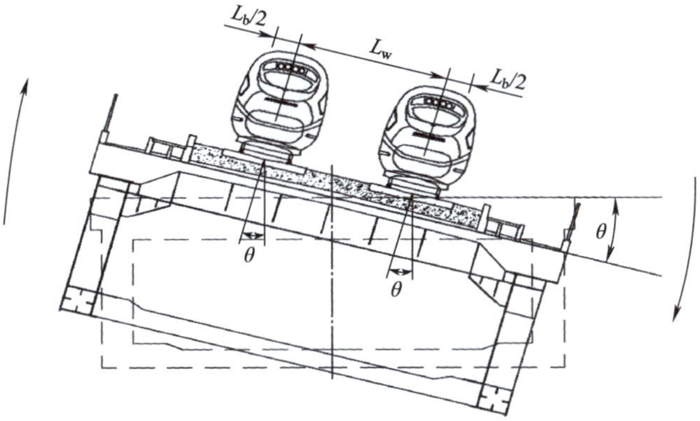

图 5-5　一阶正对称扭转涡振对车体的影响

采用列车外侧轮对的运行轨迹作为车体的运动轨迹，如图 5-6 所示，设外侧轮对处或外侧钢轨的中心距 $B_w=L_w+L_b$，距桥面中心为 $B_w/2$，故高速列车密贴于光滑桥面或轨面的运动轨迹为

$$y(x)=\frac{B_w}{2}\theta(x)=\frac{B_w\theta}{4}\left(1-\cos\frac{2\pi}{L}x\right) \tag{5-38}$$

式中　B_w——外侧轮对处或外侧钢轨的中心距，m；

将公式(5-38)对 x 求导可得：

$$y'(x)=\frac{B_w}{2}\frac{d\theta}{dx}=\frac{\pi\theta B_w}{2L}\sin\frac{2\pi}{L}x \tag{5-39}$$

二阶求导可得：

$$y''(x)=\frac{\pi^2\theta B_w}{L^2}\cos\frac{2\pi}{L}x \tag{5-40}$$

由于 y' 极小，可假定 $y'^2\approx 0$：

$$\frac{1}{\rho}=\left|\frac{y''}{(1+y'^2)^{\frac{3}{2}}}\right|\approx|y''|=\left|\frac{\pi^2\theta B_w}{L^2}\cos\frac{2\pi}{L}\right|x \tag{5-41}$$

故涡振因素所致的移动列车的法向加速度为

$$a_t=v^2\frac{1}{\rho}\approx v^2\left|\frac{10\theta B_w}{L^2}\cos\frac{2\pi}{L}x\right| \tag{5-42}$$

列车运行至主跨 $x=L/2$ 处的最大法向加速度为

$$a_{tmax}=v^2\frac{10\theta B_w}{L^2} \tag{5-43}$$

由公式(5-33)，桥面外侧钢轨处的最大振动加速度为

$$a_{\mathrm{wmax}}=B_{\mathrm{w}}20f^{2}\theta \tag{5-44}$$

考虑到桥梁发生扭转时，运行列车在某一时刻仅由于涡振因素产生的加速度 a 为桥面外侧钢轨踏面的最大竖向振动加速度 a_{wmax} 和列车运行速度 v 所产生的最大法向加速度 $a_{t\mathrm{max}}$ 之和，基于前述经验允许值 0.4 m/s^2 确定桥面涡振振幅允许值理论公式，即：

$$a=a_{\mathrm{wmax}}+a_{t\mathrm{max}}=B_{\mathrm{w}}20f^{2}\theta+\frac{10\theta B_{\mathrm{w}}}{L^{2}}v^{2}\leqslant 0.4 \tag{5-45}$$

则一阶正对称扭转涡振的振幅限值理论公式为

$$\theta\leqslant\frac{0.4}{20f^{2}+\dfrac{10v^{2}}{L^{2}}}\frac{1}{B_{\mathrm{w}}}=\frac{0.02}{f^{2}+0.5\left(\dfrac{v}{L}\right)^{2}}\frac{1}{B_{\mathrm{w}}} \tag{5-46}$$

将公式(5-46)换算为角度，可得：

$$\theta\leqslant\frac{1}{f^{2}+0.5\left(\dfrac{v}{L}\right)^{2}}\frac{1.15}{B_{\mathrm{w}}} \tag{5-47}$$

5.2.4 涡振振幅限值公式统一表达式

根据前述各阶竖弯及扭转涡振振幅限值理论公式，可以将其整合到一起形成更具一般性的统一表达式如下所示。

竖弯涡激振动振幅限值理论公式为

$$[h_{\mathrm{v}}]=\frac{0.01}{f_{\mathrm{v}}^{2}+\gamma_{n}\left(\dfrac{v}{L}\right)^{2}} \tag{5-48}$$

式中 h_{v}——竖弯涡激振动振幅限值，m；

f_{v}——竖向振动频率，Hz；

γ_n——涡振振型系数，一阶对称振型取 0.5；一阶反对称振型取为 1.0；

v——列车运行速度，m/s；

L——主跨长度，m。

扭转涡激振动振幅限值理论公式为

$$[\theta_{\mathrm{t}}]=\frac{1}{f_{\mathrm{t}}^{2}+\gamma_{n}\left(\dfrac{v}{L}\right)^{2}}\frac{1.15}{B_{\mathrm{w}}} \tag{5-49}$$

式中 θ_{t}——扭转涡激振动振幅限值，(°)；

f_{t}——扭转振动频率，Hz；

γ_n——涡振振型系数，一阶对称振型取 0.5；一阶反对称振型取为 1.0；

B_{w}——最外侧轨道线间距，m。

5.3　基于列车走行性的高速铁路桥梁涡振振幅限值计算

5.3.1　涡振风速估算

5.3.1.1　工程背景

以某高速铁路大跨桥梁为研究背景，大桥为双塔钢桁混凝土组合梁斜拉桥，全桥长 688 m，跨径布置为(56 +128+320+128+56) m，采用上承式钢桁腹 PC 组合梁的半漂浮体系设计方案，立面布置如图 5-6 所示。大桥设计时速为 250 km/h，采用有砟轨道，线间距为 4.6 m，设计荷载为 ZK 活载，二期恒载 160 kN/m。

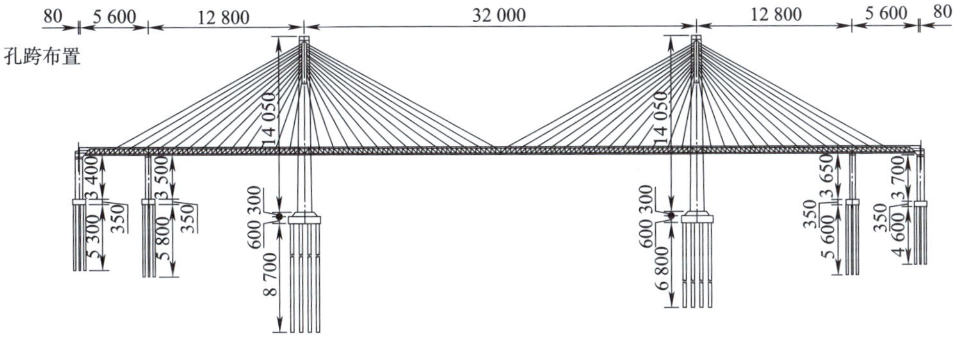

图 5-6　大桥立面图(单位：cm)

主梁采用钢桁腹杆组合梁，高 5.9 m，宽 14.6 m，N 型桁架，桁架中心间距为 13 m，节间长度为 4 m，三个节间组成一个梁段，标准梁段长度为 12 m，桁架的上下弦杆均采用箱型钢截面，横截面如图 5-7 所示。

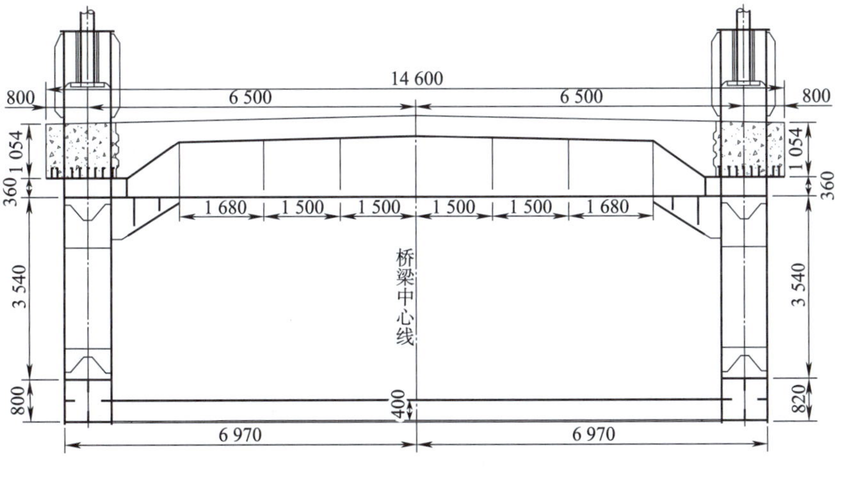

图 5-7　主跨钢桁组合梁横截面示意(单位：mm)

5.3.1.2 动力特性计算

采用自编的 TBI 系列有限元软件建立大桥的空间有限元模型，其中，桥塔、桥墩和主梁的上下弦杆、腹杆、上横梁和下平联采用空间梁单元进行离散建模；桩基础采用空间梁单元模拟，并用 m 法计算桩基础的桩土共同作用；斜拉索采用空间杆单元模拟，输入成桥索力；桥面板采用平面板单元模拟。全桥有限元模型如图 5-8 所示。

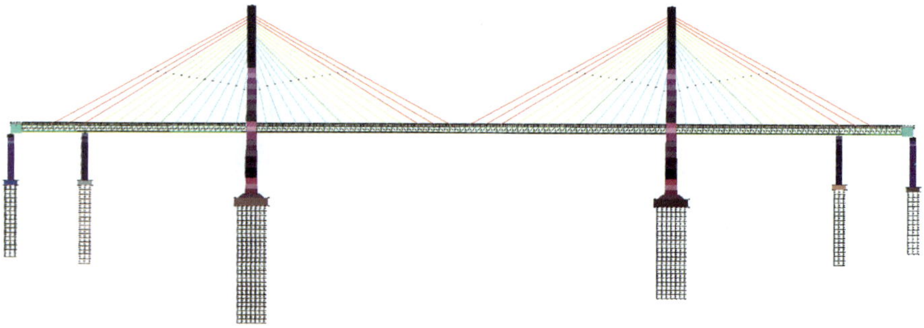

图 5-8 大桥全桥有限元模型

桥梁的自振特性能反映结构的动力特性，与结构体系、质量分布、刚度分布以及约束条件等密切相关，是桥梁动力分析的基础。根据建立的有限元模型计算大桥自振频率，并得到对应振型，前 10 阶模态频率计算结果分别见表 5-1。可以看出，桥梁的第一阶振型为主梁正对称横弯，振型频率为 0.293 Hz；第五阶振型为主梁正对称竖弯，振型频率为 0.547 Hz。

表 5-1 大桥前十阶振型汇总

振型阶数	频率/Hz	振型特点
1	0.293	主梁正对称横弯
2	0.419	塔梁纵飘
3	0.520	塔梁横弯
4	0.538	塔梁横弯
5	0.547	主梁正对称竖弯
6	0.775	主梁反对称横弯
7	0.800	主梁反对称竖弯
8	0.847	主梁正对称横弯
9	0.917	主梁反对称横弯
10	0.967	桥墩纵飘

5.3.1.3 涡振风速估算

在计算分析涡振状态下的车桥动力响应时，需要根据涡振时的风速输入车-桥系统风荷载，为此需要估算涡振风速。桥梁涡振的起振风速与主梁断面的特征尺寸和斯托罗哈数有关，公路桥梁抗风设计规范给出了涡振起振风速估算公式，其中竖弯涡振的起振风速 U_{vh} 可按式(5-50)估算：

$$U_{vh}=2.0f_bB \tag{5-50}$$

式中　f_b——竖弯涡振模态对应的频率，Hz；

B——桥面全宽，m。

扭转涡振的起振风速 U_{vt} 可按式(5-51)估算：

$$U_{vt}=1.33f_tB \tag{5-51}$$

式中　f_t——扭转涡振模态对应的频率，Hz；

B——桥面全宽，m。

结合大桥动力特性分析结果，依据公式(5-50)和公式(5-51)估算一阶、二阶竖弯和一阶、二阶扭转振型对应的起振风速，大桥可能发生竖弯涡激振动的振型模态为第五阶和第七阶，对应频率为 0.547 Hz 和 0.800 Hz，涡振风速分别为 16 m/s 和 23 m/s；可能发生扭转涡激振动的振型模态为第十九阶和第二十五阶，对应频率为 1.328 Hz 和 1.613 Hz，涡振风速分别为 26 m/s 和 31 m/s。

5.3.2 走行性指标及计算参数

基于涡振状态下风-车-桥耦合振动仿真分析，结合 TB 10002—2017《铁路桥涵设计规范》第 5.1.2 条规定来评价列车的舒适性、安全性，可得到满足列车走行性要求的铁路桥梁涡振振幅限值。采用的列车走行性主要评判标准如下：

脱轨系数：$Q/P\leqslant 0.80$；

轮重减载率：$\Delta P/\bar{P}\leqslant 0.60$；

横向力：$H\leqslant 10+P_0/3$；

列车竖向振动加速度限值：$\alpha_v\leqslant 0.13g=1.3\ \mathrm{m/s^2}$(竖向)；

列车横向振动加速度限值：$\alpha_l\leqslant 0.10g=1.0\ \mathrm{m/s^2}$(横向)。

桥梁涡振状态下，桥上轨道不平顺由轨道静态随机不平顺和桥面动态不平顺组成。其中，轨道静态随机不平顺可根据德国低干扰谱采用三角级数叠加法模拟得到时域样本；目前普遍认为涡激振动为简谐或接近简谐的限幅振动，由涡振产生的桥面动态不平顺，可根据可能出现的涡振振型模态，将正则归一后的主梁振型向量乘以涡振振幅并考虑初始相位的影响，以此模拟主梁稳定涡激振动状态下的动态线形。根据 5.3.1 小节的动力特性分析和涡振风速估算结果可知，在允许行车的风速范围内，大桥可能发生的涡振振型为一阶正对称竖弯、二阶反对称竖弯和一阶正对称扭转，按照第 r 阶频率涡激振动的动态线形可根据式(5-52)计算：

$$Y_r(t)=[Y_{r1}\quad Y_{r2}\quad \cdots\quad Y_{rn}]\sin(2\pi f_r t+\varphi)A \tag{5-52}$$

式中 $[Y_{r1}\quad Y_{r2}\cdots Y_{rn}]$——主梁第 r 阶频率的振型向量；

f_r——主梁发生涡振的第 r 阶频率，Hz；

φ——列车运行至主跨桥头时，主梁振型向量的初始相位角；

A——主梁发生涡振的振幅。

涡振状态下的风-车-桥耦合振动仿真计算时，将主梁涡激振动响应作为附加动态不平顺与德国低干扰谱进行叠加，据此考虑主梁涡激振动对桥上列车运行的影响。由于列车在迎风侧轨道受到的风荷载通常较大，因此以单线迎风侧 CRH2 型列车在大桥上运行时的风-车-桥系统耦合振动进行仿真计算，具体由自编程序实现。计算工况及参数取值见表 5-2，各工况取涡振状态下的风-车-桥耦合振动仿真计算最不利结果，根据列车走行性评判标准，得出满足列车走行性要求的涡振振幅限值。

表 5-2　涡振状态下风-车-桥耦合振动仿真计算工况

振型	振型阶数	自振频率/Hz	计算风速/($m \cdot s^{-1}$)	计算车速/($km \cdot h^{-1}$)	涡振振幅/cm
一阶正对称竖弯	5	0.547	16	250、180、140	1.50、2.00、2.50、3.00、3.50
二阶反对称竖弯	7	0.800	23	180、140	
一阶正对称扭转	19	1.328	26	140	1.25、1.50、1.75、2.00

5.3.3　竖弯涡振振幅限值

表 5-3～表 5-5 所示为一阶竖弯涡振状态下最不利车桥动力响应仿真计算结果，据此可以得到列车以 250 km/h、180 km/h、140 km/h 通过桥梁时的涡振振幅限值分别为 2.50 cm、3.00 cm、3.00 cm。

表 5-3　桥梁动力响应仿真计算结果最大值

工况	车速/($km \cdot h^{-1}$)	振幅/cm	边跨跨中位移/mm		边跨跨中加速度/($m \cdot s^{-2}$)		主跨跨中位移/mm		主跨跨中加速度/($m \cdot s^{-2}$)	
			横向	竖向	横向	竖向	横向	竖向	横向	竖向
一阶正对称竖弯	250	1.50	3.02	13.12	0.30	0.38	16.27	48.40	0.22	0.41
		2.00	3.02	13.62	0.30	0.38	16.27	50.19	0.22	0.43
		2.50	3.03	14.32	0.30	0.38	16.26	51.99	0.22	0.44
		3.00	3.03	15.05	0.30	0.39	16.26	53.80	0.22	0.46
		3.50	3.04	15.80	0.30	0.40	16.26	55.62	0.22	0.48
	180	1.50	3.00	15.74	0.44	0.35	16.19	51.72	0.19	0.44
		2.00	3.01	16.78	0.44	0.36	16.20	53.84	0.19	0.46
		2.50	3.02	17.83	0.44	0.37	16.20	55.99	0.19	0.49
		3.00	3.02	18.88	0.44	0.38	16.21	58.14	0.19	0.52
		3.50	3.03	19.94	0.44	0.40	16.21	60.29	0.18	0.56
	140	1.50	3.08	15.43	0.26	0.31	15.19	52.15	0.22	0.32
		2.00	3.08	16.70	0.26	0.32	15.20	54.69	0.22	0.36
		2.50	3.09	17.97	0.26	0.33	15.21	57.45	0.22	0.40
		3.00	3.09	19.24	0.26	0.34	15.21	60.46	0.22	0.43
		3.50	3.09	20.52	0.26	0.35	15.22	63.91	0.22	0.47

表 5-4 动车走行性仿真计算结果最大值

工况	车速/(km·h^{-1})	振幅/cm	脱轨系数 Q/P	轮重减载率 $\Delta P/P$	横向力/kN	竖向加速度/(m·s^{-2})	横向加速度/(m·s^{-2})	Sperling 舒适性指标	
								竖向	横向
一阶正对称竖弯	250	1.50	0.20	0.53	14.17	0.81	0.72	2.30	2.62
		2.00	0.20	0.53	14.17	0.93	0.72	2.34	2.62
		2.50	0.21	0.54	14.17	1.08	0.72	2.42	2.62
		3.00	0.21	0.54	14.16	1.23	0.72	2.52	2.62
		3.50	0.21	0.54	14.16	1.40	0.72	2.63	2.62
	180	1.50	0.17	0.40	11.86	0.77	0.55	2.20	2.32
		2.00	0.17	0.41	11.86	0.93	0.55	2.33	2.32
		2.50	0.17	0.41	11.86	1.09	0.55	2.48	2.32
		3.00	0.17	0.41	11.85	1.25	0.55	2.57	2.32
		3.50	0.17	0.41	11.85	1.42	0.55	2.66	2.32
	140	1.50	0.16	0.37	11.00	0.74	0.43	2.06	2.09
		2.00	0.16	0.36	11.00	0.91	0.43	2.18	2.09
		2.50	0.16	0.36	11.00	1.09	0.43	2.39	2.09
		3.00	0.16	0.36	11.00	1.27	0.43	2.56	2.09
		3.50	0.16	0.37	10.99	1.44	0.43	2.64	2.09

表 5-5 拖车走行性仿真计算结果最大值

工况	车速/(km·h^{-1})	振幅/cm	脱轨系数 Q/P	轮重减载率 $\Delta P/P$	横向力/kN	竖向加速度/(m·s^{-2})	横向加速度/(m·s^{-2})	Sperling 舒适性指标	
								竖向	横向
一阶正对称竖弯	250	1.50	0.21	0.50	13.62	0.92	0.82	2.36	2.70
		2.00	0.21	0.51	13.62	1.04	0.83	2.41	2.70
		2.50	0.21	0.52	13.62	1.21	0.83	2.48	2.70
		3.00	0.21	0.52	13.62	1.39	0.83	2.54	2.70
		3.50	0.21	0.53	13.63	1.56	0.83	2.62	2.70
	180	1.50	0.18	0.39	11.42	0.71	0.64	2.19	2.39
		2.00	0.18	0.39	11.42	0.81	0.64	2.23	2.39
		2.50	0.18	0.39	11.42	0.94	0.64	2.31	2.39
		3.00	0.18	0.39	11.42	1.09	0.64	2.37	2.39
		3.50	0.18	0.39	11.43	1.24	0.64	2.47	2.39
	140	1.50	0.17	0.36	10.60	0.66	0.48	2.09	2.13
		2.00	0.17	0.36	10.60	0.79	0.48	2.13	2.13
		2.50	0.17	0.37	10.60	0.92	0.48	2.21	2.13
		3.00	0.18	0.37	10.61	1.05	0.48	2.29	2.13
		3.50	0.18	0.37	10.61	1.18	0.48	2.40	2.13

表 5-6～表 5-8 所示为二阶竖弯涡振状态下最不利车桥动力响应仿真计算结果，据此可以得到列车以 250、180、140 km/h 通过桥梁时的涡振振幅限值分别为 0.00（不容许行车或不容许发生涡振）、1.50、1.50 cm。

表 5-6　桥梁动力响应仿真计算结果最大值

工况	车速/(km·h⁻¹)	振幅/cm	边跨跨中位移/mm		边跨跨中加速度/(m·s⁻²)		主跨跨中位移/mm		主跨跨中加速度/(m·s⁻²)	
			横向	竖向	横向	竖向	横向	竖向	横向	竖向
二阶反对称竖弯	180	1.50	1.60	15.72	0.32	0.40	29.90	47.71	0.19	0.37
		2.00	1.60	16.76	0.32	0.43	29.90	48.20	0.20	0.38
		2.50	1.61	17.79	0.32	0.45	29.91	48.70	0.20	0.39
		3.00	1.63	18.82	0.32	0.48	29.91	49.21	0.20	0.40
		3.50	1.66	19.85	0.32	0.51	29.92	49.72	0.20	0.40
	140	1.50	1.61	16.49	0.31	0.38	29.16	47.18	0.22	0.27
		2.00	1.66	17.94	0.31	0.41	29.16	47.68	0.22	0.28
		2.50	1.74	19.40	0.31	0.45	29.17	48.19	0.22	0.30
		3.00	1.82	20.85	0.31	0.49	29.17	48.70	0.22	0.32
		3.50	1.90	22.31	0.31	0.53	29.17	49.21	0.22	0.33

表 5-7　动车走行性仿真计算结果最大值

工况	车速/(km·h⁻¹)	振幅/cm	脱轨系数 Q/P	轮重减载率 $\Delta P/P$	横向力/kN	竖向加速度/(m·s⁻²)	横向加速度/(m·s⁻²)	Sperling 舒适性指标	
								竖向	横向
二阶反对称竖弯	180	1.50	0.24	0.54	18.33	0.99	0.64	2.38	2.35
		2.00	0.24	0.54	18.34	1.23	0.65	2.53	2.35
		2.50	0.24	0.55	18.37	1.48	0.65	2.70	2.35
		3.00	0.24	0.55	18.39	1.73	0.65	2.84	2.35
		3.50	0.24	0.56	18.42	1.99	0.65	2.97	2.35
	140	1.50	0.24	0.51	17.15	0.94	0.55	2.39	2.12
		2.00	0.24	0.52	17.15	1.21	0.55	2.57	2.12
		2.50	0.24	0.52	17.16	1.48	0.55	2.72	2.12
		3.00	0.24	0.53	17.17	1.76	0.55	2.91	2.12
		3.50	0.24	0.54	17.18	2.03	0.55	3.05	2.13

表 5-8　拖车走行性仿真计算结果最大值

工况	车速/(km·h⁻¹)	振幅/cm	脱轨系数 Q/P	轮重减载率 $\Delta P/P$	横向力/kN	竖向加速度/(m·s⁻²)	横向加速度/(m·s⁻²)	Sperling 舒适性指标	
								竖向	横向
二阶反对称竖弯	180	1.50	0.25	0.52	17.17	1.15	0.72	2.35	2.43
		2.00	0.25	0.53	17.14	1.37	0.72	2.52	2.43
		2.50	0.25	0.53	17.10	1.60	0.72	2.62	2.43
		3.00	0.25	0.53	17.06	1.83	0.72	2.75	2.43
		3.50	0.25	0.54	17.00	2.05	0.72	2.86	2.43
	140	1.50	0.24	0.46	16.96	1.14	0.61	2.33	2.16
		2.00	0.24	0.46	16.94	1.38	0.61	2.52	2.16
		2.50	0.24	0.46	16.92	1.63	0.61	2.73	2.16
		3.00	0.24	0.48	16.90	1.91	0.61	2.87	2.16
		3.50	0.24	0.49	16.87	2.20	0.61	3.00	2.17

5.3.4　扭转涡振振幅限值

表 5-9～表 5-11 所示为一阶扭转涡振状态下最不利车桥动力响应仿真计算结果，据此可以得到列车以 140 km/h(该阶涡振风速下列车容许的最高车速)通过桥梁时的涡振振幅限值 1.50 cm，根据大桥主梁高 5.9 m、宽 14.6 m，可以得到发生一阶扭转涡振的振幅限值换算成角度为 0.118°。

表 5-9　桥梁动力响应仿真计算结果最大值

工况	车速/(km·h⁻¹)	振幅/cm	边跨跨中位移/mm		边跨跨中加速度/(m·s⁻²)		主跨跨中位移/mm		主跨跨中加速度/(m·s⁻²)	
			横向	竖向	横向	竖向	横向	竖向	横向	竖向
一阶正对称扭转	140	1.25	2.42	13.08	0.34	0.42	37.04	47.24	0.28	0.35
		1.50	2.54	13.29	0.35	0.43	37.11	47.58	0.30	0.38
		1.75	2.66	13.50	0.35	0.45	37.19	47.92	0.31	0.41
		2.00	2.79	13.72	0.36	0.46	37.26	48.26	0.33	0.44

表 5-10　动车走行性仿真计算结果最大值

工况	车速/(km·h⁻¹)	振幅/cm	脱轨系数 Q/P	轮重减载率 $\Delta P/P$	横向力/kN	竖向加速度/(m·s⁻²)	横向加速度/(m·s⁻²)	Sperling 舒适性指标	
								竖向	横向
一阶正对称扭转	140	1.25	0.31	0.56	24.21	0.49	0.77	1.97	2.40
		1.50	0.35	0.56	25.58	0.51	0.82	1.98	2.51
		1.75	0.39	0.56	27.37	0.53	0.96	1.99	2.65
		2.00	0.43	0.56	29.59	0.56	1.11	2.03	2.75

表 5-11　拖车走行性仿真计算结果最大值

工况	车速/(km·h⁻¹)	振幅/cm	脱轨系数 Q/P	轮重减载率 $\Delta P/P$	横向力/kN	竖向加速度/(m·s⁻²)	横向加速度/(m·s⁻²)	Sperling 舒适性指标	
								竖向	横向
一阶正对称扭转	140	1.25	0.32	0.52	23.32	0.58	0.86	2.04	2.43
		1.50	0.33	0.52	24.58	0.62	0.90	2.04	2.55
		1.75	0.36	0.52	26.00	0.65	1.05	2.07	2.67
		2.00	0.39	0.52	28.44	0.69	1.22	2.08	2.82

根据上述分析结果，将大桥满足列车走行性要求的涡振振幅限值仿真计算结果汇总于表 5-12。

表 5-12　大桥满足列车走行性的涡振振幅限值仿真计算结果

车速/(km·h⁻¹)	一阶正对称竖弯振幅限值/cm	二阶反对称竖弯振幅限值/cm	一阶正对称扭转振幅限值/(°)
250	2.50	—	—
180	3.00	1.50	—
140	3.00	1.50	0.118

5.4　高速铁路桥梁涡振振幅限值公式验证

5.4.1　涡振振幅限值计算说明

为进一步对比理论公式得到的涡振振幅限值与现有规定的区别，检验理论公式的适用性，采用理论公式和现有方法计算大桥的涡振振幅限值进行比较。采用的桥梁涡振振幅限值计算方法说明如下：

(1)方法Ⅰ：基于桥梁涡振状态下的风-车-桥耦合振动仿真计算。

(2)方法Ⅱ：5.2 小节推导的涡振振幅限值理论公式。

竖弯涡振振幅限值：$[h_v]=0.01[f_v^2+\gamma_n (v/L)^2]^{-1}$；

扭转涡振振幅限值：$[\theta_t]=1.15/B_w[f_t^2+\gamma_n (v/L)^2]$。

(3)方法Ⅲ：采用公路规范桥梁抗风设计规范中条文解释中基于桥面竖向加速度限值 1.0 m/s^2 的涡振振幅限值公式。

竖弯涡振振幅限值：$[h_v]=0.025/f_v^2$；

扭转涡振振幅限值：$[\theta_t]=2.86/Bf_t^2$。

(4)方法Ⅳ:采用《公路桥梁抗风设计规范》的振幅限值公式,该方法的适用跨度范围不宜超过 200 m。

竖弯涡振振幅限值:$[h_v]=0.04/f_v$。

扭转涡振振幅限值:$[\theta_t]=4.56/Bf_t$。

将不同计算方法得到的铁路桥梁振幅限值进行对比,并以方法Ⅰ基于桥梁涡振状态下的风-车-桥耦合振动仿真计算结果的振幅限值为基准,比较涡振限值计算公式的可行性。四种涡振振幅限值的计算方法见表 5-13。

表 5-13　涡振振幅限值的计算方法说明

方法编号	计算方法说明
方法Ⅰ	基于风-车-桥耦合振动仿真计算结果
方法Ⅱ	本文推导的涡振振幅限值理论公式
方法Ⅲ	公路规范条文解释中的基于桥面加速度的涡振振幅限值公式
方法Ⅳ	《公路桥梁抗风设计规范》的涡振振幅限值公式

5.4.2　竖弯涡振振幅限值比较

表 5-14 和图 5-9～图 5-11 所示为一阶正对称竖弯涡振振幅限值结果对比分析,可以看出,方法Ⅱ即理论公式的计算结果与方法Ⅰ即风-车-桥仿真计算结果最接近,方法Ⅱ的振幅限值计算结果比方法Ⅰ略大,理论公式得到的铁路桥梁涡振振幅限值计算结果基本上可以满足列车走行性的要求;方法Ⅲ和方法Ⅳ计算的涡振振幅限值远大于方案Ⅰ,表明公路桥梁抗风设计规范规定的竖弯振幅限值对大跨度铁路桥梁偏不安全,即公路桥梁抗风设计规范不适用于铁路桥梁。

表 5-14　一阶正对称竖弯振幅限值对比

振型特点	频率/Hz	车速/(km·h^{-1})	振幅限值/cm			
			方法Ⅰ(仿真计算)	方法Ⅱ(理论公式)	方法Ⅲ(条文说明公式)	方法Ⅳ(公路规范公式)
一阶竖弯	0.547	250	2.50	3.10	8.35	7.31
		180	3.00	3.21		
		140	3.00	3.26		

表 5-15 和图 5-12 ～图 5-14 所示为二阶反对称竖弯涡振振幅限值计算结果对比,可以看出,方法Ⅱ的振幅限值计算结果与方法Ⅰ几乎一致,采用理论公式得到的铁路桥梁涡振振幅限值计算结果可以满足列车走行性的要求;方法Ⅲ和方法Ⅳ计算的涡振振幅限值远大于方案Ⅰ,基于列车走行性的大跨度铁路桥梁二阶竖弯振幅限值的计算结果严于公路规范的

规定限值，这说明公路桥梁抗风设计规范规定的竖弯振幅限值对大跨度铁路桥梁偏不安全，故公路规范不能用于铁路桥梁。

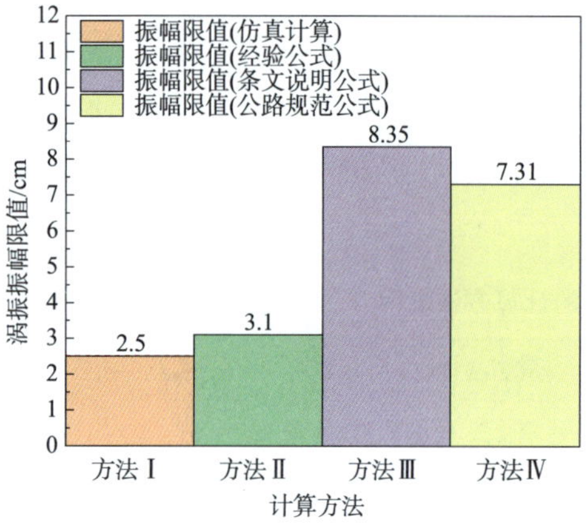

图 5-9 一阶竖弯振幅限值对比(250 km/h)

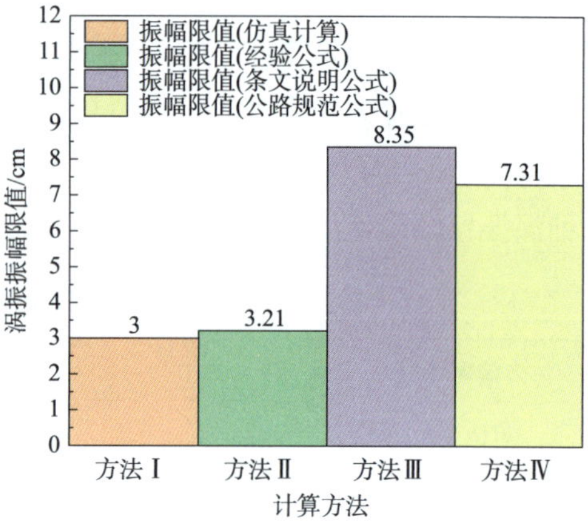

图 5-10 一阶竖弯振幅限值对比(180 km/h)

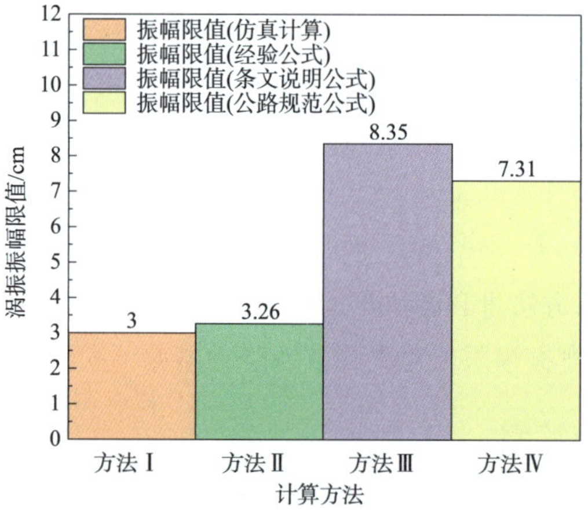

图 5-11 一阶竖弯振幅限值对比(140 km/h)

表 5-15 二阶反对称竖弯振幅限值对比

振型特点	频率/Hz	车速/(km·h^{-1})	振幅限值/cm			
			方法Ⅰ(仿真计算)	方法Ⅱ(理论公式)	方法Ⅲ(条文说明公式)	方法Ⅳ(公路规范公式)
二阶竖弯	0.800	180	1.50	1.51	3.90	5.00
		140	1.50	1.53		

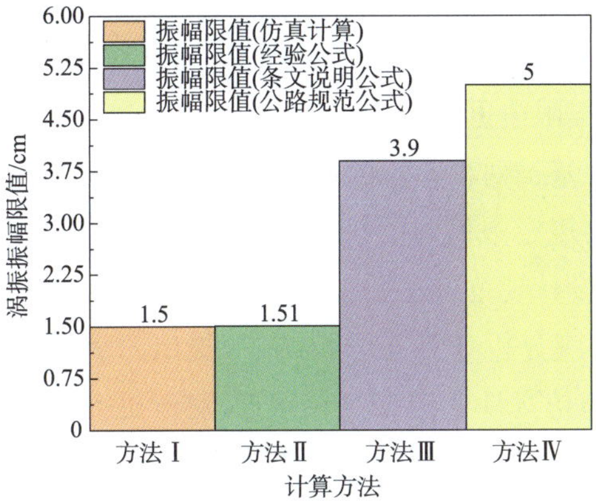

图 5-12　二阶竖弯振幅限值对比(180 km/h)

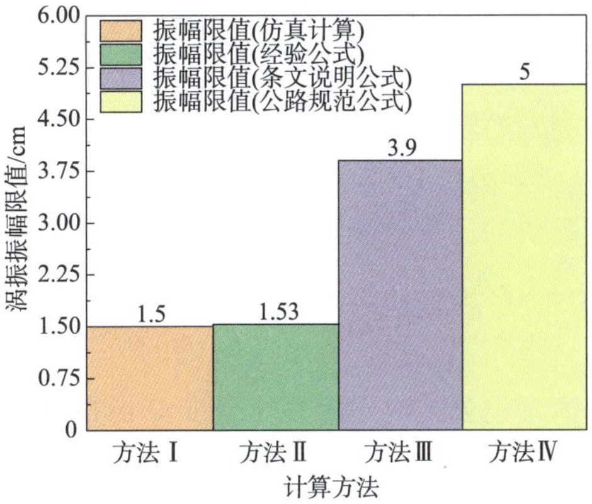

图 5-13　二阶竖弯振幅限值对比(140 km/h)

5.4.3　扭转涡振振幅限值比较

由表 5-16 和图 5-14 所示为一阶正对称扭转涡振振幅限值结果对比。

表 5-16　一阶正对称扭转振幅限值对比

振型特点	频率/Hz	车速/(km·h^{-1})	扭转振幅限值/(°)			
			方法Ⅰ(仿真计算)	方法Ⅱ(理论公式)	方法Ⅲ(条文说明公式)	方法Ⅳ(公路规范公式)
一阶扭转	1.328	140	0.118	0.106	0.111	0.235

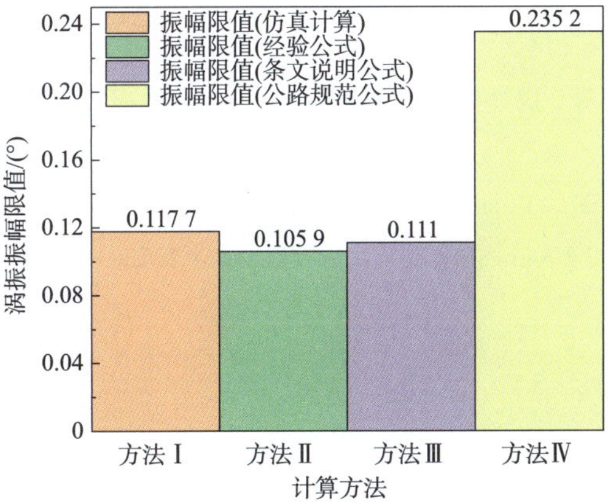

图 5-14　一阶扭转涡振振幅限值对比(140 km/h)

(1)方法Ⅱ、方法Ⅲ的振幅限值计算结果与方法Ⅰ均比较接近，且均小于方法Ⅰ。方法Ⅱ采用了基于列车竖向加速度的理论公式，假设列车竖向加速度在涡振单一因素作用下不超过 0.4 m/s^2，考虑了受涡激振动影响的桥面振动加速度和列车运行速度 v 所产生法向加速度之和。方法Ⅲ采用了公路桥梁抗风设计规范条文解释中基于桥面加速度的扭转涡振限值公式，桥面竖向加速度不得超过 1.0 m/s^2。由于方法Ⅱ的容许加速度较方法Ⅲ小，由此得到的振幅限值也略小一些，即方法Ⅱ得到的振幅限值更为严格。

(2)方法Ⅳ计算的涡振振幅限值大于方法Ⅰ，基于列车走行性的大跨度铁路桥梁扭转振幅限值的计算结果严于公路桥梁抗风设计规范的规定限值，这说明规范规定的扭转振幅限值对大跨度铁路桥梁偏不安全，故公路桥梁抗风设计规范不适用于铁路桥梁。

事实上，通过 10 多座桥梁的风-车-桥动力响应分析计算与分析结果，提出的涡振振幅限值理论公式对于跨度小于 400 m 的桥梁而言与仿真计算结果比较接近，对于更大跨度的桥梁而言偏于安全。由于理论公式得到的涡振振幅限值比现行公路规范相应的标准要严，因此无需区分铁路桥梁和公铁两用桥梁。

参 考 文 献

[1] 曾庆元，郭向荣．列车-桥梁时变系统振动分析理论及应用[M]．北京：中国铁道出版社，1995.

[2] 周智辉，魏标，邹云峰，等．桥梁振动[M]．北京：人民交通出版社股份有限公司，2021.

[3] 翟培佐．涡激振动状态下大跨度钢桁梁斜拉桥风-车-桥耦合振动研究[D]．长沙：中南大学，2022.

[4] 许福友，丁威，姜峰，等．大跨度桥梁涡激振动研究进展与展望[J]．振动与冲击，2010，29(10)：40-49，249.

[5] 陈政清，黄智文．大跨度桥梁竖弯涡振限值的主要影响因素分析[J]．中国公路学报，2015，28(9)：30-37.

[6] 陈良江，阎武通．我国铁路桥梁建造技术的成就与展望[J]．高速铁路技术，2022，13(4)：1-7.

[7] 周帅，陈克坚，陈政清，等．大跨桥梁涡激共振幅值估算方法的理论基础与应用[J]．高速铁路技术，2019，10(5)：25-31.

[8] 赵会东，陈良江，肖海珠，等．高速铁路大跨度桥梁涡激振动振幅限值研究[J]．桥梁建设，2022，52(1)：49-55.

[9] FUJINO Y，YOSHIDA Y．Wind-induced vibration and control of Trans-Tokyo Bay Crossing Bridge [J]．Journal of Structural Engineering，2002，128(8)：1012-1025.

第6章 高速铁路桥梁抗/防风控制技术

高速铁路桥梁的跨度在不断增大，结构及构件的基频减小，刚度在不断降低；强风作用对高速铁路列车和桥梁系统的影响日益突出。为保障桥梁抗风安全和桥上行车的安全性和舒适性，针对铁路桥梁结构和功能特点，参考既有公路桥梁抗风/防风经验，从主梁颤振和涡振控制、斜拉索/吊索尾流驰振控制、桥上行车安全防风控制三个方面阐述高速铁路桥梁抗/防风控制技术。

6.1 主梁风致振动控制技术

铁路大跨度桥梁主梁的风致振动类型与公路大跨度桥梁十分类似，主要包括颤振、涡振、抖振和弛振等；其中，颤振直接威胁桥梁结构安全、涡振发生概率大且容易导致疲劳破坏或者行车安全事故等，因此颤振和涡振的控制问题一直是铁路桥梁抗风重点关注的焦点。目前，对于铁路桥梁主梁颤振和涡振，气动措施仍是比较经济和实惠的控制方法，具体措施包括设置稳定板和尾流分隔板、优化检修车轨道和附属结构等。

6.1.1 稳定板气动控制

本书以国内铁路悬索桥常采用的板桁结合式钢桁梁为案例，通过优化稳定板实现悬索桥主梁颤振控制。加劲梁断面如图 6-1 所示，桁高为 7 m，桁宽为 23.5 m，加劲梁桥面板两侧均悬挑 2.75 m，其桥面板宽度为 29 m。

悬索桥跨越峡谷河流，根据设计规范确定该桥的设计基准风速为 36.14 m/s，成桥阶段不同风攻角时的桥梁颤振检验风速见表 6-1。

表 6-1 成桥阶段颤振检验风速

风攻角/(°)	−7	−5	−3	0	3	5	7
颤振检验风速/($m\cdot s^{-1}$)	27.71	38.80	55.42	55.42	55.42	38.80	27.71

6.1.1.1 节段模型颤振风洞试验

在进行弹簧悬挂节段模型测振试验之前，先确定需模拟的竖弯和扭转振型。采用

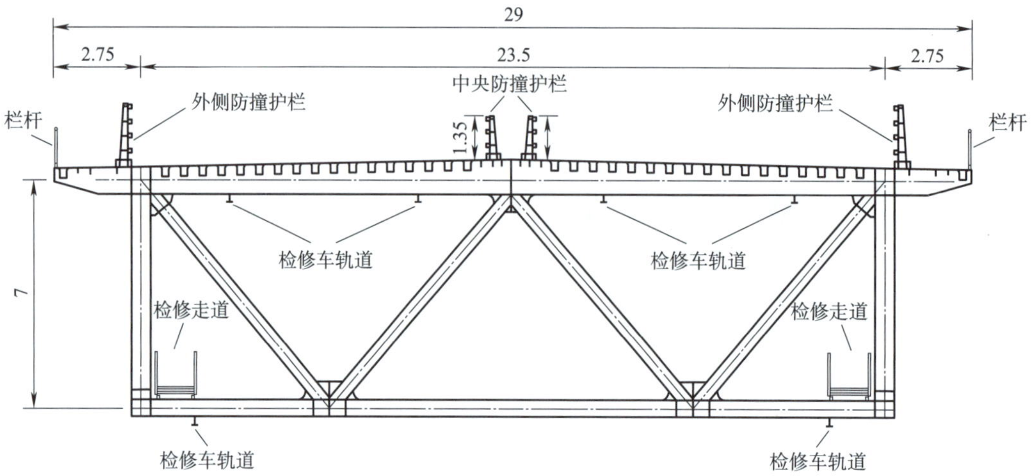

图 6-1 主梁断面示意（单位：m）

JTG/T 3360-01—2018《公路桥梁抗风设计规范》中的 Van der Put 公式估算竖弯和扭转对称组合和反对成组合时的颤振临界风速。估算出的对称组合的颤振临界风速小于反对称组合的颤振临界风速，偏安全地选择对称组合进行弹簧悬挂节段模型风洞试验的设计。

弹簧悬挂节段模型测振试验在中南大学高速铁路风洞试验室高速试验段进行，高速试验段的尺寸为宽 3 m、高 3 m。节段模型全长 1.51 m，几何缩尺比为 1∶50，安装在风洞中的节段模型如图 6-2 所示。试验过程中共采用 4 个激光位移计测量节段模型上下游的竖向振动位移，采样频率为 1 000 Hz。试验在均匀流中进行，分别进行−7°、−5°、−3°、0°、3°、5°、7°风攻角的颤振试验，试验风速比为 1/4.05，成桥阶段的模型设计参数见表 6-2。其中，测试竖弯阻尼比为 0.26%，测试扭转阻尼比为 0.07%。试验阻尼比小于规范推荐的 0.5%，试验测出的桥梁颤振临界风速偏小，故抗风设计偏保守。

图 6-2 弹簧悬挂节段模型测振试验

表 6-2　颤振试验节段模型设计参数

参数名称	符　号	单　位	实桥值	缩尺比	模型理论值	模型实现值
主梁长度	L	m	75.5	1/50	1.51	1.51
主梁宽度	B	m	29	1/50	0.58	0.58
主梁高度	H	m	7.925	1/50	0.158 5	0.158 5
等效质量	m_{eq}	kg/m	26 901	$1/50^2$	10.760	10.931
等效质量矩	J_{meq}	kg·m²/m	3 353 500	$1/50^4$	0.537	0.545
竖弯基频	f_h	Hz	0.167 8	12.37	2.075 6	2.075 2
扭转基频	f_t	Hz	0.346 4	12.37	4.284 7	4.284 7
扭弯频率比	ε	—	2.064	1	2.064	2.065
竖弯阻尼比	ξ_h	%	0.5	1	0.5	0.26
扭转阻尼比	ξ_t	%	0.5	1	0.5	0.07

6.1.1.2　原始断面颤振性能

对加劲梁原始断面进行弹簧悬挂节段模型测振试验，直接测定颤振临界风速，颤振临界风速的确定标准为扭转位移的均方差为0.5°，试验结果如图6-3所示。

由图6-3可知，随着风攻角增大，原始断面时的颤振临界风速逐渐减小，在−7°、−5°、−3°风攻角时的颤振临界风速均高于其颤振检验风速，且对于−7°和−5°风攻角而言，其颤振临界风速高于72 m/s（由于试验安全考虑，试验中并未达到原断面−7°和−5°风攻角的实际颤振临界风速）。然而，在0°、3°、5°、7°风攻角时的颤振临界风速均小于相应的颤振检验风速，不满足该桥对颤振稳定性的要求；其中3°风攻角时的颤振临界风速需要提高57.62%才能大于其颤振检验风速，为最不利风攻角。因此，需要对加劲梁原始断面增设气动措施，提高该桥的颤振临界风速。

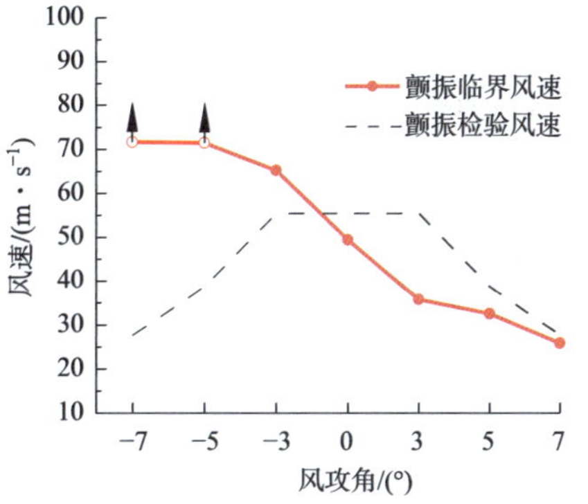

图6-3　原始断面悬索桥颤振性能

6.1.1.3　稳定板对颤振性能的影响

针对最不利3°风攻角，探究下稳定板、水平稳定板和上中央稳定板对该桥颤振性能的影响，气动措施如图6-4所示。

为方便比较不同气动措施的抑振效果，定义颤振临界风速增长率为

$$\beta=(v_{cr}-v_{cr}^{*})/v_{cr}^{*}\times100\% \tag{6-1}$$

式中　v_{cr}——设置气动措施后3°风攻角时的颤振临界风速；

v_{cr}^{*}——原始断面3°风攻角时的颤振临界风速，即35.77 m/s。

为研究下稳定板对该桥颤振性能的影响，分别在桥梁表面安装不同形式的下稳定板，如

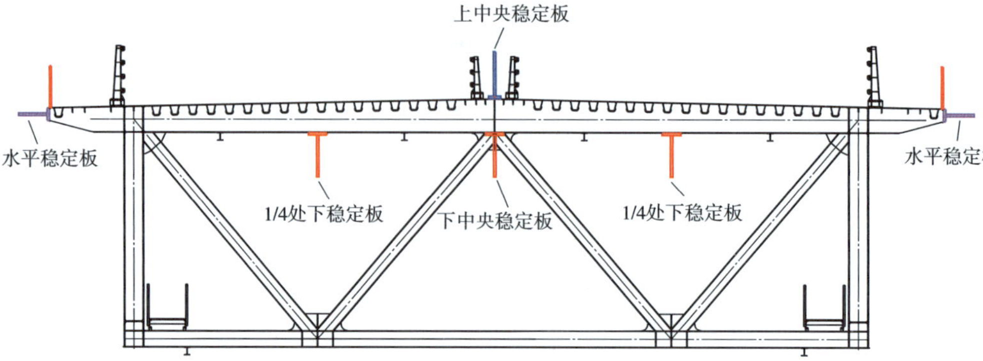

图 6-4 稳定板气动措施示意

图 6-4 所示。安装方式分为两种：

(1)设置下中央稳定板，考虑两种不同高度，1.4 m 和 2.1 m。

(2)在设置下中央稳定板的基础上，在桁架梁 1/4 处对称设置下稳定板，共三片，高度为 1.4 m 和 2.1 m。

下稳定板对桥梁颤振性能的影响情况见表 6-3，由表 6-3 可知，下稳定板对 3°风攻角时的桥梁颤振临界风速几乎无影响，甚至会恶化其颤振性能，与已有学者的研究结论类似。

表 6-3 下稳定板对桥梁颤振性能的影响

工况号	工况描述	3°风攻角时的颤振临界风速/(m·s^{-1})	颤振临界风速增长率/%
1	1.4 m 高的下中央稳定板	34.35	−3.97
2	2.1 m 高的下中央稳定板	33.16	−7.30
3	1.4 m 高的中央和 1/4 处下稳定板	34.20	−4.39
4	2.1 m 高的中央和 1/4 处下稳定板	31.17	−12.86

为研究水平稳定板对颤振临界风的影响，分别在加劲梁两侧对称布置 5 种不同宽度的水平稳定板，其宽度分别为 0.50 m、0.75 m、1 m、1.20 m 和 1.40 m。水平稳定板对桥梁颤振性能的影响如图 6-5 所示，随着水平稳定板宽度的增加，3°风攻角时的颤振临界风速逐渐增加。当水平稳定板宽度达到 1.40 m 时，其颤振临界风速为 52.54 m/s，非常接近其颤振检验风速 55.42 m/s。因此，可以推测，当水平稳定板足够宽时，3°风攻角时的颤振临界风速将

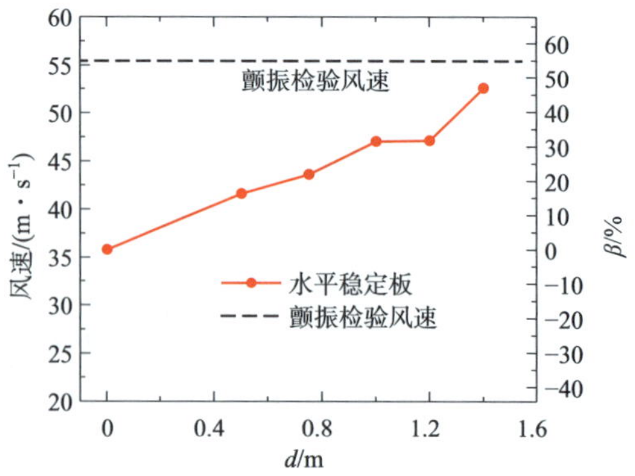

图 6-5 水平稳定板对桥梁颤振性能影响

大于相应的颤振检验风速。但设置水平稳定板会使主梁施工和后期维护变得复杂，且该桥加劲梁断面桥面板两侧均悬挑 2.75 m，类似于水平稳定板。因此，寻求其他措施提高该桥颤振临界风速，避免采用水平稳定板。

上中央稳定板一般能有效提高钢桁梁悬索桥的颤振临界风速，本文共采用 7 种不同高度的上中央稳定板，研究其对桥梁颤振性能的影响，高度依次为 1.35 m、1.45 m、1.50 m、1.55 m、1.75 m、1.95 m 和 2.15 m。上中央稳定板对该桥颤振性能的影响如图 6-6 所示，当上中央稳定板高度低于 1.75 m 时，其对 3°风攻角时的颤振临界风速影响较小。当上中央稳定板高度达到 1.95 m 时，才明显提高颤振临界风速，且随着上中央稳定板高度的增加，其提高效果更加明显。该结论与 Ueda 等、雷永富等的研究结论类似，即只有上中央稳定板足够高时，才能有效减弱来流的再附，从而抑制钢桁梁悬索桥的颤振发散。虽然2.15 m 高的上中央稳定板能满足该桥 3°风攻角时对颤振临界风速的要求，但上中央稳定板过高，会显著增大加劲梁的阻力系数及桥梁横向风荷载，并且影响桥梁美观性以及行车时司机视野。

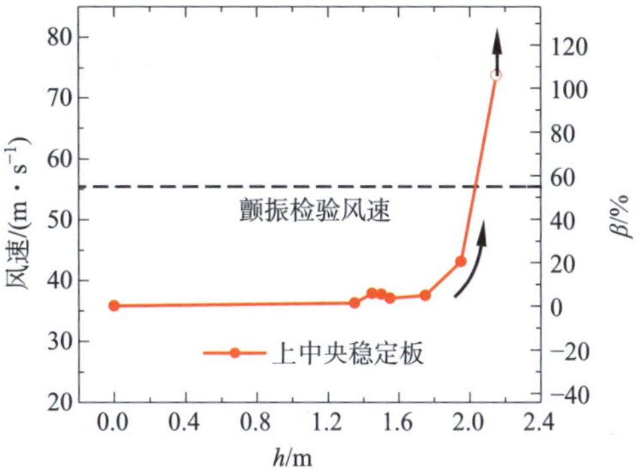

图 6-6　上中央稳定板对桥梁颤振性能影响

虽然水平稳定板或上中央稳定板均能显著提高 3°风攻角时的桥梁颤振临界风速，但需要过大尺寸水平稳定板或上中央稳定板才能满足规范要求，并造成诸多不利影响。

考虑内侧移动栏杆能起到类似水平稳定板的作用，将栏杆内移与上中央稳定板组合。同时方便上中央稳定板施工，结合前人研究，把上中央稳定板与中央防撞护栏结合（中央防撞护栏高度为 1.35 m），即封闭中央防撞护栏，最终形成“栏杆向内移动 0.5 m＋封闭中央防撞护栏”的组合气动措施如图 6-7 所示。该组合气动措施的控制效果如图 6-8 所示。该组合气动措施提升了该桥的颤振稳定性，7 个风攻角下的颤振性能均满足规范要求。

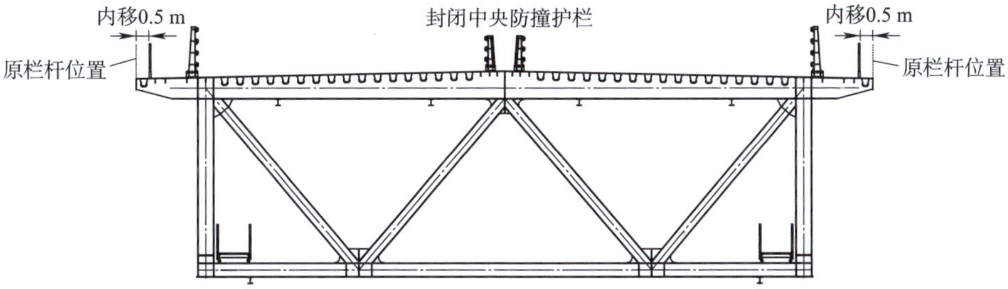

图 6-7　组合气动措施

6.1.2 尾流分隔板气动控制

分隔板作为一种被动抑振措施，已在各个领域有广泛的应用。诸多学者研究表明，附着在钝体尾部的分隔板可抑制卡门涡街的形成从而抑制涡激振动的发生(后简称为涡振)。然而，当分隔板与钝体分离并向下游移动，其在某些特殊位置会放大矩形断面的涡振响应。目前，分隔板与钝体之间相互影响规律尚不明确，本节通过风洞试验及数值模拟，揭示了二者之间的相互作用机理。

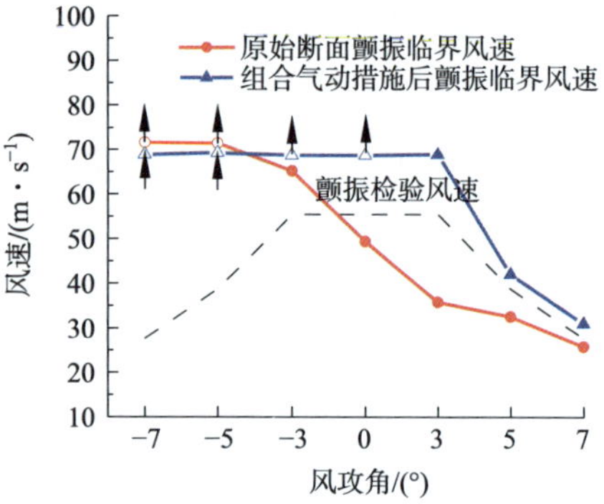

图 6-8 组合气动措施颤振控制效果

6.1.2.1 分隔板对涡振响应的影响

涡振响应风洞试验在中南大学二号风洞(CSU-WT2)完成，该试验段几何尺寸为长×宽×高=1.5 m×0.8 m×1.2 m，该试验段风速在 0～30 m/s 内连续可调，湍流度小于 0.5%。测试模型的宽度 B 以及高度 D 分别为 0.35 m 和 0.07 m，展向长度 L 为 0.78 m。试验模型由碳纤维制成并嵌入铝骨架以保证刚度。分隔板固定在模型下游，二者之间的距离为 g，本次试验间隙比(g/D)在 0.5～2.0 范围变化，增量为 0.5。试验模型被固定在风洞外的板弹簧上，由于弹簧其他方向较大的刚度，该弹簧系统只允许竖向一个自由度的振动，如图 6-9 所示。振动系统的质量，阻尼比，自振频率以及空气密度通过多次自由衰减试验测得为 $M=5.95$ kg，$\zeta=0.67\%$，$f=11.72$ Hz，$\rho=1.25$ kg/m^3。试验参数所对应的 S_c 数为 21($S_c=4\pi M\zeta/\rho BDL$)。所有试验均来流(U)为均匀流以及均在 0°风攻角下进行。

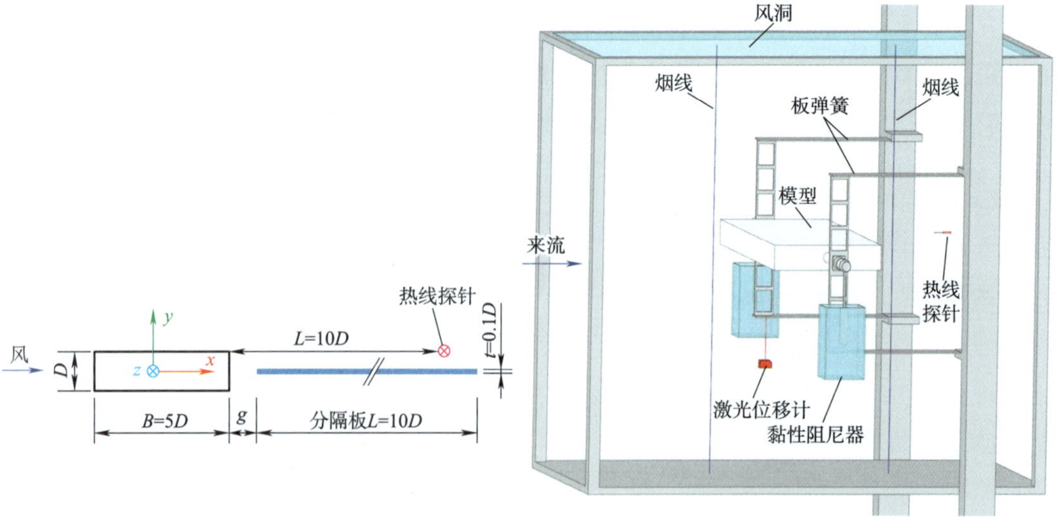

(a) 分隔板布置　　(b) 振动系统布置示意

图 6-9 风洞试验布置

图 6-10 为模型表面测压孔以及小型压力传感器的布置位置。振动位移时程以及漩涡脱落频率分别通过激光位移计以及热线探针获得。基于 INV3062 数据采集分析系统实现风压-尾流-位移三者同步测试，采样频率为 2 000 Hz，采样时长为 40 s。

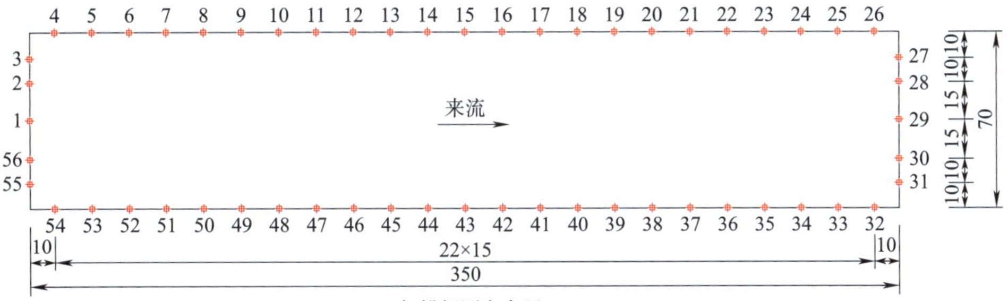

(a) 扫描阀测点布置

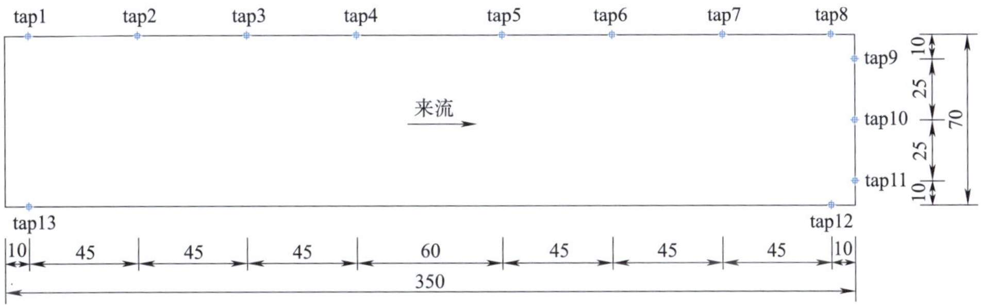

(b) 小型压力传感器测点布置

图 6-10　风压测点布置(单位：mm)

图 6-11 给出了不同工况下 5 ∶1 矩形断面涡振无量纲振幅（h_{rms}/D，其中，h_{rms}为振动时程的均方根值）随折减风速（v/f_0D）变化的过程。由图可知，尾流分隔板对矩形断面的影响主要集中在三个方面。首先，不同 g/D 下，分隔板对涡振的影响主要集中在竖弯涡振的最大无量纲振幅数值上。在 $g/D=0.5$ 时，最大无量纲振幅被抑制到 $h_{rms}/D=0.003\ 5$，与未布置分隔板相比，最大无量纲振幅被抑制了 83.3%，即意味着在此工况下分隔板对竖弯涡振有极大的抑制作用；在 $g/D=1.0$ 时，最大无量纲振幅被抑制到 $h_{rms}/D=0.019$，与未布置分隔板相比，最大无量纲振幅仅仅被抑制了 9.52%；当 $g/D=1.5$ 和 2.0 时，最大无量纲振幅分别被放大到 0.025 以及

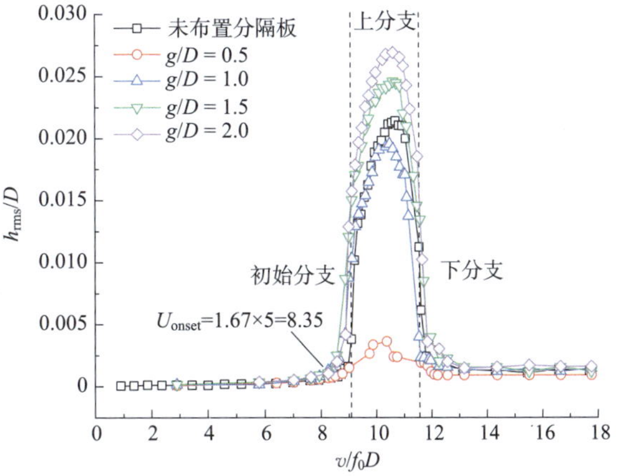

图 6-11　无量纲涡振响应

0.027,相应的最大无量纲振幅被放大了 19.0%和 28.6%。另外,分隔板对涡振起振折减风速以及最大振幅所对应的折减风速影响较小,由图 6-11 可以看出,涡振起振折减风速大约为 $B/0.6D=5\times1.67=8.35$,这与矩形断面碰撞剪切层不稳定(ILEV)的漩涡脱落规律相吻合,这表明 5:1 矩形断面涡振触发机理是由 ILEV 所负责。最后,可以看出分隔板的布置对涡振固有的三分支现象没有影响。

6.1.2.2 分隔板对矩形断面风荷载的影响

图 6-12 给出了在最大无量纲振幅下的模型表面风压分布规律。总体而言,脉动风压分布规律与涡振最大无量纲振幅有一定的相关关系。由图可知,风压均值(C_p)对分隔板的布置较不敏感,分隔板对模型表面的风压分布的影响主要集中在风压脉动值上(C'_P)。与未布置分隔板相比,$g/D=0.5$ 时分隔板对模型表面风压脉动值整体有一个较大的抑制作用,当 $g/D=1.0$ 时模型表面风压脉动值与未布置分隔板相比类似,当 $g/D=1.5$ 和 2.0 时,分隔板对模型表面风压脉动值有一个较大的放大作用,并且主要集中在尾部。

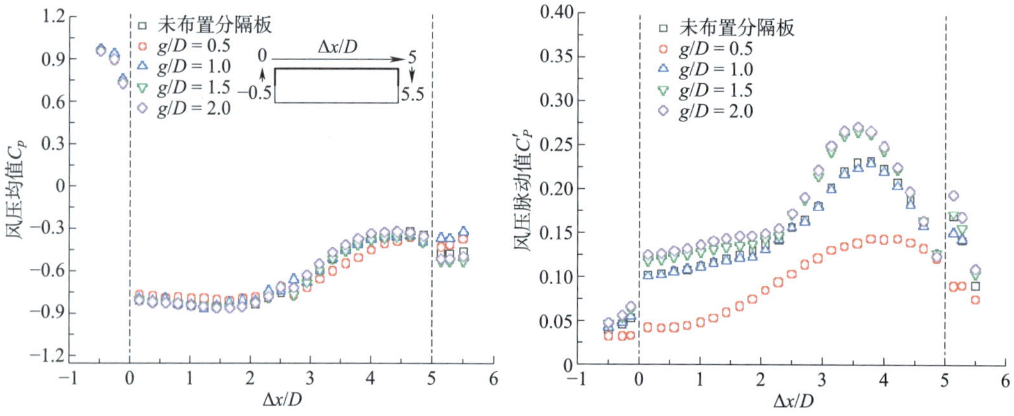

(a) 平均风压系数

(b) 脉动风压系数

图 6-12 最大无量纲振幅处矩形表面风压分布

图 6-13 为最大无量纲振幅处矩形断面脉动风压功率谱分布。由图 6-13 可知,除 $g/D=0.5$ 外,振动对模型表面的漩涡脱落强度都有一个明显的放大作用,并且导致矩形断面前缘漩涡脱落强度明显高于尾部,由此可知 Motion-induced vortex 是涡振的放大机理。当 $g/D=0.5$ 时,模型整个表面几乎察觉不到漩涡脱落。随着 g/D 的增大,分隔板对矩形断面尾部漩涡脱落强度有所增强,当 $g/D=2.0$ 时达到最强,其也对应着最大的无量纲涡振振幅。

图 6-14 为最大无量纲振幅下模型表面相位差。将位移信号作为参考信号计算上表面 8 个测点与位移之间的相位差从而推算出漩涡的产生与发展规律。当风压信号落后于位移信号时,将其认为为正值,当其大于 180°时,用该相位差减去 360°。由图 6-14 可以看出,分隔板的分布对漩涡的产生与发展几乎没有影响,这也与涡振响应不同工况下起振折减风速与最大无量纲振幅处的折减风速几乎没有差异相对应。

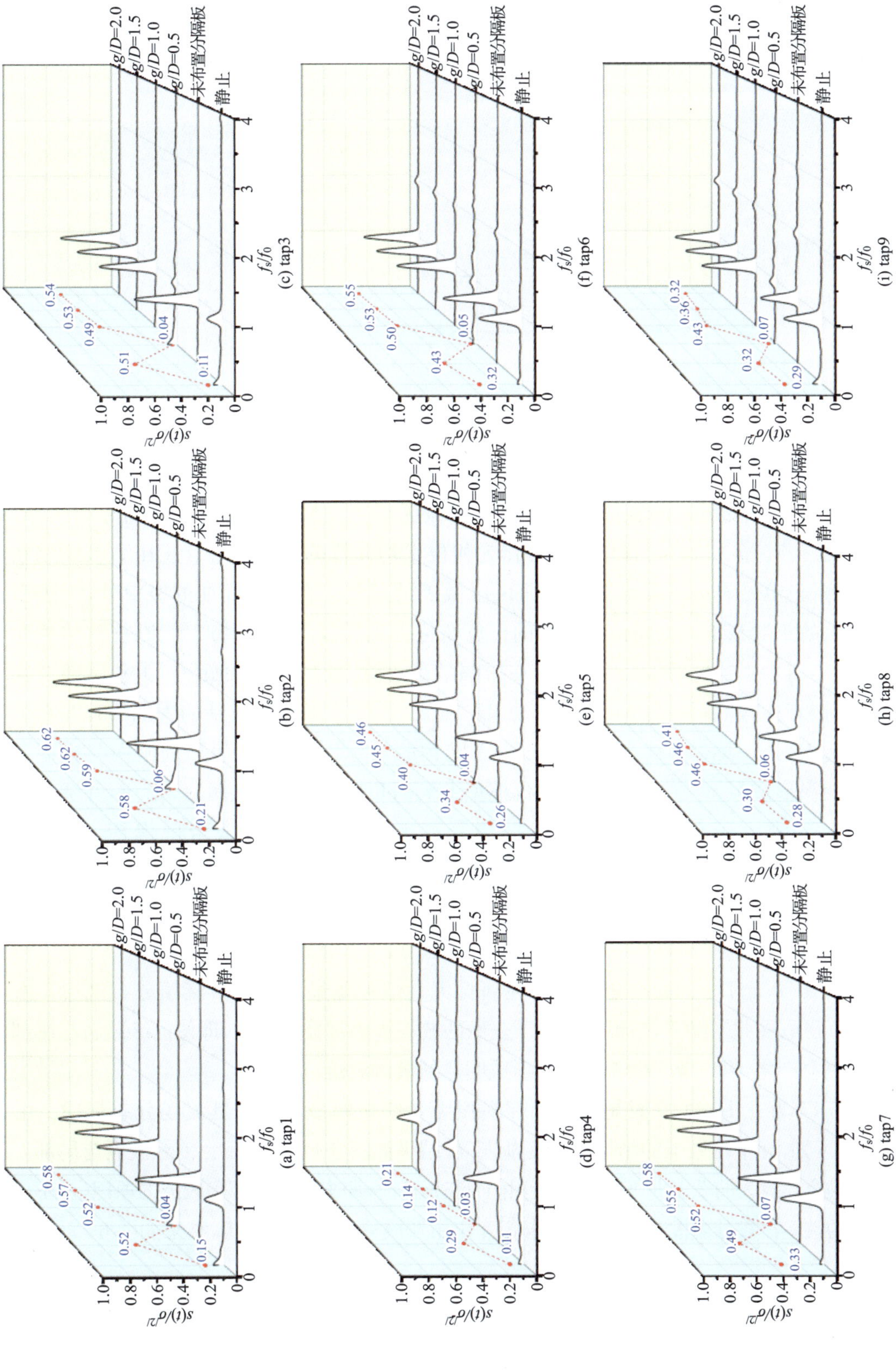

图 6-13　最大无量纲振幅处矩形表面脉动风压功率谱

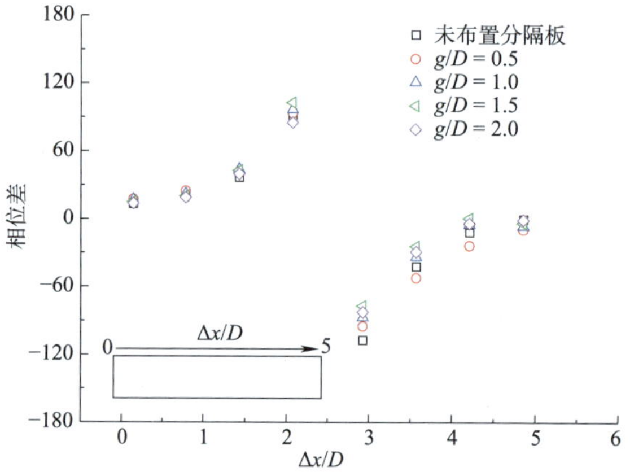

图 6-14　最大无量纲振幅处矩形表面相位差

6.1.2.3　分隔板的扰流机理

图 6-15 为未布置分隔板时矩形断面在涡振无量纲振幅最大值处其流场分布规律。在未布置尾流分隔板时，选择位移信号作为相位平均计算的参考信号。正压力被绘制在模型内部，正负号表示在某个时刻表面风压做工的正负。在振动周期的极值处，上表面具有最大的正功范围。不同位置做工的正负变化也表明漩涡的交替产生和脱落，结果如图 6-15(a)所示。数值模拟结果表明：在振幅最高点时，模型下表面旋涡 $L1$ 和尾部二次涡 $L2$ 同时产生，随着模型的向下的运动，$L1$ 和 $L2$ 进一步融合形成新的大涡 $L3$，并在半个周期后 $L3$ 进入尾部形成卡门涡街。由于结构的对称性，模型上表面的漩涡与模型下表面的漩涡形成类似，在振幅最低点时，模型上表面 $U1$ 和尾部二次涡 $U2$ 形成，并随着模型向上运动进一步融合形成 $U3$，在振幅最高点时 $U3$ 脱落形成卡门涡街，结果如图 6-15(b)所示。并且，烟线可视化的结果与数值模拟结果展示了较高的一致性，即在振幅极值点时，前缘漩涡产生并且其对称表面尾部漩涡脱落形成卡门涡街，结果如图 6-15(c) 和图 6-15(d)。

图 6-16 为 $g/D=0.5$ 时矩形断面在涡振无量纲振幅最大值处其流场分布规律。由图 6-17 可知，在此工况下，矩形断面上下表面的漩涡脱落被极大抑制，即使前缘漩涡与尾部二次涡仍会产生，但二者未能相互作用形成明显的漩涡脱落。

图 6-17 为 $g/D=1.0$ 时矩形断面在涡振无量纲振幅最大值处其流场分布规律。由图 6-17 可知，相平均做工的结果正在逐渐恢复，结果如图 6-17(a)所示。前缘漩涡与尾部二次涡可融合形成大的漩涡向下游运输，但由于此时分隔板距离模型尾部仍较近的原因，上下表面形成的漩涡沿着分隔板向后运输，并未相互作用形成典型的卡门涡街，结果如图 6-17(b)和图 6-17(c)。

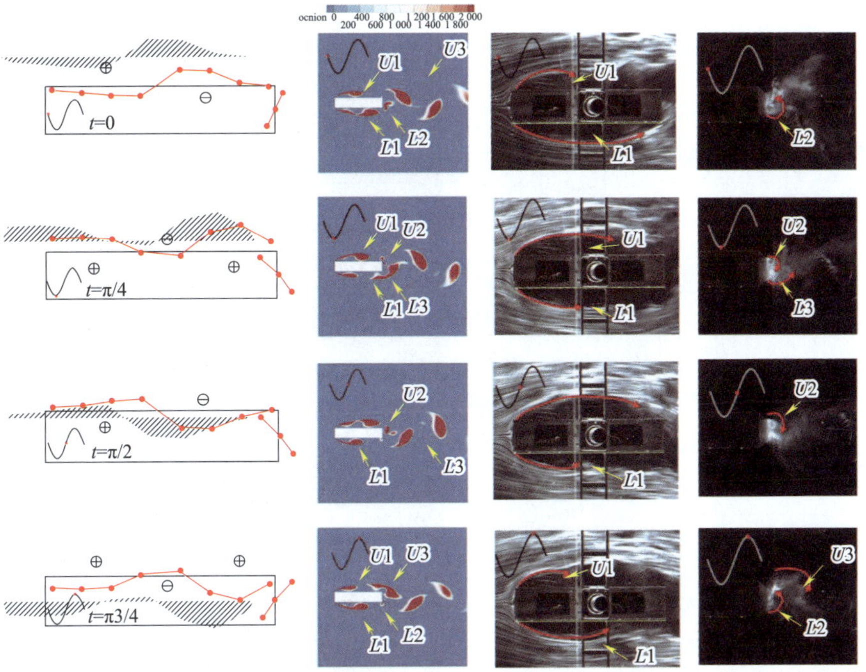

(a) 相平均结果　(b) 数值模拟结果 (c) 模型表面烟线可视化结果 (d) 模型尾部烟线可视化话结果

图 6-15　最大无量纲振幅处无分隔板工况流场分布规律

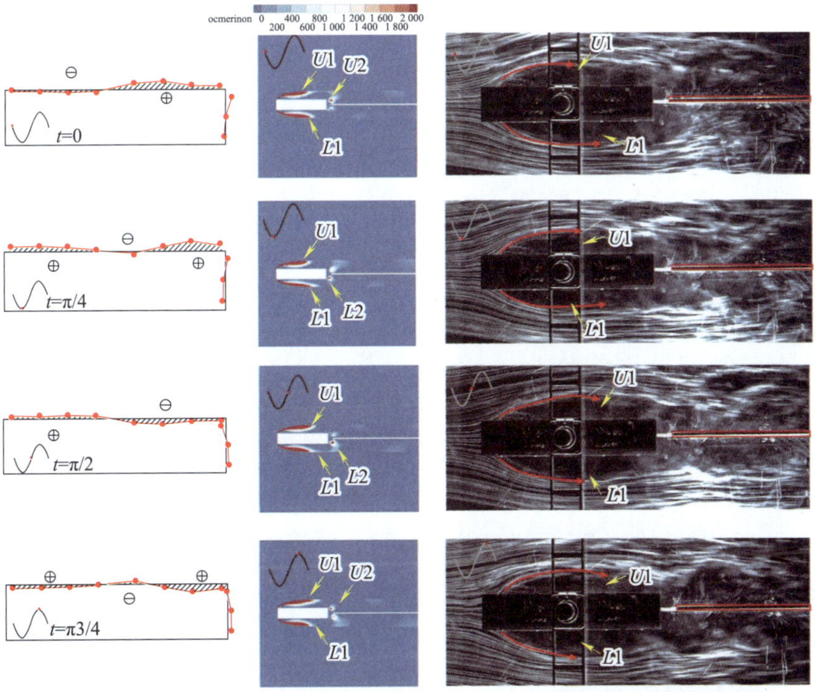

(a) 相平均结果　(b) 数值模拟结果　(c) 模型表面烟线可视化结果

图 6-16　最大无量纲振幅处 $g/D=0.5$ 时流场分布规律

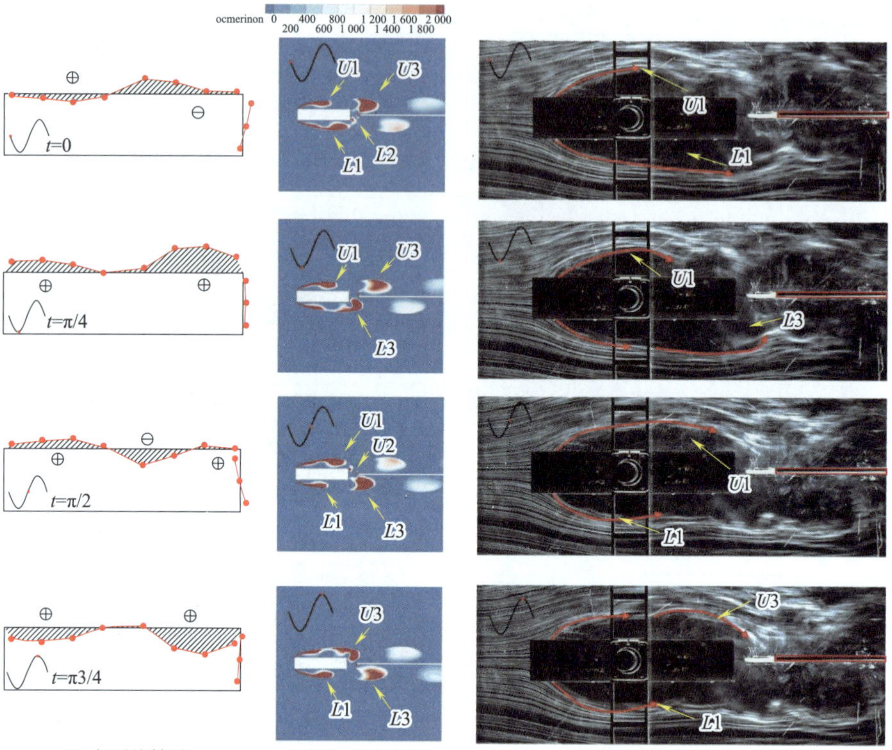

(a) 相平均结果　(b) 数值模拟结果　(c) 模型表面烟线可视化结果

图 6-17　最大无量纲振幅处 $g/D=1.0$ 时流场分布规律

图 6-18 和图 6-19 为 $g/D=1.5$ 和 2.0 时矩形断面在涡振无量纲振幅最大值处其流场分布规律。由图可知，在此时相平均结果对应着最大的做工范围，结果如图 6-17(a) 和图 6-18(a) 所示。在此工况下，尾部形成的卡门涡街受到分隔板的挤压以及剪切，从而导致其向模型尾部靠拢，从而放大了尾部漩涡的强度以及风压脉动值的大小进而导致涡振的放大，结果如图 6-18(b)、图 6-18(c) 和图 6-19(b)、图 6-19(c) 所示。

6.1.3　检修车轨道气动优化

1. 检修车轨道导流板

针对大跨度铁路桥梁涡振的控制问题，提出一种增设导流装置的检修车轨道，如图 6-19 和图 6-20 所示。该导流检修车轨道包括连接背板、导流体以及驱动机构，连接背板包括用于安装于箱梁底部的水平背板和安装于箱梁侧壁的倾斜背板，水平背板的底部安装有用于悬挂检修车的轨道；导流体包括两块固定导流板和分别与两块固定导流板转动相连的开合导流板，两个固定导流板倾斜对称安装于水平背板的底部，且其中一个固定导流板与倾斜背板平行且对齐；驱动机构用于驱动开合导流板的打开或闭合。开合导流板开启时，检修车可通过轨道，顺利到达梁底任意位置，完成检修作业。

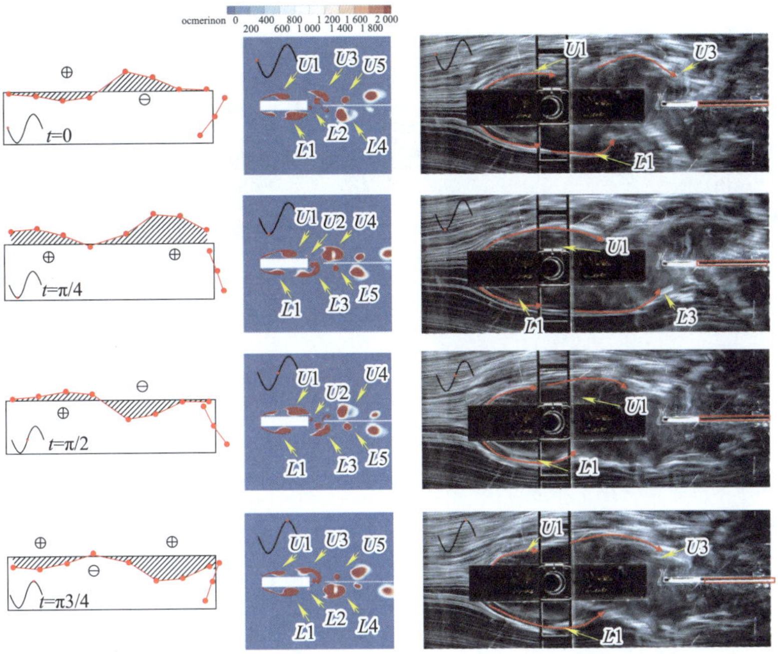

(a) 相平均结果　(b) 数值模拟结果　(c) 模型表面烟线可视化结果

图 6-18　最大无量纲振幅处 $g/D=1.5$ 时流场分布规律

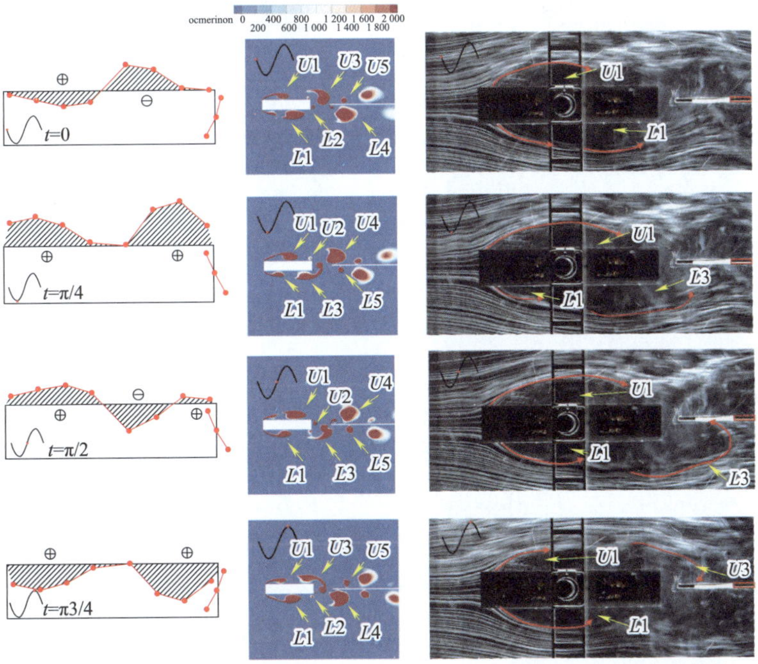

(a) 相平均结果　(b) 数值模拟结果　(c) 模型表面烟线可视化结果

图 6-19　最大无量纲振幅处 $g/D = 2.0$ 时流场分布规律

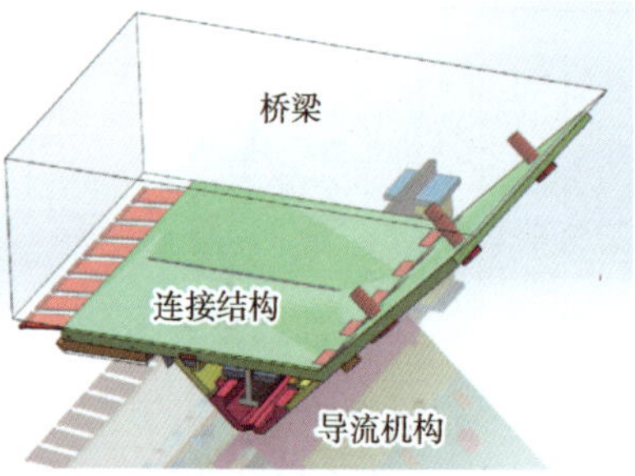

(a) 整体示意

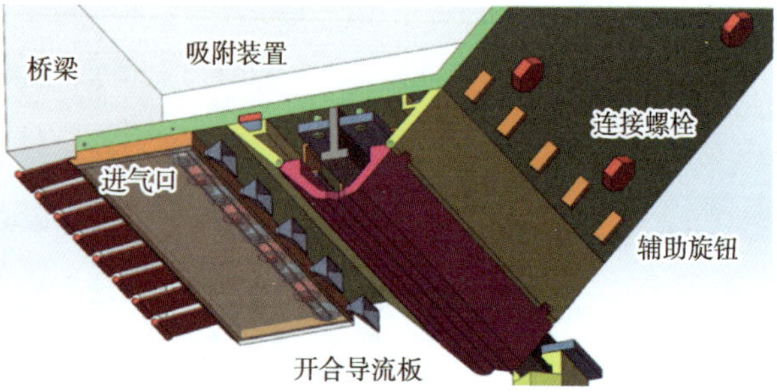

(b) 细部

图 6-20 导流检修车轨道示意

2. 对风压和流场的影响

针对该导流检修车轨道，开展了一系列 1∶80 缩尺比下的相关测压试验、测力实验以及流场显示试验，如图 6-21 所示，风洞试验在中南大学二号风洞(CSU-WT2)完成，该试验段几何尺寸长×宽×高为 1.5 m×0.8 m×1.2 m，该试验段风速在 0～30 m/s 内连续可调，湍流度小于 0.5%。对比加装抑振导流检修车轨道前后两组试验工况，以研究导流检修车轨道对箱梁整体的气动特性影响规律，模型长为 770 mm，宽为 187 mm，高为 56 mm，阻塞率为 4.54%，满足桥梁抗风设计规范风洞试验要求。

(a) 测力测压试验

(b) 流场可视化试验

图 6-21 模型试验现场布置

如图 6-22 所示，气动力测试结果显示导流检修车轨道会显著影响桥梁整体升力以及扭矩，具体体现为，导流检修车轨道安装前，桥梁的升力系数在正攻角区域存在明显的下降趋势，而加装之后，桥梁整体升力变化幅值减弱，在正攻角区域未呈现出明显的斜率为负的情况，基于 Den Hartog 单自由度驰振理论分析结果表明，加装型抑振导流检修车轨道能显著减弱桥梁发生弛振的风险。

图 6-23～图 6-26 分别展示了加装导流检修车轨道前后平均风压以及脉动风压分布规律，梁体底部处存在风压脉动的极大值，说明此处存在明显的漩涡脱落现象，产生该现象的原因与底部的检修车轨道有关，加装导流检修车轨道后，该处的脉动值明显发生减弱；前后气动优化效果在流场可视化试验中观察，如图 6-27 所示，原始成桥状态下列车在不同风攻

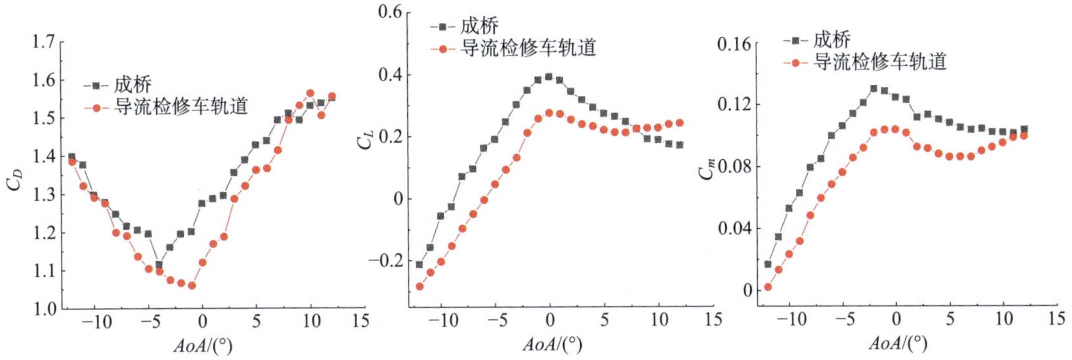

(a) 阻力系数　(b) 升力系数　(c) 扭矩系数

图 6-22　加装导流检修车轨道前后气动力系数对比结果

角下均在尾部形成明显的不稳定的 K-H 涡，加装之后，由于导流检修车轨道的导流作用，底部烟线流畅地通过桥梁底部，在较远处形成涡脱结构，说明导流检修车轨道优化桥梁底部的流场，使桥梁整体的气动性能得到显著提升。

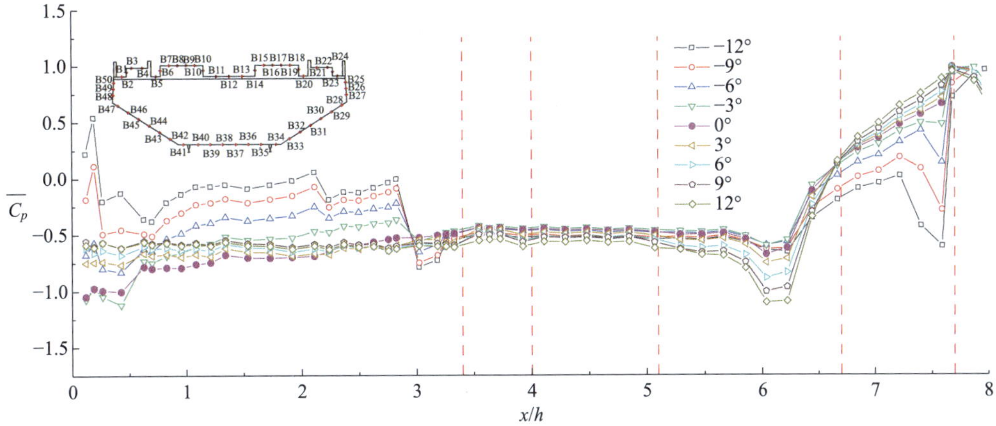

图 6-23　成桥状态下梁体表面风压平均值分布

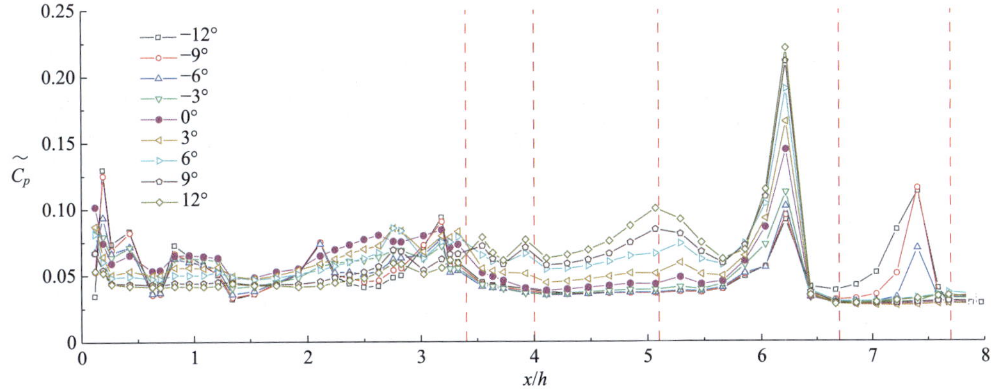

图 6-24　成桥状态下梁体表面风压脉动值分布

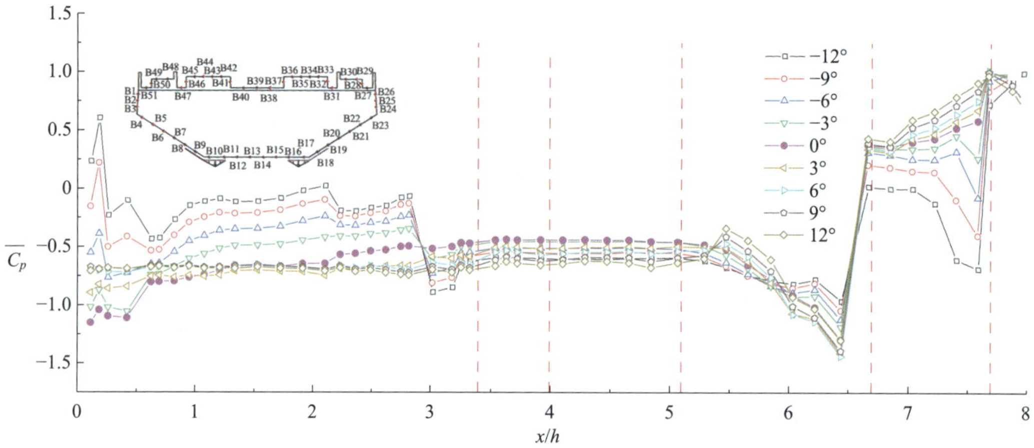

图 6-25　导流检修车轨道状态下梁体表面风压平均值分布

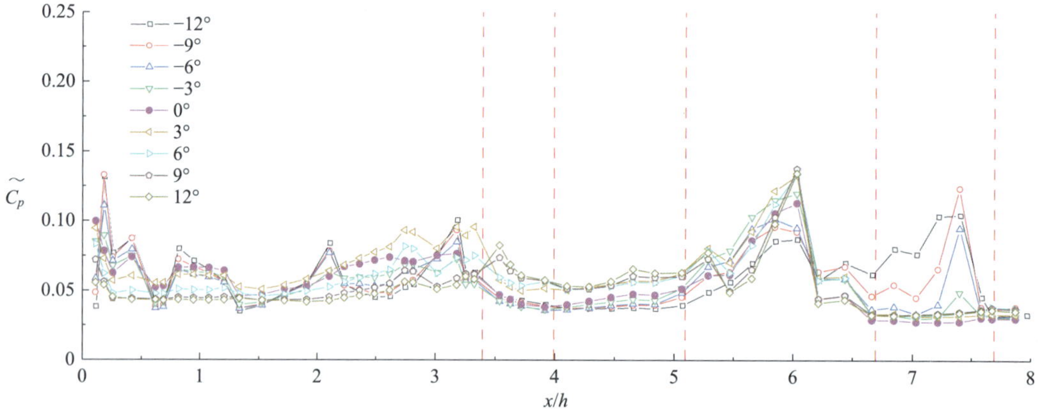

图 6-26　导流检修车轨道状态下梁体表面风压脉动值分布

成桥状态　　导流检修车轨道状态

−12°

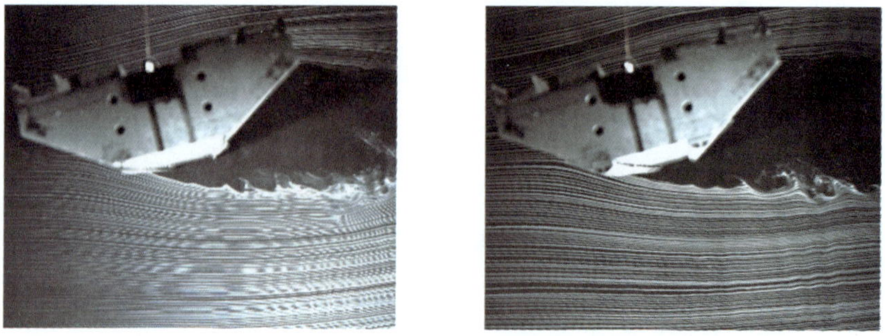

−6°

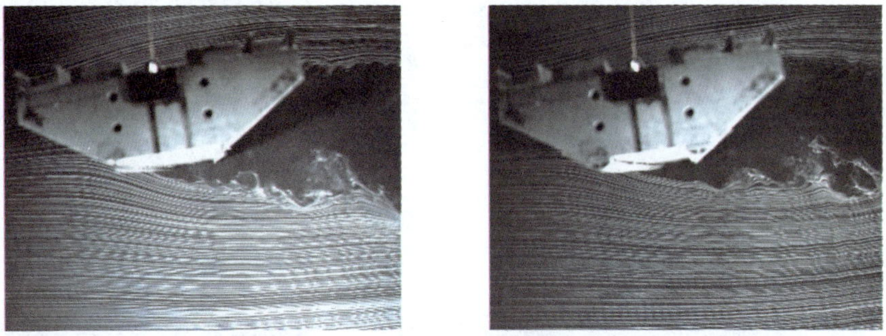

−3°

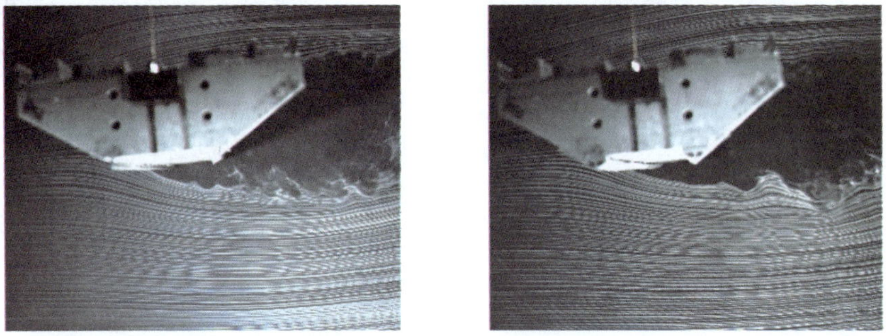

0°

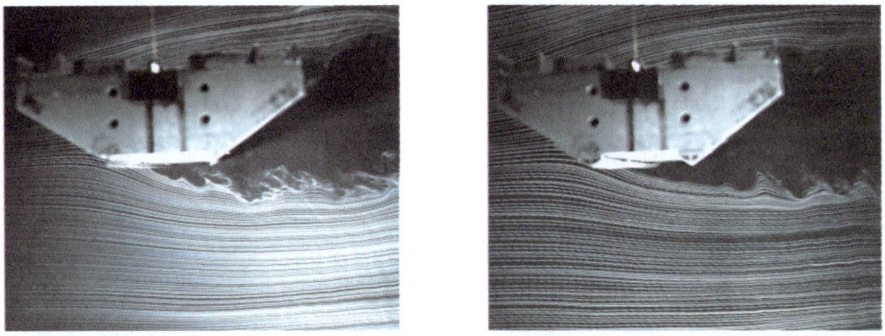

3°

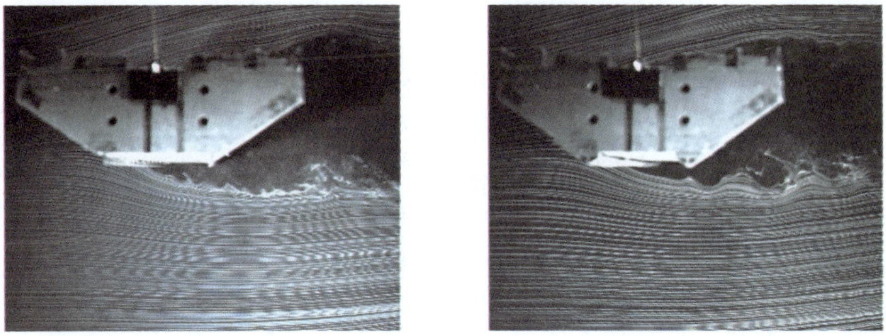

6°

12°

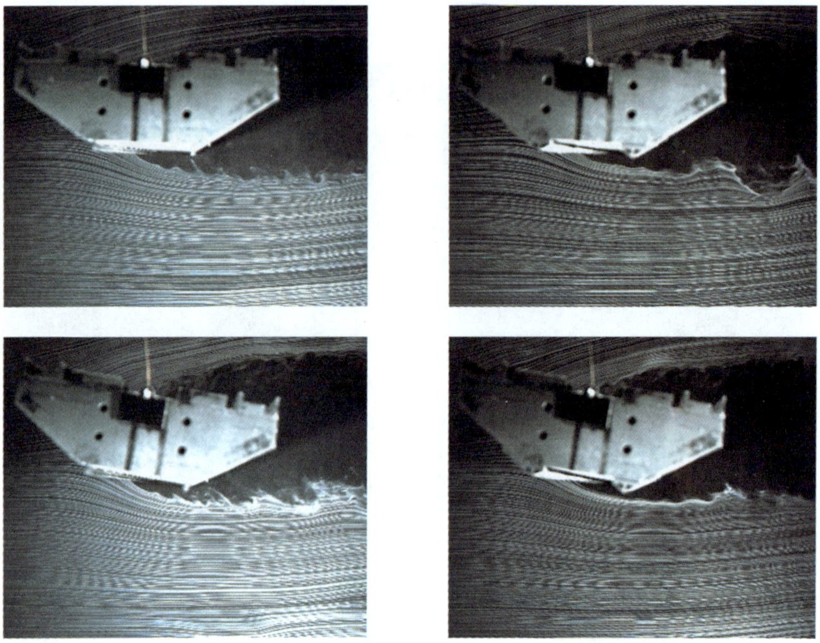

图 6-27 流场可视化试验

3. 对涡振的控制效果

弹性悬挂试验在中南大学风洞实验室高速试验段进行，该试验段设有专门进行桥梁节段模型测振试验的弹性装置。试验时，模型由对称布置于风洞两侧的八根钢丝弹簧悬吊，形成可竖向运动和绕模型轴线转动的二自由度振动系统。在保证竖弯等效质量的情况下（弹簧计 1/3 质量），调节弹簧刚度可改变模型系统的竖弯频率，调整配重块到桥梁纵轴线的距离可调整扭转频率。整体节段模型弹性悬挂支撑如图 6-28 (a) 所示。弹性悬挂节段模型几何缩尺比为 1∶60，即 $\lambda_L=1:60$（最大堵塞率约为 2.8%，小于规范规定的 5%），模型外形根据实桥严格按几何缩尺比缩小，保证几何相似。主梁节段模型横截面宽 0.250 m、高 0.075 m、长 1.5 m，长宽比为 6。节段模型包括栏杆等附属构件在内的模型总重量为 10.75 kg。试验通过对比加装普通导流板与导流检修车轨道的抑振效果，在前期试验中发现该类型箱梁易发生竖弯涡振，需采取措施加装抑振装置。

对比图 6-28(b)中两种抑振措施效果的对比，导流检修车轨道的抑振效果明显优于传统的普通导流板，且在实际工程应用中，导流检修车轨道的外形能够对检修车轨道进行足够保护。如图 6-29 所示，在成桥状态＋3°攻角下，梁体存在明显的竖弯涡振现象，未超过规范竖弯限制，但会对列车运营以及桥梁结构带来一定安全隐患，加装导流检修车轨道后，该处的竖弯涡振现象得到了明显的抑制，且未产生其他不利的桥梁振动。

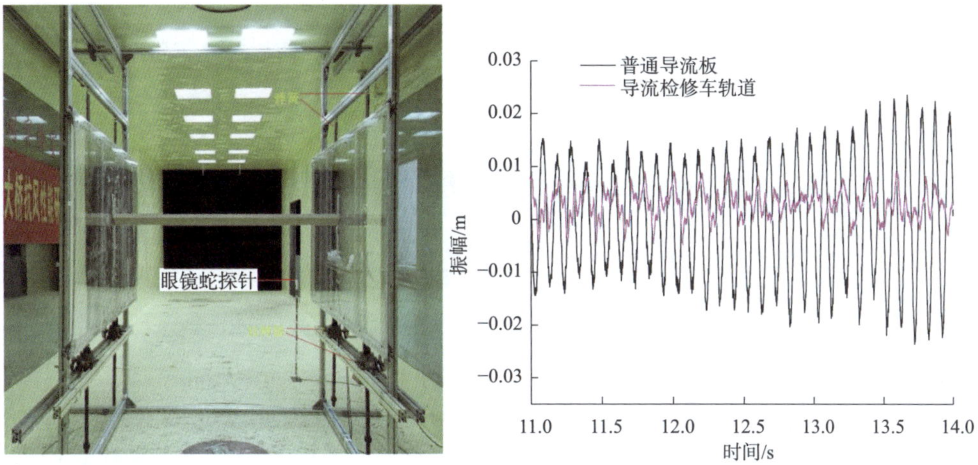

(a) 测振试验布置　　(b) 两种抑振措施效果对比

图 6-28　弹簧测振试验

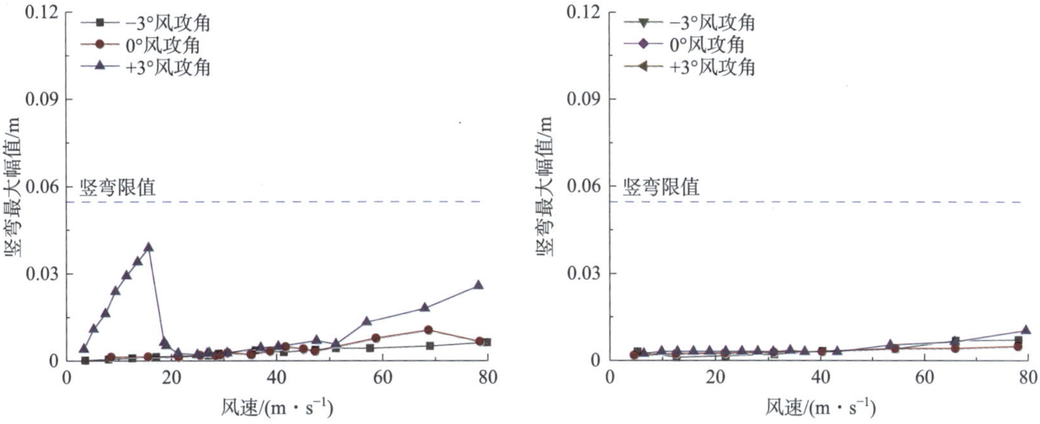

(a) 成桥状态　　(b) 导流检修车轨道状态

图 6-29　测振试验结果

6.1.4　附属结构形式优化

以国内公铁平层布置的公铁两用大桥常用的大挑臂式钢箱梁为案例，对通过优化附属结构实现主梁涡振控制的情况进行说明。该主梁断面如图 6-30 所示，主箱采用单箱三室，顶板采用正交异性钢桥面板，主梁断面高度 4.5 m，桥面总宽 49.6 m，中间钢箱梁宽 17.6 m，两侧挑臂式桥面宽 16 m。

单箱三室主梁气动外形的流线性相对较差，容易在尾流区域内产生漩涡导致主梁发生涡振，进而影响桥上列车和汽车的行车安全性和舒适性；因此，开展了系列风洞试验，检验桥梁断面的涡振性能。

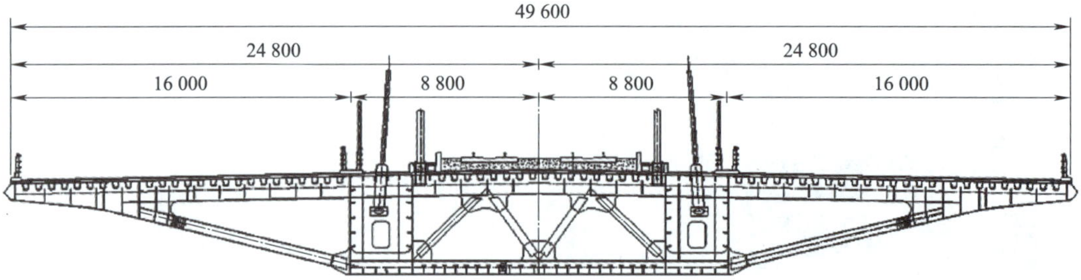

图 6-30　主梁断面示意（单位：mm）

6.1.4.1　大挑臂式钢箱梁涡振特性

涡振对结构气动外形十分敏感，精确模拟主梁的气动外形是精准再现和检验桥梁涡振性能的基础。为此，采用 1∶25 的大比例尺，设计制作了该桥成桥状态的节段模型，并在二维均匀流场中开展了测振风洞试验。模型制作和安装如图 6-31 所示，模型的长、宽、高分别为 4 m、2 m 和 0.18 m，包括轨道板、光屏障、护栏、检修车轨道等附属结构。采用八根弹簧悬挂节段模型，模拟竖向和扭转刚度；并在模型两侧横梁上配置质量块，准确模拟模型质量和扭转惯性矩。同时，在模型两端设置导流板，减少支架结构对扰流场的影响，确保流场保持二维特性。

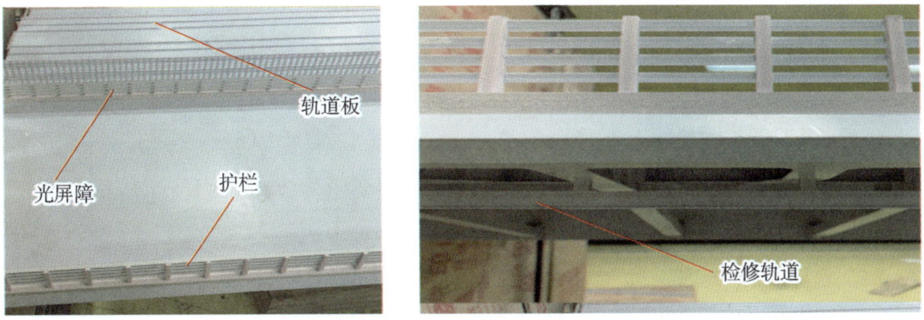

图 6-31　风洞试验模型

风洞试验节段模型的设计和制作具体参数见表 6-4 和表 6-5。此模型满足涡振风洞试验所要求的几何外形相似和弹性参数、惯性参数和阻尼参数一致性条件。所有参数的误差均满足规范要求。尤其，在模型结构阻尼比的取值方面，根据 Q/CR 9162—2023《铁路桥梁抗风设计规范》和 JTG/T 3360-01—2018《公路桥梁抗风设计规范》对不同桥型和不同材料桥梁结构阻尼比取值的相关规定，本桥为钢箱梁斜拉桥，风洞试验结构阻尼比取值为 0.3%。

表 6-4　涡振试验节段模型设计参数

参数名称	符　号	单　位	实桥值	缩尺比	模型值
主梁长度	L	m	100	1/25	4.00
主梁宽度	B	m	49.6	1/25	1.984
主梁高度	H	m	4.708	1/25	0.180
等效质量	m_{eq}	kg/m	64 029.2	$1/25^2$	102.447
等效质量矩	J_{meq}	kg · m²/m	8 698 420	$1/25^4$	22.268
竖弯基频	f_h	Hz	0.285 5	8.389	2.395
扭转基频	f_t	Hz	0.550 4	8.389	4.617
扭弯频率比	ε	—	1.928	1	1.928
竖弯阻尼比	ξ_h	%	0.3	1	0.3
扭转阻尼比	ξ_t	%	0.3	1	0.3

表 6-5　涡振试验节段模型设计与制作参数对比

参数名称	符　号	单　位	设计值	实测值	偏差/%
等效质量	m_{eq}	kg/m	409.787	405	1.16
等效质量惯矩	J_{meq}	kg · m²/m	89.072	88.15	−1.03
竖弯基频	f_h	Hz	2.395	2.416 5	−2.04
扭转基频	f_t	Hz	4.617	4.699	−1.19
扭弯频率比	ε	—	1.93	1.87	0.87
竖弯阻尼比	ξ_h	%	0.30	0.28	−6.67
扭转阻尼比	ξ_t	%	0.30	0.30	0

涡振风洞试验换算到原型的风速范围约为 3～30 m/s,采用四个激光位移计测试模型四角位置的竖向位移,通过几何换算可得到模型的竖向位移和扭转角度。由于紊流往往抑制涡振振动,风洞试验时来流仅考虑均匀流场,并根据 Q/CR 9162—2023《铁路桥梁抗风设计规范》和 JTG/T 3360-01—2018《公路桥梁抗风设计规范》要求,测试－3°、0°和＋3°三个风攻角工况。

将激光位移计测试数据转换为竖向和扭转角时程曲线,根据振动响应特征,可以判断主梁断面是否发生涡振。图 6-32 给出了在实桥风速区间 2.98～29.8 m/s 范围内,实桥主梁竖向位移和扭转角的振幅峰值随风速变化曲线。结果显示,主梁存在一个明显的竖弯涡振区间,对应的实桥风速区间约为 11～13 m/s,在 0°攻角工况下,主桥竖弯涡振振幅最大值为 0.156 m;在 3°攻角工况下,主桥竖弯涡振也比较明显,最大振幅约为 0.12 m;在－3°攻角工况下,主桥竖弯涡振振幅相对较小。由图 6-31 可知,主梁也存在一个明显的扭转涡振区间,对应的实桥风速区间约为 15.5～19 m/s。在 0°攻角和＋3°攻角工况下,涡振的最大扭转角度分别为 0.555°和 0.395°,已超过规范限值一倍以上;在－3°攻角工况下,主桥扭转涡振依然存在,但振幅相对较小;最大扭转角度为 0.09°,小于规范限值。以上结果表明,该主梁断面容易发生涡振,而且涡振振幅较大,需要开展涡振控制相关研究并提出有效控制方案。

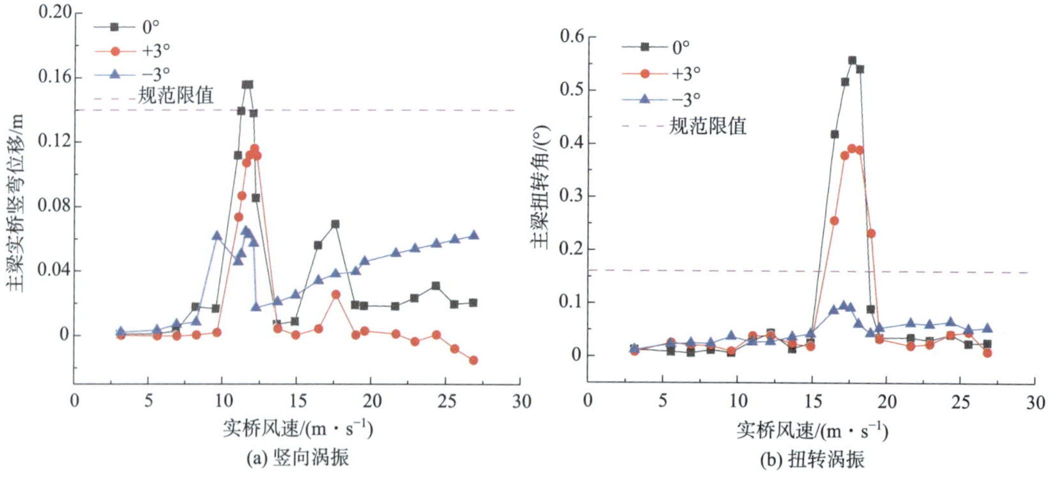

图 6-32　振动幅值随风速的变化曲线

6.1.4.2　附属结构优化方案及涡振控制效果

为进一步探明该主梁断面涡激振动发生的原因,以便明确附属结构优化方向;通过开展大量尝试性风洞试验,系统研究附属结构(包括检修车轨道、护栏以及挡水路缘石等)对主梁涡激振动的影响规律。

研究检修车轨道对桥梁涡振的影响规律时,首先拆除部分检修车轨道,之后拆除全部检修车轨道，并通过风洞试验检验两种措施后主梁的涡振性能，发现无论拆除部分还是全部检修车轨道均对主梁涡振的影响较小。图 6-33 为 0°攻角工况下，两种措施与原方案的竖向和扭转涡振情况对比。涡振振幅随风速的变化规律几乎保持一致；仅拆除底部检修轨道，甚至会导致主梁扭转涡振振幅稍微增大。通过试验证实了检修车轨道并非影响该主梁断面涡振的主要原因。

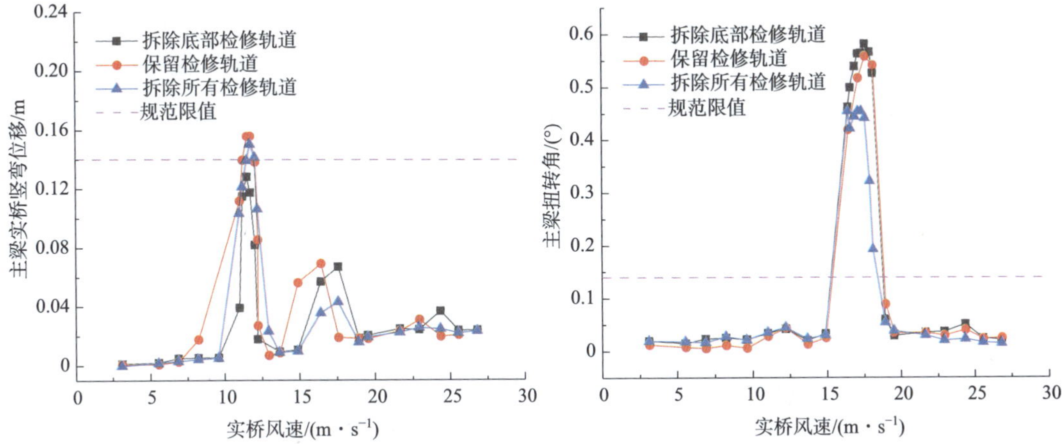

(a) 竖向涡振　(b) 扭转涡振

图 6-33　修改检修车轨道对涡振的影响

进一步拆除外侧的防撞栏杆以及路缘石结构(图 6-34)，重复主梁涡振检验试验，结果总结于表 6-6 中。在 0°和−3°攻角工况时，主梁竖向和扭转涡振均完全消失；在+3°攻角工况时，竖向涡振完全消失，扭转涡振仍然存在但是振幅大幅减小。试验结果证实了外侧的防撞栏杆和路缘石是此主梁断面发生涡振的核心原因。

图 6-34　拆除外侧的防撞栏杆以及路缘石结构主梁模型

表 6-6　无护栏和路缘石、无检修轨道涡振试验结果

风攻角	试验工况	试验结果
0°	无护栏、无检修轨道	无竖弯涡振、无扭转涡振
+3°	无护栏、无检修轨道	无竖弯涡振、存在扭转涡振(最大扭转角 0.118°)
−3°	无护栏、无检修轨道	无竖弯涡振、无扭转涡振

由于防撞护栏和检修车轨道是桥梁必需的附属结构，同时为了进一步验证路缘石是否是导致主梁涡振的最主要原因，重新补充防撞护栏和检修车轨道，此时的节段模型与原设计断面之间唯一的差异是缺少了路缘石结构，如图 6-35 所示。重复涡振试验，结果如图 6-36 所示，在 0°和−3°攻角工况时，主梁竖向和扭转涡振均完全消失；在+3°攻角工况时，扭转涡振完全消失，竖向涡振仍然存在但是振幅大幅减小，且远低于规范限值。试验结果证实了路缘石是此主梁断面发生涡振的最主要原因。

图 6-35　拆除路缘石结构主梁模型

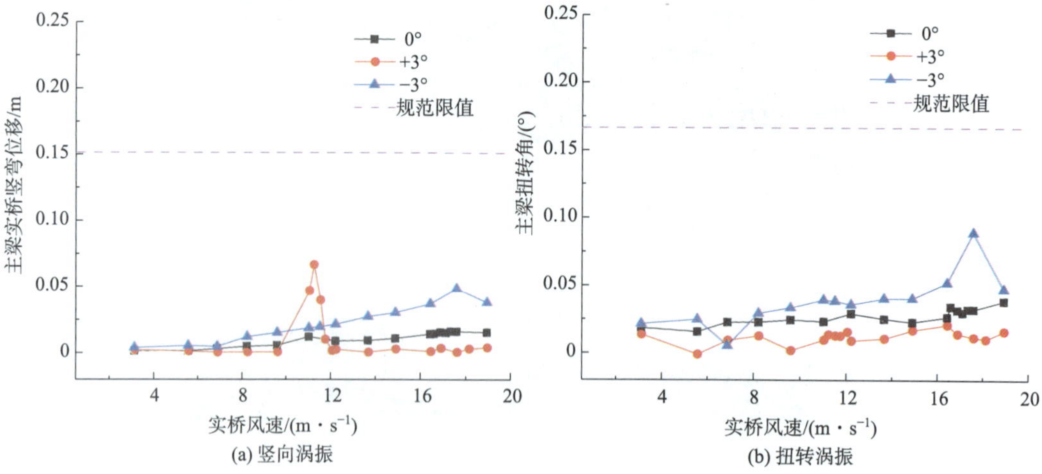

图 6-36　拆除路缘石后的涡振试验结果

尽管全部取消路缘石能够有效控制涡振现象，但并不能满足此桥梁工程的功能需求。为此，进一步对路缘石结构和安装位置进行优化，并通过风洞试验进行涡振检验。最终确定的优化方案：降低路缘石高度致原方案的 1/3，并将路缘石的安装位置向桥面中心移动，错开防撞栏杆安装截面。新方案的风洞试验结果如图 6-37 所示，在 0°和－3°风攻角工况下，竖弯和扭转涡振完全消失；在＋3°风攻角工况下，在实桥风速 11～13.4 m/s 范围内容涡振仍然会发生，但最振幅已经非常小，远低于规范限值。试验结果证实了优化后的路缘石方案是该桥梁断面有效的涡振控制措施。

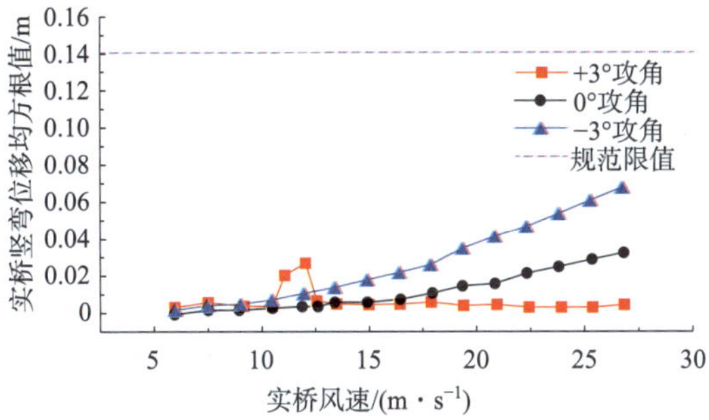

(a) 竖向涡振

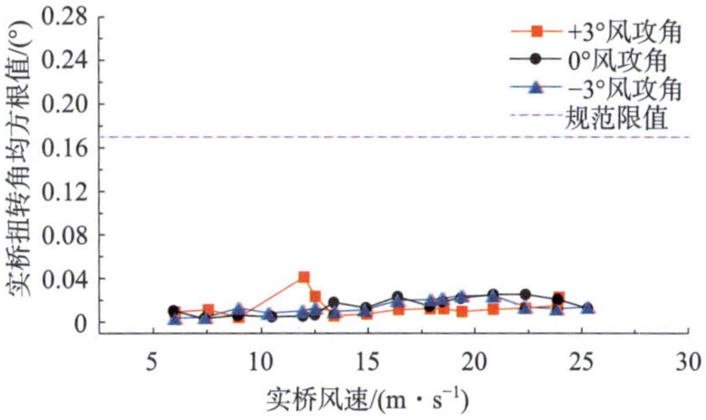

(b) 扭转涡振

图 6-37　新路缘石方案涡振试验结果

6.2　斜拉索/吊索尾流弛振及其控制

近年来，高速铁路斜拉桥采用双索并行布置结构形式越来越常见。当斜拉索近距离并行布置时，由于处于上游的斜拉索干扰下游斜拉索的自由来流，容易导致下游斜拉索气动失稳，发生大幅风致振动，这种振动现象通常称之为尾流弛振。尾流弛振振动剧烈破坏性强，对桥梁结构安全构成巨大威胁；因此，有效的尾流弛振控制方法一直是工程领域重点关注的问题。

6.2.1　尾流弛振响应特征

本书以某长江铁路大桥上最长的两对斜拉索为背景，通过风洞试验系统研究了尾流弛振的响应特征及其控制方法。目前，研究斜拉索尾流弛振多以刚性节段模型试验为主，无法考虑多模态和风致振动的三维特性；为此，设计和制作了 4 个柔性张拉模型来模拟错列布置的两对相邻斜拉索。模型直径的缩尺比确定为 1∶4.4；由于风洞尺寸的限制，长度的缩尺比确定为 1∶114；原型与模型的参数对比见表 6-7。值得注意地是，质量缩尺比 λ_m 小于外径尺度比 λ_D 的平方，这意味着模型更容易产生振动，试验结果与真实情况相比更保守。通过满足相同跨度比的要求计算出频率比，避免不同垂度带来的影响。模型的雷诺数（$Re=$

vD/ν，其中 v 为来风风速，D 为外径，ν 为运动黏度）范围为 $1.6\times10^4\sim1.6\times10^5$；模型 Scruton 数计算为 $S_c=m\xi/\rho D^2=6.3$，其中，m 为线性质量，ξ 为结构阻尼比，ρ 为空气密度。

斜拉索模型总共包含三段，中间是测试段、两端是两个锚固段。测试段模型由海绵填充物和聚乙烯表皮模拟斜拉索的气动外形，由间隔布置的特殊配重块模拟模型质量，模型中心是钢丝绳内芯，通过施加预张力模拟模型刚度。

表 6-7　斜拉索原型及模型特性

参　数	原　型	模　型	缩尺比
外径 D	210.5 mm	47.5 mm	$\lambda_D=1/4.4$
长度 L	320.8 m	2.81 m	$\lambda_L=1/114$
线性质量 m	175.3 kg/m	1.75 kg/m	$\lambda_m=1/100$
垂跨比 s/L	0.5 ‰	0.5 ‰	—
基频 f	0.45 Hz	4.5 Hz	$\lambda_f=10/1$
结构阻尼 ξ	—	0.1%	—
雷诺数 Re	—	$1.6\times10^4\sim1.6\times10^5$	—
$m\xi/\rho D^2$	—	6.3	—

斜拉索模型安装在两个 U 形支架上，如图 6-38 所示。多根稳定缆（小钢丝绳）增强了支架结构的面外稳定性。每个 U 形支架安装三个滑轮和三个导向环，引导斜拉索模型的锚固段沿支架结构布置并锚固于特殊位置。风洞测试段可由伺服电机驱动，可调节试验模型与来风的相对角度。

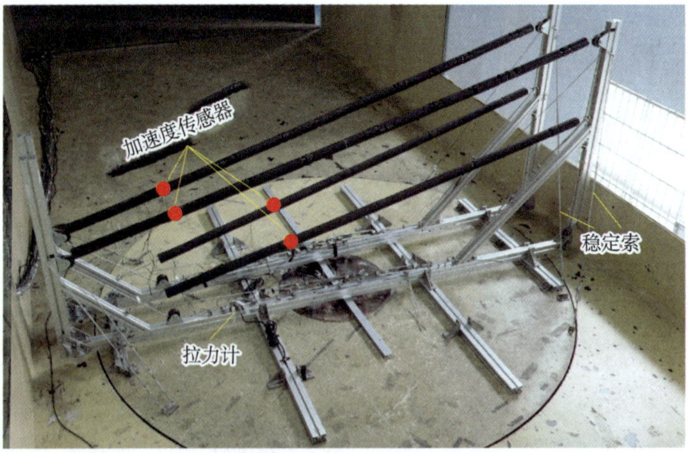

图 6-38　斜拉索模型和支撑系统

斜拉索模型与水平面之间的倾斜角 θ 与实桥斜拉索一致，设置为 16°。模型和来流风向的几何关系如图 6-39(a)所示，下游斜拉索模型初始入射角(α)和风偏角(β)分别设置为 5.0°和－10.0°；由于模型倾斜角的影响，下游斜拉索入射角变化量(α_N)和实际风偏角(β^*)按照式(6-1)计算为－2.8°和－9.6°。最终可计算出该模型有效入射角($\alpha^*=\alpha-\alpha_N$)为 7.8°。

$$\begin{aligned} \tan\alpha_N &= \tan\beta\sin\theta \\ \tan\beta^* &= \sin\beta\cos\theta \end{aligned} \tag{6-1}$$

图 6-39(b)给出了拉索名称的定义，迎风上游的斜拉索模型称为模型 1 和模型 3，下游的斜拉索模型称为模型 2 和模型 4。参数 l 和 h 分别定义两个相邻斜拉索模型之间的水平和垂直距离。根据实际桥梁尺寸，模型 1 和模型 2 之间的水平距离从下端到上端线性增加；分别等于 5.7D 和 9.0D。模型 3 和模型 4 在垂直平面上分别与模型 1 和模型 2 平行，竖向间隔为 8.4D。模型 1 和模型 2 测试段长度为 2.81 m；模型 3 和模型 4 测试段长度为 2.48 m。

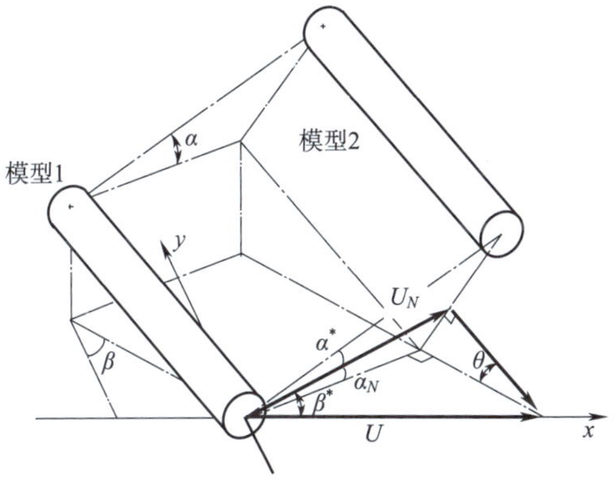

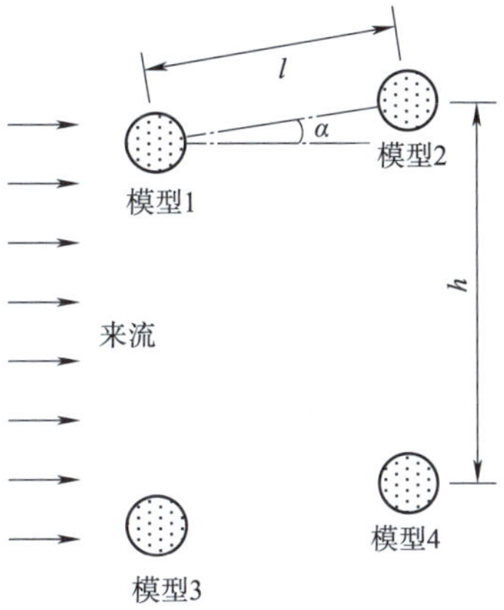

图 6-39　模型与来流空间关系定义

设置 8 个加速度传感器测量斜拉索模型的面内和面外加速度，如图 6-38 所示。加速度传感器的测量精度为 0.001g，采样频率设置为 1 000 Hz。模型 1 和模型 2 的测试断面距其下端的距离(l_1 和 l_2)分别为 53 cm 和 51 cm，约为模型测试段总长度的四分之一。模型 3 和模型 4 测试断面距其下端的距离(l_3 和 l_4)分别为 81 cm 和 84 cm，约为模型测试段总长度的三分之一。

在开展尾流弛振测试之前，首先测量了各模型的模态频率。测量的加速度通过功率谱密度分析识别模式频率，结果如图 6-40 所示。模型 1 至模型 4 的面内基频分别为 4.7 Hz、4.7 Hz、5.4 Hz 和 5.5 Hz；模型 1 和模型 2 的基频比设计值约高 4%。模型 3 和模型 4 的基频特意设置比模型 1 和模型 2 的基频略高，以减小或避免由于支撑系统相互干扰对模型振动响应的影响。采用半功率带宽方法识别斜拉索模拟的阻尼比约为 0.1%。所有斜拉索模型的前 5 阶面内和面外模态频率见表 6-8。

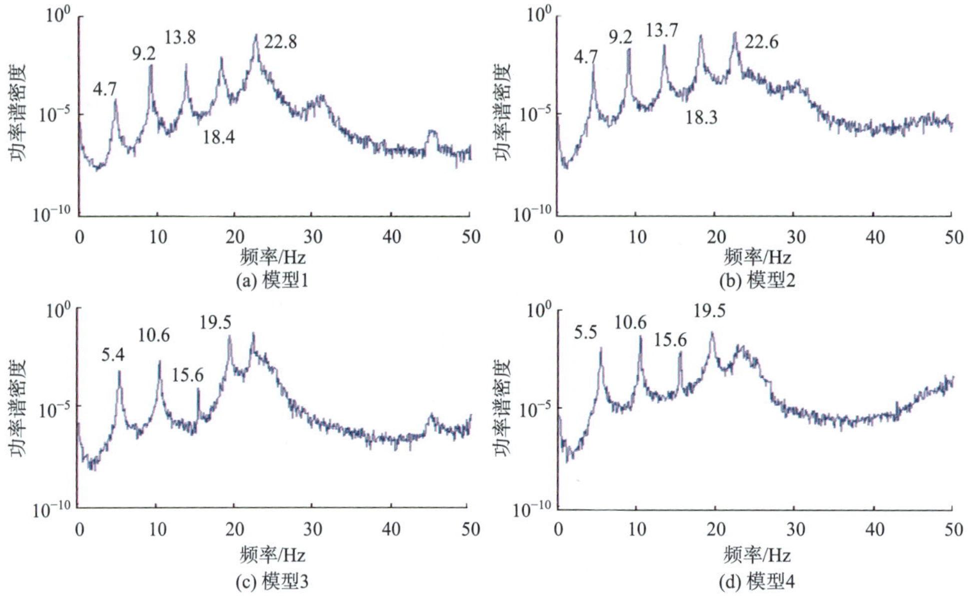

图 6-40　斜拉索模型时面内加速度的功率谱密度

表 6-8　拉索的模式频率　　Hz

模型	位置	1 阶	2 阶	3 阶	4 阶	5 阶
模型 1	面内	4.7	9.2	13.8	18.4	22.8
	面外	4.5	9.2	13.7	18.3	22.8
模型 2	面内	4.7	9.2	13.7	18.3	22.6
	面外	4.6	9.2	13.7	18.3	22.7
模型 3	面内	5.4	10.6	15.6	19.5	—
	面外	5.3	10.6	15.6	19.5	—
模型 4	面内	5.5	10.6	15.6	19.5	—
	面外	5.3	10.6	15.6	19.5	—

研究错列拉索尾流驰振时，风洞内风速由 5.0 m/s 逐步增加至最大测试风速 26 m/s，分别测试各个风速下模型面内和面外的振动加速度。图 6-41 展示了风速 10 m/s 和 22 m/s 时测得的斜拉索模型的面内加速度，两个风速分别代表了有和没有发生尾流弛振时结构的振动响应。结果显示，当风速为 10 m/s 时，所有模型的振动加速度幅值都很小，而且没有发现周期性的规律性振动现象；当风速增大到 22 m/s 时，上游模型（模型 1 和模型 3）的加速度响应依然很小，且无周期性的振动规律，但下游模型（模型 2 和模型 4）的振动幅值显著增大，而且呈现出明显的周期性稳定振动规律，加速度峰值达到 200 m/s^2。

对测量的加速度进行滤波并在频域中进行两次数值积分获得振动响应的位移时程曲线，并采用位移均方根值（STD）作为衡量振动剧烈程度的参数，方便比较。各风速情况下的位移均方根值如图 6-42 所示，横坐标同时采用了折减风速和雷诺数作为参考。结果表明，上游模

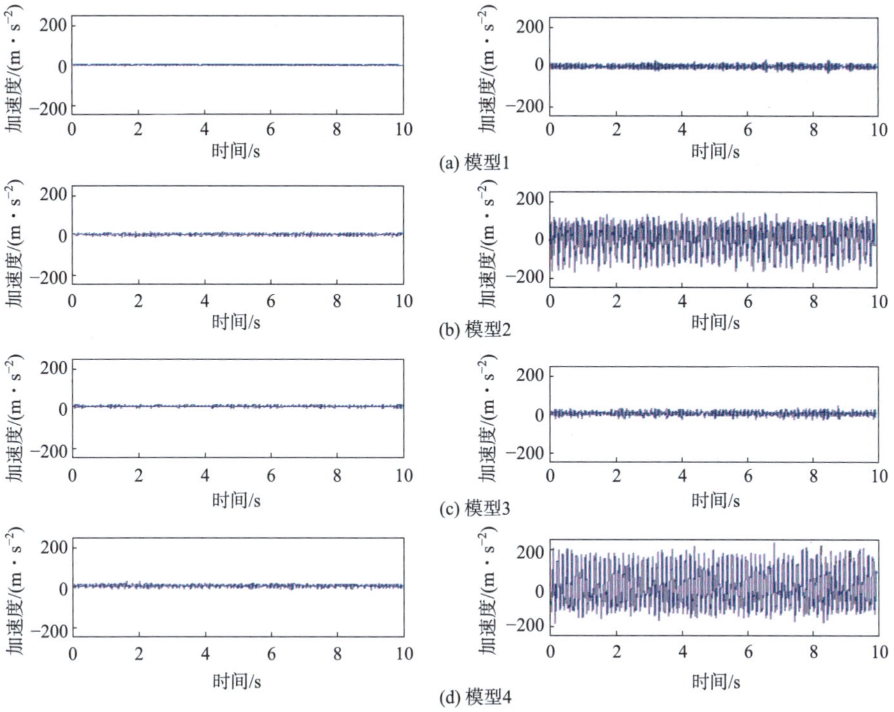

(a) v = 10 m/s　　(b) v = 22 m/s

图 6-41　测量面内加速度的两个示例

型在整个风速范围内从未经历过大幅振动，其位移标准差低于 0.8 cm(0.17D)；下游模型在风速高于临界值(14 m/s)后发生大幅面内和面外振动，而且振动幅值随风速的变大而增大，类似于经典弛振现象。此时临界风速对应的折算风速为 55，Re 为 4.5×10^4。当风速为 26 m/s(折减风速 102)，模型 2 和模型 4 最大移均方根值分别为 5.5 cm(1.2D)和5.7 cm(1.7D)。此外，模型 2 面内振动与面外振动的幅值大约相等，模型 4 的面内振动值略小于面外振动。

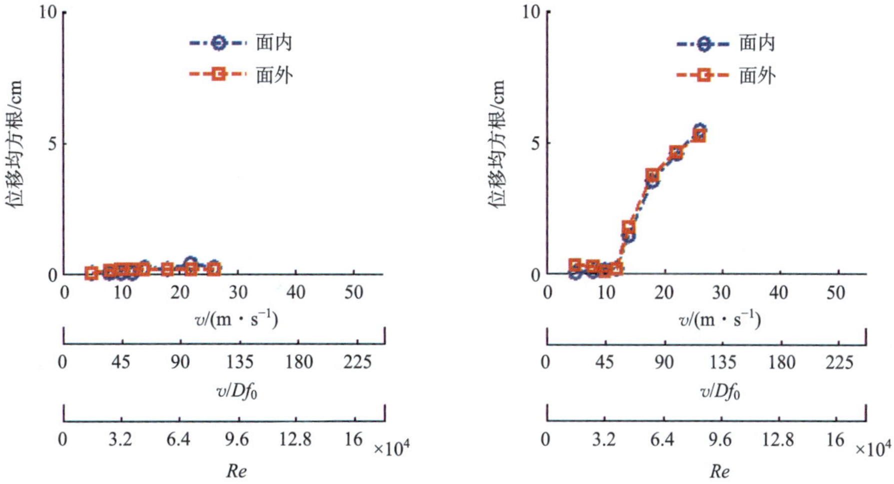

(a) 模型1　　(b) 模型2

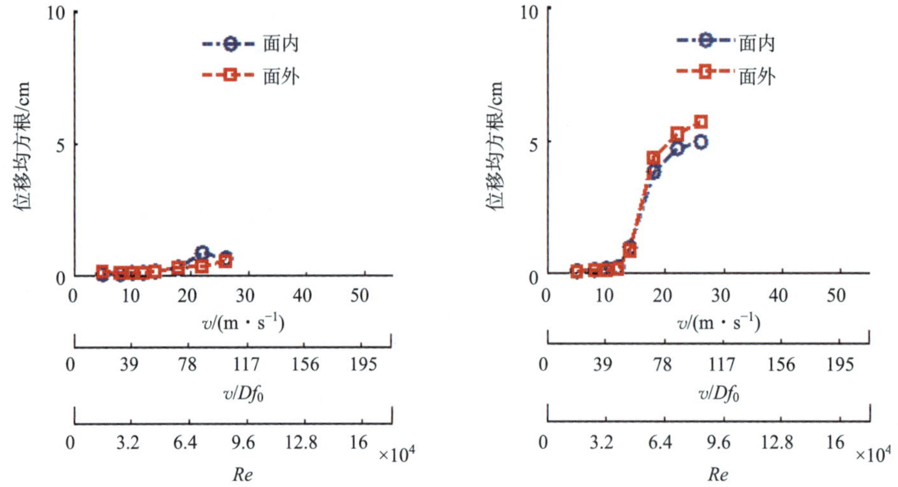

(c) 模型3　　(d) 模型4

图 6-42　不同风速下模型振动位移的标准差

采用模型外径对振动位移进行无量纲化，画出各模型振动响应的运动轨迹，如图 6-43 和图 6-44 所示。两种风速下，模型 1 和模型 3 的位移幅值始终很小，轨迹也很混乱。模型 2 和模型 4 在两个风速条件下表现出了不同的振动状态。当风速低于临界风速时，振动状态和轨迹与模型 1 和模型 3 的结果相似。然而，当风速高于临界风速时，模型 2 和模型 4 开始周期性振动，轨迹呈现出规则的圆形。而且，该轨迹圆表明下游模型面内和面外振动振幅大致相等，并且它们之间的相位差约为 0.5π。

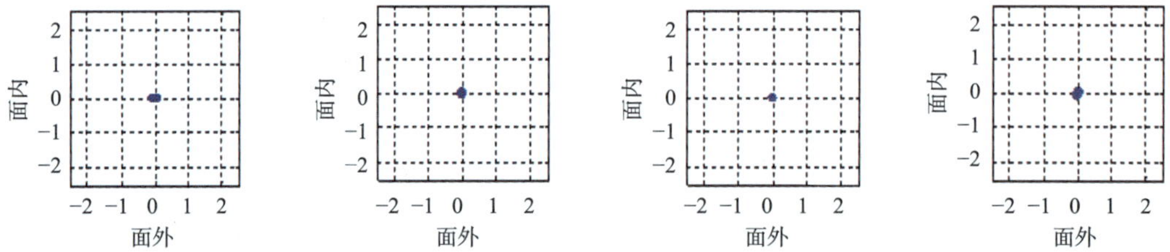

(a) 模型1　　(b) 模型2　　(c) 模型3　　(d) 模型4

图 6-43　10 m/s 风速模型振动无量纲轨迹

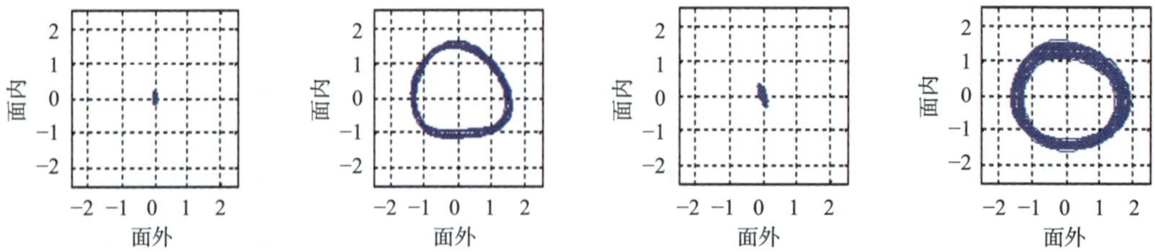

(a) 模型1　　(b) 模型2　　(c) 模型3　　(d) 模型4

图 6-44　22 m/s 风速模型振动无量纲轨迹

开展功率谱密度分析进一步探讨尾流弛振的模式和频率信息，结果如图 6-45 所示。对于上游的模型 1 而言，风速为 5 m/s 时，功率谱密度曲线在第 5 阶频率处出现明显峰值，对应折减频率为 0.21，与圆柱体漩涡脱落特征频率一致，说明此时模型振动以涡振为主；当风速增加到 8～12 m/s 时，频率峰值降低甚至消失；当风速为 14 m/s（临界风速）时，频率峰值变为第 1 阶模态频率；当风速大于 16 m/s 时，功率谱密度曲线出现多个峰值；但是所有风速下模型 1 的振动能量都很小。对于下游的模型 2 而言，当风速低于12 m/s 时，功率谱密度曲线在前几阶模态频率处表现出多个峰值，但能量较小，当风速达到 14 m/s 后，振动频率逐渐由第 1 阶模态主导；而且当风速从 14 m/s 升高到 26 m/s 时，振动频率逐渐从 4.7 Hz 增加到 6.0 Hz。这一现象与国外学者提出的“尾流刚度”效应一致。模型 1 和模型 2 面外振动功率谱密度曲线表现出类似的变化趋势。此外，模型 3 和 模型 4 也呈现类似频率特性。

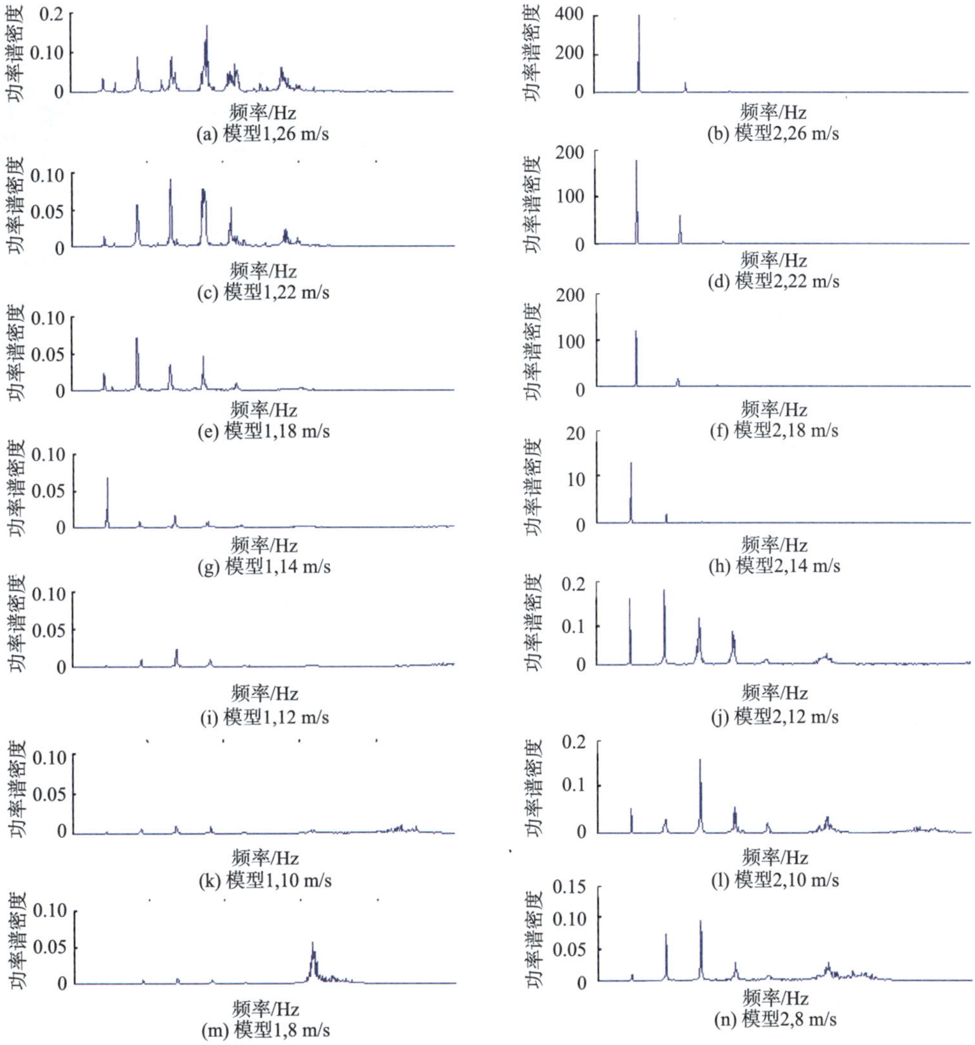

(a) 模型1,26 m/s　(b) 模型2,26 m/s
(c) 模型1,22 m/s　(d) 模型2,22 m/s
(e) 模型1,18 m/s　(f) 模型2,18 m/s
(g) 模型1,14 m/s　(h) 模型2,14 m/s
(i) 模型1,12 m/s　(j) 模型2,12 m/s
(k) 模型1,10 m/s　(l) 模型2,10 m/s
(m) 模型1,8 m/s　(n) 模型2,8 m/s

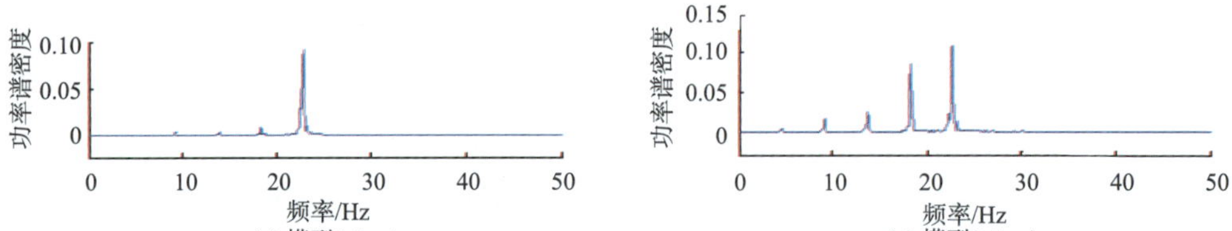

(o) 模型1,5 m/s　　(p) 模型2,5 m/s

图 6-45　不同风速下 1 号、2 号索面内振动功率谱密度结果

6.2.2　弹性连杆抑振效果

以上试验表明，尾流弛振振动剧烈，振幅随着风速的升高而增大，对斜拉索安全性和耐久性构成威胁。为此，提出采用弹性连杆的方式来抑制尾流弛振，并通过风洞试验检验了其控制效果。

弹性连杆的安装位置在相邻斜拉索的跨中，风洞试验模型如图 6-46 所示，弹性连杆被简化成了一个弹簧结构，通过铁环与上下两根斜拉索垂直相连。对弹簧进行了适当预紧，以保证振动过程中弹簧变形在线性范围内。已有学者提出采用 T/KL 表示连杆的无量纲柔度/刚度，其中，K 为连杆的刚度，T 为斜拉索的水平拉力。横连杆的无量纲刚度设计为 1.0，计算出相应的刚度为 490 N/m，实测刚度测量为 519 N/m。

图 6-46　弹性交叉连接示例

由于弹性连杆将两个拉索模型垂直连接形成新的索网结构，改变了原来的模态频率。图 6-47 为新索网结构的加速度功率谱密度曲线。结果显示，面内振动中出现了新的模态。重复尾流弛振风洞试验，并将最大风速从 26 m/s 增加到 50 m/s。通过对比增设弹性连杆前后模型振动响应来判断其控制尾流弛振的有效性。

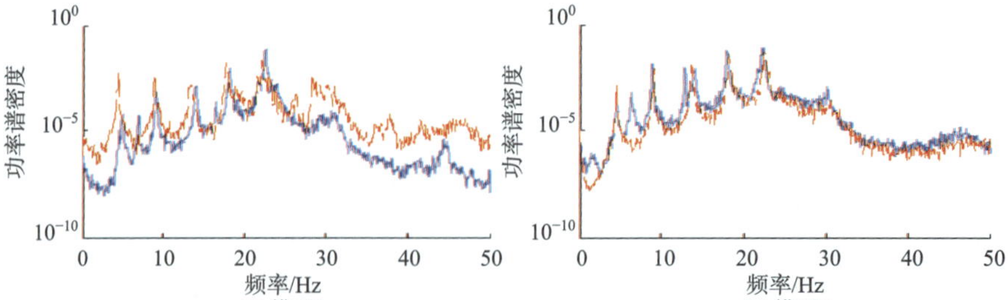

(a) 模型1　　(b) 模型2

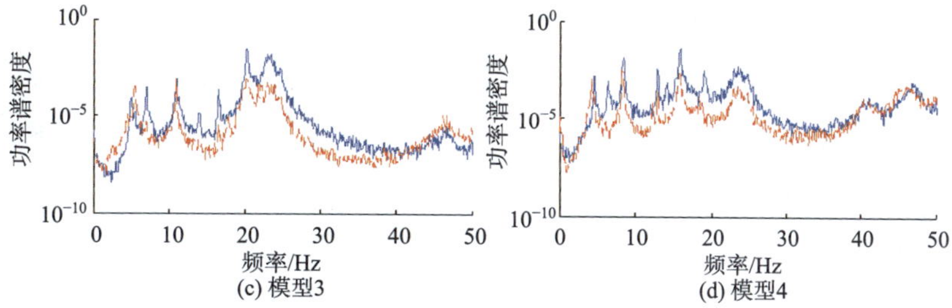

图 6-47　索网结构加速度功率谱密度曲线(蓝色为面内振动,红色为面外振动)

由图 6-48 可知,增设弹性连杆对上游斜拉索模型 1 和模型 3 的振动响应影响很小,但是却能显著降低下游斜拉索模型 2 和模型 4 振动响应。在风速 26 m/s 时,增设弹性连杆后,模型 2 和模型 4 的面内位移均方根值分别降低了 74%和 76%,面外位移均方根值分别降低了 74%和 84%。此外,在整个风速范围内,位移均方根没有出现急剧增加的突变现象。结果表明弹性连杆可有效抑制尾流弛振。

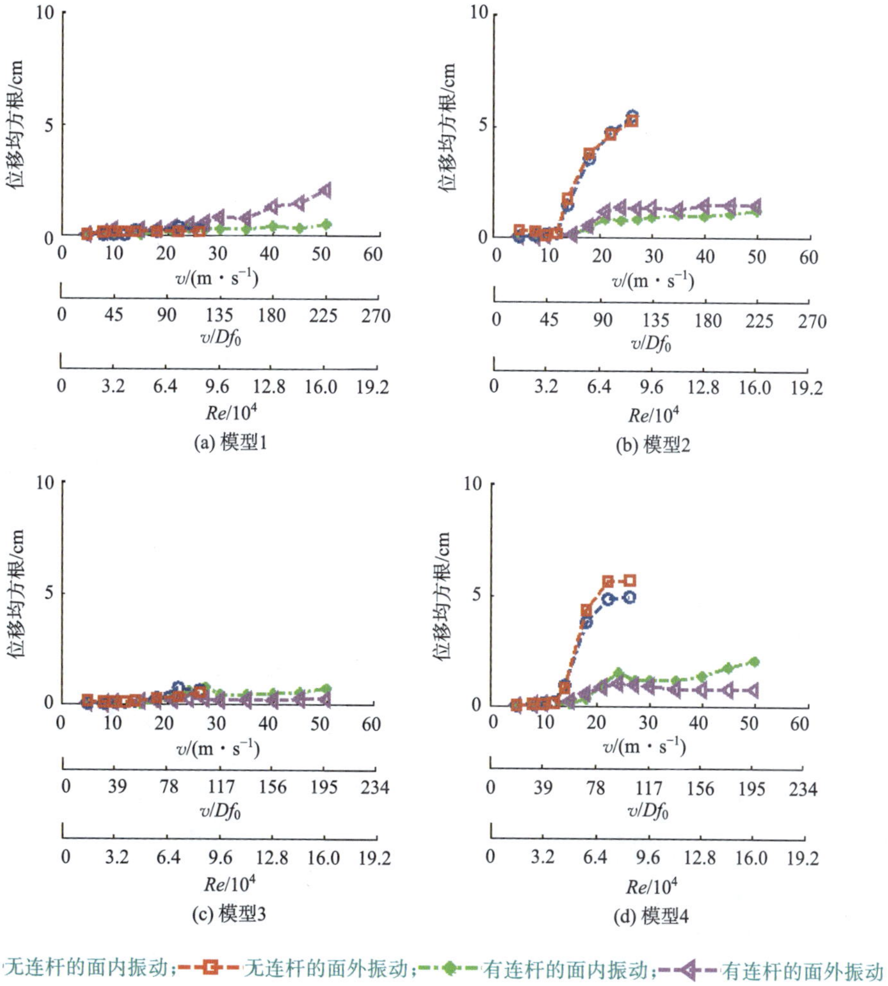

图 6-48　不同风速下各索振动位移均方根值

图 6-49 和图 6-50 为增设弹性连杆以后拉索模型在风速为 10 m/s 和 21 m/s 时的无量纲位移轨迹。结果证实，当风速低于原临界风速时，模型 1 和模型 3 的振动轨迹基本与无弹性连杆时的振动轨迹一致。在风速为 22 m/s 时，增设弹性连杆后，模型 2 和模型 4 的振动幅值显著减小，而且位移轨迹变得混乱，面内和面外振动之间的相位差变得难以识别。这些轨迹也证实了弹性连杆可以有效降低下游斜拉索的尾流弛振。

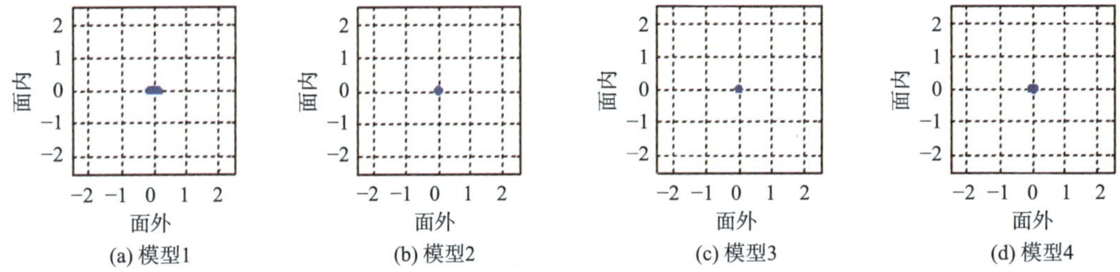

图 6-49　增加弹性连杆后的斜拉索位移轨迹(风速为 10 m/s)

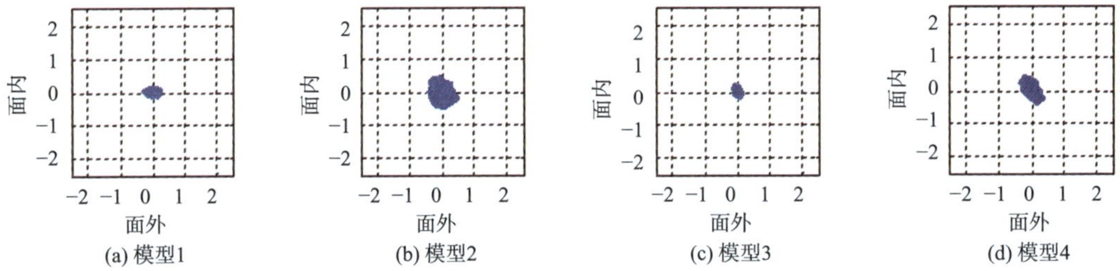

图 6-50　增加弹性连杆后的斜拉索位移轨迹(风速为 22 m/s)

图 6-51 为增设弹性连杆后，不同风速下模型 2 的面内加速度的功率谱密度曲线。结果显示，功率谱密度曲线在所有风速下均有多个峰值，这种现象与没有弹性连杆的情况完全不同。而且，当风速高于临界风速时，功率谱密度曲线峰值处的能量强度比没有设置弹性连杆时小一个数量级。面外和面内振动的结果相似。分析结果表明，增设弹性连杆改变了下游斜拉索风致振动的模态特征。

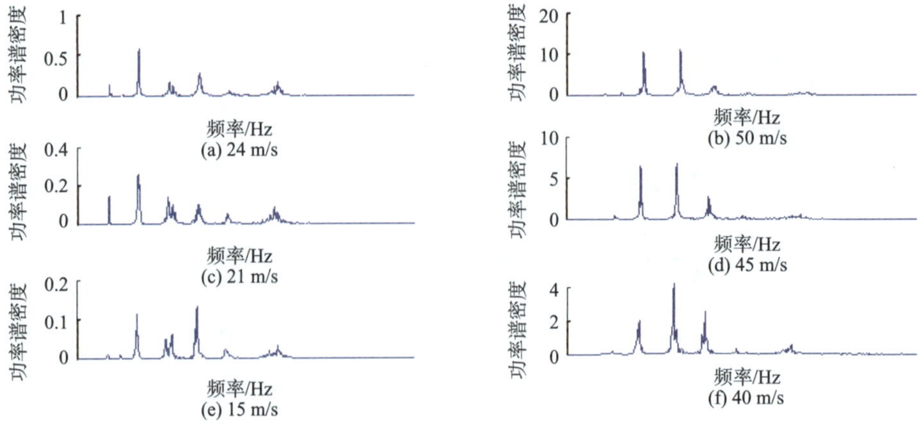

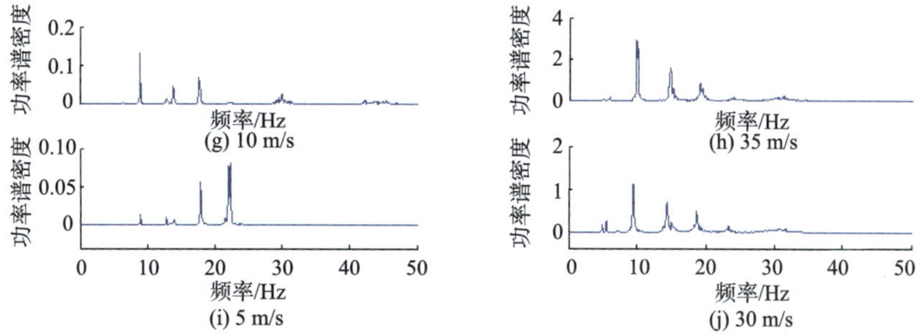

图 6-51　增设弹性连杆后模型 2 面内加速度功率谱密度曲线

相同的原理，进一步研究增设两个（1/3 和 2/3 截面）和三个弹性连杆（1/4、2/4 和3/4 截面）对尾流弛振的抑制效果，结果如图 6-52 所示。增加弹性连杆的数量进一步提高了对尾流弛振的抑制效率，但总体而言，效果提升的程度差异不大。说明弹性连杆的数量并非抑振效率的关键因素。

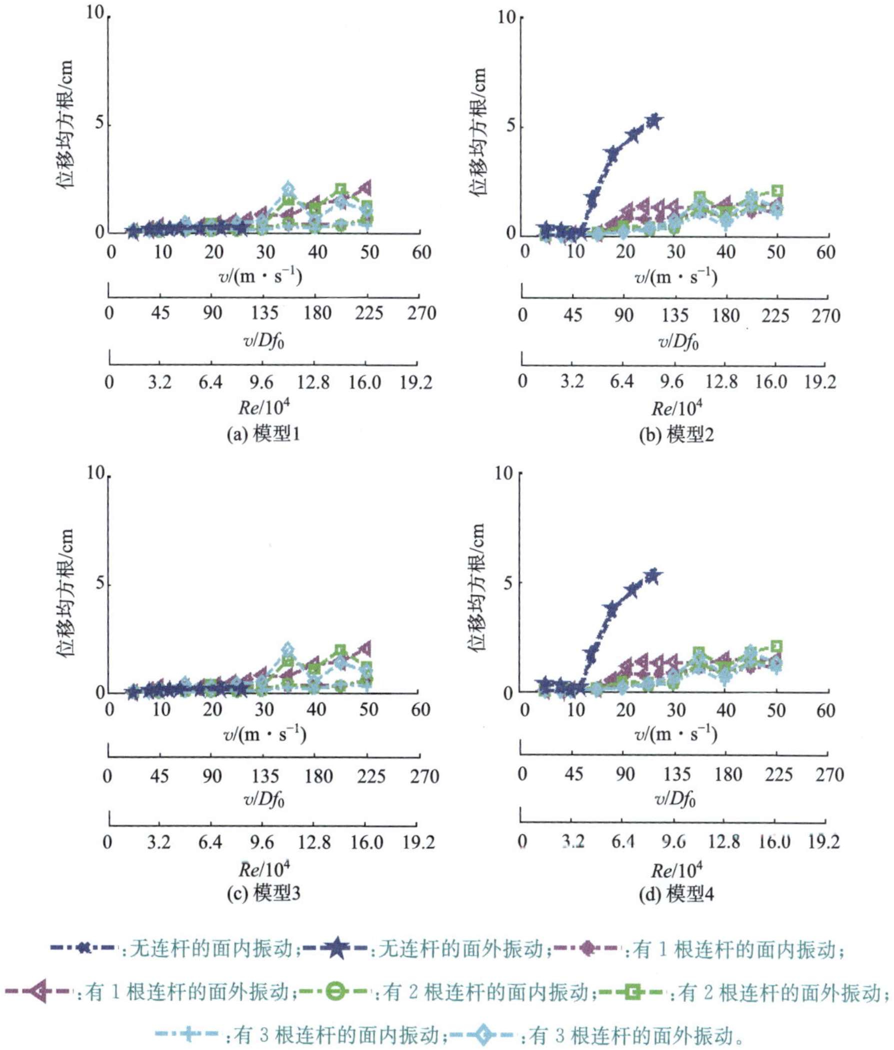

图 6-52　多个弹性连杆对尾流弛振的控制效果

6.2.3 弹性连杆工作原理

风洞试验的测试结果表明，弹性连杆成功抑制了下游斜拉索的尾流弛振，使风致振动的振幅降低了74%以上，并1阶模态为主的周期振动转变为混沌多模态振动。图6-53为尾流弛振基本原理的经典示意。由于上游斜拉索的遮挡作用，其尾流中心部分的风速远低于外侧部分的风速。下游斜拉索的升力始终指向尾流中心，这往往会诱导下索斜拉索向上游斜拉索的尾流中心运动。当下游斜拉索移动到上游斜拉索的尾流中心，阻力也变小，并驱动下游斜拉索逆风向移动。下游斜拉索的升力和阻力均随其相对位置(x,y)而变化，因此当下游斜拉索沿着一定轨道运动时，会承受周期性的风荷载，可以从风荷载中吸收能量保持剧烈振动。尾流弛振的原因可以认为是流固相互作用，并且是一个强-强反馈的过程。气动力激发斜拉索产生更大的振动，同时斜拉索振动反过来会产生更强的气动力，如图6-54实线框中的强-强反馈过程。但是，如果将相邻的下游斜拉索通过一根弹性连杆连接成一个整体，一根斜拉索的振动需要受到其他斜拉索的约束。在初始相同的气动力(Fl_2,Fd_2,Fl_4,Fd_4)动作下，增加弹性连杆后下游斜拉索无法像单根自由斜拉索那样移动到理想位置，而是受到其他斜拉索的限制，振动到新位置$(x_2^*,y_2^*,x_4^*,y_4^*)$，如图6-54中的虚线框所示，并生成新的气动力$(Fl_2^*,Fd_2^*,Fl_4^*$、和$Fd_4^*)$。新的气动力反过来又将斜拉索激发到另一个新位置。可能将原来的强-强反馈过程改为了弱-弱或强-弱的反馈过程，此时下游斜拉索无法从气流中持续吸收足够的能量来克服结构阻尼，因此无法发生大幅风致振动。

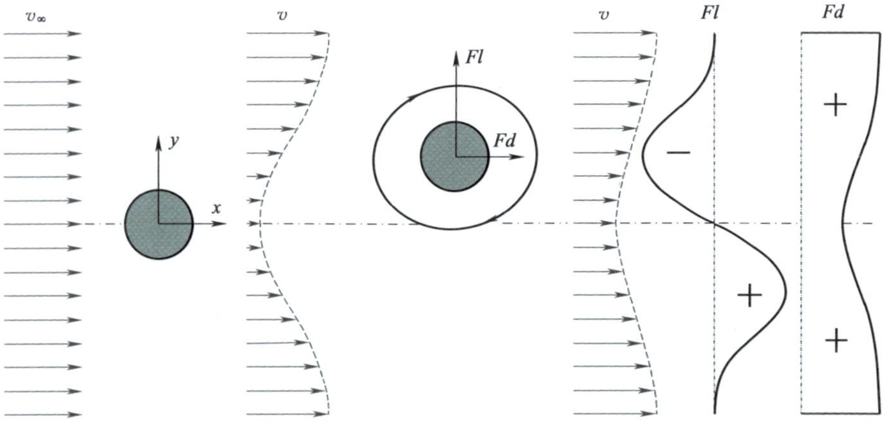

图6-53　尾流弛振基本原理示意

由此可见，弹性连杆抑制尾流弛振的主要原因是扰乱了尾流弛振原有的流固耦合反馈过程。同时，与单根拉索相比，增加弹性连杆可以提高索结构的平面刚度、增加模态质量、并重新分配振动能量也是抑制尾流弛振的有利因素。

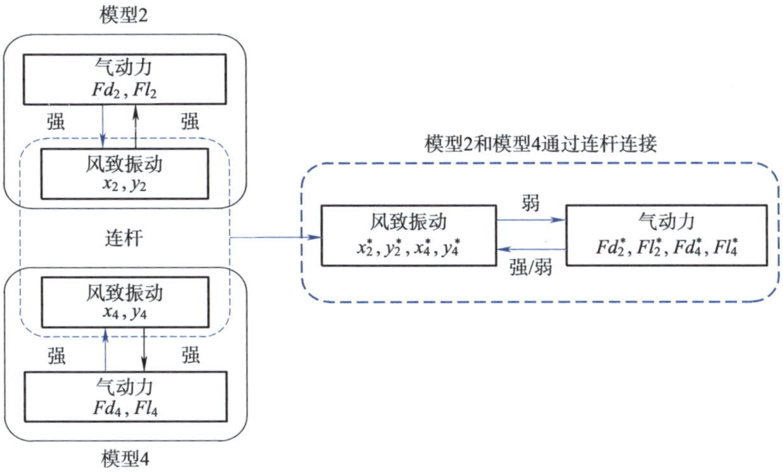

图 6-54　尾流弛振 中带和不带交叉连接的流固相互作用

6.2.4　弹性连杆无量纲刚度

正确设计和制作风洞试验模型的弹性连杆对正确模拟和检验其抑振效果至关重要，因此进一步推导弹性连杆试验模型的刚度无量纲参数。图 6-55 为通过弹性连杆正交连接的两根斜拉索力学示意。两根斜拉索的长度风别为 L_1 和 L_2、单位长度质量分别为 m_1 和 m_2，以及水平预张力分别 T_1 和 T_2。弹性连杆简化为弹簧，将两根斜拉索分成四段，被称为单元 j-p，其中，j 是第 j 根斜拉索，p 是斜拉索的第 p 段。单元 j-p 的长度用 $L_{j、p}$表示，位移根据子坐标 $x_{j、p}$定义为 $v_{j、p}$。

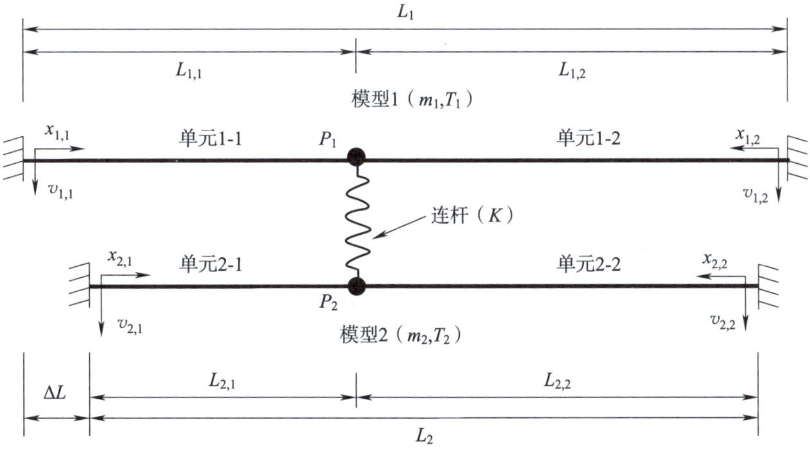

图 6-55　两根斜拉索通过弹性横连杆互连

正如试验观测结果，假设增设弹性连杆后风致振动显著减小，在计算斜拉索的动态响应时使用线性理论。同时，由于弹性连杆对面外模态和频率的影响不大，因此考虑面内振动。

根据 Caracoglia 和 Jones（2005 年）以及 Ahmad 等（2013 年）的研究结论，增设弹性连

杆的索网结构的模态频率和振型可通过系数矩阵特征值 det[$\boldsymbol{\Phi}$]为零进行求解。

$$\boldsymbol{\Phi}=\begin{bmatrix} \sin\left(\alpha\pi\dfrac{L_{1,1}}{L_1}\right) & -\sin\left(\alpha\pi\dfrac{L_{1,2}}{L_1}\right) & 0 & 0 \\ 0 & 0 & \sin\left(\alpha\pi\dfrac{L_{2,1}}{L_2}\sqrt{\dfrac{T_1}{T_2}}\sqrt{\dfrac{m_2}{m_1}}\right) & -\sin\left(\alpha\pi\dfrac{L_{2,2}}{L_2}\sqrt{\dfrac{T_1}{T_2}}\sqrt{\dfrac{m_2}{m_1}}\right) \\ \sin\left(\alpha\pi\dfrac{L_{1,1}}{L_1}\right)+\alpha\pi\dfrac{T_1}{KL_1}\cos\left(\alpha\pi\dfrac{L_{1,1}}{L_1}\right) & \alpha\pi\dfrac{T_1}{KL_1}\cos\left(\alpha\pi\dfrac{L_{1,2}}{L_1}\right) & -\sin\left(\alpha\pi\dfrac{L_{2,1}}{L_2}\sqrt{\dfrac{T_1}{T_2}}\sqrt{\dfrac{m_2}{m_1}}\right) & 0 \\ \cos\left(\alpha\pi\dfrac{L_{1,1}}{L_1}\right) & \cos\left(\alpha\pi\dfrac{L_{1,2}}{L_1}\right) & \sqrt{\dfrac{m_2}{m_1}}\sqrt{\dfrac{T_2}{T_1}}\dfrac{L_1}{L_2}\cos\left(\alpha\pi\dfrac{L_{2,1}}{L_2}\sqrt{\dfrac{T_1}{T_2}}\sqrt{\dfrac{m_2}{m_1}}\right) & \sqrt{\dfrac{m_2}{m_1}}\sqrt{\dfrac{T_2}{T_1}}\dfrac{L_1}{L_2}\cos\left(\alpha\pi\dfrac{L_{2,1}}{L_2}\sqrt{\dfrac{T_1}{T_2}}\sqrt{\dfrac{m_2}{m_1}}\right) \end{bmatrix}$$

其中，$\alpha=\omega/\omega_1$ 为系统的折减频率，ω 为新索网系统模态圆频率，ω_1 为单根模型 1 基频的频率。当根据风洞试验结果设计斜拉索连杆时，原型(Prototype)斜拉索与模型(Model)斜拉索应具有相同的折减频率 α。这就要求模型的系数矩阵应与原型的系数矩阵等效，即：

$$\left(\frac{1}{K}\frac{T_1}{L_1}\right)_{\mathrm{P}}=\left(\frac{1}{K}\frac{T_1}{L_1}\right)_{\mathrm{M}}$$

由此可得弹性连杆的刚度缩尺比 λ_{K} 为

$$\lambda_{\mathrm{K}}=\frac{K_{\mathrm{M}}}{K_{\mathrm{P}}}=\frac{T_{\mathrm{M}}}{T_{\mathrm{P}}}\frac{L_{\mathrm{P}}}{L_{\mathrm{M}}}=\frac{\lambda_T}{\lambda_L}=\lambda_{\mathrm{f}}^2\lambda_{\mathrm{L}}\lambda_{\mathrm{m}}$$

式中 $T_{\mathrm{P}},T_{\mathrm{M}}$——原型和模型的张力；

$L_{\mathrm{P}},L_{\mathrm{M}}$——原型和模型的长度；

λ_T——张力缩尺比；

λ_L——长度缩尺比。

根据弹性连杆的刚度缩尺比可实现风洞试验模型设计，以及与实际工程结构刚度参数之间的等效转换。

6.3 桥上行车防风技术

6.3.1 组合式风屏障方案提出

高速铁路桥梁具有桥面风速大、车-桥气动干扰突出、车-桥动力相互作用显著等特点。

尤其随着近年来高速铁路桥梁的快速发展，大跨桥梁越来越多，加之列车速度不断提高，使得侧风作用下桥上列车安全性问题愈加突出，高速铁路桥梁行车面临更大的抗风挑战。风屏障作为一种简单、高效的抗风措施，可以有效减小列车行车位置风速，从而减小侧风对列车的影响，提高列车桥上行车的安全性。

目前，针对高速铁路桥梁风屏障的理论研究主要从挡流（开孔型、栅栏型等）、导流（百叶窗型等）、耗能（风力发电型、合页型等）三个方向入手。考虑到实际使用过程中的安装、运营成本以及后期维护，开孔型和栅栏型风屏障是理论研究和实际使用最多的类型。如图 6-56 所示，此类风屏障一般在具有一定高度的屏障实体上均匀开孔以保证一定的透风率，其减风效果的本质是将自身受到的阻力反作用于其所在位置的流场上，从而减小其后方的风速。然而，横风在通过风屏障时仍有部分来流会透过屏障上的孔洞作用在列车上，加之这些孔洞是均匀分布在风屏障上的，使得作用在列车上的风荷载大小和方向基本一致，列车仍会承受一个整体倒向侧面的推力。很显然，针对此类风屏障的减风效果优化只能从透风率和高度入手，由于其功能性较为单一，进一步优化其减风效果的空间越来越小。

图 6-56　高速铁路桥梁风屏障

事实上，风屏障保证列车平稳安全运行的实质在于如何减小作用在列车上的风荷载大小。因此在前述研究的基础上，考虑是否可以通过融合“挡流”“导流”以及“耗能”三个方向，增大其减风效果优化空间，以方便从多个角度减小作用在列车上的风荷载大小，从而进一步提高列车在桥上的行车安全性。据此想法提出一种新型风屏障——组合式风屏障（图 6-57）。组合式风屏障的整体结构形式分为上下两部分，上部设置多块具有一定旋转角度的导风叶片，下部设置一块均匀开孔的风障板。该组合式风屏障的工作原理如下。

（1）下部开孔风障板以其较小的透风率影响列车迎风侧区域为负压，而上部导风叶片以其较大的透风率影响列车迎风侧区域为正压，“一正一负”可大大减少列车横向风荷载，有效降低列车阻力系数（为了尽量保证组合式风屏障影响的列车迎风侧上下区域的风压为“一正一负”，设计时要保证其上部的透风率始终大于下部）。

（2）组合式风屏障通过上部导风叶片的旋转角度改变来流方向，向上旋转时可将来流引导至列车顶部，减小来流对列车的冲击；向下旋转时，引导上部来流在列车与风屏障之间空隙部位与下部来流相撞，并相互消耗，最终削弱风力大小。

(3)组合式风屏障通过上部导风叶片的旋转角度改变来流方向，增大横风作用在列车竖直向下的风荷载分量，大大减少竖直向上的升力。

组合式风屏障几何参数定义如图 6-57 所示。图 6-57 中，h 为总高度，a 为开孔型风屏障的高度，b 为百叶窗式风屏障的叶片宽度，c 为相邻风屏障叶片之间的间距，α 为叶片旋转角度。

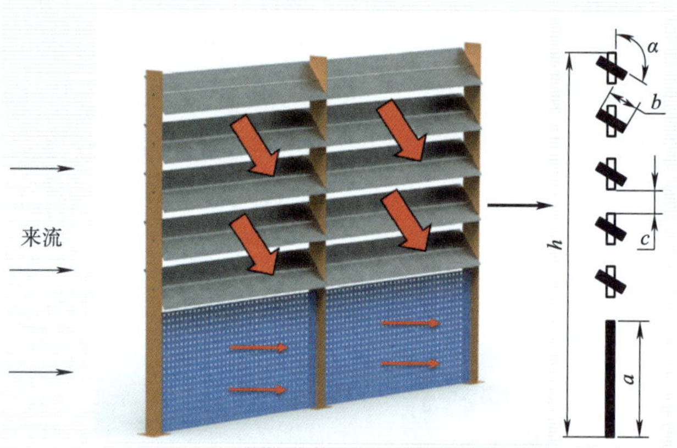

图 6-57　组合式风屏障

为验证本节提出的组合式风屏障是否能达到预期的减风效果，以我国常用的高速铁路 32 m 双线简支梁桥为研究对象，采用数值模拟方法计算得到了不同几何参数组合式风屏障下的车桥系统速度云图。为方便计算验证，将下部开孔风屏障透风率定为 0，其高度以“封闭长度”定义。组合式风屏障上部导风叶片旋转角度以顺时针旋转为正，30°和 60°表示叶片向上偏转，120°和 150°表示叶片向下偏转。对于同一种封闭长度的组合式风屏障，叶片旋转 30°与旋转 150°时风屏障所对应的透风率相同，具体的计算工况见表 6-9。

表 6-9　组合式风屏障数值模拟计算工况

高度/m	封闭长度/mm	旋转角度/(°)	直板长度/mm	间距/mm	透风率/%
3	750	30	270	180	36.03
	750	60	270	180	52.50
	750	120	270	180	52.50
	750	150	270	180	36.03

图 6-58 所示为不同几何参数组合式风屏障车桥系统速度云图(其中，3 m_750 mm_X° 表示高度为 3 m、直板长度为 750 mm、旋转角度为 X°)，以对比说明组合式风屏障的几何参数变化对车桥系统流场的影响，并用以验证组合式风屏障是否可以达到预期效果。从这些图中可以看出：

(1)组合式风屏障叶片向上偏转时(旋转角度为30°、60°),迎风侧列车附近的流场较为简单,来流大都按导风叶片偏转方向流动,大部分被引导至列车顶部,此时组合式风屏障导流效果明显,减少了直接作用在列车上的横向风荷载。其中,尤以叶片角度60°时的导流效果最为明显。

(2)组合式风屏障叶片向下偏转时(旋转角度为120°、150°),其叶片导流效果引导部分流体向列车的斜下方流动,增大了作用在列车竖直向下的风荷载分量。

(3)值得注意地是,因为下部风障板不透风且具有一定高度,所以其对应的列车迎风侧区域出现明显的负压区,而上部导风叶片对应区域则因为有一定的透风率则出现明显的正压区。这一现象即验证了组合式风屏障是可以通过改变列车迎风侧的风压正负,来实现部分风荷载的相互抵消,从而减小作用在列车上的整体风荷载大小。

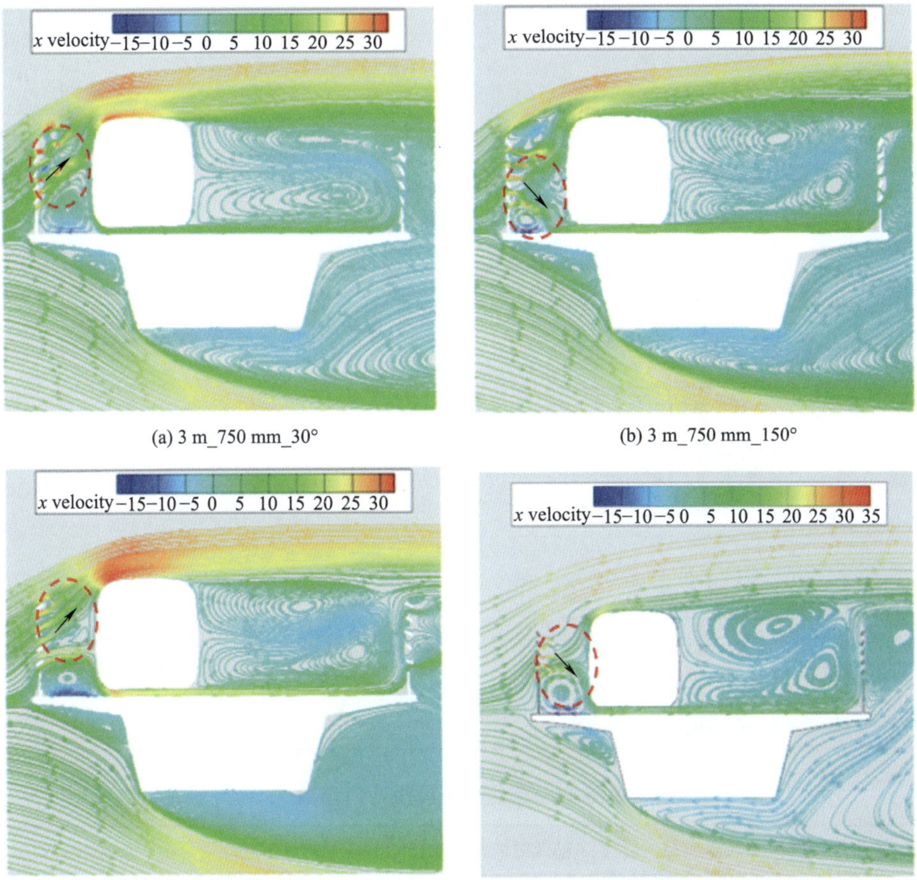

(a) 3 m_750 mm_30°　(b) 3 m_750 mm_150°

(c) 3 m_750 mm_60°　(d) 3 m_750 mm_120°

图6-58 不同几何参数组合式风屏障速度云图

6.3.2 组合式风屏障对车桥系统气动特性影响

以西部山区某铁路悬索桥为研究对象,主缆跨度为(245+1 060+270) m,加劲梁跨度为(130+1 060+90=1 280) m。矢高 117.8 m,矢跨比为 1/9。加劲梁采用两片主桁布置的华伦式钢桁梁,桁宽 30.0 m,桁高 12.0 m,节间长度 10.0 m。桥梁设计车速度为 200 km/h,双线行车。制作几何缩尺比为 1∶30 的桥梁和 CRH2 列车刚性测力节段模型(最大堵塞率为 4.3%,小于规范规定的 5%),分别测试安装了传统开孔型风屏障和组合式风屏障的车桥系统在−7°~+7°风攻角范围内的阻力系数、升力系数和力矩系数,并考虑单列列车在不同线上、双列列车不同组合方式等典型车-桥组合工况,具体工况见表 6-10。两种风屏障的高度为 3 m、3.5 m,透风率为 30%、40%、70%。其中组合式风屏障的几何参数见表 6-11。下部风障板高度为 900 mm(为便于模型制作),透风率为 0%,叶片旋转角度为 0°。

表 6-10 节段模型测力试验工况

工况编号	列车位置示意	测试列车状态描述	风屏障(开孔型/组合式)		试验风速/(m·s⁻¹)
			透风率/%	高度/m	
1	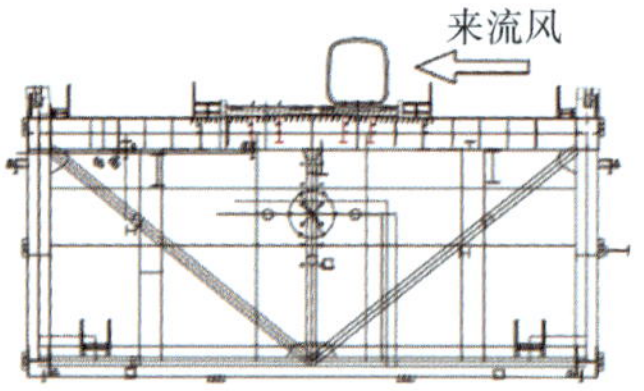	单车迎风	30 40 70	3.0 3.5	12、15
2	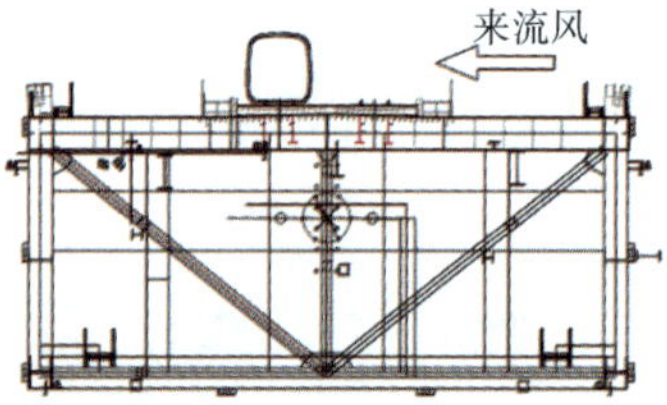	单车背风			
3	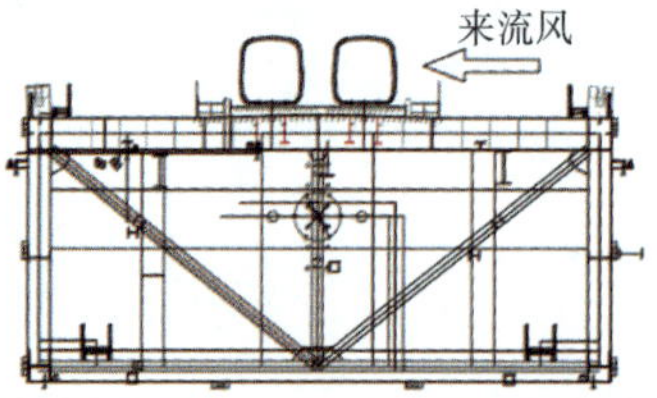	双车迎风			

表 6-11 组合式风屏障几何参数

总高度/m	下部风障板高度/m	下部风障板透风率/%	叶片角度/(°)	整体透风率/%
3	0.9	0	0	30、40、70
3.5	0.9	0	0	30、40、70

图 6-59 为不同类型风屏障单车上游车桥系统三分力系数,以对比说明两种类型风屏障对车桥系统气动特性的影响。

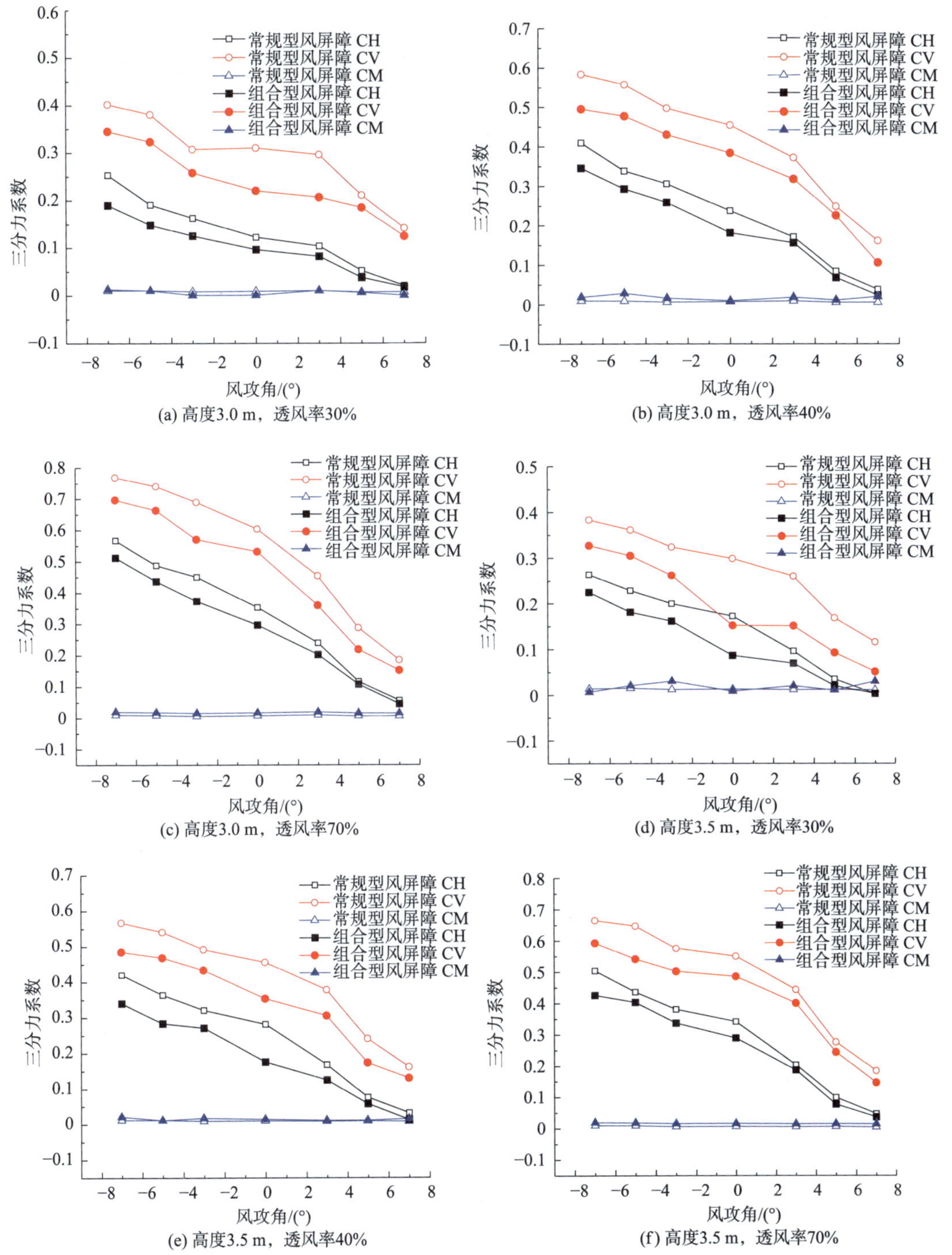

(a) 高度3.0 m，透风率30%
(b) 高度3.0 m，透风率40%
(c) 高度3.0 m，透风率70%
(d) 高度3.5 m，透风率30%
(e) 高度3.5 m，透风率40%
(f) 高度3.5 m，透风率70%

图 6-59　不同类型风屏障单车上游列车三分力系数

从图 6-60 可以看出，列车单车迎风时：

(1)无论风屏障高度和透风率如何变化，当风攻角由 0°减小至−7°时，升力系数和阻力系数均随着风攻角减小而增大；当风攻角由 0°增至 7°时，升力系数和阻力系数均随着风攻角增大而减小，而弯矩系数基本无变化。这表明，负风攻角下列车的气动特性更差。

(2)风屏障高度为 3 m，攻角为 0°时，随着透风率由 30%增至 70%，设置组合式风屏障的列车阻力系数相较于设置开孔型风屏障的情况分别降低 21.33%、23.54%、15.98%，升力系数分别降低 29.94%、15.42%、15.35%。其整体变化规律呈现随透风率增大，防风效果逐步降低的趋势。

(3)风屏障高度为 3.5m，攻角为 0°时，随着透风率由 30%增至 70%，设置组合式风屏障的列车阻力系数相较于设置开孔型风屏障的情况分别降低 49.82%、37.54%%、15.35%，升力系数分别降低 48.94%、22.52%、11.70%。其整体变化规律呈现随透风率增大，防风效果逐步降低的趋势。

图 6-60 为不同类型风屏障单车下游车桥系统三分力系数，以对比说明两种类型风屏障对车桥系统气动特性的影响。

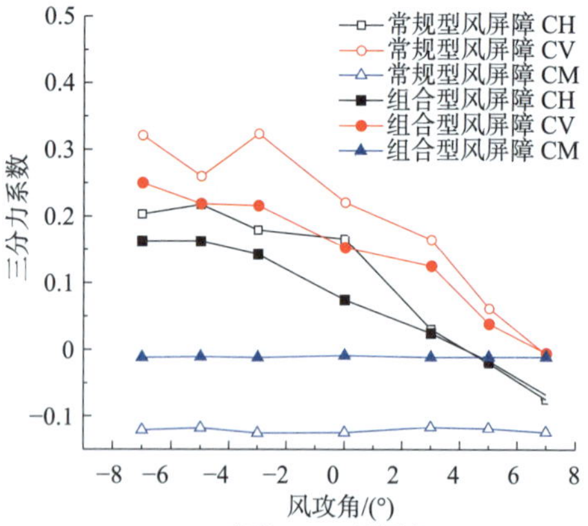

(a) 高度3.0 m，透风率30%

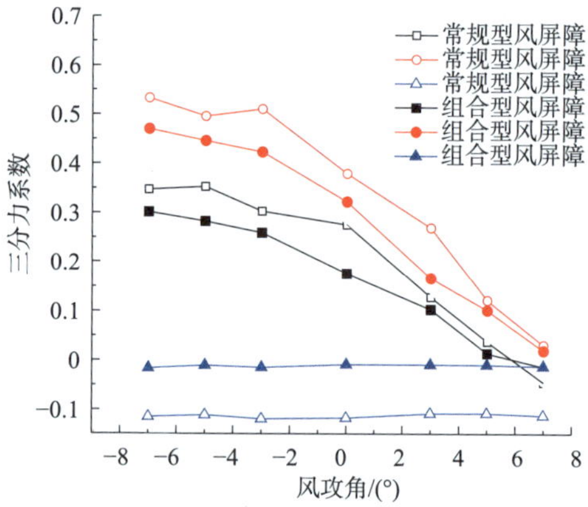

(b) 高度3.0 m，透风率40%

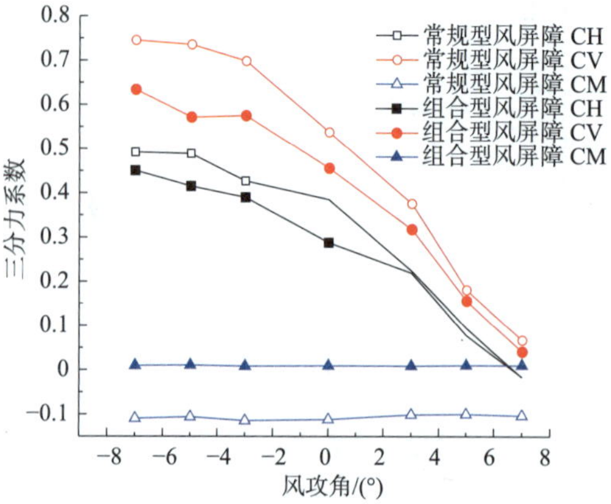

(c) 高度3.0 m，透风率70%

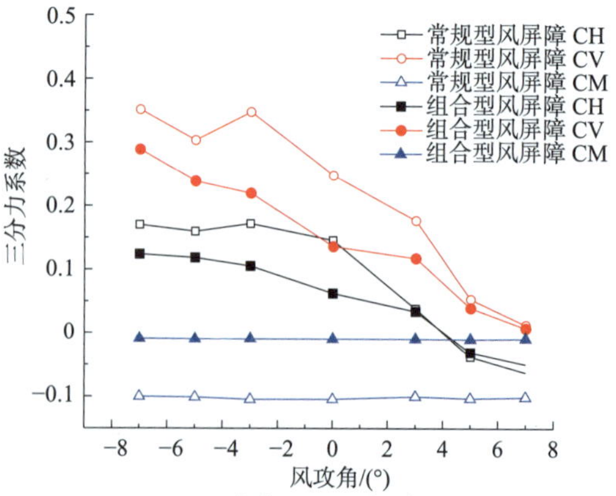

(d) 高度3.5 m，透风率30%

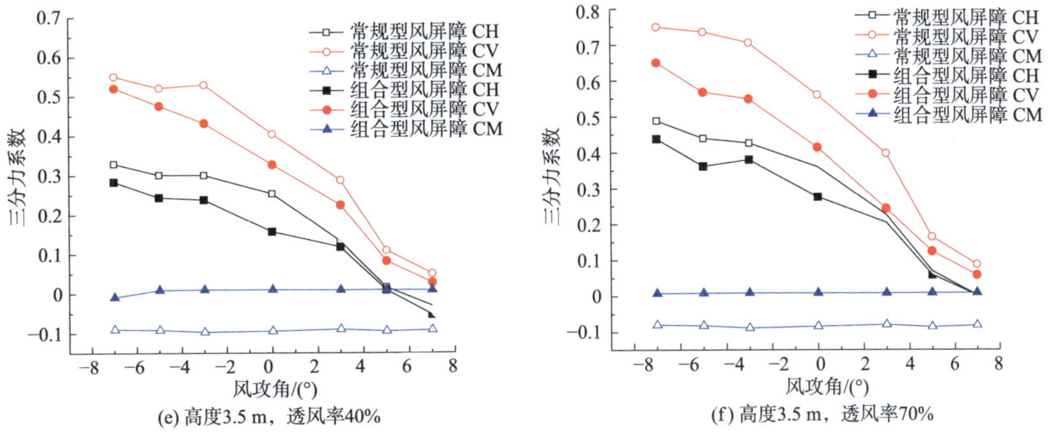

图 6-60　不同类型风屏障单车下游列车三分力系数

从图 6-60 可以看出，列车单车背风时：

(1)无论风屏障高度和透风率如何变化，当风攻角由 0°减小至－7°时，升力系数和阻力系数均随着风攻角减小而增大；当风攻角由 0°增至 7°时，升力系数和阻力系数均随着风攻角增大而减小，而弯矩系数基本无变化。这表明，负风攻角下列车的气动特性更差。

(2)风屏障高度为 3 m，攻角为 0°时，随着透风率由 30%增至 70%，设置组合式风屏障的列车阻力系数相较于设置开孔型风屏障的情况分别降低 55.12%、36.19%、25.22%，升力系数分别降低 30.69%、15.42%、15.21%。其整体变化规律呈现随透风率增大，防风效果逐步降低的趋势。

(3)风屏障高度为 3.5 m，攻角为 0°时，随着透风率由 30%增至 70%，设置组合式风屏障的列车阻力系数相较于设置开孔型风屏障的情况分别降低 57.13%、38.20%、23.48%，升力系数分别降低 45.16%、19.19%、26.05%。其整体变化规律呈现随透风率增大，防风效果逐步降低的趋势。

图 6-61 为不同类型风屏障双车上游车桥系统三分力系数，以对比说明两种类型风屏障对车桥系统气动特性的影响。

从图 6-61 可以看出，列车双车迎风时：

(1)无论风屏障高度和透风率如何变化，当风攻角由 0°减小至－7°时，升力系数和阻力系数均随着风攻角减小而增大；当风攻角由 0°增至 7°时，升力系数和阻力系数均随着风攻角增大而减小，而弯矩系数基本无变化。这表明，负风攻角下列车的气动特性更差。

(2)风屏障高度为 3 m，攻角为 0°时，随着透风率由 30%增至 70%，设置组合式风屏障的列车阻力系数相较于设置开孔型风屏障的情况分别降低 29.83%、18.74%、20.05%，升力系数分别降低 20.33%、10.93%、10.17%。其整体变化规律呈现随透风率增大，防风效果逐步降低的趋势。

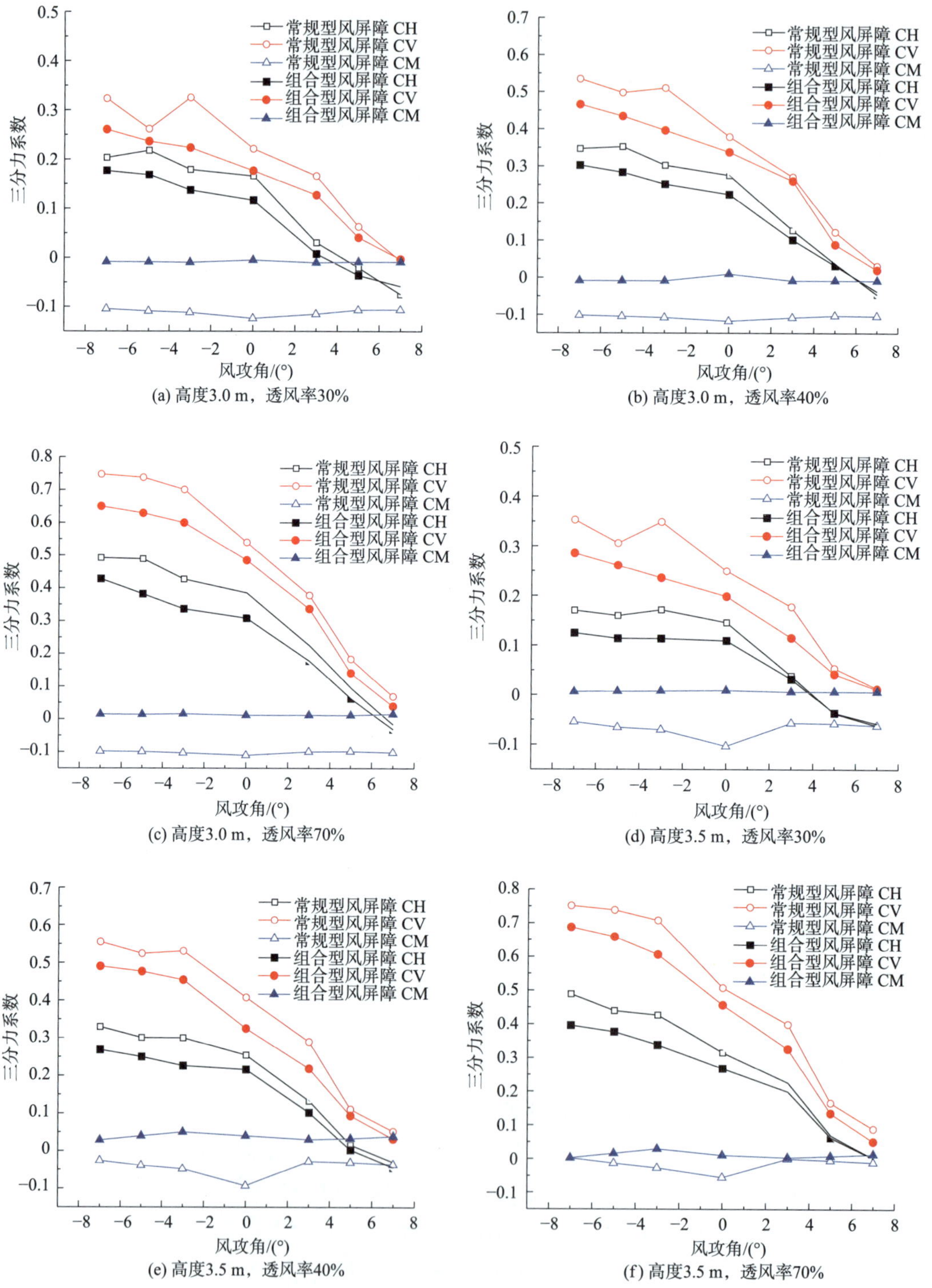

图 6-61　不同类型风屏障双车上游列车三分力系数

(3)风屏障高度为 3.5 m,攻角为 0°时,随着透风率由 30%增至 70%,设置组合式风屏障的列车阻力系数相较于设置开孔型风屏障的情况分别降低 24.98%、14.98%%、15.08%,升力系数分别降低 20.65%、20.36%、10.06%。其整体变化规律呈现随透风率增大,防风效果逐步降低的趋势。

综上所述,设置组合式风屏障的列车三分力系数变化规律与开孔型风屏障情况下的基本一致,且升力和阻力系数较之开孔型风屏障情况下均较小,也即组合式风屏障具有更好的减风效果,进一步优化了列车的气动特性。

6.3.3　组合式风屏障风-车-桥耦合系统动力响应分析

作为双重随机激励作用下的时变系统,风-车-桥耦合振动是研究强风作用下列车行车安全性的重要方法。与此同时,因为设置了风屏障的车桥系统气动特性不同于无风屏障的情况,其存在会改变三者之间的相互作用,所以考虑风屏障的风-车-桥系统耦合振动研究是评价风屏障防风效果的重要指标。

基于风洞试验结果,本节开展了风-车-桥系统耦合振动仿真计算与分析。进行计算时只考虑设计速度段的车速,即:200 km/h。《铁路技术管理规程(普速铁路部分)》规定,环境风速大于 30 m/s 时,严禁动车组列车进入风区,而 10 min 平均的 25 m/s 风速换算成瞬时风速后通常大于 30 m/s,因此本节取 15 m/s 和 20 m/s 的平均风速进行分析。同时列车位置仅考虑位于单车上游的最不利情况,具体计算工况及参数取值见表 6-12。

表 6-12　风-车-桥耦合振动仿真计算工况

风屏障类型	计算风速/($m \cdot s^{-1}$)	计算车速/($km \cdot h^{-1}$)	轨道不平顺	车型	列车位置
组合式风屏障	20	200	德国低干扰谱模拟轨道不平顺	CRH2	单车上游
开孔型风屏障	20	200	德国低干扰谱模拟轨道不平顺	CRH2	单车上游

采用自编程序建立风-车-桥耦合模型,开展风-车-桥耦合振动响应计算。设定瞬时风速 20 m/s,车速 200 km/h 为基本工况。另外,列车走行性评定指标与桥梁动力响应限值参照 TB/T 2360—93《铁道机车动力学性能试验鉴定方法及评定标准》、GB 5599—2019《铁道车辆动力学性能评定和试验鉴定规范》等,并参考历次提速试验所采用的评判标准,在风车桥耦合动力仿真分析中,采用的列车走行性评定指标与桥梁动力响应限值选取如下。

1. 列车走行性评定指标

（1）安全性指标

脱轨系数：≤0.8

轮重减载率：≤0.60（第一限度，正常行车时，运营速度段）

≤0.65（第二限度，正常行车时，检算速度段）

≤0.80（第三限度，考虑风或地震作用）

（2）客车和动车组乘坐舒适性及运行平稳性

车体振动加速度：竖向≤0.25g；横向≤0.20g（中速：≤200 km/h）

竖向≤0.13g；横向≤0.10g（高速：≥200 km/h）

竖向≤0.20g；横向≤0.15g（检算车速）

舒适性评价指标：优良≤2.50

良好 2.50～2.75

合格 2.75～3.00

（3）货车乘坐舒适性及运行平稳性

车体振动加速度：≤0.70g=7.0 m/s^2（半峰值，竖向）

≤0.50g=5.0 m/s^2（半峰值，横向）

平稳性评价指标：优良≤3.50

良好 3.50～4.00

合格 4.00～4.25

（4）机车乘坐舒适性及运行平稳性

车体振动加速度：≤0.365g=3.65 m/s^2（半峰值，竖向）

≤0.245g=2.45 m/s^2（半峰值，横向）

平稳性评价指标：优良≤2.75

良好 2.75～3.10

合格 3.10～3.45

2. 桥梁动力响应限值

（1）桥梁竖向振动加速度限值：0.35g=3.5 m/s^2（半幅、有砟轨道）

0.50g=5.0 m/s^2（半幅、无砟轨道）

（2）桥梁横向振动加速度限值：0.14g=1.4 m/s^2（半幅）

表 6-13 和表 6-14 分别给出了单车上游车桥动力响应仿真计算结果。

表 6-13 动车走行性仿真计算结果最大值汇总表(20 m/s)

工况	车速/(km·h^{-1})	高度/m	透风率/%	脱轨系数 Q/P	轮重减载率 $\Delta P/P$	横向力/kN	竖向加速度/(m·s^{-2})	横向加速度/(m·s^{-2})	Sperling 舒适性指标	
									竖向	横向
组合式风屏障	200	3	30	0.07	0.33	5.32	1.19	0.35	2.39	2.07
			40	0.08	0.36	5.87	1.19	0.35	2.39	2.07
			70	0.09	0.40	6.61	1.19	0.35	2.39	2.06
		3.5	30	0.07	0.33	5.26	1.19	0.35	2.39	2.07
			40	0.08	0.36	5.83	1.19	0.35	2.39	2.07
			70	0.09	0.40	6.56	1.19	0.35	2.39	2.07
开孔型风屏障	200	3	30	0.08	0.35	5.48	1.25	0.35	2.38	2.09
			40	0.09	0.38	6.23	1.19	0.35	2.39	2.07
			70	0.10	0.42	6.98	1.21	0.35	2.40	2.06
		3.5	30	0.08	0.34	5.80	1.26	0.35	2.37	2.09
			40	0.09	0.39	6.52	1.19	0.35	2.39	2.07
			70	0.10	0.43	7.21	1.22	0.35	2.40	2.06

表 6-14 桥梁动力响应仿真计算结果最大值汇总表(20 m/s)

工况	车速/(km·h^{-1})	高度/m	透风率/%	冲击系数	主梁跨中振动位移/mm		主梁跨中振动加速度/(m·s^{-2})		塔顶顺桥向动力响应		梁端转角/(10^{-4}rad)	
					横向	竖向	横向	竖向	位移/mm	加速度/(m·s^{-2})	横向	竖向
组合式风屏障	200	3	30	1.08	19.72	441.27	0.17	0.36	27.84	0.03	0.08	0.67
			40	1.07	24.93	438.94	0.17	0.36	27.70	0.03	0.08	0.67
			70	1.07	31.96	436.87	0.17	0.36	27.57	0.03	0.08	0.66
		3.5	30	1.08	19.22	441.65	0.17	0.36	27.87	0.03	0.08	0.67
			40	1.07	24.59	439.41	0.17	0.36	27.73	0.03	0.08	0.67
			70	1.07	31.49	437.52	0.17	0.36	27.61	0.03	0.08	0.66
开孔型风屏障	200	3	30	1.07	21.34	439.88	0.25	0.34	27.75	0.03	0.08	0.65
			40	1.07	28.28	437.93	0.17	0.36	27.63	0.03	0.08	0.66
			70	1.06	35.43	435.84	0.17	0.36	27.50	0.03	0.08	0.66
		3.5	30	1.08	24.47	440.06	0.25	0.34	27.76	0.03	0.08	0.65
			40	1.07	31.10	437.94	0.17	0.36	27.63	0.03	0.08	0.66
			70	1.06	37.71	435.74	0.17	0.36	27.50	0.03	0.08	0.66

由表 6-13 和表 6-14 可知：

(1)桥梁动力响应在上述各计算工况下均满足要求。

(2)列车的脱轨系数和轮重减载率均在限值以内，也即在 20 m/s 的风速下，无论安装哪种风屏障均能保证列车以设计时速 200 km/h 安全运行。

(3)风屏障高度为 3 m 时,随着透风率的增大,设置组合式风屏障的列车脱轨系数相较于开孔型风屏障的情况分别降低了 12.50%、11.11%、10.00%,列车轮重减载率分别降低了 5.71%、5.26%、5.00%,列车横向力分别降低了 2.92%、5.78%、5.30%,桥梁主梁跨中横向振动位移分别降低了 7.59%、11.84%、9.79%。

(4)风屏障高度为 3.5 m 时,随着透风率的增大,设置组合式风屏障的列车脱轨系数相较于开孔型风屏障的情况分别降低了 12.50%、11.11%、10.00%,轮重减载率分别降低了 2.94%、7.69%、6.98%,横向力分别降低了 9.31%、10.58%、9.02%,桥梁主梁跨中横向振动位移分别降低了 21.45%、20.93%、16.49%。

综上所述,由于列车升力系数对其脱轨系数和轮重减载率影响较大,横向力则主要体现在阻力系数的影响,结合 6.3.2 风洞试验结果可以发现,列车动力响应的计算结果是符合预期的,结果表明,安装组合式风屏障,可进一步提高列车的行车安全性。与此同时选择合适的风屏障,还要考虑成本以及安装风屏障后对桥梁受力的影响。结合表 6-13 和表 6-14 车桥动力响应的结果可知,设置高度为 3 m 透风率为 30%的组合式风屏障时,列车的脱轨系数、轮重减载率、横向力以及主梁跨中横向位移均较小,且实际安装成本和造价更低,因此推荐高度为 3 m,透风率为 30%的组合式风屏障为最终类型。

参 考 文 献

[1] HE X H,ZOU Y F,WANG H F,et al. Aerodynamic characteristics of a trailing rail vehicles on viaduct based on still wind tunnel experiments [J]. Journal of Wind Engineering and Industrial Aerodynamics, 2014,135:22-33.

[2] 何旭辉,方东旭,李欢,等. 基于车-桥系统气动性能分析的百叶窗型风屏障参数优化[J]. 中南大学学报,英文版,2019,26(1):12.

[3] 中华人民共和国交通运输部. 公路桥梁抗风设计规范:JTG/T 3360-01—2018 [S]. 北京:人民交通出版社,2018.

[4] 周智辉,文颖,曾庆元. 结构动力学讲义[M]. 2 版. 北京:人民交通出版社,2017.

[5] 曾庆元,杨平. 形成矩阵的“对号入座”法则与桁梁空间分析的桁段有限元法[J]. 铁道学报,1986(2):48-59.

[6] 张楠,郭薇薇. 高速铁路车桥耦合动力学[M]. 北京:北京交通大学出版社,2018.

[7] 国家标准局. 铁道车辆动力学性能评定和试验鉴定规范:GB/T 5599—2019[S]. 北京:中国计划出版社,2019.

[8] HE X,CAI C,WANG Z,et al. Experimental verification of the effectiveness of elastic cross-ties in suppressing wake-induced vibrations of staggered stay cables[J]. Engineering structures,2018,167:151-165.

[9] JING H,HUANG F,HE X,et al. Wake-induced vibrations of tandem flexible cable models in a wind tunnel. Ocean engineering,2021,233:109188.

[10] JING H,MIN X,HE X,et al. Wake-induced interactive vibrations of two tandem cables with a center-to-center distance of 2D[J]. Ocean engineering,2022,266:113259.

第 7 章　桥隧过渡段行车安全防风技术

我国地形地貌复杂，高速铁路不可避免桥梁和隧道相连，桥梁和隧道分别属于完全开放和封闭的两种差异显著的气动环境，风环境的快速切变容易导致桥隧过渡段列车的更强气动荷载。基于中南大学 CSU-WT1 风洞移移动列车模型风洞试验，揭示峡谷风环境下桥隧过渡段列车空气动力特性的突变效应及气动荷载变化规律，并基于行车安全防控的角度，提出了桥隧过渡段桥隧过渡段栅栏式风屏障的合理防控方法。

7.1　桥隧过渡段横风-移动列车风洞试验

基于中南大学 CSU-WT1 风洞低速试验段，构建了缩尺比为 1∶16.8 的隧-桥-隧线路条件下的移移动列车模型风洞试验装置和对应的 CFD 数值模型。通过将试验结果与相应的数值模拟结果进行对比，同时验证了两类结果的可靠性。基于试验结果分析了横风作用的有无以及隧道洞门结构的存在与否等因素对列车气动压力时程特性的影响；基于 CFD 模拟结果研究了动列车条件下车体表面压力变化与等效偏航角条件下静列车模型结果之间的差异，并从流场角度揭示了其差异机制。

7.1.1　试验布局

模型试验基于低速试验段开展，图 7-1 给出了用于本章研究的动列车模型试验系统的整体布局。该系统为双线路构造，具有两套加速装置和两套减速装置，可开展横风作用下列车单侧(背风侧和迎风侧)运行以及两车交会运行等工况的模拟。沿单条线路方向分为三段，即加速段、风洞试验段和减速段，其长度分别约为 10 m、12 m 和 12 m，线路方向与横风来流方向相互垂直。列车模型的起始位置位于风洞外，其车头距离风洞入口约为 7 m；风洞内为隧道-桥梁-隧道线路条件，两隧道模型长度均为 3 m，其近壁端与风洞壁面的距离均为 1 m，桥梁模型位于两隧道中间，长为 4 m，桥面与风洞地面的距离约为 0.55 m。

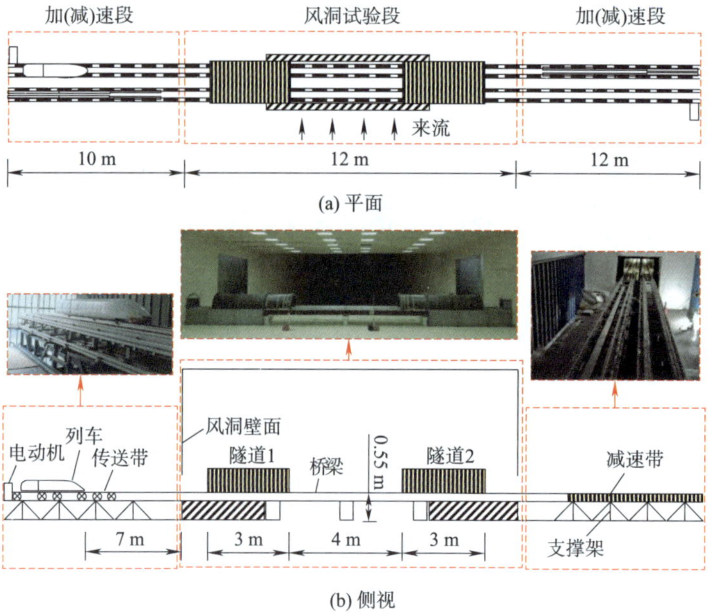

图 7-1　动列车模型试验系统的整体布局

7.1.2　试验模型

1. 列车模型

本次试验中列车模型是参照 CRH380B 型高速列车如图 7-2 所示，缩尺比 1∶16.8，列车长、宽、高分别为 1.64 m、0.2 m 和 0.23 m。为保证列车模型在风洞中运行的平稳性，模型底部与轨道之间采用滑轮和抱轨组合装置进行连接。

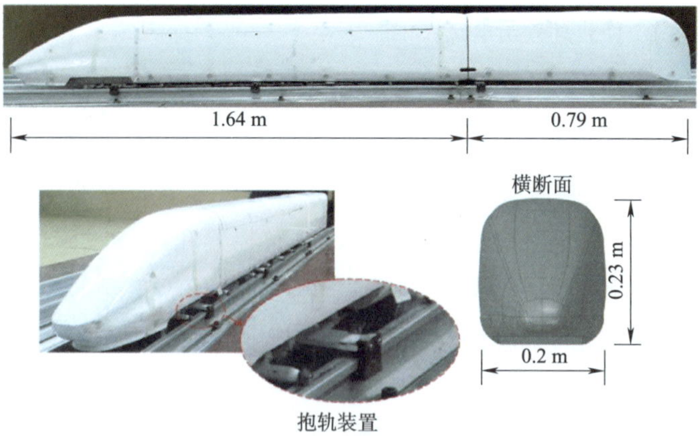

图 7-2　列车模型

2. 隧桥模型

图 7-3 给出了试验中所使用的隧、桥模型的详细尺寸。其中，隧道模型采用聚氯乙烯板

加工制作，其断面参照我国设计时速为 350 km 的标准双线高速铁路隧道；桥梁模型采用钢板制作，其断面形式参照我国标准高速铁路简支箱梁。隧、桥模型均按缩尺比 1∶16.8 进行缩尺。其中，隧道模型内截面高 0.58 m，宽 0.8 m；隧道 2 的入口端设置一座可拆卸的帽檐斜切式洞门结构，其长 1.17 m，倾斜角度为 30°；桥面宽度为 1.29 m。为确保模型在横风作用下不发生晃动，隧道支座和桥墩均通过螺栓紧固于风洞地面；为保证隧道内部气密性，隧道节段之间以及隧道与桥面连接处的缝隙均采用玻璃胶封堵。

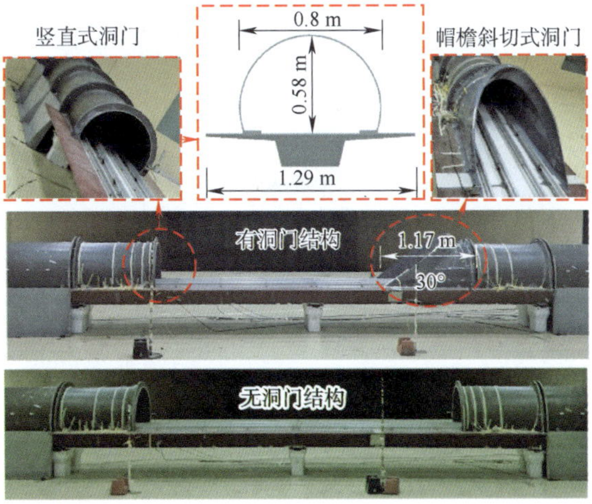

图 7-3　隧桥模型

7.1.3　数据采集及测点布置方案

研究主要关注头车表面的气动压力特性，为避免试验过程中线路拖行，采用中南大学自主研发的无线风压测试技术，对移动列车模型表面测点处的气动压力数据进行采集。其中，风压传感器为安装于列车内部的微差压变送器如图 7-4(a)所示，其量程为±2.5 kPa，测试精度为 0.5 %，采样频率为 2 kHz。该传感器有两个外接通道，分别感应外部环境气压和车体内部参考气压。其中，测压通道外接一根软管，软管另一端固定于车体表面上预先设定的测点处孔洞中如图 7-4(b)所示，与外部大气连通；参考压通道则连接置于车体内部的软管，软管另一端进行封堵。两通道所测得的压力值之差即为该测点处的真实气动压力 p_i。考虑到列车车体的固有频率普遍低于 10 Hz，为避免高频噪声影响试验结果的分析，对所有试验中采集的压力时程结果均进行 10 Hz 低通滤波处理。为使试验结果具有可对比性，还需对滤波后的压力值按公式(7-1)进行无量纲化。

$$C_p=\frac{p_i-p_0}{\frac{1}{2}\rho v^2} \tag{7-1}$$

式中　C_p——压力系数，压力方向垂直车体表面指向车体内部时为正，反之为负；

ρ——空气密度；

v——风洞内来流风速；

p_0——试验时风洞内部环境的参考气压。

车体表面上测点布置情况如图 7-4(b)所示(车头朝前)。在头车上沿纵向共布置了 5 个断面,每个断面上沿环向共布置 17 个测点,每个测点均对应一个微差压变送器。由于车体内部空间只能容纳一个断面测点数量的变送器,每次测试只能采集单个断面的压力数据,因此同一工况需进行多次重复试验才能完成所有断面的数据采集。

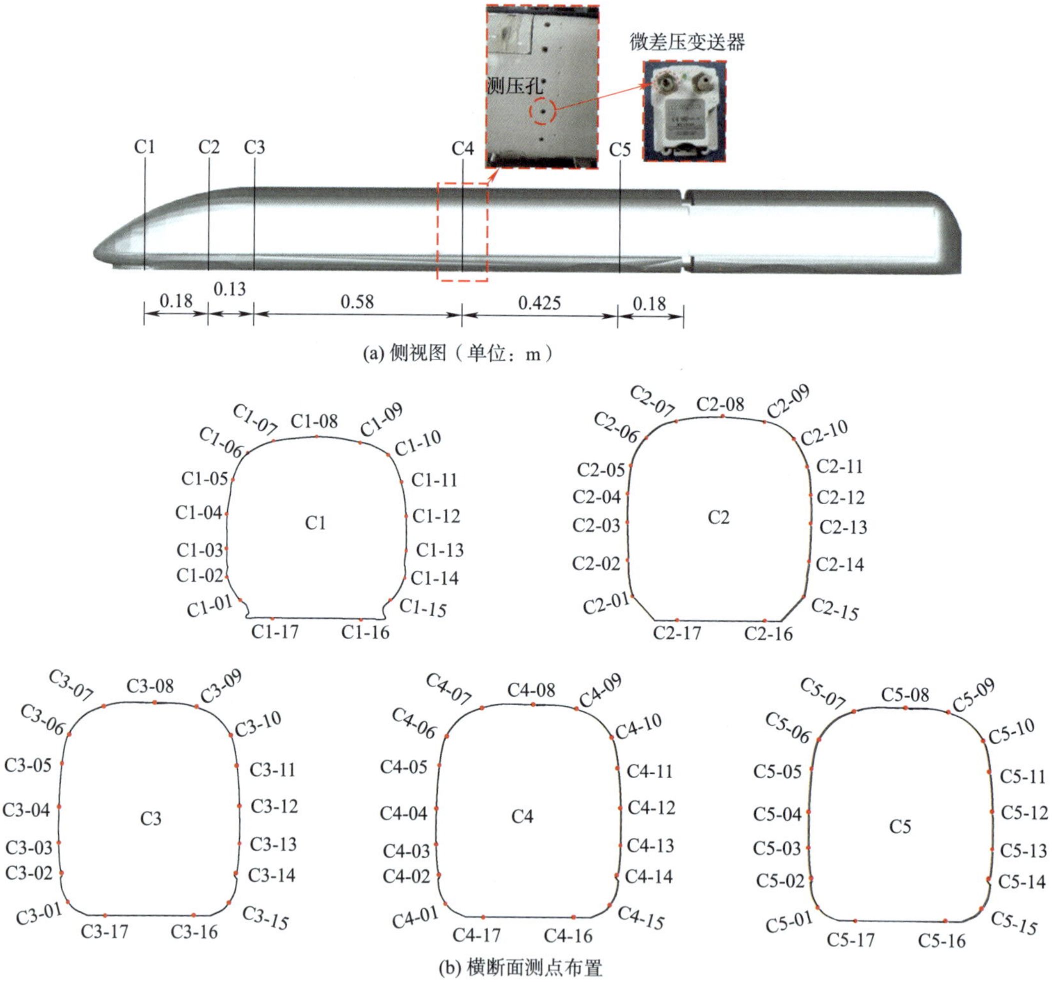

(a) 侧视图(单位:m)

(b) 横断面测点布置

图 7-4　测点布置示意

7.1.4　CFD 模拟与试验结果对比

为验证本文数值模拟方法及其计算结果的可靠性,图 7-5 给出了横风 v_a =8 m/s、车速 v_t = 6 m/s 的条件下,列车运行于背风侧线路时 C5 断面上各测点(C5-01～C5-15)压力系数时程的试验结果和相应的 CFD 模拟结果的对比。

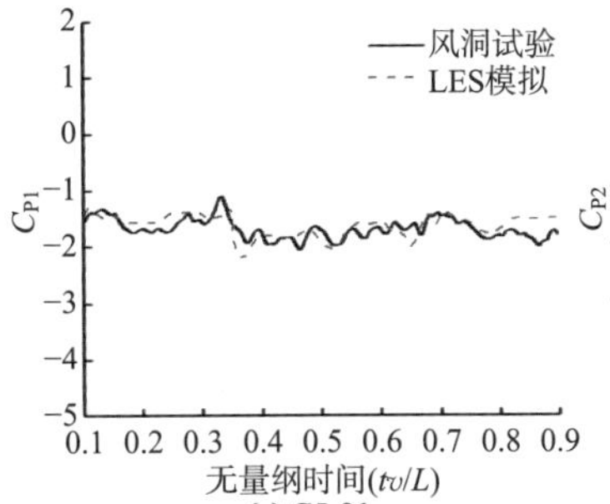

(a) C5-01

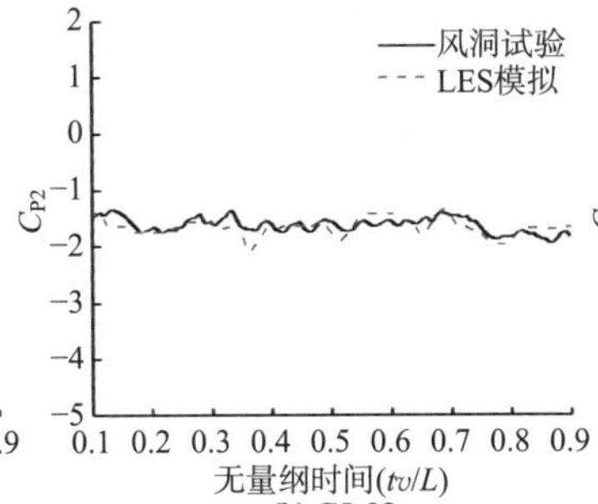

(b) C5-02

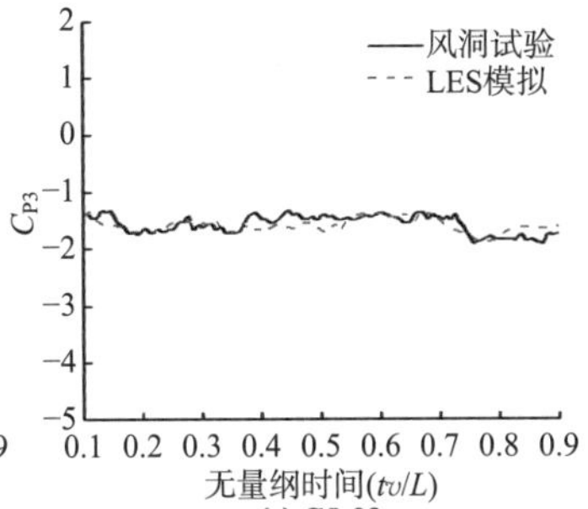

(c) C5-03

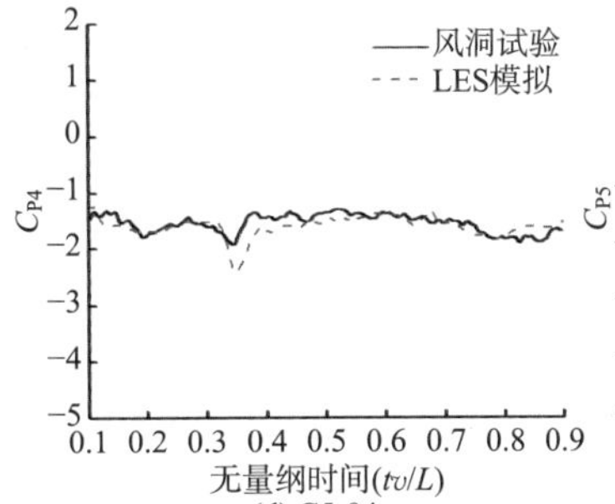

(d) C5-04

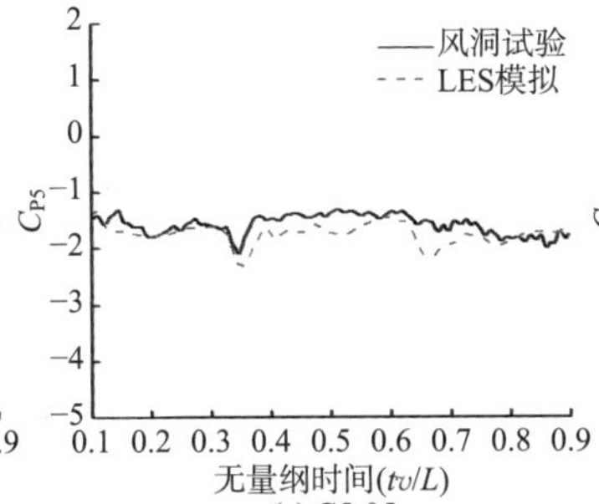

(e) C5-05

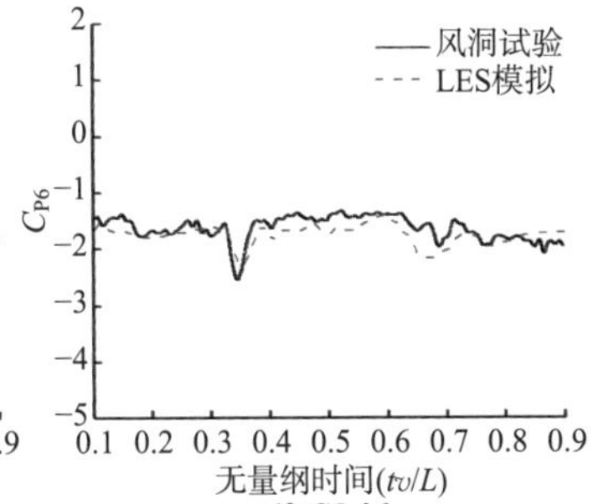

(f) C5-06

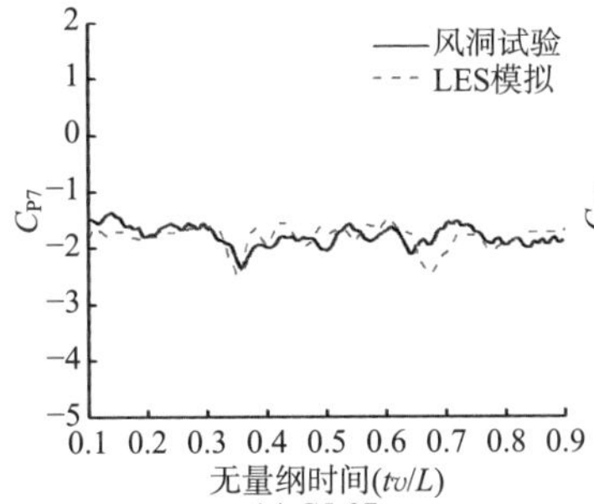

(g) C5-07

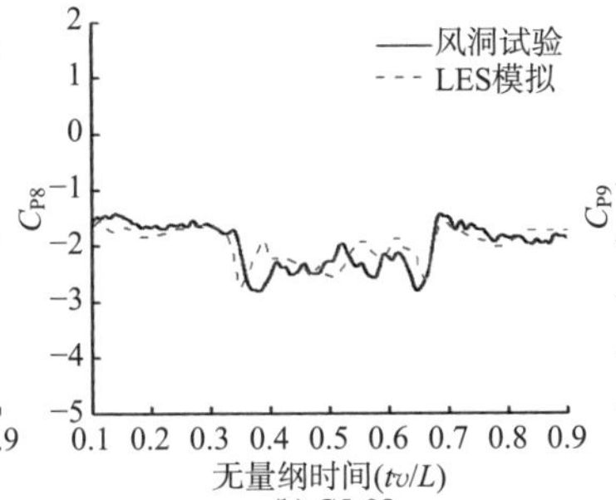

(h) C5-08

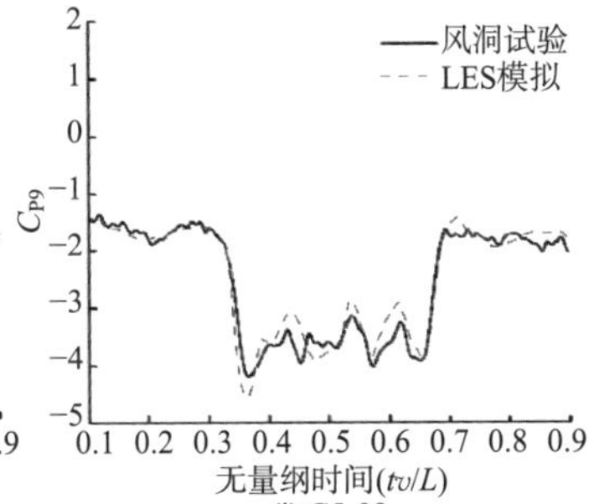

(i) C5-09

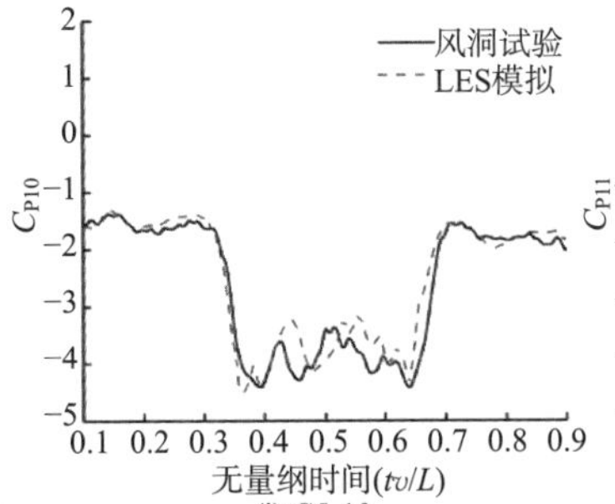

(j) C5-10

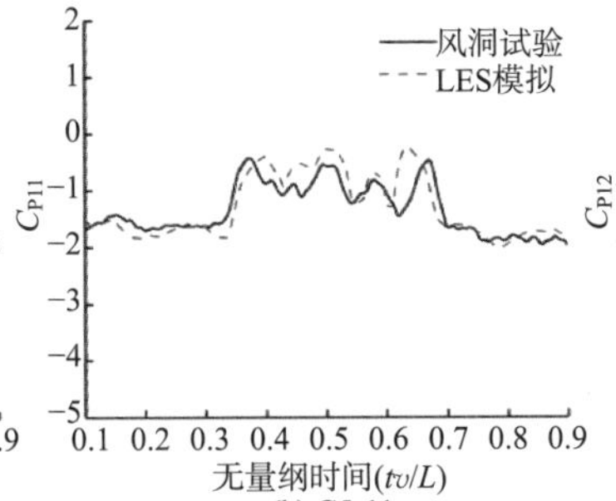

(k) C5-11

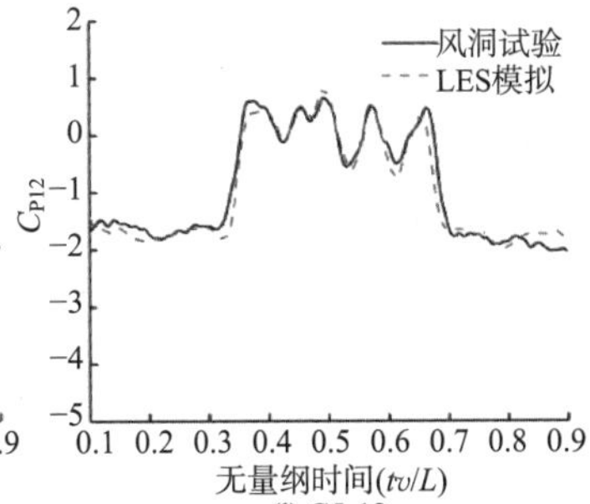

(l) C5-12

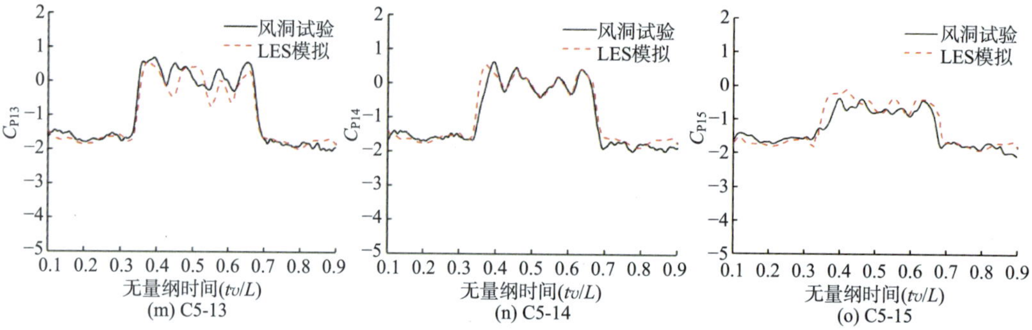

图 7-5　C5 断面各测点压力系数的时程曲线对比(v_a=8 m/s，v_t=6 m/s)

由图 7-5 分析可知：

基于 LES 湍流模型模拟的各测点压力系数的时程波动规律与相应的试验结果是基本吻合的。在隧道内的运行阶段，两种结果的压力系数值几乎相等，均稳定在－1.5 附近。二者在最大波动幅度上的差异主要存在于 0.3～0.7(无量纲时间)运行阶段内。然而，除个别测点(C5-10 和 C5-11)外，二者相差基本保持在 10%以内。

在测点 C5-9、C5-10 和 C5-11 上，二者结果相差可高达 20%。这可能是由于该处测点处于来流的分流过渡区域，频繁剥落的小涡流结构导致该区域湍流剧烈，数值模拟手段可能难以精准预测其真实的流场模式。然而，考虑到个别测点的压力值差异对列车整体所受气动力的影响微弱，可认为本文数值模拟方法及其计算结果是可靠的。

7.2　桥隧过渡段列车空气动力特性

7.2.1　移动列车气动效应分析模型

图 7-6 给出了隧道-桥梁-隧道模型的计算域几何参数及边界条件的设置情况。整个计算域由四段组成，即开阔空间、隧道 1、桥梁和隧道 2，除桥梁段长度为 159 m 之外，其余区段长度均为 200 m。其中，开阔空间段和桥梁段的大气域边界均采用半圆柱建模，直径分别为 38 m 和 240 m；桥梁模型采用 32 m 混凝土简支箱梁，桥面宽为 12.0 m，高为 3.05 m，且忽略了桥面轨道结构及桥墩的影响，桥面与地面的距离约为 13 m；隧道和列车模型仍沿用上一节的几何参数，列车始发点位于开阔空间，且车头鼻尖初始位置距离隧道 1 入口 80 m(即 t=0 s 时刻)。

该模型所使用的边界条件主要有三类，即 Pressure-far-field、Pressure-outlet 和 No-slip Wall。其中，Pressure-far-field 被应用于桥梁段大气域的边界；Pressure-outlet 被应用于开阔空间的大气域边界以及隧道 2 的出口；No-slip Wall 被应用于隧道壁面、桥梁表面以及桥梁区段的两端面。模型总网格单元数约为 2 500 万个，计算时间步长为 10^{-3} s，湍流模型仍采用 RNG k-ε 方案。

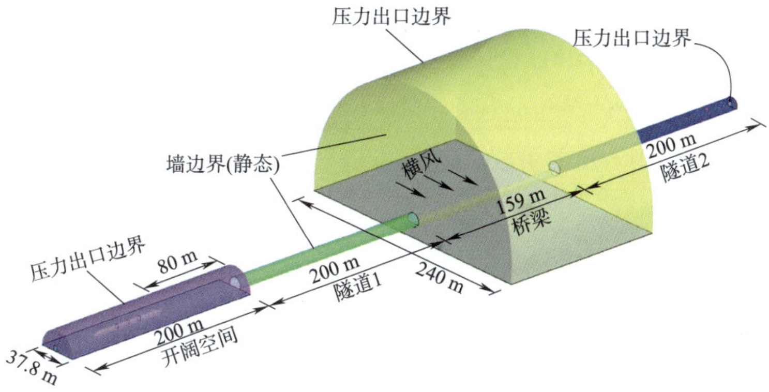

图 7-6　隧-桥-隧数值仿真模型概况

隧道洞口段来流风场的主要作用对象是高速驶出隧道的列车车厢体，其作用效应则主要表现为各节车厢气动荷载的瞬态变化，从而威胁列车运行安全。决定列车运行安全的气动荷载指标主要有五项，即横向力 F_z、升力 F_y、倾覆力矩 M_x、偏航力矩 M_y 和俯仰力矩 M_z。本节基于单元面压力积分原理，提出了一种车厢的气动荷载计算方法，图 7-7 以中间车为例，给出了相应的计算方案示意(其中，O 为车厢重心，O_i 为第 i 计算段重心)，相应的计算公式为(7-2)。

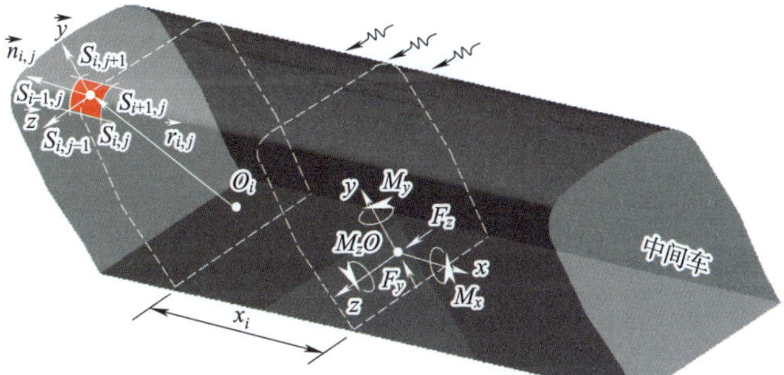

图 7-7　单节车厢气动荷载计算方案示意

$$
\begin{cases}
F_z = \sum_{i=1}^{n}\left\{\sum_{j=1}^{k}\left[p_{i,j}\cdot S_{i,j}\cdot(\boldsymbol{n}_{i,j}\cdot\boldsymbol{k})\right]\right\}\\
F_y = \sum_{i=1}^{n}\left\{\sum_{j=1}^{k}\left[p_{i,j}\cdot S_{i,j}\cdot(\boldsymbol{n}_{i,j}\cdot\boldsymbol{j})\right]\right\}\\
M_x = \sum_{i=1}^{n}\left\{\sum_{j=1}^{k}\left[p_{i,j}\cdot S_{i,j}\cdot(\boldsymbol{r}_{i,j}\cdot\boldsymbol{n}_{i,j})\right]\right\}\\
M_y = \sum_{i=1}^{n}\left\{\sum_{j=1}^{k}\left[p_{i,j}\cdot S_{i,j}\cdot(\boldsymbol{n}_{i,j}\cdot\boldsymbol{z})\cdot x_i\right]\right\}\\
M_z = \sum_{i=1}^{n}\left\{\sum_{j=1}^{k}\left[p_{i,j}\cdot S_{i,j}\cdot(\boldsymbol{n}_{i,j}\cdot\boldsymbol{y})\cdot x_i\right]\right\}
\end{cases}
\tag{7-2}
$$

式中 n——沿车身纵向的计算分段数量；

k——单个计算段中环向计算单元面数量；

$\boldsymbol{j},\boldsymbol{k}$——$y$ 和 z 方向上的单位向量；

$\boldsymbol{n}_{i,j}$——计算单元面(i,j)的单位法向量；

$S_{i,j}$——计算单元面(i,j)的面积；

$p_{i,j}$——作用在计算单元面(i,j)上的瞬态面平均压力；

x_i——O_i 与 O 之间的距离；

$\boldsymbol{r}_{i,j}$——对应于计算单元面(i,j)的力臂向量。

在式(7-2)中，针对 x_i 的正负号取值进一步作如下说明：在计算 M_y 时，当 O_i 位于 O 的 x 负方向时，x_i 取正值，反之取负值；在计算 M_z 时，当 O_i 位于 O 的 x 负方向上时，x_i 取负值，反之取正值。

为在 Fluent 软件中实现式(7-2)的功能，将车体表面上的面网格单元作为计算单元面，然后编制相应的可在 Fluent 加载的 UDF 程序，以对车体表面网格单元的瞬态压力进行实时积分求解(在该程序中，将赋予 O 和 O_i 与列车相同的速度，使之与列车之间保持相对静止)，最后可直接导出各节车厢的五项气动荷载指标的时程数据。

7.2.2 桥隧过渡段移动列车气动荷载变化规律

图 7-8 给出了不同横风风速条件下($v_a=0$、25、30 m/s)列车以车速 $v_t=250$ km/h 运行穿越隧-桥-隧线路条件的过程中，三节车厢的五项气动荷载系数(即横向力系数 C_z、升力系数 C_y、倾覆力矩系数 C_{mx}、偏航力矩系数 C_{my} 和点头力矩系数 C_{mz})及相应的 0.035 s 变化速率 $\Delta C'$ 的时程曲线。图中，$t=0$ s 表示车头鼻尖已驶入隧道 1 约 14 m，“OUT”表示列车驶出隧道 1 的过程($t=2.68\sim3.77$ s)，“IN”表示列车驶入隧道 2 的过程($t=4.97\sim6.06$ s)。为便于定量对比，表 7-1 统计了对应于图 7-8 的三种风速条件下各节车厢在“OUT”和“IN”过程中的气动荷载系数最大变化幅度的对比。

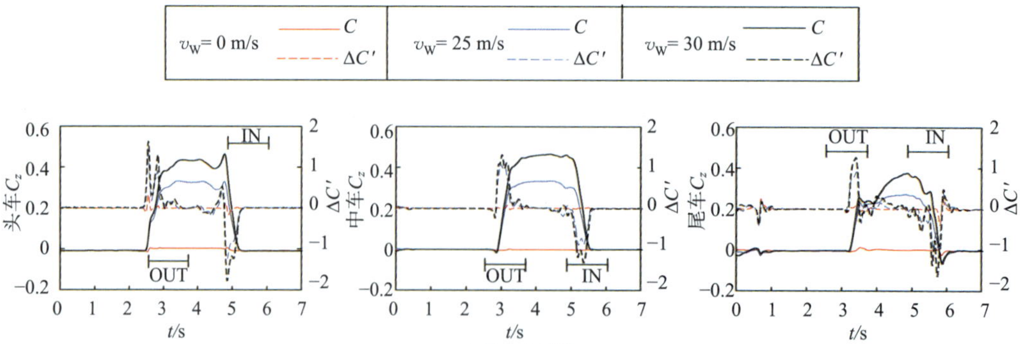

(a) 横向力系数

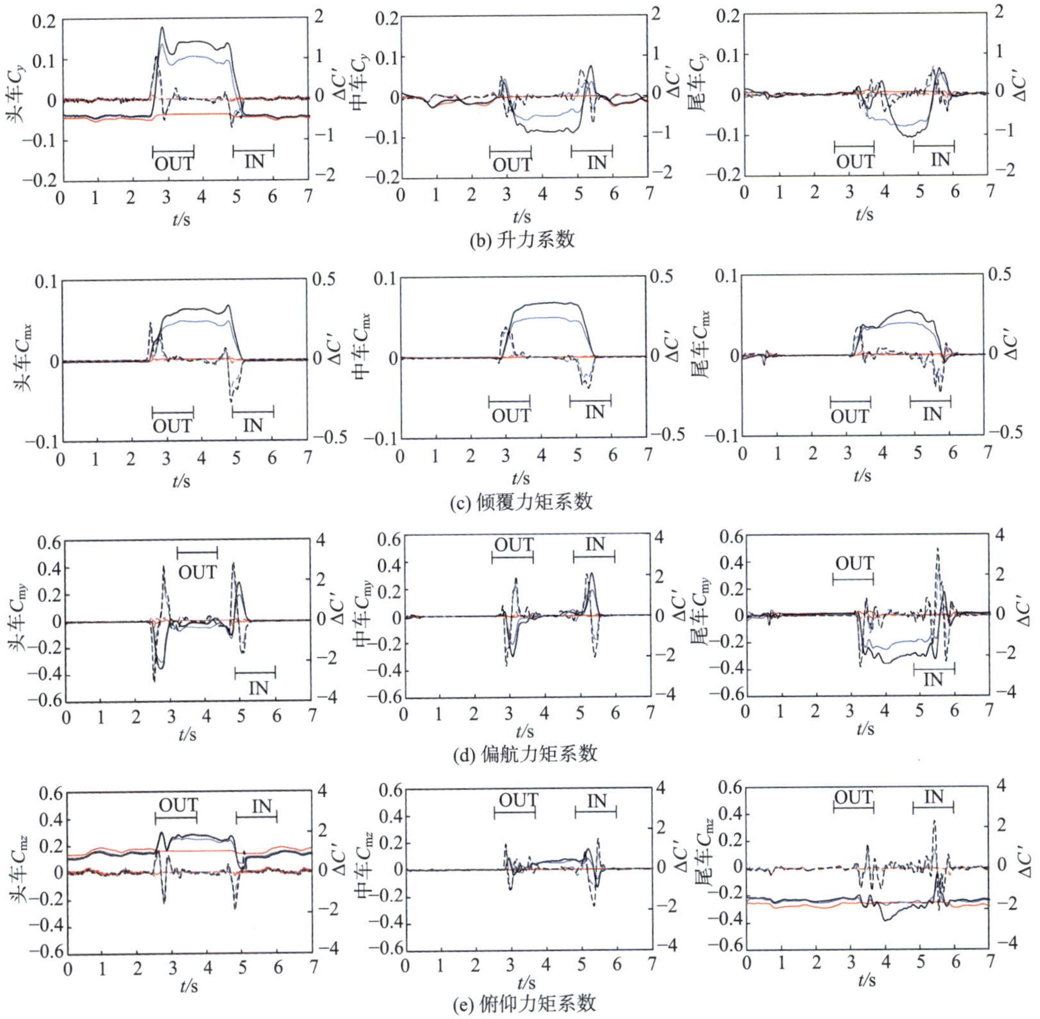

图 7-8 不同风速条件下列车车厢气动荷载系数及其变化速率

表 7-1 不同风速条件下气动荷载变化幅度峰值对比

系数	车厢	v_a=0 m/s			v_a=25 m/s			v_a=30 m/s		
		Max (ΔC)		IN/OUT	Max (ΔC)		IN/OUT	Max (ΔC)		IN/OUT
		OUT	IN		OUT	IN		OUT	IN	
C_z	头	0.013	0.013	1	0.342	0.343	1.01	0.445	0.474	1.07
	中	0.004	0.004	1	0.335	0.337	1.01	0.444	0.463	1.04
	尾	0.011	0.011	1	0.216	0.329	1.52	0.264	0.443	1.68
C_y	头	0.012	0.012	1	0.180	0.150	0.83	0.220	0.190	0.86
	中	0.019	0.019	1	0.102	0.103	1.01	0.123	0.165	1.34
	尾	0.009	0.009	1	0.088	0.129	1.47	0.114	0.170	1.49

续上表

系数	车厢	$v_a=0$ m/s			$v_a=25$ m/s			$v_a=30$ m/s		
		Max (ΔC)		IN/OUT	Max (ΔC)		IN/OUT	Max (ΔC)		IN/OUT
		OUT	IN		OUT	IN		OUT	IN	
C_{mx}	头	0.002	0.002	1	0.050	0.052	1.04	0.065	0.069	1.06
	中	0.001	0.001	1	0.049	0.050	1.02	0.064	0.068	1.06
	尾	0.002	0.002	1	0.032	0.048	1.50	0.038	0.065	1.71
C_{my}	头	0.014	0.014	1	0.310	0.330	1.06	0.369	0.393	1.07
	中	0.008	0.008	1	0.232	0.195	0.84	0.331	0.333	1.01
	尾	0.023	0.024	1.04	0.264	0.266	1.01	0.381	0.499	1.31
C_{mz}	头	0.018	0.019	1.06	0.141	0.173	1.23	0.158	0.242	1.53
	中	0.003	0.003	1	0.109	0.154	1.41	0.123	0.285	2.32
	尾	0.035	0.035	1	0.073	0.139	1.90	0.192	0.267	1.39

结合图 7-8 和表 7-1 分析可知：

当 $v_a=0$ m/s 时，列车在整个运行过程中各项气动荷载系数指标的时程曲线基本是平稳的。其中，除气动升力和俯仰力矩之外(这两项指标受列车自身流线型影响显著)，其余三项气动荷载系数值基本为零，仅在“OUT”和“IN”过程中出现小幅波动(主要由隧道内车厢两侧空间不对称以及运行环境的切换导致)。当 $v_a=25$(或 30) m/s 时，各节车厢的气动荷载系数变化速率在“OUT”和“IN”过程中均呈现出显著的“脉冲”现象。值得注意的是，当列车完全运行于桥梁或隧道内时，气动荷载系数的变化速率几乎不受横风风速的影响(基本维持在零值附近)。这些现象表明：当横风发生时，列车在“OUT”和“IN”过程中的运行安全风险明显高于其他运行区段。以头车为例，$v_a=25$ m/s 工况条件下，“OUT”过程中的 C_z、C_y、C_{mx}、C_{my} 和 C_{mz} 的最大波动幅度分别是无横风工况相应值的 26.3、15.0、25.0、22.1 和 7.8 倍(表 7-1 第 3、6 列)；“IN”过程中的 C_z、C_y、C_{mx}、C_{my} 和 C_{mz} 的最大波动幅度分别是无横风工况相应值的 26.4、12.5、26.0、23.6 和 9.1 倍(表 7-1 第 4、7 列)。当横风风速由 25 m/s 增大至 30 m/s 时，“OUT”和“IN”过程的气动荷载变化速率显著增大。因此，横风是导致列车在隧-桥-隧上的“OUT”和“IN”过程中运行安全突然恶化的主要因素。

在横风环境中，各节车厢由桥驶入隧道时(“IN”过程)的气动荷载系数最大波动幅度通常大于由隧道驶入桥梁时的相应值(“OUT”过程)。上述两项指标的比值 IN/OUT 可用于描述二者之间的差异程度，见表 7-1。在 $v_a=0$ m/s 条件下，各节车厢的 IN/OUT 值稳定在 1 附近；而当横风风速增加至 30 m/s，头、中、尾车在“IN”过程的 C_z、C_y、C_{mx}、C_{my} 和 C_{mz} 的最大波动幅度分别是“OUT”过程中相应值的 1.07、0.86、1.06、1.07 和 1.53 倍(头)，1.04、1.34、1.06、1.01 和 2.32 倍(中)以及 1.68、1.49、1.71、1.31 和 1.39 倍(尾)。

表 7-2 给出了 $v_a=25$ m/s 条件下，列车分别以不同速度($v_t=200$ km/h 和 300 km/h)运行穿越隧-桥-隧线路时，各节车厢在“OUT”和“IN”过程中气动荷载系数最大波动幅度的对比。由

表7-2分析可知：在"OUT"和"IN"过程中，各节车厢的5项气动荷载系数的波动幅度随车速的降低而增大，相应的IN/OUT值也随车速的降低而增大。以头车为例，当 $v_t=300$ km/h时，头车在"IN"过程的 C_z、C_y、C_{mx}、C_{my} 和 C_{mz} 的最大波动幅度分别是"OUT"过程相应值的1.01、0.82、1.05、1.01和1.55倍(表7-2第8列)；而当 v_t 下降至200 km/h，头车相应的五项气动荷载系数的IN/OUT值分别上升至1.11、1.49、1.1、1.01和2.51倍(表7-2第5列)。

表7-2　不同车速条件下气动荷载变化幅度峰值对比

系数	车厢	$v_t=200$ km/h			$v_t=300$ km/h		
		Max (ΔC)		IN/OUT	Max (ΔC)		IN/OUT
		OUT	IN		OUT	IN	
C_z	头	0.466	0.511	1.10	0.257	0.258	1.01
	中	0.459	0.510	1.11	0.246	0.250	1.02
	尾	0.282	0.476	1.69	0.188	0.229	1.22
C_y	头	0.233	0.193	0.83	0.153	0.126	0.82
	中	0.140	0.208	1.49	0.089	0.042	0.47
	尾	0.107	0.178	1.66	0.057	0.085	1.49
C_{mx}	头	0.068	0.076	1.12	0.038	0.040	1.05
	中	0.067	0.074	1.10	0.037	0.038	1.03
	尾	0.041	0.069	1.68	0.027	0.033	1.22
C_{my}	头	0.394	0.395	1.01	0.265	0.266	1.01
	中	0.354	0.355	1.01	0.201	0.132	0.66
	尾	0.405	0.563	1.39	0.216	0.204	0.94
C_{mz}	头	0.184	0.287	1.56	0.080	0.124	1.55
	中	0.134	0.337	2.51	0.091	0.095	1.04
	尾	0.235	0.372	1.58	0.082	0.088	1.07

综合表7-1和表7-2分析可知，横风条件下三节车厢气动荷载系数的最大波动幅度在"OUT"和"IN"过程中一般表现出如下特征：对于横向力、升力和倾覆力矩而言，头车最大；而对于偏航力矩和俯仰力矩而言，尾车最大，且当横风风速升高或车速降低时更加显著。换言之，列车在横风环境下隧-桥-隧线路上运行时，头车的安全风险最高；随着横风风速升高或车速的降低，最高安全风险可能会由头车转移至尾车。因此，高速列车运行于隧-桥-隧线路条件时(尤其是"IN"过程)，头、尾车的气动荷载最大波动幅度是行车安全控制的关键。

7.2.3　桥隧过渡段移动列车流场时变演化

1. 三维流场

为揭示列车在横风环境中运行穿越隧-桥-隧时"IN"与"OUT"过程中气动荷载突变效应的差异机理，图7-9给出了两种横风风速条件($v_a=0$ m/s和 $v_a=25$ m/s)下列车在"IN"

和“OUT”过程中五个典型时刻(t=2.88 s、3.24 s、3.96 s、5.17 s、5.53 s 和 5.89 s)的三维绕流流线结构俯视图。图中,横坐标刻度值表示 x 方向上的距离,纵坐标刻度值表示 z 方向上的距离;图 7-9(a)、(b)和(c)分别对应头车、中间车和尾车的一半驶出隧道 1 的时刻,图 7-9(d)、(e)和(f)分别对应头车、中间车和尾车的一半驶入隧道 2 的时刻。

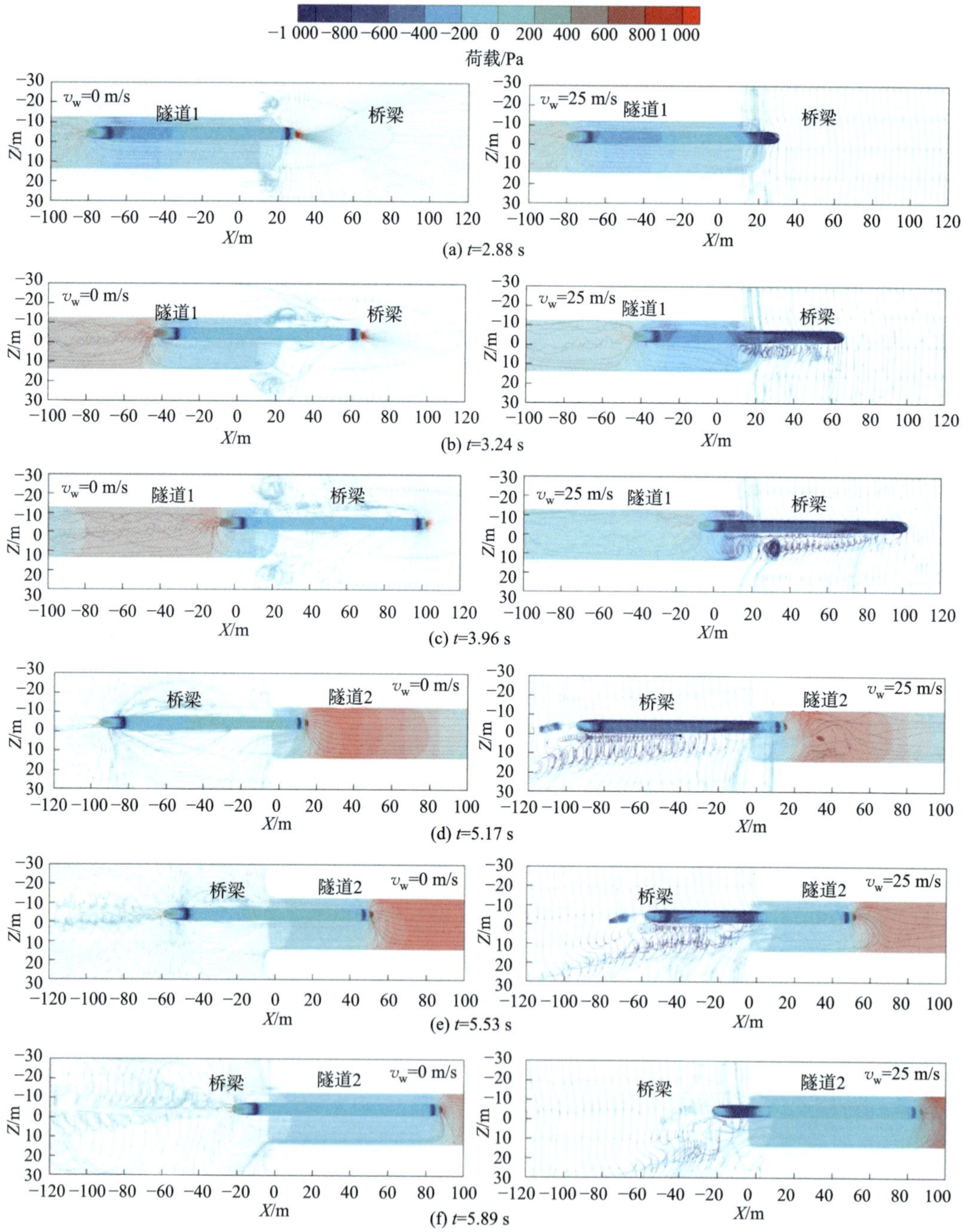

图 7-9 不同风速条件下时刻流场结构

由图7-9分析可知：

在无横风条件下，列车两侧流场主要表现为以列车为中心的纵向绕流(由头车流向尾车)。其中，桥上部分车身两侧的纵向绕流基本是对称的，不对称性主要表现在如下几方面：

(1)在“OUT”过程中，车身纵向绕流在隧道1出口处车厢与隧道壁之间的空隙形成了吸入流，如图7-9(a)和(b)所示。由于双线隧道内车厢两侧的空间不对称，近壁侧流速略高于远壁侧，相应的近壁侧车身表面的负压也略高于远壁侧，进一步导致尾车后方涡旋结构也表现出不对称。

(2)在“IN”过程中，在隧道的内空气被瞬态挤压以及列车的纵向绕流双重因素驱动下，喷射流由隧道2入口处车厢与隧道壁之间的空隙中沿列车运行的反方向喷出。由于车厢远壁侧喷射流量高于近壁侧，导致尾车后方的涡流结构表现出一定的不对称特性如图7-9(e)和(f)所示。可见，无横风条件下，隧道内车厢两侧空间的不对称是导致列车在“OUT”和“IN”过程中气动荷载系数呈现小幅波动的根本原因，且“OUT”过程中的吸入流和“IN”过程中的喷射流是引发上述现象的动力来源。

在 $v_a=25$ m/s 条件下，在“OUT”或“IN”过程中的某一时刻，车厢周围流场结构在桥上与隧道内的表现存在巨大差异，具体表现如下：

在“OUT”过程中，对于桥上部分的车身，其背风侧开始形成纵向锥形涡旋结构，涡旋区对应为三角形负压区；在横风的正面挤压作用下，车身周围原有的纵向绕流特征消失，在车身迎风侧沿纵向均匀分布正压。对于隧道1内车身，其两侧以及车尾后方的流场结构则与无横风工况相似，说明横风对隧道1出口处的吸入流没有显著影响，如图7-9(a)和(b)所示。在“IN”过程中，列车背风侧的纵向锥形涡在喷射流的抑制作用下截止于隧道2入口处。此外，喷射流还在一定程度上改变了桥上部分车身背风侧的残留纵向涡的原始形态，如图7-9(e)和(f)所示。

2. 横断面流场

为进一步揭示7.2.2节中列车在“IN”和“OUT”过程中的气动荷载变化幅度差异的机理，图7-10分别给出了 $v_a=25$ m/s 和 $v_a=30$ m/s 的条件下，列车以250 km/h速度在“OUT”和“IN”过程中运行时，典型横断面上的流场结构及相应的车身轮廓压力系数分布对比。图7-10中，图7-10(a)、(b)、(c)分别表示头车、中车和尾车的一半驶出隧道1(或驶入隧道2)的时刻；红色和蓝色虚线分别表示压力系数值为0.1和−0.1的参考线；红色和蓝色实线分别表示“OUT”和“IN”过程中相应车厢横断面轮廓上的压力系数分布。

由图7-10分析可知：

在 $v_a=25$ m/s 的条件下，尽管在“OUT”过程中的吸入流以及“IN”过程中喷射流作用下，隧道内断面上[图7-10(a)中“OUT”过程的S2、图7-10(b)中“IN”过程的S4以及图7-10(c)中“OUT”过程的S6]出现若干较大的纵向涡旋结构，然而相应车身断面轮廓上的压力仍然呈均匀分布状态。而对于桥上车身断面，“OUT”过程中的压力分布与“IN”过程中相应断面轮廓上的压力分布存在显著差异。

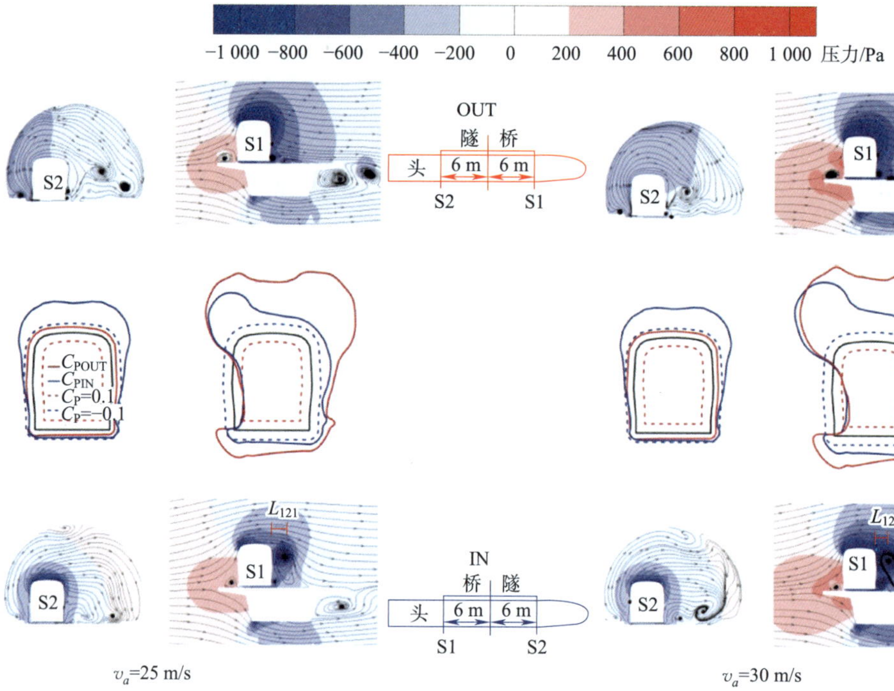

(a) 头车

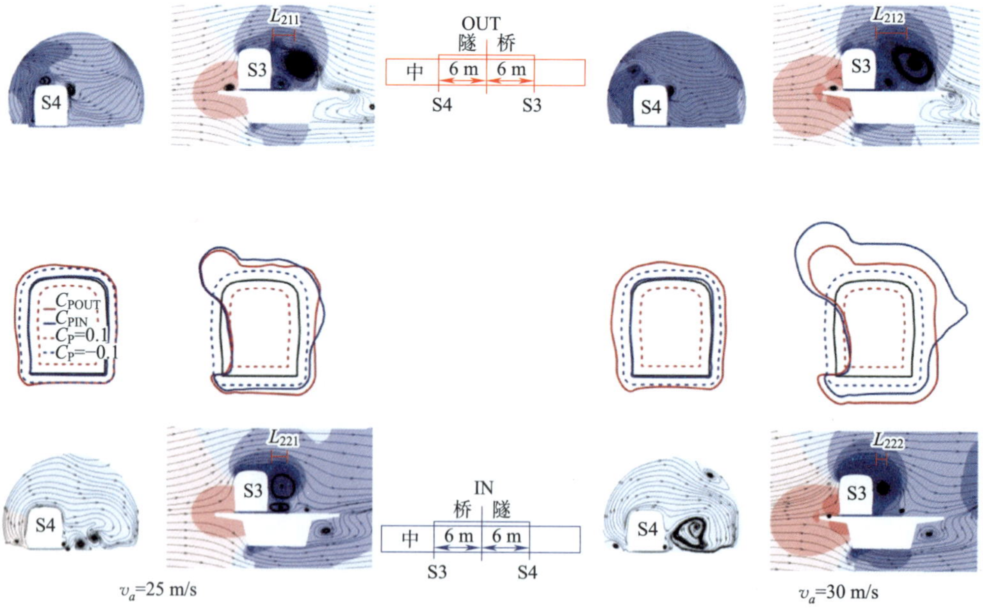

(b) 中车

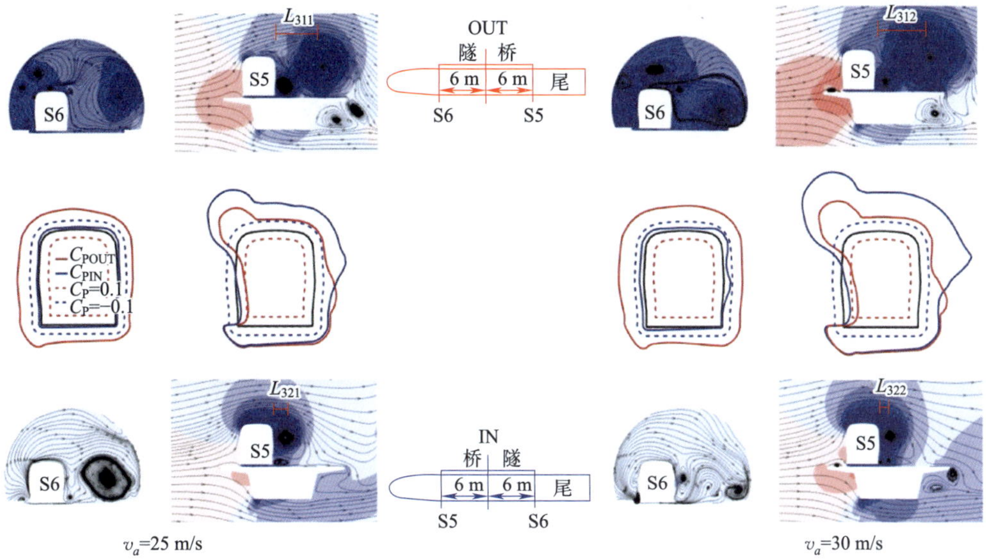

(c) 尾车

图 7-10　不同车速条件下横断面流场及压力分布对比(v_t=250 km/h)

当 v_w 增加至 30 m/s 时，无论在“OUT”还是“IN”过程中，隧道内横断面上[图 7-10(a)的 S2、图 7-10(b)的 S4 以及图 7-10(c)的 S6]的流场结构和车身轮廓上的压力分布均未发生显著变化。可见，横风风速对隧道内车身表面压力分布的均匀性影响微弱。而对于桥上的横断面，横风流在列车顶部桥底处发生了第二次分离(第一次分离发生于迎风侧桥梁翼缘处)，从而在桥梁背风侧悬臂板的底部以及车厢的背风侧形成了多个纵向涡旋结构。相应的桥上车身断面轮廓上的压力分布呈现出显著的不对称性(即迎风面受正压，而顶面、底面以及背风面受负压)。

当头车在“OUT”过程中，桥上断面[图 7-10 (a)的 S1]车顶两侧对称分布有较高的负压，这是由横风流与头车流线型共同作用的所致。由于该压力分布现象仅出现于头车的“OUT”过程中，因此导致头车在“OUT”过程中气动荷载波动幅度大于中间车和尾车相应值。而当头车在“IN”过程中，桥上断面车顶仅在迎风侧出现较高负压，这可能是由车身背风侧纵向涡和隧道 2 入口喷射流共同作用所致。上述现象为“头车在‘IN’过程中的气动荷载变化幅度大于‘OUT’过程中的相应值”进一步提供了支撑证据。

而对于中间车和尾车，无论在“OUT”还是“IN”过程中，桥上断面[图 7-10(b)的 S3 和图 7-10(c)的 S5]车顶的高负压区仅出现在迎风侧。其中，“IN”过程中桥上断面的车顶以及背风面(尤其是背风面上半段)的负压明显高于“OUT”过程中的相应值。该现象可能是由于“IN”过程中喷射流干扰效应使桥上车身背风侧纵向涡旋中心位置贴近车体表面所致，例如，图 7-10(b)的 S3 中 $L_{221}<L_{211}$；S5 的 $L_{321}<L_{311}$。由于涡旋运动是产生负压的动力源，当涡旋中心贴近车身表面时，相应位置的负压增大。该现象也进一步为“中间车和尾车在

‘IN’过程中的气动荷载变化幅度大于‘OUT’过程中的相应值”提供了支撑证据。

7.3 桥隧过渡段风屏障优化设计方法

缓解列车气动荷载突变效应是桥隧过渡段防风的关键问题，目前国内外防/抗风措施主要包括挡风墙、风屏障和棚洞等多种方法，而高速铁路桥梁多采用透风式风屏障。本节主要介绍基于多孔介质的透风式风屏障气动分析模型和基于透风式风屏障的桥隧过渡段合理防风方法。

7.3.1 透风式风屏障气动分析模型

1. 多孔介质模型

多孔介质模型就是在定义为多孔介质的区域结合了一个根据经验假设为主的流动阻力。从本质上说，多孔介质模型就是在动量方程中增加了一个代表动量消耗的源项。

2. 动量方程

在动量方程中增加一个动量源项以模拟多孔介质的作用。源项包括两个部分，黏性损失项和惯性损失项。

$$S_i = -\left(\sum_{j=1}^{3} \boldsymbol{D}_{ij} u v_j + \sum_{j=1}^{3} \boldsymbol{C}_{ij} \frac{1}{2}\rho \mid v \mid v_j\right) \tag{7-3}$$

式中　S_i——动量方程的源项；

$|v|$——速度大小；

$\boldsymbol{D}_{ij}$，$\boldsymbol{C}_{ij}$——分别为黏性损失项、惯性损失项矩阵。

动量源项对多孔介质区域的压力梯度有影响，对于各向同性多孔介质，动量源项可表达为

$$S_i = -\left(\frac{u}{\alpha} v_i + C_2 \frac{1}{2}\rho |v| v_i\right) \tag{7-4}$$

式中，α 为渗透系数；C_2 为惯性阻力系数，也就是将 $\boldsymbol{D}_{ij}$、$\boldsymbol{C}_{ij}$ 矩阵简化为对角矩阵，对角上的系数分别为 α 和 C_2，其他元素都是 0。

(1)Darcy 定律

在流过多孔介质的层流中，压力降与速度呈正比关系，常数 C_2 可以设为零。忽略对流加速和扩散项，多孔介质就简化为 Darcy 定律：

$$\Delta p = -\frac{\mu}{\alpha}\vec{v} \tag{7-5}$$

在 x、y、z 三个坐标方向计算出的压力降为

$$\Delta p_y = \sum_{j=1}^{3} \frac{\mu}{\alpha_{ij}} v_j \Delta n_y \tag{7-6}$$

$$\Delta p_y = \sum_{j=1}^{3} \frac{\mu}{\alpha_{ij}} v_j \Delta n_y \tag{7-7}$$

$$\Delta p_z = \sum_{j=1}^{3} \frac{\mu}{\alpha_{ij}} v_j \Delta n_z \tag{7-8}$$

式中，$1/\alpha_{ij}$ 为方程(7 -5)中的 $\boldsymbol{D}$；v_j 为 x、y、z 三个方向的速度矢量；Δn_x、Δn_y、Δn_z 为多孔介质在 x、y、z 三个方向的真实厚度。

(2)惯性损失

在高速流动时，公式 7-10 中常数 C_2 是多孔介质中惯性损失修正系数，这个常数被认为是流动方向单位长度的损失系数，压降定义为冻水头的函数。如果模拟多孔板，有时候可以忽略渗透项，只使用惯性损失系数，可以得到如下多孔介质压降方程：

$$\nabla p = -\sum_{j=1}^{3} C_{2ij} \left(\frac{1}{2} \rho v_j \mid v \mid \right) \tag{7-9}$$

x,y,z 方向的压力损失项为

$$\nabla p_x \approx \sum_{j=1}^{3} C_{2xj} \Delta n_x \frac{1}{2} \rho v_j \mid v \mid \tag{7-10}$$

$$\nabla p_y \approx \sum_{j=1}^{3} C_{2yj} \Delta n_y \frac{1}{2} \rho v_j \mid v \mid \tag{7-11}$$

$$\nabla p_z \approx \sum_{j=1}^{3} C_{2zj} \Delta n_z \frac{1}{2} \rho v_j \mid v \mid \tag{7-12}$$

3. 黏性和惯性阻力系数的推导

(1)采用已知的压强损失，基于名义速度推导多孔介质参数

使用多孔介质模型时，FLUENT 中默认的多孔单元是完全开放的，可以根据真实装置压降和速度之间的变化推导出黏性和惯性阻力系数的计算公式：

假设多孔板的通孔率为 a，压降为动压头的 b 倍，损失引子 K_L 的定义为

$$\Delta p = K_L \left(\frac{1}{2} \rho v_a^2 \right) \tag{7-13}$$

计算 C_2 时应该注意，在假定多孔板 100%浸没在流体中的前提下计算其速度；损失系数必须被转化为单位长度上动压损失。

因此，损失因子 K_L'适用式为

$$\Delta p = K_L' \left(\frac{1}{2} \rho v_{100\%}^2 \right) \tag{7-14}$$

$$K_L' = K_L \times \frac{v_a^2}{v_{100\%}^2} \tag{7-15}$$

将 K_L'转换为单位厚度多孔板上的损失系数。假定板的厚度为 c，则惯性损失因子为

$$C_2=\frac{K_L'}{c} \tag{7-16}$$

(2)渗透系数和惯性损失系数

在湍流流动中,充满介质的流动用渗透性和内部损失系数来模拟。计算相关常数的一种办法是使用半经验公式 Ergun 方程,这个方程适用的雷诺数范围很广,同时也使用于多种填充物:

$$\Delta p=\frac{150\mu}{D_p^2}\frac{(1-\varepsilon)^2}{\varepsilon^3}v+\frac{1.75\rho(1-\varepsilon)}{D_p\varepsilon^3}Vv \tag{7-17}$$

在计算层流时,公式(7-17)中右端第二项可以被去掉,Ergun 方程随之简化为 Blake-Kozeny 方程:

$$\Delta p=\frac{150\mu}{D_p^2}\frac{(1-\varepsilon)^2}{\varepsilon^3}v \tag{7-18}$$

式中 μ——黏度;

D_p——粒子的平均直径;

L——床的深度;

ε——空腔比率,定义空腔与填充床的体积比。

对比方程(7-11)和(7-19)可知,各个方向的渗透系数和惯性损失系数为

$$\alpha=\frac{D_p^2}{150}\frac{\varepsilon^3}{(1-\varepsilon)^2} \tag{7-19}$$

$$C_2=\frac{3.5}{D_p}\frac{(1-\varepsilon)^2}{\varepsilon^3} \tag{7-20}$$

(3)流动参数

内部阻力系数采用 Van Winkel 方程计算的矩形孔板压降的多孔介质模型:

$$\dot{m}=CA_f\sqrt{(2\rho\Delta p)/[1-(A_f/A_p)^2]} \tag{7-21}$$

式中 $\dot{m}$——孔板质量通量;

A_f——孔的总面积;

A_p——板的总面积;

D/t——孔直径与板厚度的比值;

C——不同雷诺数和不同 D/t 对应得系数,当 $t/D>1.6$,并且 $Re>4\ 000$,系数 C 约为 0.98。

整理方程 7-11,并带入关系式:

$$\dot{m}=\rho vA_p \tag{7-22}$$

除以板厚,令 $\Delta x=t$,得:

$$\frac{\Delta p}{\Delta x}=\left(\frac{1}{2}\rho v^2\right)\frac{1}{C^2}\frac{(A_P/A_f)^2-1}{t} \tag{7-23}$$

式中 v——名义速度,而不是孔里面得速度。

比较方程 7-5，可以看出垂直平板平面方向得常数 C_2 为

$$C_2=\frac{1}{C^2}\frac{(A_P/A_f)^2-1}{t} \tag{7-24}$$

综上所述，方法一需要做大量的试验才能确定多孔板两侧的真实压降损失，方法二对于填充床和流化床的模拟效果较好，方法三可以根据经验公式推导出需要的黏性和惯性阻力系数，相对比较方便，因此本文采用经验公式确定透风式挡风墙的黏性和惯性阻力系数。

7.3.2　有无风屏障下列车气动荷载对比

为了对比分析列车在桥隧相连段有挡风墙和无挡风墙条件下气动荷载差异，以车速为 250 km/h、风速 25 m/s 为例，对列车进出隧道过程中车体的横向力、气动升力、倾覆力矩、偏航力矩和点头力矩进行分析，各节车厢气动荷载比较如图 7-11 所示。

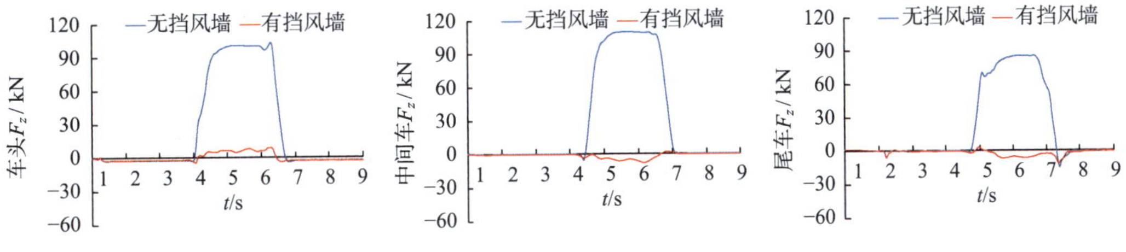

(a) 横向力系数

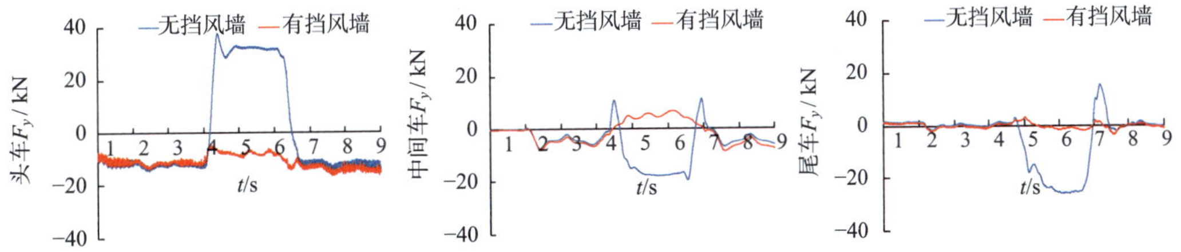

(b) 升力系数

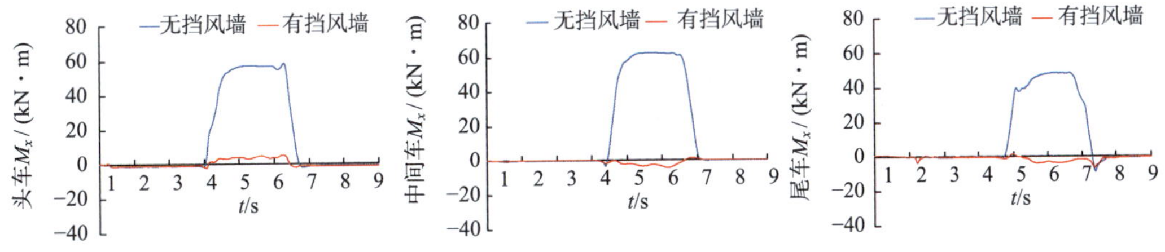

(c) 倾覆力矩系数

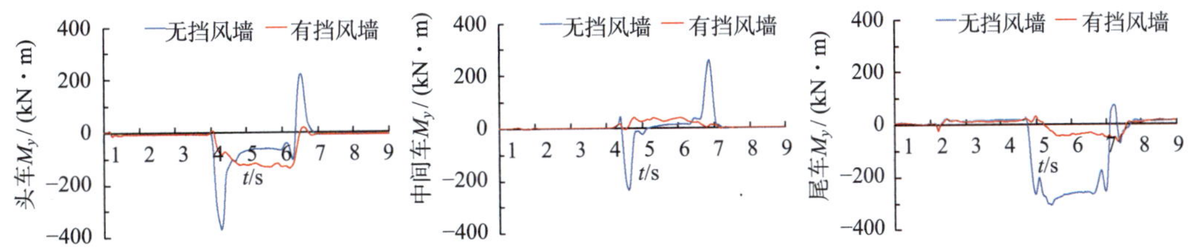

(d) 偏航力矩系数

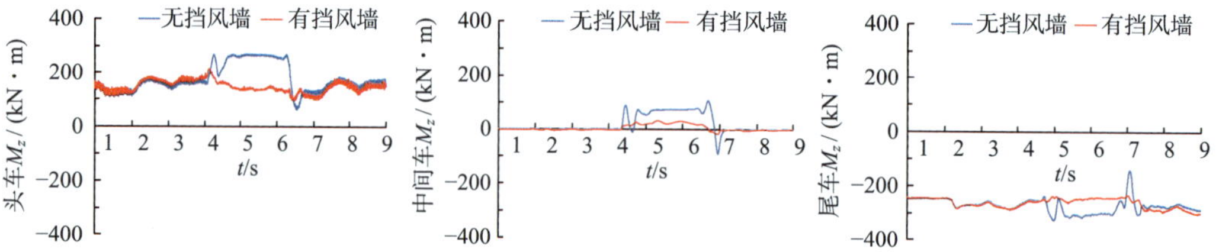

(e) 俯仰力矩系数

图 7-11　有无挡风墙条件下气动荷载比较；$i=1,2,3$，分别指头车、中间车和尾车

分析图 7-11 可知：

(1)桥隧相连段设置挡风墙后，头车的气动升力、中间车的横向力和气动升力、尾车的横向力的方向发生翻转，中间车和尾车的横向力为负，头车气动升力为负，中间车的气动升力为正；根据图 7-1 可知，挡风墙条件下，列车两侧的流场发生巨大的变化，列车穿越隧道在桥梁段行驶时，车体周围大部分为负压，头车迎风侧负压值小于背风侧负压值，所以头车横向力为正，中间车和尾车的迎风侧负压值大于背风侧负压值，所以中间车和尾车横向力方向为负；根据图 7-2 和图 7-5 可知，挡风墙同时也改变了列车顶部和底部的流场结构，头车顶部为正压，底部为负压，所以头车气动升力方向为负，尾车顶部整体负压比底部小，尾车气动升力方向为负，中间车顶部负压整体比底部负压大，中间车气动升力方向为正。挡风墙条件下，三节车厢的偏航力矩和点头力矩方向与无挡风墙条件相比基本一致。

(2)为更清晰地说明挡风墙对列车气动荷载大小的影响，取三节车厢整个在桥梁上运行过程中，列车的各项气动力最大值作为比较，见表 7-3。

表 7-3　列车桥梁上运行的最大气动荷载比较

荷载	头车			中间车			尾车		
	无挡风墙	有挡风墙	变化幅度/%	无挡风墙	有挡风墙	变化幅度/%	无挡风墙	有挡风墙	变化幅度/%
横向力/kN	102.9	8.97	91	109.6	−8.07	93	85.70	−6.82	92
升力/kN	37.47	−6.32	83	−19.47	7.10	64	−26.04	−1.82	93
倾覆力矩/(kN·m)	58.42	5.09	91	47.58	−4.58	90	48.65	−3.87	92
偏航力矩/(kN·m)	−62.67	−137.25	119	36.88	41.62	13	−306.84	−48.01	84
点头力矩/(kN·m)	269.1	124.54	54	73.74	34.78	53	−316.51	−260.73	18

根据表 7-3 可得，挡风墙对列车横向力和倾覆力矩的影响最为明显，横向力和倾覆力矩的减小幅度都大于 90%；挡风墙对气动升力的影响较为明显，主要影响了头车和尾车的气动升力，减小幅度大于 80%；整体上，挡风墙对列车偏航力矩和点头力矩的影响较小，减小幅度基本小于 60%。桥梁段列车最大气动荷载对比如图 7-12 所示。

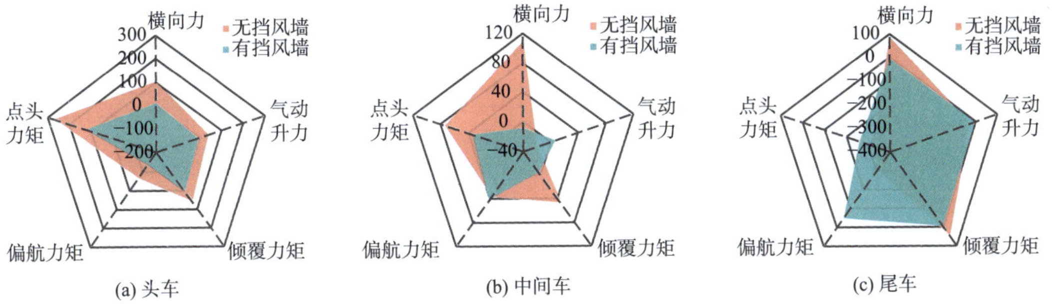

图 7-12　桥梁段列车最大气动荷载对比(单位:kN)

(3)为说明挡风墙对列车进出隧道过程中气动突变的影响,以列车出隧道过程中列车的气动荷载突变值为例,比较有无挡风墙条件下列车气动荷载突变。

列车出隧道过程中气动荷载突变比较如图 7-13 所示。由图 7-13 和表 7-4 可知,挡风墙对列车横向力和倾覆力矩突变值以及中间车和尾车的偏航力矩突变值影响最大,突变减小 90%以上;挡风墙对列车点头力矩突变值的影响也比较明显,突变幅度减小 70%以上;挡风墙对列车气动升力突变值影响较小,尤其是头车和中间车的气动升力突变值,突变幅度在 40%以下。

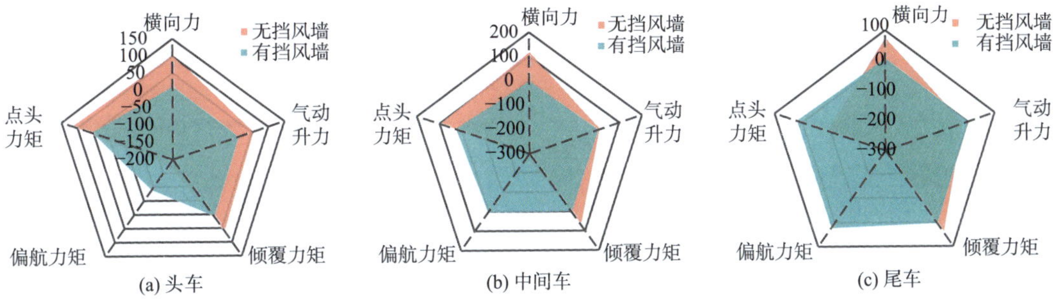

图 7-13　列车出隧道过程中气动荷载突变比较(单位:kN)

表 7-4　列车出隧道过程中气动荷载突变比较

荷载	头车			中间车			尾车		
	无挡风墙	有挡风墙	变化幅度/%	无挡风墙	有挡风墙	变化幅度/%	无挡风墙	有挡风墙	变化幅度/%
横向力/kN	102.58	11.16	89	115.18	−4.20	96	71.38	5.33	93
升力/kN	51.28	8.46	12	11.74	7.04	40	−18.88	3.05	84
倾覆力矩/(kN·m)	58.23	6.33	89	65.37	2.38	96	40.52	3.02	93
偏航力矩/(kN·m)	−174.67	−88.96	49	−278.86	4.64	98	−293.81	21.88	93
点头力矩/(kN·m)	116.13	54.81	53	98.75	29.82	70	−89.17	22.41	75

7.3.3 屏障高度对列车气动荷载的影响

图 7-14 给出了不同风屏障高度 H 条件下（H=2.5 m、3.0m、3.5 m 和 4.0 m）各节车厢气动荷载系数 C 及其相应的 0.035 s 变化速率[（$\Delta C'$(0.035 s)]时程曲线。其中，孔隙率 α、车速 v_t 和风速 v_a 等条件分别定为 30%、250 km/h 和 25 m/s。图 7-14 中实线表示气动荷载系数，以左侧纵坐标度量；虚线表示相应的系数变化率，以右侧纵坐标度量；“BR”表示列车完全运行于桥上的过程。

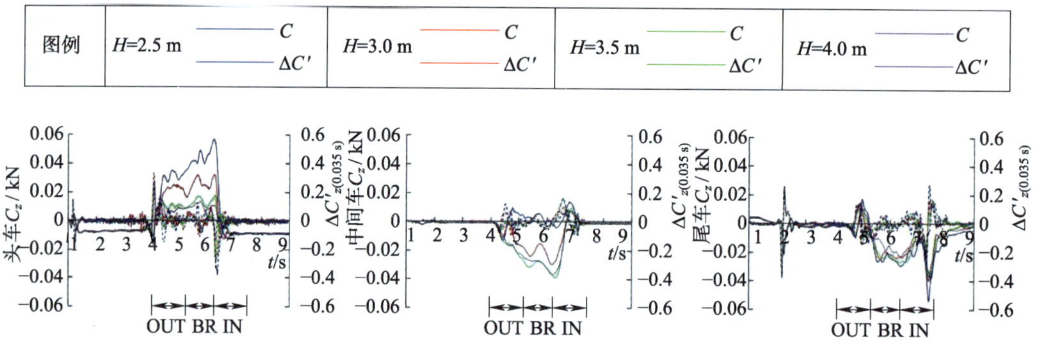

(a) 横向力系数

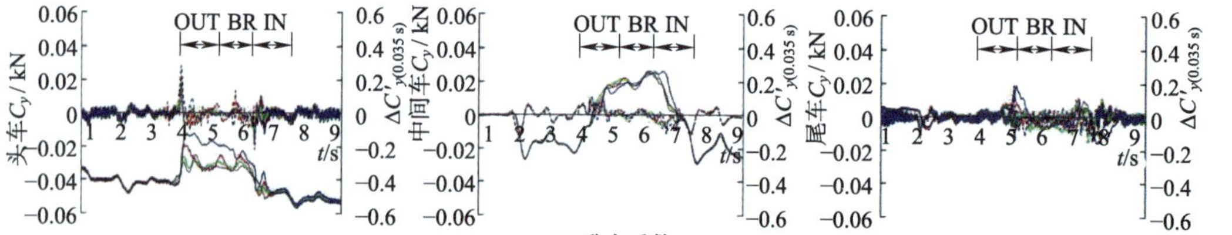

(b) 升力系数

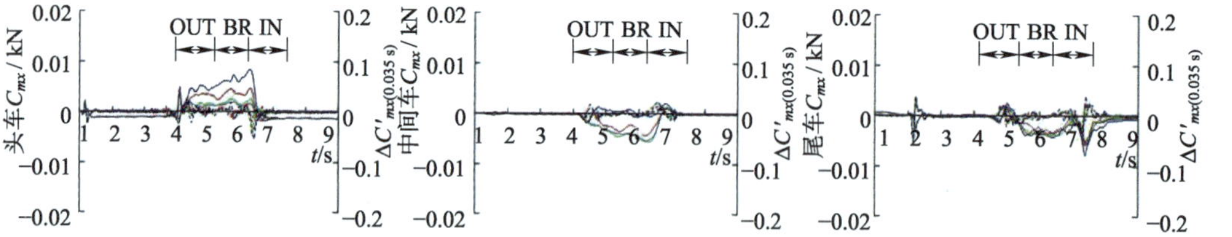

(c) 倾覆力矩系数

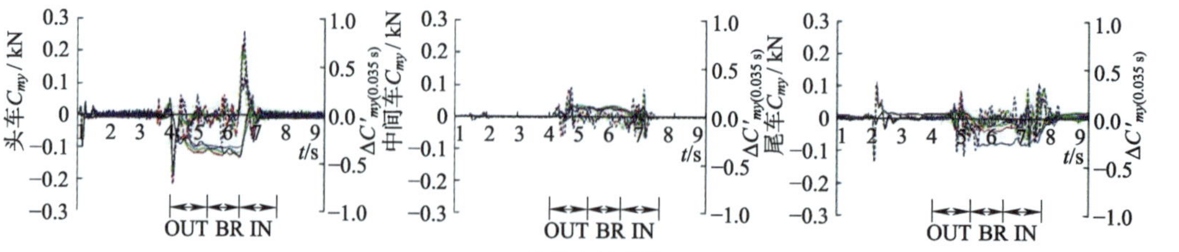

(d) 偏航力矩系数

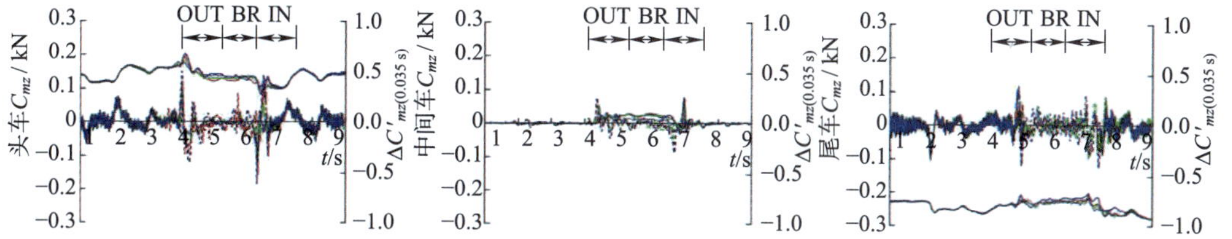

(e) 点头力矩系数

图 7-14　不同风屏障高度条件下气动荷载及其变化速率

为进一步揭示风屏障高度对列车气动性能的影响规律，图 7-15 还统计了对应于图 7-14 的不同风屏障高度条件下各节车厢分别在“OUT”“BR”和“IN”过程中 $\Delta C'(0.035\ s)$ 的峰值绝对值。

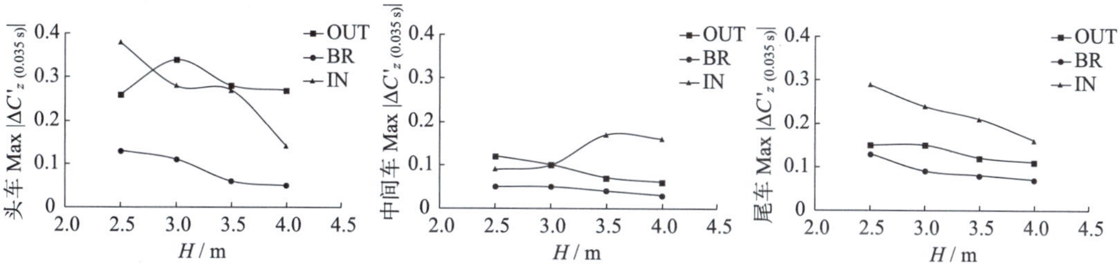

(a) 横向力系数

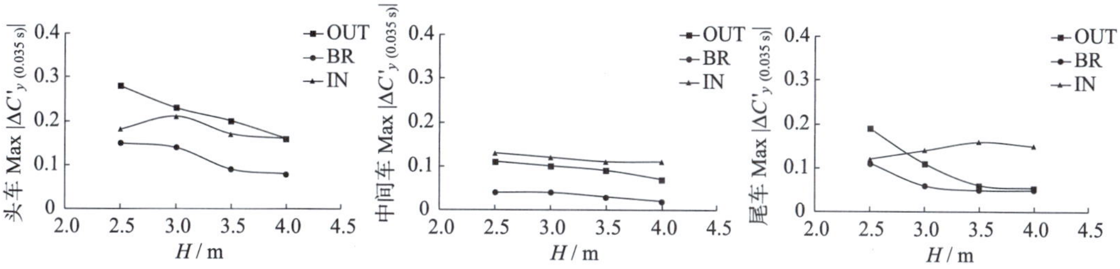

(b) 升力系数

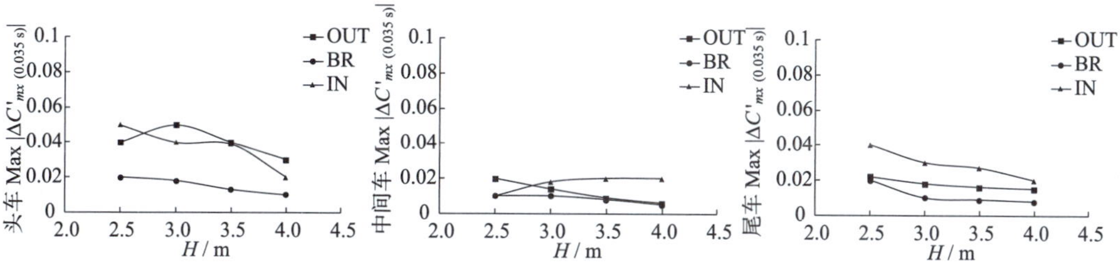

(c) 倾覆力矩系数

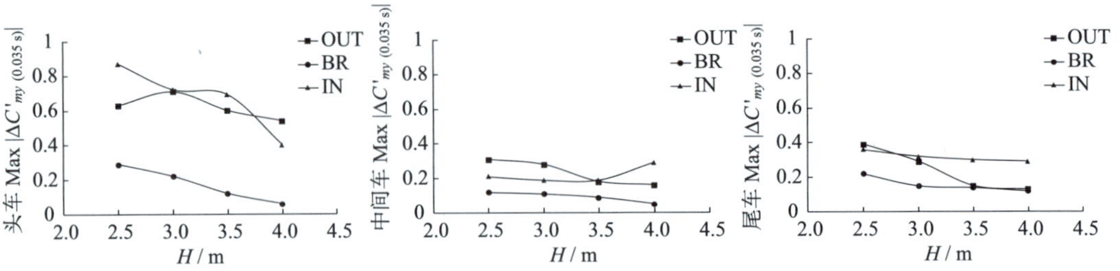

(d) 偏航力矩系数

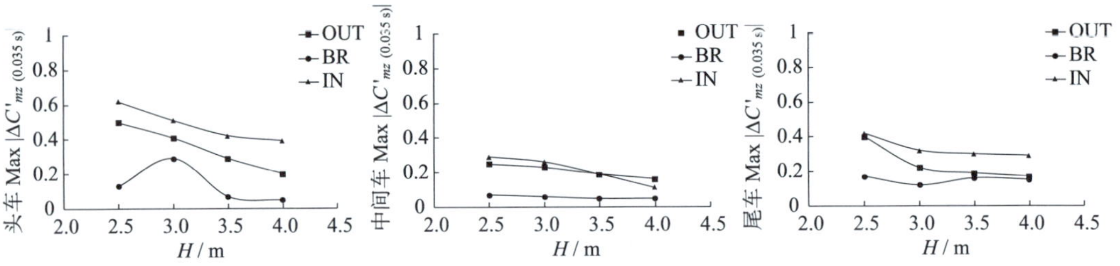

(e) 点头力矩系数

图 7-15　不同风屏障高度条件下气动荷载变化速率峰值

综合图 7-14 和图 7-15 分析可知：

风屏障的高度在“OUT”“BR”和“IN”三个过程中均显著影响气动荷载系数的波动规律。在同一种风屏障高度条件下，“OUT”和“IN”过程中气动荷载系数的波动幅度显著高于“BR”过程中的相应值。在“BR”过程中，头车的横向力系数值随风屏障高度的增加而单调递减如图 7-14(a)所示；头车和中间车的偏航和点头力矩受风屏障高度影响的敏感性较弱，这是因为这两项指标主要是反映车体表面压力分布在纵向上的差异；然而，尾车的偏航力矩表现出反常现象如图 7-14(d)所示，这可能是由于尾涡结构易受风屏障高度的影响所致。

在相同的风屏障高度条件下，各节车厢的 $\Delta C'$(0.035 s)值在“OUT”和“IN”过程中均呈现高耸的波峰；而在“BR”过程中，仅在较低水平保持相对平稳的波动。因此，“BR”过程中的 $\Delta C'$(0.035 s) 峰值显著低于“OUT”和“IN”过程(图 7-10)，“OUT”和“IN”过程是隧-桥-隧上风屏障设计的控制环节。

在“OUT”“BR”和“IN”三个过程中，$\Delta C'$(0.035 s)峰值在整体上随风屏障高度的增加呈下降趋势。在“IN”过程中，中间车[图 7-15(a)、(c)和(d)]和尾车[图 7-15(b)]偶尔出现的反常现象可能是由射流效应导致。在“BR”过程中，$\Delta C'$(0.035 s)峰值受风屏障高度影响的灵敏度[用对应于 H 由 2.5 m 增加至 4.0 m 过程的 $\Delta C'$(0.035 s) 峰值降幅表示]显著低于“OUT”和“IN”过程。例如，“IN”过程中，横向力和偏航力矩的 $\Delta C'$(0.035s) 峰值的灵敏度分别是“BR”过程的 3 倍和 2.1 倍[图 7-15(a)和(d)]；“OUT”过程中，升力和点头力矩的 $\Delta C'$(0.035 s) 峰值的灵敏度分别是“BR”过程的 2 倍和 3.8 倍[图 7-10(b)和(e)]。

在设计隧-桥-隧段桥上风屏障时，桥梁段全长范围内采用相同的高度参数显然是不合理的。假设在透风率 $\alpha=30\%$的条件下，风屏障的高度 $H=3.0$ m 时可刚好满足桥梁中间区段防风性能的要求，隧-桥连接段的风屏障高度则需提高至 4 m(提高 33%)才能获得与之等效的防风性能。以头车为例，在 $H=3.0$ m 时，“BR”和“IN”过程中，横向力的 $\Delta C'$(0.035 s)峰值分别为 0.11 和 0.28[图 7-15(a)]；当 H 达到 4 m 时，“IN”过程中的相应值才可降低至 0.14(接近 0.11)。类似的规律还可在倾覆力矩[图 7-15(c)]、点头力矩[图 7-15(e)]等其他指标中观察到。

7.3.4　风屏障透风率对列车气动荷载影响

为进一步揭示风屏障透风率对列车气动性能的影响规律，图 7-16 给出了不同风屏障透风率 α 条件下($\alpha=20\%$、30%和 40%)各节车厢气动荷载系数(C)及其相应的 0.035 s 变化速率[$\Delta C'$(0.035 s)]时程曲线。其中，高度(H)、车速(v_t)和风速(v_a)等条件分别定为 3.0 m、250 km/h 和 25 m/s。图 7-17 则统计了对应于图 7-16 的不同透风率条件下各节车厢分别在“OUT”“BR”和“IN”过程中 $\Delta C'$(0.035 s)的峰值绝对值。

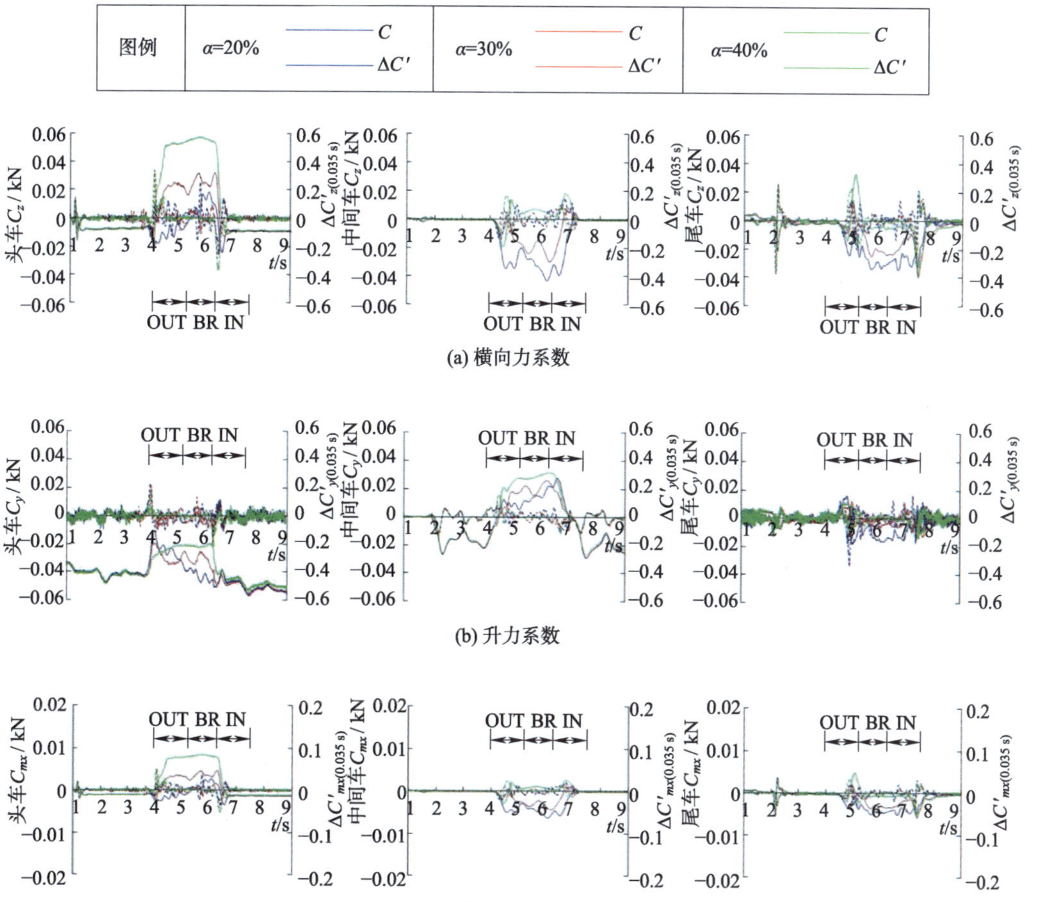

(a) 横向力系数

(b) 升力系数

(c) 倾覆力矩系数

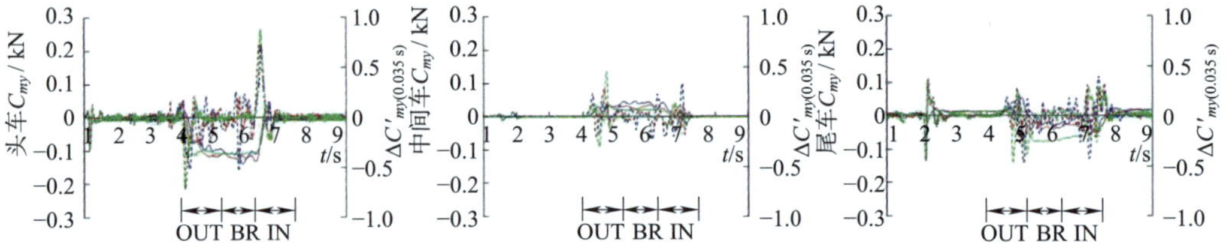

(d) 偏航力矩系数

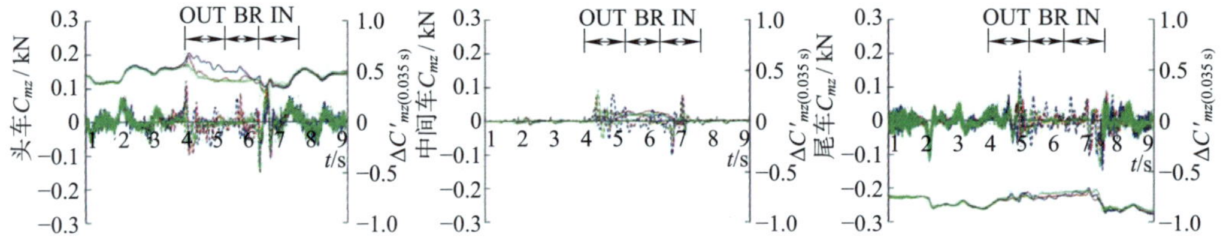

(e) 点头力矩系数

图 7-16　不同风屏障透风率条件下气动荷载系数和变化速率

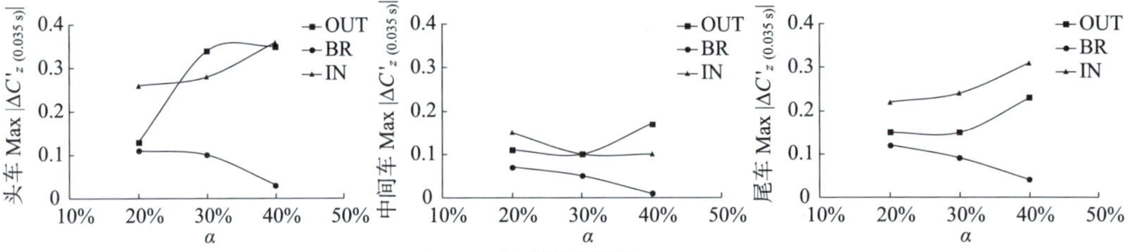

(a) 横向力系数

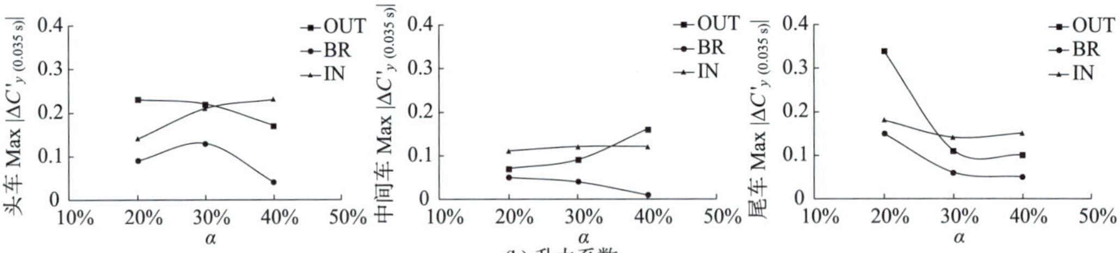

(b) 升力系数

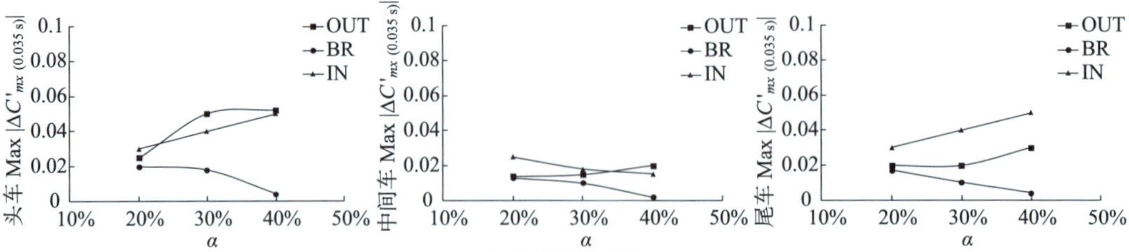

(c) 倾覆力矩系数

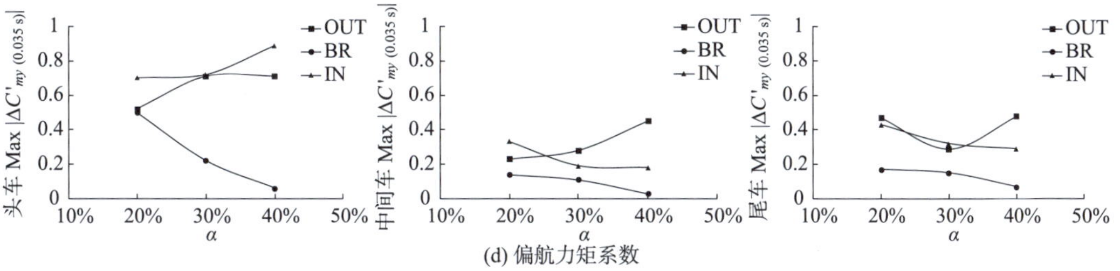

(d) 偏航力矩系数

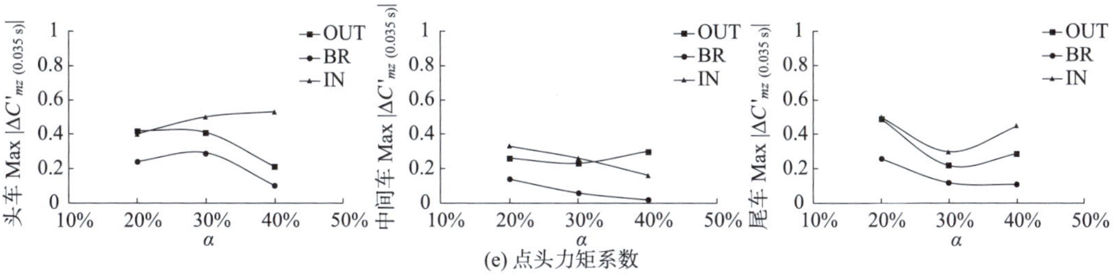

(e) 点头力矩系数

图 7-17　不同风屏障透风率条件气动荷载变化速率峰值

综合图 7-16 和图 7-17 分析可知：

在“OUT”“BR”和“IN”三个过程中，风屏障的透风率同样显著影响各节车厢气动荷载系数的波动规律。在“BR”过程中，横向力、升力以及倾覆力矩随孔隙率的增加而单调增加[图 7-16(a)、(b)和(c)]。在三个运行过程中，偏航力矩和俯仰力矩对风屏障孔隙率影响的敏感性最低[图 7-16(d)和(e)]。

在“OUT”和“IN”过程中，各节车厢气动荷载的 $\Delta C'$(0.035 s)峰值与风屏障透风率近似呈正相关关系[图 7-17(a)、(b)、(c)和(d)]，这是由于沿列车长度方向的压力分布差异隧透风率增加而增加所导致。在“BR”过程中，孔隙率与 $\Delta C'$(0.035 s)峰值之间的相关关系与“OUT”(或“IN”)过程是相反的。假设在风屏障高度 $H=3.0$ m 的条件下，风屏障的透风率 $\alpha=30\%$时可刚好满足桥梁中间区段防风性能的要求，隧-桥连接段的风屏障透风率则需降低至 20%(降低 33%)才能获得与之等效的防风性能。以头车横向力为例，在 $\alpha=30\%$时，“BR”和“IN”过程中的 $\Delta C'$(0.035 s) 峰值分别为 0.11 和 0.34[图 7-17(a)]；当 α 降至 30%时，“IN”过程中的相应值才可降低至 0.13(接近 0.11)。

7.3.5　桥隧过渡段合理防风方法

基于上述风屏障的高度和透风率的影响规律分析，对隧-桥-隧基础设施上的风屏障提出初步的优化方案。如图 7-18 所示，桥梁中间段风屏障的高度和透风率分别为 3.0 m 和 30%，隧-桥连接段的风屏障高度和透风率分别为 4.0 m 和 20%。一般地，在确定隧-桥连接段风屏障的主要几何参数时，建议透风率低于桥梁中间段 33%以上，而高度高于桥梁中间段 33%以上。

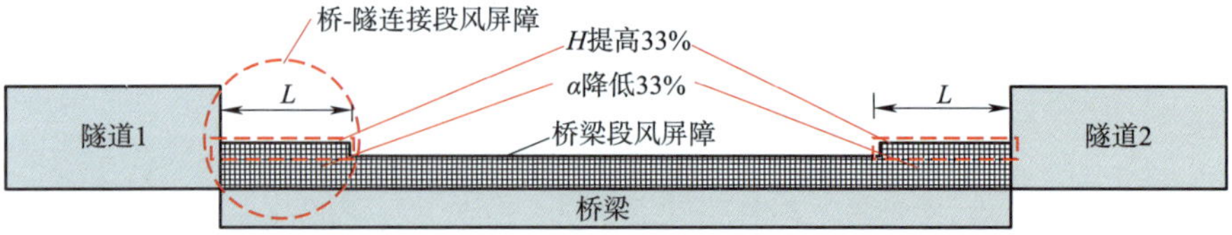

图 7-18　隧-桥-隧上风屏障优化方案示意

图 7-19 和图 7-20 分别给出了基于图 7-4 模型的风屏障优化前、后的头车第 1 号轮对的脱轨系数以及轮重减载率的时程曲线对比。其中，车速（v_t）和风速（v_a）仍分别保持为 250 km/h 和 25 m/s，图 7-18 中 L 值取单节车厢的长度，即 25 m。

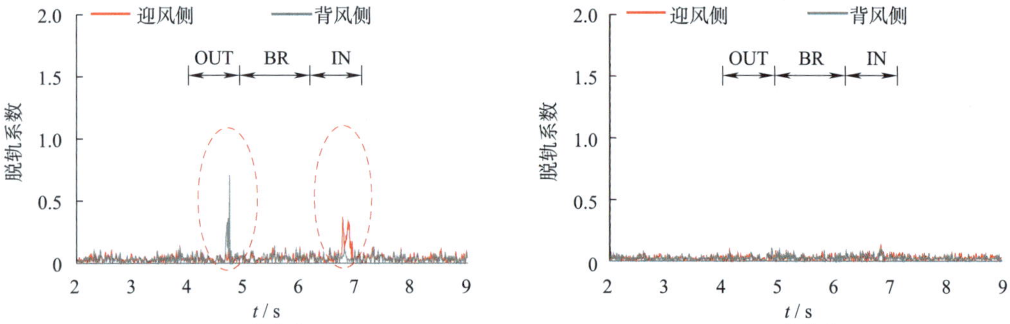

(a) 优化前　　(b) 优化后

图 7-19　头车 1 号轮对脱轨系数对比

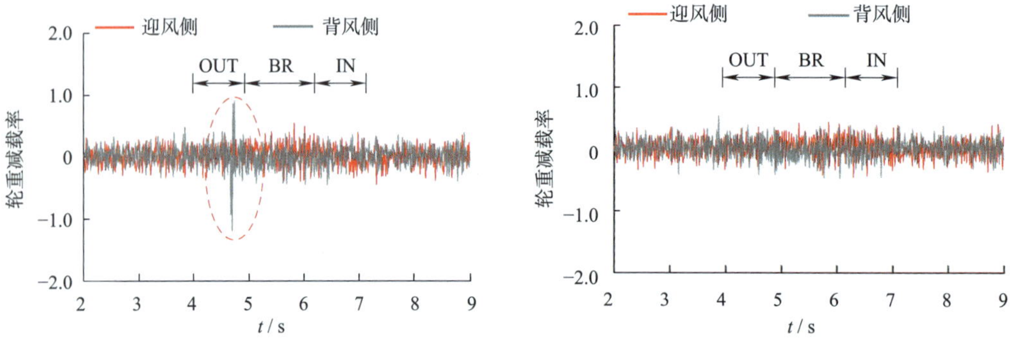

(a) 优化前　　(b) 优化后

图 7-20　头车 1 号轮对轮重减载率对比

由图 7-19 和图 7-20 可知，风屏障优化前，“OUT”过程中背风侧轮的脱轨系数和轮重减载率以及“IN”过程中迎风侧轮的脱轨系数仍然存在高耸的波峰，其中脱轨系数和轮重减载率的最高峰值分别达到了 0.75 和 0.8；而风屏障优化后，相应过程中轮-轨响应安全指标的高耸波峰均已消除，高速列车在隧-桥-隧段的运行安全得到有效保障。

参 考 文 献

[1] 何旭辉,杨伟超．高速铁路桥隧过渡段环境风效应与防风措施研究[J]. 中国铁路,2021(9):60-66.

[2] 田红旗,列车空气动力学[M]. 北京:中国铁道出版社,2007.

[3] 田四明,王伟,巩江峰．中国铁路隧道发展与展望(含截至 2020 年底中国铁路隧道统计数据)[J]. 隧道建设(中英文),2021,41(2):308-325.

[4] 赵有明,马伟斌,程爱君,等．高速铁路隧道气动效应[M]. 北京:中国铁道出版社,2012.

[5] YANG W C, DENG E, HE X H, et al. Influence of wind barrier on the transient aerodynamic performance of high-speed trains under crosswinds at bridge-tunnel sections [J]. Engineering Applications of Computational Fluid Mechanics,2021,15(1),727-746.

[6] 中华人民共和国铁道部．铁路客运专线技术管理办法(试行):TG/04—2009 [S]. 北京:中国铁道出版社,2009.

[7] 邓锷．高速铁路隧道洞口横风环境下列车气动力学行为[D]. 长沙:中南大学,2021.

第8章 展　　望

桥梁风工程涉及气象学、流体力学、结构力学和桥梁工程等多学科交叉，近年来在分析理论、数值模拟、风洞试验和现场监测等方面取得了很多成果，指导了工程实践。由于气候的变化和铁路网络的发展，高速铁路桥梁将面临更加复杂多变的气候和环境条件，某种程度上需要重新定义对大气边界层风的理解，而社会对可持续高速铁路出行条件的期望的演变对桥梁抗风提出了新的挑战，尚有许多问题有待进一步研究解决：

(1)风场特性及风参数方面。桥址风场特性是桥梁抗风设计研究的重要基础资料，然而，对于山区峡谷等复杂地形，风场既受大尺度天气系统控制，又受小尺度局部环流影响，未形成普适性的规律与标准，现有规范适用性明显不足。目前，采用数值模拟和风洞试验来模拟风场的精度有待提高，通过实测系统来获取风场的全局特性存在困难。未来需要建立智能化风场监测系统，结合气象学和大规模高性能计算技术，获取更加精准的风场特性。

(2)车-桥系统气动干扰方面。铁路车-桥系统气动干扰突出，本书主要研究了均匀来流下我国高速铁路大跨度桥梁-列车之间的气动干扰效应，而实际工程中车-桥系统所面临的风环境十分复杂，有必要开展湍流下车-桥系统气动干扰规律的相关研究；同时，准雷诺数效应对车-桥系统气动特性影响十分显著，且在不同主梁形式下均有发生，不同来流风速下，准雷诺数效应的临界风攻角大小不同，值得进一步深入研究。

(3)铁路桥梁动力特性方面。动力特性是桥梁抗风设计的关键参数，本书主要介绍了两种结构动力特性识别方法，并系统总结了已建部分大跨高速铁路桥梁的基频、阻尼等动力特性。但对大型复杂铁路桥梁来讲，动力特性的准确识别一直是个难题，因此，研发适用的专用激振设备、建立标准化的动力特性测试和识别方法、构建全面的铁路桥梁动力特性数据库等都是未来研究的方向。

(4)高速铁路桥梁涡振振幅限值方面。桥梁涡振直接关系到桥上行车安全，本书提出了基于列车走行性的高速铁路桥梁涡振振幅限值经验公式，具有一定的理论和工程参考价值。然而，桥梁涡激振动涉及复杂的流固耦合作用，未来需要进一步从主梁断面绕流场结构入手，分析不同断面形式和桥面附属设施对致振机理的影响，建立更加精细的风-车-桥耦合振动分析方法，提出更加合理的不同类别高速铁路桥梁的涡振振幅限值理论公式。

(5)高速铁路桥梁的抗/防风措施风方面。抗/防风措施是桥梁结构安全和桥上行车安全的直接保障。目前常用的高速铁路桥梁抗/防风措施的研发与测试仍然主要以经验为指导，需要大量风洞试验进行检验，不同抗/防风措施对不同桥梁抗风性能的影响缺乏可靠量化的规律。未来可进一步引入人工智能方法，发展 CFD 数值模拟技术，创新风洞试验方法，提高优化抗/防风措施的效率。

(6)桥隧过渡段防风技术方面。近年来针对高速铁路桥隧过渡段的防风研究，揭示了桥隧过渡段高速移动列车气动荷载突变的力学机制，探讨了桥隧过渡段的防风措施合理形式及其有效性。但基于实际桥隧相连工程开展抗防风优化设计研究还不足，未来需要进一步深入研究，构建考虑桥隧相连段风环境的风-车-桥/隧系统动力分析方法，开展基于局部区域风环境的实时监测开展高速铁路桥隧相连工程的风参数智能化预测技术，建立基于行车安全的桥隧相连工程预警预报技术体系。

高速铁路基础研究与技术创新丛书

第一期(16 册)

(一)基础理论与基础技术系列

高速铁路散体道床宏细观力学行为　　赵春发　翟婉明　张　徐　著

ISBN 978-7-113-28857-0

高速铁路线路系统动力学　　龙许友　时　瑾　王英杰　编著

ISBN 978-7-113-28997-3

高速铁路弓网关系研究　　韩通新　著

ISBN 978-7-113-28941-6

(二)动车组系列

高速列车轻量化设计　　李　明　伊召锋　米莉艳　等编著

ISBN 978-7-113-28972-0

(三)供电系列

高速铁路受电弓　　韩通新　编著

ISBN 978-7-113-28975-1

高速铁路接触网检测技术　　韩通新　著

ISBN 978-7-113-28961-4

(四)工程设计系列

高速铁路桥梁抗震设计　　陈兴冲　张永亮　编著

ISBN 978-7-113-28964-5

高速铁路轨道工程 BIM 正向设计软件开发及实践　姚　力　刘大园　董凤翔　等编著

ISBN 978-7-113-28934-8

(五)工程施工与组织系列

高速铁路桥梁 BIM 技术研究与实践　　盛黎明　苏　伟　刘延宏　宋树峰　编著

ISBN 978-7-113-28938-6

高速铁路岩溶路基边坡变形与稳定　　白明洲　师　海　田　岗　等编著

ISBN 978-7-113-28880-8

高速铁路工程地质灾害超前预报图形判别和解译　　李　忠　郝娜娜　等编著

ISBN 978-7-113-28935-5

(六)通信与列控系列

高速铁路宽带无线信道测量与建模技术　　周　涛　何睿斯　艾　渤　编著

ISBN 978-7-113-28930-0

(七)测量与检测系列

(八)高铁运营与经济系列

高速铁路社会效益研究——基于时空经济分析　　李红昌　夏璇璇　著

ISBN 978-7-113-28942-3

(九)现代信息技术系列

高速铁路物联网技术　　史天运　孙　鹏　张惟皎　陈瑞凤　编著

ISBN 978-7-113-29029-0

(十)安全·健康·维护系列

高速铁路道砟飞溅机理及防治　　高　亮　石顺伟　殷　浩　著

ISBN 978-7-113-28906-5

高速列车多目标均衡综合节能技术　　张　雷　李　明　司志强　等编著

ISBN 978-7-113-28976-8

第二期(23 册)

(一)基础理论与基础技术系列

高速列车空气动力学数值模拟——基于 STAR-CCM+软件

李　明　李　田　戴志远　等编著

ISBN 978-7-113-30059-3

高速铁路沿线地面沉降研究与防治　　李国和　黄大中　尚海敏　王少林　编著

ISBN 978-7-113-30176-7

高速铁路路基智能填筑技术　　王同军　闫宏业　杨　斌　尧俊凯　等著

ISBN 978-7-113-30047-0

季冻区高速铁路路基服役性能与孕灾风险研究

叶阳升　蔡德钩　毕宗琦　李善珍　等著

ISBN 978-7-113-29934-7

高速铁路隧道内附属设施气动效应及安全性研究

彭立敏　杨伟超　施成华　雷明锋　著

ISBN 978-7-113-30104-0

高速铁路钢轨打磨理论与技术　王文健　郭　俊　周　坤　著

ISBN 978-7-113-30061-6

高速列车动态性能正向设计　周劲松　宫　岛　孙文静　著

ISBN 978-7-113-30050-0

高速列车自动驾驶控制理论　宿　帅　李开成　唐　涛　袁　磊　等编著

ISBN 978-7-113-30147-7

高速铁路行车调度与控制一体化　唐　涛　宿　帅　孟令云　阴佳腾　编著

ISBN 978-7-113-30112-5

高速铁路无砟轨道结构水泥基材料理论与技术

龙广成　曾晓辉　马昆林　谢友均　著

ISBN 978-7-113-30056-2

（二）动车组系列

高速列车空气动力学设计技术　丁叁叁　著

ISBN 978-7-113-30055-5

（三）供电系列

高速铁路电力牵引供电工程智能建造技术

胡志华　陈建明　奚金柱　吴命利　等编著

ISBN 978-7-113-30205-4

（四）工程设计系列

现代铁路枢纽规划设计　许佑顶　高丰农　吴学全　李传勇　等编著

ISBN 978-7-113-27468-9

高速铁路隧道底部结构动力响应特性及设计方法

彭立敏　施成华　黄　娟　丁祖德　著

ISBN 978-7-113-30133-0

（五）工程施工与组织系列

高速铁路工程勘察技术创新与实践　陈则连　著

ISBN 978-7-113-30189-7

高速铁路工程质量系统管理(第2版)　　卢春房　等著

ISBN 978-7-113-30108-8

高速铁路路基沉降分析与控制技术　　宋绪国　郭帅杰　编著

ISBN 978-7-113-30154-5

深埋高速铁路地下车站施工关键技术　　杨新安　马明杰　李路恒　罗　驰　编著

ISBN 978-7-113-30001-2

高速铁路施工组织创新与实践　　魏　强　编著

ISBN 978-7-113-30136-1

高速铁路路基沥青混凝土防水封闭结构　　蔡德钩　闫宏业　楼梁伟　石越峰　等著

ISBN 978-7-113-30033-3

(六)通信与列控系列

高速铁路信号系统雷电防护技术研究　　向念文　徐宗奇　阳　晋　编著

ISBN 978-7-113-30135-4

(七)测量与检测系列

(八)高铁运营与经济系列

(九)现代信息技术系列

智能高速铁路图像大数据分析技术及应用　　李　平　李　瑞　赵　冰　编著

ISBN 978-7-113-30134-7

(十)安全·健康·维护系列

高速列车横风效应及气动安全控制动力学　　毛　军　柳润东　郗艳红　著

ISBN 978-7-113-30028-9

第三期(18册)

(一)基础理论与基础技术系列

高速铁路桥梁抗风技术　　何旭辉　邹云峰　敬海泉　等著

ISBN 978-7-113-31329-6

高速铁路智能选线理论与方法　　蒲　浩　宋陶然　李　伟　张　洪　著

ISBN 978-7-113-31670-9

(二)动车组系列

高速列车风阻制动技术　　田　春　周嘉俊　马天和　吴萌岭　编著

ISBN 978-7-113-31648-8

高速列车制动防滑控制基础理论与试验技术　田　春　朱文良　马天和　吴萌岭　编著

ISBN 978-7-113-31585-6

高速铁路轮轨廓形设计及应用　沈　钢　陈迪来　编著

ISBN 978-7-113-31307-4

高速列车辅助供电系统　张立伟　姜东杰　徐海大　编著

ISBN 978-7-113-31574-0

高速列车被动安全系统技术理论　丁叁叁　编著

ISBN 978-7-113-31996-0

(三)供电系列

高速铁路供电系统电磁暂态分析与防护　刘明光　刘　铁　编著

ISBN 978-7-113-31249-7

(四)工程设计系列

(五)工程施工与组织系列

寒区高速铁路隧道低温影响与工程对策　马志富　田四明　杨昌贤　王志杰　等编著

ISBN 978-7-113-31456-9

高速铁路路基边坡生态防护技术与实践　叶阳升　蔡德钩　魏少伟　吕　宋　著

ISBN 978-7-113-31741-6

(六)通信与列控系列

真空管磁浮高速飞行列车车地无线通信技术　刘　留　艾　渤　编著

ISBN 978-7-113-31382-1

(七)测量与检测系列

高速铁路运营监测技术　赵　斗　张冠军　王长进　梁　永　编著

ISBN 978-7-113-31182-7

高速铁路精密工程测量技术　王长进　刘　成　张冠军　石德斌　编著

ISBN 978-7-113-31519-1

铁路工程地质遥感技术创新与应用　刘桂卫　著

ISBN 978-7-113-31354-8

(八)高铁运营与经济系列

高速铁路列车开行决策理论与技术　周文梁　史　峰　徐光明　等著

ISBN 978-7-113-31563-4

(九)现代信息技术系列

高速铁路数据中心设计技术 杨德修 樊 艳 赵 耀 崔校玉 编著

ISBN 978-7-113-31126-1

(十)安全·健康·维护系列

绿色高速铁路技术 蒋 辉 编著

ISBN 978-7-113-31460-6

高速列车驾驶人因安全保障理论及方法 方卫宁 唐 涛 等著

ISBN 978-7-113-31311-1